韶华有梦

老俞对谈录

Vol. 4

俞敏洪 著

前 言

我为什么做直播对谈？

2020 年到 2022 年这 3 年，也许会永远铭刻在中国人民心里。一场疫情，改变了很多人的生活，甚至改变了不少人的命运。就像我们无意中走进了一场沙尘暴，等到从里面走出来，已经满身烟尘。

这 3 年，我也经历了从事业到生活的剧烈改变，现在回顾起来，有恍如隔世之感，一切都如一场电影一样，只不过我不是旁观者，而是成了电影的主角。回头看，在种种千变万化的情景下，我还算是一个合格的演员，尽自己的努力，扮演一个正面形象的角色。

自 2020 年开始，由于疫情的影响，地面教学全面停止，在线教育轰轰烈烈地发展起来了。各种培训机构如八仙过海，各显神通，最终演变成了一场为了争夺学生，各种招生手段无所不用其极的武林争霸。紧接着，2021 年国家实施"双减"政策，让培训领域的硝烟戛然而止，几乎所有培训机构都只剩下了一地鸡毛。不少家长当初预交的不菲学费，如打了水漂一样，有去无回，他们哭天喊地，只能自认倒霉。

新东方算是做到了体面退场，把该退给家长的学费都退了，给该辞退的老师、员工结算了"N+1"的薪酬，把全国各地上千个教学区清退了，把不会再用的课桌、椅子全部捐献给了农村中小学。我和战友们一边在办公室里喝着酒，一边唉声叹气，不知道余生还能做些什么。回到家，整夜整夜睡不着，在星空下散步，一圈又一圈的，如丧家之犬一般。几十年一直和学生打交道，突然间人去楼空，好像自己的身体和灵魂都被抽空了。好在新东方人有一种无所谓、不放弃的精神，都能够背诵弗罗斯特的诗句"我的前面有两条路，我选择了人迹更少的道路，因此生命迥然不同"。几十天的酒喝下来，大家灵光一现，决定用直播的方式做农产品带货。选择农产品，是因为觉得国家政策会一直支持；选择直播，不仅因为有很多先行者在前面做了示范，更因为我在新东方已经成为一个直播专家。后面的故事，大家都知道了，东方甄选在2022年突然爆火，成为中国一个现象级的事情。

　　我参与直播这件事情，部分意义上也是被疫情逼出来的。我的重要工作之一，就是对员工和学生演讲。原来是地面演讲，面对面，可以互动，热闹、开心。疫情的来临，让绝大部分人只能居家，公开的、聚集性的活动几乎完全不可能。坐以待毙不是我的个性，于是通过在线直播的方式和大家进行交流就成了我工作的一部分。最初，我同时用三个平台进行直播——抖音、快手、微博的一直播。和面对面讲座相比，我发现直播有很多好处：随时都可以开讲，没有什么成本，观众进出不影响情绪（地面讲座要是总有人进出，我就会很不爽），观众可以随时提问，和我交流，表达心情，而且每次直播还能够拿到赏钱。

　　本来以为疫情能够很快结束，新东方的教学和我的工作都会很快重新回到地面。结果，1年过去了没有结束，2年过去了没有结束，第三年，防控措施反而变得更加严格了。于是，直播就变成了我的常态，玩得越来越熟练。直播平台也从几家变成了抖音一家，没有别的原因，只是因为抖音上粉丝更多，而且给我打赏的人更多，看来我也是一个"见钱眼开"的人。其实，背后的原因很简单，就是抖音直播带货的系统更加完善。随着直播的深入，我开始推荐各种我喜欢的书籍，而大部分书籍在抖音上都有售卖链接。

　　最初的直播，我就是自说自话，自己定一个主题，自己打开设备就讲，但讲多了，思路就枯竭了。人的知识就像一口井，不断汲水而没有别的水源补充进来，最终就没有水了。这让我想起了刘润的故事。在上海封控期间，刘润也被封在了上海，于是，他和我一样开起了直播。他准备了30讲内容，觉得最多30天，上海就解封了，所以他还把自己的直播叫作"开封菜"。结果，30天后，上海完全没有解封的迹象，他抓耳挠腮，才思枯竭，因为已经给观众许了愿，不解封不停播。情急之下，他突然想起来有那么多朋友可以利用，于是就到处发求救信，拉着朋友一起进行连麦直播，终于熬过了封控期，并且还有了很多意外的收获。我就是被他抓差的人之一，也成了他的一根救命稻草。

我的直播不是3个月，而是3年。我比刘润聪明一点，从来不承诺网友我会直播多长时间，会直播多少次。我这个人的本性充满了随意，说得好听点是喜欢自由，说得难听点是做事懒散，没有规划。我把自己的内容讲完了，半年过去了，疫情还没有结束，于是只能继续往下直播，开始介绍我读过的一些书籍，结果有些书籍就开始大卖，这让我喜出望外，因为卖书有佣金，算是物质刺激。更加有意思的是，有些出版社就找上门来，问我想不想和作者对谈。我想，和作者聊天是我求之不得的事情，一是可以增加直播的吸引力，二是可以交到新朋友，何乐而不为呢。

这样，我的直播对谈就开始了。一开始，我几乎不做任何准备，聊到哪里算哪里。聊天也不是为了卖书，书挂在小黄车里，有粉丝想买就买，不买拉倒。再后来，我开始用了一点心，既然是对谈，为什么直播完了什么都没留下呢？如果我认真准备一下，对谈的内容可以更加精彩，对谈完可以整理成文字，在我的公众号上再次传播。再继续想下去，文字多了还能够出版成书籍，这是一件多好的事情啊。许知远就把他《十三邀》的内容出版成了好几本书，充满成就感地送给了我；董卿也把《朗读者》的内容出版成了书，也郑重其事地送给了我。我也可以把"老俞闲话"的内容整理成书啊，也可以趾高气扬地送给他们，然后哼着鼻子说："看，你们做的，我也能做。"

有了这样的想法，我开始认真做起直播对谈的策划来。每次对谈嘉宾，都认真地准备案头工作——阅读作者的所有书籍，寻找有关作者的所有文字和视频资料，提前约作者一起共进午餐或者晚餐，一丝不苟地准备对谈提纲。于是，在短短的1年半时间里，我对谈了60多位知名人士和作者，和他们进行了愉快而有一定深度的交流，每期对谈都有几百万粉丝参与互动，前前后后参与的粉丝总数超过1亿。

在对谈的过程中，我自己也有巨大的收获。不仅是因为卖了作者的书，有佣金上的回报，更多的是一种思想上和发展上的收获。因为对谈，我翻阅了几百本书，也因此结交了很多珍贵的朋友，打开了自己的眼界，提升了自己的认知，真心理解了新时代新的传播方式，并且因为这一理解，带动了东方甄选的发展。

人很容易成为习惯性动物，以至于到去年12月底，封控解除后，疫情戛然而止，我居然有一丝惆怅，觉得回到地面，一旦忙碌起来，我肯定再也没有时间做这样深度的直播对谈了。事实也果真如此。进入2023年，所有被延误的工作如巨浪一般扑面而至，把我淹没其中，几乎喘不过气来，到现在我还没有做过一场认真准备的直播。好在现在至少有了阶段性的成果，这就是放在大家面前的四大本的"老俞对谈录"。

3年疫情已经过去，现在又到了春天，我在小区散步的时候，看着碧桃花、丁香花、迎春花、海棠花等争相斗艳，回想着过去3年既恍恍惚惚又清晰可见的时光，内心充满了一种说不出的感觉：低沉、迷离、叹息、悲壮、激昂、悲喜交集。我还记得有一个春天，只能在屋子周围徘徊，我看到一株野雏菊，哆哆嗦嗦地从屋角的水泥缝里钻出来，慢慢长大，最后终于在初夏的风里，开出了一簇美丽的黄色小花，如星星般照亮了周围的一切，也照亮了我的心灵，抚慰了我已然黯淡的心魂。

我们该如何对待自己的事业和生命？面对大环境，我们大部分情况下是没有能力去改变的。面对今天的国际局势，我们又能做些什么呢？很多人觉得自己好像只有随波逐流的宿命，于是心安理得地做一天和尚撞一天钟，过到哪儿算哪儿。似乎我们是一棵小草，只能随风飘荡。

我当然也明白，对于很多事情我们确实是无能为力的。但我始终认为，人是具备自由意志的，我们在很大程度上还是能够掌控自己的命运和生命轨迹的。我说过一句话："我听从命运的安排，但不服从命运的霸道！"我的人生态度是："在力所能及的范围内，宁战而死，不躺而生。"战，就是主动寻找出路，主动让自己的生命用更有尊严、更自主的方式努力绽放；躺，就是逆来顺受，习惯被笼子围困，放弃自己本来还有的希望。我坚信，即使身处无边的沙漠中，寻找方向，也比坐而等死让生命更有尊严和希望。因为在黑暗的夜空中，也会有北斗星闪耀，也许，那就是我们人生的方向。

　　回想起来，疫情这3年里，尽管我也有气馁的时候、有灰心丧气的时候、有绝望恸哭的时候，但更多的时候，我像一个勇者，挥舞着双臂，迈开脚步，或者独自一人，或者带领新东方的伙伴，一起为了未来披荆斩棘，勇往直前，逢山开道，遇河架桥，即使遍体鳞伤，也没有想过自暴自弃。"自助者，天助之。"3年时光，不少人白白度过，新东方却在低谷奋起，有了东方甄选，更有了走向未来的信心；我个人阅读了几百本书，留下了百万字的各种笔记，出版了3本新书，直播了百场讲座，对谈了近百位各界优秀人士，留下了120多万条对谈实录。在这3年中，我度过了60岁的生日，和过去60年进行了一场充满仪式感的告别。但告别是为了更好地出发，不管我能够活多久，我相信，只要我的精气神还在，未来的岁月一定会更加精彩。

　　"宁移白首之心，不坠青云之志！"这就是我对自己的期许！在平凡的日子里，我不想让自己过得太平凡！

俞敏洪
2023年4月6日　星期四

目 录
Contents

第一部分·文学大观

对话 **余　华**　《兄弟》情义，时代戏剧 - 003

对话 **葛　亮**　大时代下的人间烟火 - 026

对话 **麦　家**　写作，是与自己的痛苦经历和解 - 059

对话 **刘震云**　哲学停止的地方，文学诞生了 - 087

对话 **阿　来**　知所从来，知所从去 - 115

对话 **苏　童**　做一个记录人生故事的旁观者 - 148

第二部分 · 人生况味

对话 **梁晓声**	于人间烟火处，感受人性之光 - 173
对话 **冯　唐**	成功不可复制，成事可以修行 - 201
对话 **毕淑敏**	人生的意义，在于不断前行 - 236
对话 **蔡崇达**	站在生命的入海口，追问命运 - 263
对话 **敬一丹**	巨变时代中的人生记录者 - 296
对话 **李　娟**	明亮的希望诞生于大地 - 334

第三部分 · 艺术境界

对话 **田浩江**　　只要努力不放弃，万事皆有可能 - 365

对话 **蔡志忠**　　人生难得，务必找寻一生热爱 - 393

对话 **陈佩斯、陈大愚**　　喜剧是我们的信仰 - 417

后记 - 447

直播幕后

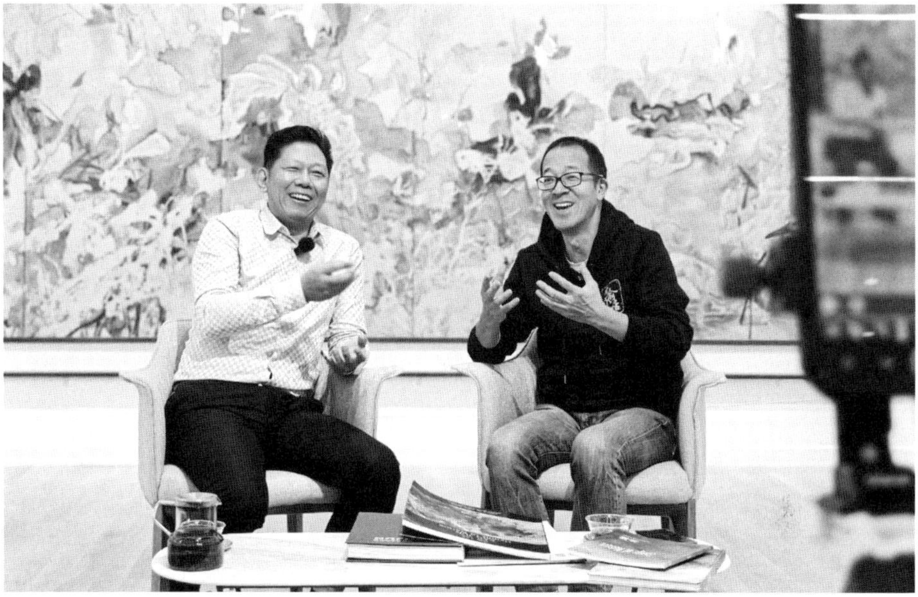

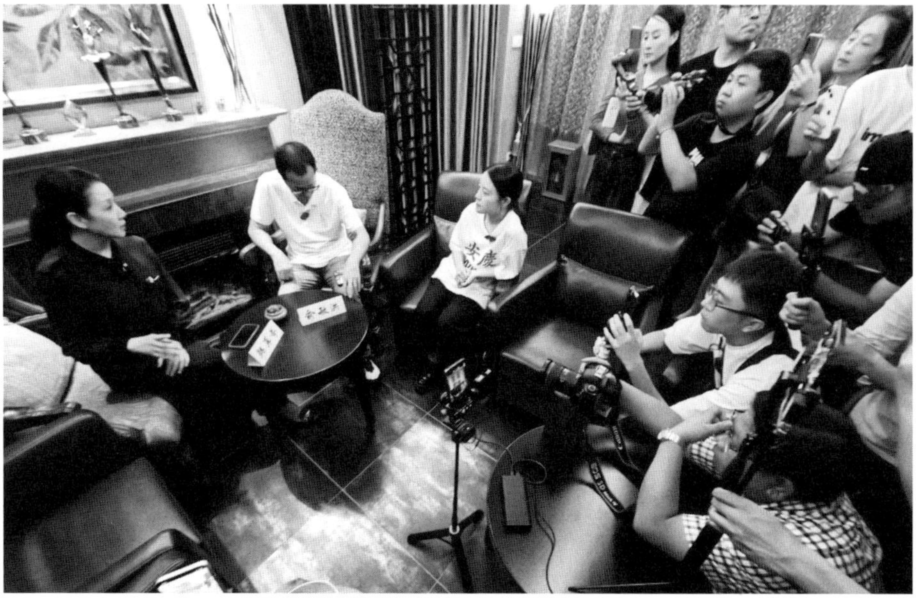

第一部分

文学大观

老俞对谈录

对话 余华

《兄弟》情义，时代戏剧

我们在人生中遇到的事情，很多都是要流泪的，但在这个过程中，我们依然不能失去欢乐和自信。

余华 /

1960年出生于浙江杭州，代表作有《活着》《许三观卖血记》《在细雨中呼喊》《兄弟》《第七天》《文城》等，作品已被翻译成35种语言。曾获意大利格林扎纳·卡佛文学奖、法国文学与艺术骑士勋章、意大利朱塞佩·阿切尔比国际文学奖、华语文学传媒大奖年度杰出作家奖等殊荣。

前段时间余华老师的第四部长篇小说《兄弟》新版上市了。《兄弟》主要讲述了江南小镇两兄弟李光头和宋钢的人生故事，并通过故事反映了中国社会40年间的变迁，可以说是一部既深刻又好读的中国社会变迁史。借此契机，我俩相约进行一次对谈，聊《兄弟》、谈文学、侃生活。

——对谈环节——

主持人： 相信大家对两位老师都非常熟悉，读者对余华老师的热评就是："把快乐留给自己，把悲伤留给读者。"两位是怎么认识的？对对方的第一印象是什么？

余华： 我认识俞老师的时候，他还不知道我。我们之前见过一次面，再早以前我在视频里看到过他，有一些是演讲发言，有一些是和朋友聊天，他早期上课的视频我也见过。可以说新东方到现在为止，跟中国的不少家庭都有关系。

俞敏洪： 一样一样，我认识他的时候他也不认识我。余华老师出《活着》的时候，我应该算是第一批读者。那是1992年，我的新东方还没做起来，所以读《活着》特别有感悟，当时我处在一种拼命挣扎的状态，想着我要能活下去就好了。读完《活着》以后，他后来出的每本书我都读过，《在细雨中呼喊》《许三观卖血记》《兄弟》《文城》，我都读了，所以与他神交已久。后来我看他的采访视频，觉得这个人自己这么快乐，却写出这么悲苦的书，这是折磨别人，自己享受（笑）。

主持人： 你们第一次见面也像网友见面，跟网上的印象相比有什么反差吗？

俞敏洪： 没什么反差，我看过他很多视频，包括《朗读者》在内的采访视频。他稍微能喝点酒，所以我们一上来就碰碰杯，尽管他酒量可能不如我。我不是真正的文人，所以不存在文人相轻，他跟莫言有没有相轻我不知道（笑）。总之，我跟他没有，我对他只有崇拜之意。

我喜欢的中国小说家屈指可数，特别是现当代的，而余华的书最能打动我。他写的书很多都是以农村、城镇为背景的。我是1962年出生的，我们俩是同龄人，都在南方小城镇长大，他写的那个时代我或多或少亲身经历过，所以那种感觉比较亲切。我知道这类人的生活状态大概是怎样的，所以尽管有一点超越现实，有一点魔幻现实主义，或者浓缩的现实主义，但如果把一个人的命运扩大成那一类人的命运，实际上是八九不离十的。比如，把《活着》这本书中一个家庭的命运扩展成一个村庄的命运，基本是能吻合的，这是我个人的感觉。**人生悲苦有时候是不可避免的，并且不是你能掌控的，你能掌控的是在出现人生悲苦的时候，如何更好地活下去，这是我读完《活着》后的感想。**后来因为喜欢余华的书，就一直读。

以前我觉得他是一个大作家，我是一个小商人，所以不敢攀附他。后来刚好有一个机会，我的一个朋友认识他，问我想见见余华吗，我说他想见我吗，朋友传过来的信息是，他也想见我，所以我们就见了面，一起喝了一顿大酒。

余华： 我以为这次见面还是喝酒，结果是工作，哈哈。

1.《兄弟》背后的创作故事

主持人： 余老师创作《兄弟》时，是从具体的情景出发，还是从人物出发的？

余华：首先有一点可以肯定，《兄弟》涉及两个时代，我和老俞都是这两个时代的人。这两个时代太不一样了，但因为我经历了这两个时代，所以感觉是麻木的。印象中从1995年开始，我经常有机会去国外，跟国外的同行或者记者们聊天，聊到我小时候的生活和现在的生活，他们都会很惊讶地问道："难道这都是你的亲身经历吗？"对西方人来说，可能很难理解会有那么大反差的两个时代，所以我回来就想写《兄弟》这样一本书，写兄弟两个人的命运。

其次，我为什么选择写没有血缘关系的兄弟？是因为可以敞开来写。这种设定在写作的时候给我带来的发挥空间更大。如果没有血缘关系，可以把兄弟情写得比有血缘关系的还感人，而且写到他们相互背叛的时候，从传统观念来讲也比较能接受。

有时候写作有点像当年老俞管理新东方一样，有好多细节需要处理。比如，人事安排，谁应该在哪个岗位上，谁应该做什么，只不过我的是可以修改的，他的指令一旦发出去之后就不能改了。

主持人：余华老师为什么想用"兄弟"做书名？

余华：没有别的更合适的书名。有的小说一开始就有书名，比如《活着》《第七天》，而《兄弟》的书名大概是在上部快要写完的时候才确定下来的，那会儿就知道肯定是"兄弟"，因为再合适不过了，无法找到别的词。《文城》以前其实有个很庸俗的书名，下厂印刷前才改成"文城"的。

俞敏洪：我从读者的角度来说一下。《兄弟》主要讲的是两个没有血缘关系的兄弟，呈现出了中国传统意义上的亲兄弟之间才会出现的冲突，描述了两兄弟在苦难中共同成长的过程。随着新时代的到来，由于个性的不同，两个人的生活表面上看起来分道扬镳，但背后始终有着过去那种超越血缘关系的情谊。这本小说实际上是用两个人物的命运来反映整个时代的变迁，从过去传统意义上的兄弟情谊到如今面对新时代时彼此之间因个性和命运发生的冲突，这种两个男人之间的关系只能用"兄弟"或者"哥们儿"这两个词表达出来。

主持人： 余华老师，听说您收到新版小说以后花了五个晚上重读了一遍，距离您当时创作已经过去比较久了，这次重读，您有什么感受？

余华： 这次重读是有原因的。在这之前我刚好读了首师大张翔教授写的一篇关于《在细雨中呼喊》的文章，《在细雨中呼喊》发表已经31年了，我看那篇文章的时候，突然发现我对小说有点陌生了。所以，《兄弟》新版书到了之后，我干脆就重读了一遍，从凌晨1点读到早上五六点钟，然后开始睡觉，就这么读了五个晚上。不断地笑、不断地哭、不断地笑、不断地哭，一直到我把它读完了。

俞敏洪： 你自己看还这样？写了一本书之后，如果过了比较长的时间，是不是会忘记自己书里写的具体细节？

余华： 确实如此。《兄弟》的创作时间还算比较近，是17年前完成的，所以很多细节我还记得，虽然顺序记错了。中间有很多描写，比如宋钢卖白玉兰，很多读者都很喜欢这个桥段，但我已经忘了，重读的时候就想，这段写得真好。而且我写宋钢下岗以后做了很多工作，每一段工作都是叙述性的，基本都是以这样的方式直接写到位。

俞敏洪： 现实中有"兄弟"原型吗？

余华： 作为小说人物来说，肯定有原型，但这个原型肯定不是一个人，而是1000个人甚至更多，所以他们都具有某种代表性，**可能每个人物背后代表的不是自己一个人，而是一群人。**因为只有这样，作品才会让读者产生共鸣。

俞敏洪： 我读《兄弟》时就有一种代入感，有时候会代入李光头，有时候会代入宋钢。我个性中有一点李光头的色彩，尤其是在创业的过程中，但我个人的文雅和保守的方面，又有点像宋钢。

你说得非常对，在小说中，某一个人的形象实际上是某一群人形象的集合，从场景创造来说，肯定跟自己的人生经历有点关系。比如，曹雪芹能写出《红楼梦》，实际上跟他青少年时期的豪华家族生活是有关系的。不管是《活着》《许三观卖血记》，还是《兄弟》中的场景，是不是都跟你的家乡有着比较密切的关系？

余华： 我们海盐县就有这样的场景，这是一个不断变化的过程，整个县城过去只有不到 1 万人，现在有 10 万人。

主持人：《兄弟》里的人物就是从您生活中遇到过的千千万万人中提炼出来的。

余华： 有的不一定是海盐的，可能是北京的、杭州的、海南的，甚至外国的。

主持人： 小说里的人物来自生活中千千万万的原型，但有读者说，李光头这个人就像从石头缝里蹦出来的。想问一下余华老师，李光头的性格根基在哪儿？您怎么会想到写这个故事？

余华： 这个老俞更有发言权，不过我先说一下。20 世纪八九十年代的时候，最早富起来的一批人都是个体户，这里面还包括一些刑满释放人员，他们从监狱里出来后没有工作，只能自己做个体户，白手起家，最后成了万元户。像李光头这样的人，我见过好几个。李光头这种做法，在我们那个时候是乱中取胜。

俞敏洪： 紧卡的政策突然放开了，脑子最灵活、胆子最大的人就变成了改革开放后第一批个体户，从个体户发展成小工厂厂长，跟《兄弟》中描写的李光头的成长经历或多或少有一定相似性。以我所在的地方为例，当时我们村第一批致富的人中，有不少人以前被当成"投机倒把"分子，他们脑子灵活，胆子也非常大。政策放开以后，这批人就变成了最活跃的人，因为他们已经丢掉了一切，没什么好失去的了，所以放手一搏。试想一下，国家的经济政策突然放开，允许大家做生意，一个天天扛着锄头到地里干农活的老实农民会去做生意，还是那些本来就已经没面子、没身份，甚至可以不顾面子的人会去做生意？答案可想而知。

后来随着经济发展，市场慢慢变得正常，从混沌开始，后来有了第二批把企业做大的企业家，再后来有了第三批运用科技创新的企业家。**混沌有一个前提条件，就是环境。** 一片荒原，不需要播种任何松树的种子，它自己就能够长出草来，再长出灌木丛，然后快速生长出高大的树木，接着慢慢就会长出松树。这些坚韧不拔的松树长高了，就会把其他快速生长的树木挤没了，慢慢就会变成非常壮观的原始森林。民营经济也是这样。

余华老师的《兄弟》里描述的李光头，**大胆、不要脸，做什么事都敢往前冲，甚至不守规矩**，这种人恰恰是中国第一批民营企业家的代表，但这些代表后来**大都发展得不太长久，因为他们胆子太大，太不守规矩**。荒原上的草和灌木丛是更高的树和更永久的树成长的基础，但前提条件是大环境得在，得有雨露滋润。当时中国有改革开放这个大经济环境在，如果没有这个大经济环境，那些人是不可能成功的。我觉得余华老师对于李光头的描述大概是这样的。

2.《兄弟》的海内外评价

主持人：《兄弟》在海外收获了非常多好评，尤其是法国评论家也推荐了它。想问一下余华老师，您之前多次在采访中提到，这本书是您最喜欢的作品，一开始在国内出版时，您非常期待好评如潮，但结果发现跟您预想的不太一样，那么您当时是怎么想的？

余华：现在终于可以说我的真实想法了。我当时想，这帮人真笨（笑）！但现在我知道是什么原因了，因为《兄弟》是 2005 年和 2006 年分成上部和下部出版的。我突然意识到一个问题，那时候虽然**我们的生活方式已经很开放了，但我们的审美观念还非常保守**，所以这就是这本书能够在法国，或者在英语世界、德语世界好评如潮的原因。在国外，没有人认为这本书写得过分，但在国内，我们就会认为很多地方的描写已经不能用"粗俗"来形容了，简直就是"放肆"。

法国人经常把《兄弟》跟拉伯雷的《巨人传》相比，也会和左拉的作品相比，因为左拉的作品里有很多自然主义的描写。在德国最有意思，当时德国的报纸中有一篇评论叫《中国鼓》，因为格拉斯的《铁皮鼓》出版时，被德国一群评论家骂成"垃圾"，就跟《兄弟》当时的遭遇一样。英语世界的人把《兄弟》跟狄更斯的作品相提并论，而狄更斯笔下的人物也有点夸张，所以主要还是审美观念的问题。

《活着》和《许三观卖血记》出版的时候，当时的批评不是说这两部小说写得不好，而是说一个先锋派作家怎么突然写这样的小说。所以，我当时说过一句话，后来铁生在接受采访时把我这句话好好赞扬了一番。我当时说："**一个作家，不会为一个流派写作，只会为自己的内心需要写作。**"

俞敏洪：现在如果给你贴一个标签，你觉得你还是先锋派作家吗？

余华：早就不是了，过去的标签好像不管用了，也不用为我找新标签。

俞敏洪：我觉得是余华主义。

主持人：有网友评论说这几本书是"余华痛苦套装"，里面包括《兄弟》《活着》等。也有读者说《兄弟》是余华老师"把悲伤留给读者最多的一次"。您怎么看？

余华：没有，笑声留得更多。

俞敏洪：对，以《兄弟》为例，经典的评论叫作"又笑又哭"。书中大量的描述让人会不自觉笑出来，但整个人物的命运走向以及命运给人们带来的无可奈何，在某种意义上会让人联想到自己生活中的某种场景或者某个阶段。我读《兄弟》，笑的时候肯定比哭的时候多，因为觉得描写得太好玩了，但实际上也有因人物的命运流泪的时候。

一部小说，如果完全是沉重而没有美好，肯定是不对的；如果都是美好而没有沉重，它就没有深入人性的最根本处。所以，我觉得像《活着》这样沉重的书，以第三个人听主人公叙述的方式展开，一个人在经历了风吹雨打后，坐在田埂上向陌生人平静地甚至美好地讲述自己的故事，这种场景设计，会把人的悲伤慢慢缓解。就好比是余华老师，坐在那儿听一个老农民讲自己过去几十年的经历。如果没有这样的场景设计，读者读《活着》会有崩溃的感觉，因为人生就是一系列的苦难组成的。《活着》开场就是"我"碰到一个老农民在地里安静地耕地，当他孤独地陪着老牛讲述人生故事的时候，已经消除了令人紧张的情愫，因为不管人生中遇到多少亲人离世，或者其他苦难，最终还是会收获一个平静的结局——**所有苦难终究会消失，人生最终会回归平静。**

这就是写小说非常重要的一点，要给读者缓冲的余地。如果没有这种缓冲，读《活着》这本书的时候我会觉得我的内心跨越不了那道坎。又如《许三观卖血记》，也是把生活中的美好和苦难糅合在一起之后，给人带来了一种超越现实但又无比接近现实的真实感。

主持人：您觉得和《许三观卖血记》《活着》等相比，《兄弟》的特别之处在哪儿？

俞敏洪：有两点。**第一，人物性格决定人物命运**，在这本小说中得到了印证。这本书讲述了两个不同个性又相互信任的人共同成长的经历，其实真正导致两个人命运不同的是时代，如果一直生活在旧时代或者直接出生在新时代，他们两个人可能就不太一样了。如果抛开夸张的、好笑的东西，这本书其实是对真实的时代变迁的描述。

第二，这本书描绘了一种情景，就是人不能百分之百地把控自己的命运，但是能够局部地把控。这种情况给人带来了比较深刻的思考，而且道出了一种底层逻辑，就是两个共同成长的人，彼此之间的关系能够达到的最高境界是可以互骂"王八蛋"。

主持人：有读者评论说《活着》比较像《老人与海》，《兄弟》像《百年孤独》，余华老师怎么看这个评论？

余华：评价太高了。《老人与海》是我非常尊敬的小说，圣地亚哥和《活着》里的福贵，他们坚韧不拔的精神是一样的。我问过老俞："你两次高考没有过分数线是真的吗？"他说是真的。我也两次高考没过分数线，但我就放弃了。

俞敏洪：你要是不放弃，就写不出今天这些小说了，中国历史上就少了一位大家永远都会念叨的小说家。

《兄弟》更适合18岁以上的人阅读，能理解得更加透彻。我读了两遍，第一遍是2006年年底，当时分成上下两册，现在变成了一本。我认为《兄弟》应该是能够写进中国小说史的一本书，是以人物反映时代的一本书。任何一本小说，只要人物能够反映一个时代的变迁，就是好小说，当然前提条件是人物的个性和故事的描述本身也能够吸引人。如果光是描述一个时代，它是没有活力的；而光是描述一个人物，不放在时代中，也没有活力。《活着》为什么能够卖得那么好，其实也是一个时代变迁的背景在人物身上的缩影。

3. 人物是时代的缩影

主持人： 余华老师喜欢"混世魔王"李光头的形象吗？

余华： 我非常喜欢这个人物。我也很喜欢宋钢，这次重读，宋钢让我好心酸啊。**当时代剧变之后，大部分人不知所措，不知道前面的路在哪儿，该往哪儿走，宋钢代表了这样一个群体。**李光头这个人物更有时代感。老俞有一点说得特别好，人物把时代带出来了。我的小说里为什么有时代，是因为他们经历了这个时代，我一定要写这个时代。**作为一个作家，不要为了时代去写故事和人物，而是要为了人物和故事去写时代。**就像老俞说的，这样的书，读者才会读下去，否则他们可能会看一些别的书，比如学术类的书。

主持人： 您为什么特别喜欢李光头呢？

余华： 因为**他真的代表了中国 20 世纪八九十年代社会中的一种勃勃生机。**虽然他有很多毛病是我们不该学习的，但他不是一个坏人，这点可以肯定。虽然这代企业家现在活着的已经不多了，但他们走出了第一步，这个第一步很重要，我们不能否定。

《21 世纪资本论》的作者、世界著名经济学家托马斯·皮凯蒂在他的新书里提到了《兄弟》。法国经济学家、巴黎经济学院创始人之一丹尼尔·科恩也说《兄弟》是"一本让你对小说重拾信赖的书，我的意思是说，小说在某种意义上是哲学的传承，因为它能够让你理解人类的灵魂；它也是社会学和历史学的传承，因为它还能引导你理解社会的机制，以及人类的激情是如何被社会捕获、被社会利用，从而被社会塑造的"。我把这段话用在了腰封上。

俞敏洪： 这有点学术化，我结合自身农村生活经历，从读者角度来解释一下。李光头代表着一种永恒的文学形象，这种文学形象以鲜活的个性贯穿人物的命运，**但任何一个完美的形象都是不可持续的，**所以这个形象的设定不可能是完美的，它必须有很多缺点。比如，现在一个姑娘要想找一个完美的男人是不可能的，只有在接受这个男人存在缺点的事实后，依旧能够发现他身上的优点，这个男人才是可以被接纳的。李光头作为一个男人来说，也不算是一个坏形象。如果是一个道德超级败坏、根本无可救药的形象，那也是不可持续的。所以，不管是善的还是恶的形象，其实都有某种大家公认的人性中永恒的东西存在，因为只有这样才能让这个形象持续下去。

这本书的名字叫《兄弟》，代表了兄弟之间最重要的一个环节就是不管遇到什么情况，都要讲义气、守底线。虽然讲义气、守底线也会有破例的时候，但那是在无可奈何的情境下不得不做出的选择。如果把他描写成一个在义气面前什么都不值一提的完美男人，这个形象是失败的。正是这种不完美的人物形象和对某种信条的坚守，再加上鲜活的个性和时代互相呼应，李光头变成了一个在我心里比较永恒的人物形象，这个人物形象肯定比宋钢要鲜活很多。

宋钢代表了大多数人，大多数人之所以被历史淹没，就是因为他们个性软弱，也没有突破自己个性的勇气。宋钢代表着中国一大批要面子、不愿意突破自己的知识分子或者中产阶级人物形象，他们宁可饿死也不愿意突破自己，等到最后没办法终于打算走出家门时，已经错过了这个时代留给他们的机会。这就是我对这两个兄弟的总结。我觉得其中最重要、最感人的还是这两个兄弟从小到大的成长过程，以及在关键时刻的相守。比如，李光头在县政府门前收破烂的时候，宋钢每天背着自己的老婆，拿着一盒饭和李光头一起分着吃，他俩就这样一人一半吃了两个月，直到被宋钢老婆发现。

主持人：宋钢是大多数人的代表，也是一个老好人，有非常多读者喜欢他。大家评论说，为什么好人没有好报，宋钢能不能不死？

余华：我写第一段的时候，提到李光头想要去太空游览一番，那时候他突然就想到了宋钢。李光头那时候很空虚，宋钢死了以后，把李光头的很多东西也带走了。我还写了一句话，"一棵小树烧出来的灰也比宋钢的骨灰多"。

当我写完第一段的时候，宋钢已经死了。后来我在修改的时候，有人提过一个建议："你一上来就写哥哥已经去世了，直接把结尾告诉了别人，是不是不好？小说要有一个悬念留到最后。"但我坚持这么写，我有信心就算没有悬念读者也会继续看下去。我一定要一开始就让人家接受宋钢已经去世的事实，否则别说是读者，连我自己都接受不了。作者其实也是读者，我要让自己接受，首先要说服自己，如果连自己都说服不了，如何让读者信服我。假设开头不写宋钢死了，很可能后面不会写他死了，宋钢不死，最后整个结尾就不对了。虽然作为读者希望他不死，有一个好莱坞式的结尾，但作为一部小说，宋钢是为小说而牺牲的。

俞敏洪： 我个人感觉，小说最终不管是以喜剧还是悲剧结尾，都必须带有遗憾。如果安排兄弟俩达成和解，最后李光头跟宋钢一起做生意，两个人都发达了，那这种小说不会有人看。**人生或多或少是不完美的，所谓明天和意外到底哪个先来，没人知道**，小说情节的安排，就是让人阅读时有张力，回味时带有遗憾，不管你多么喜欢宋钢，他最终离开这个世界是这本小说比较好的安排。当然，在现实生活中我们希望所有的宋钢都活下去。

4. 时代造就了个人

主持人：《兄弟》中也有很多好玩儿的桥段，让人读起来又哭又笑。"好玩儿"在您的生活中重要吗？

余华： 当然重要。和老俞一起喝个酒，这就叫"好玩儿"。在不同时代"好玩儿"的概念不一样。我当年开始写小说的时候，是一边拔牙一边写小说，那个时候还不是双休，是单休。周日的时候骑着自行车，叫上三个人一起打"80分"。但到了北京就没办法了，北京大，找另外三个人难，所以就开始看体育比赛。**好玩儿的事情要自己寻找，它不会自己跑到你这儿来。**

俞敏洪： 那个时代造就了你。我们那个时代，20 世纪 80 年代初的时候，没有手机、短视频，也没有地方消耗自己的时间，所以读小说就变成了业余时间的乐趣。

余华： 我从小就喜欢读小说。我们那时候没多少小说，拿到一本小说，没头没尾的，前面少十几页，后面少十几页，那书都不知道经过多少人的手，而且那帮人坏，读完书，书页掉了也不粘上去，然后在下一个人那儿又掉一页。那个时候读小说是很奢侈的事，尤其是外国小说。后来我上高中，你上初中的时候,《三国演义》《水浒传》和《西游记》出版了。

俞敏洪：四大名著中我读过《水浒传》，还是半本，从垃圾堆里捡回来的，开头就是林冲火烧草料场。

主持人：两位老师觉得那个年代给你们带来了什么重要的影响？

余华：我们要感谢我们生活在这样两个不同的时代，我们穿越了这两个时代，经历了这两个时代，这是弥足珍贵的。因为前无古人，后无来者，反差之大，令人难以置信。

俞敏洪：我想说两个点。第一，**一个苦难的时代，也可以留下弥足珍贵的传承和历史的记忆。**在改革开放之前的时代，有一批优秀的作家，比如梁晓声、路遥、余华、陈忠实等，他们创作了很多优秀的作品，给那个时代带来了文学和文化上的创新，当然这种创新需要由另一个更加开放的时代来接纳。如果没有拉美的时代，就不可能有《百年孤独》这样的传世之作；如果没有清朝，没有曹雪芹本人从贵族渐渐变得落魄，就不可能有《红楼梦》这种伟大小说的诞生。我想表达的是，不能因为这样的情况，就觉得我们应该留住这个时代，我们可以留在小说中。比如，西南联大时期，我们因为赞叹抗日战争期间知识分子的绝地反击，就偏执地认为只有这样的时代才能出现优秀的知识分子，这其实是不对的。

第二，**一个时代的变迁对整个民族来说，无论是政治秩序还是经济秩序，都必须往越来越好的方向发展，**要符合广大人民群众的利益，要让全国人民过上幸福的小康生活，这是我们国家的宗旨。也许未来的小说会慢慢缺乏描写这种大时代变迁的广阔和悲伤，更多描述安宁时代下人民的幸福生活和个人的成长历程。从某种意义上说，余华老师描述的时代其实已经过去了，究竟能不能写出不断繁荣的时代下的人生故事，也是对余华老师的一种考验。实在写不出来也没办法，我就跟他喝酒，反正我也写不出来（笑）。

主持人：李光头或者宋钢如果生活在2022年，他们的命运会有什么变化？

余华：李光头肯定就消失了，他过了新世纪以后，也就是两千零几年的时候，来不及变成"烂尾楼"，就被时代淘汰掉了。

俞敏洪：代际更替是必然的。李光头面对现在的高科技能生存下去吗？

余华：不可能，像他这样不讲规矩的做法是行不通的。20 世纪 90 年代讲规矩肯定是死路一条，但到了现在，不讲规矩的企业家根本就不可能存活，因为社会的规矩已经建立起来了。

俞敏洪：越来越明显了。我 1993 年领新东方营业执照的时候，用了大半年时间才办下来，现在办一个公司，一周就能完成所有手续。也就是说，国家在逐渐走向规范，这样对个人能力的要求就不一样了，尤其在面对高科技、互联网、制造业转型的时候，李光头这样一个没有文化的第一代草莽企业家，生存下去的难度是非常非常大的。

主持人：宋钢这种比较踏实、比较靠谱、循规蹈矩的好人会更吃香一点吗？

余华：不会。假如宋钢现在是 40 多岁的人，他过得不会好，但也不会差，因为他是循规蹈矩的人。但如果他已经 60 多岁了，那他的命运也不会好到哪儿去，因为前面的机会已经失去了，现在不会再给他提供那种机会了。所以，要看宋钢是哪个时代的人，如果还是过去那个时代的人，他在今天也不会过得好。

俞敏洪：现在这个时代会给宋钢这样的人更多生存的余地，毕竟现在老老实实工作的人一定有一席之地，这和改革开放初期要重新寻找生存之路的状态是不太一样的。宋钢这种个性的人适合安宁的、温馨的生活状态。很多人问宋凡平那一代人的命运，你能稍微讲一讲吗？

余华：宋凡平和李兰就是我们的父母辈，他们也经历了那个时代，但他们没有我们幸运。他们经历了改革开放，生活本应该变得越来越好，但就像刚才我们提到的宋钢一样，假如 40 多岁，那应该过得还不错，毕竟国家有一些基本的保障，但是 60 多岁以后，就没人会雇用他们了，因为年龄偏大。

写宋凡平和李兰两个人的时候我觉得很感动，比如，我写李兰接到宋凡平的信，说他要来上海，李兰天没亮就起来等他。那个地方我写了几页，就写等待的过程。那个时候宋凡平其实已经死了，当她下了车后，两个像从垃圾堆里出来的孩子告诉她爸爸死了。我写了好几页李兰的反应，她一直在忍受巨大的痛苦，她会有倒下的那一刻，什么时候倒下呢？后来我找到了最准确的时刻，就是宋凡平送李兰去上海治病前，他们终于去拍了一张全家福，拍完以后出事了，一直没有取。李兰从身上找到了发票，她带着李光头和宋钢去照相馆取照片，取了以后不敢拿出来看，然后走到桥上拿出来看了一眼，人就倒下了。

俞敏洪：宋凡平在你的小说里是一个完美男人的形象，有没有一种故意美化的概念？比如，一个小说里至少有一个顶天立地的人。

余华：我当时写作觉得比较困难的一点，就是没有时间或者地方让我写宋凡平身上的缺点，因为他不是李光头这样可以从头写到尾的人物。当一个人物在这个环境里出现的时候，只能写他在这个环境里的表现。

主持人：除了宋凡平这个配角之外，有什么其他配角让您印象深刻吗？

俞敏洪：余华把刘作家和赵诗人的那股文人酸味彻底写出来了，尽管夸大了，但确实没有打开眼界和生命的文人或多或少都有这样的表现。余华老师之所以现在没有这样的酸味，是因为他打开了文人的视角，闯荡了江湖。

余华：我当年在海盐的时候其实也是这样，不过比他们稍微好一点点。

俞敏洪：余华是观察县城里所谓的文化名人得出来的人物形象的典型代表，那个让我感觉印象深刻，因为我或多或少也经历过那种酸痛。我身边有些人到今天为止，明明已经当上了教授，但这种酸痛还没有全部排除，有时候还会比较强烈，任何人刺激他一下，说他不好，他就会暴跳如雷。这种人大有人在。

余华：这里面让我感觉特别痛快的是，李光头把这两个所谓的知识分子的"劳动人民本色"给揍出来了。

俞敏洪：对，这个最经典。

5. 余华的写作日常

俞敏洪：你跟莫言住过同一个宿舍，莫言获得诺贝尔奖你嫉妒吗？

余华：他获奖那天，我第一时间就给他发了一条短信，由衷地祝贺他，为他获奖感到高兴。别的作家我不清楚，但我这么说，他一定相信，因为我们太了解对方了，我们两个人是互相欣赏，我们的关系就是这样。莫言得诺奖当之无愧。

俞敏洪：你心中想的是不是为什么不是我？

余华：不，我觉得这奖应该是他得。我们两个人住在一个宿舍的时候，我真没有想到有一天我们会变成同事，没有想到我们会在北师大会合。他是我们北师大国际写作中心的主任，是我有工作以来遇到的最昏庸的领导，什么都不管，什么都不知道（笑）。

俞敏洪：大众对莫言的作品有不同的评价，你觉得有些评价是出于对莫言的妒忌还是什么原因？

余华：有妒忌的，不过更多的人主要还是因为不理解，话是有上下文的，也有对应的场合，但他们对莫言的文字断章取义。

俞敏洪：有人对你的文字断章取义过吗？

余华：多了去了。

俞敏洪：有人曾经问过，你觉得自己是不是中国最好的作家之一，你说你是。你说过这话吗？

余华：说过，我肯定是最好的作家之一啊。我是一步一步做到的，就好比你1993年搞新东方的执照的时候，肯定没想过新东方会做这么大。

俞敏洪：也没想到会迅速变得这么小（笑）。

余华：你刚开始的想法肯定是，我要是有个100人的公司，能维持下来，能盈利就行。我刚开始就是为了作品能够发表，然后去了文化馆。为什么呢？文化馆的工作太舒服了，拔牙多累啊。我在文化馆工作的时候，还算是比较老实的人，后来才慢慢不上班的，用的是和风细雨的方式。

俞敏洪：刘作家和赵诗人是一直不上班的。

余华：他们都没到进文化馆那个档次。我进文化馆工作之后，先是迟到，然后是下午去，后来是一周去一次，再后来是每个月领工资的时候去，慢慢地，他们就习惯了。我们有一次发福利，每个人都有一辆自行车，但没有我的，我妈还不高兴，说去要，我说不能要，他们把我忘了，要的话，再想起来这个人怎么不来上班呢，那我怎么办？我就没要。后来我跟马原交流过，我在海盐文化馆的时候，马原在拉萨，他用的方法跟我不一样，我是和风细雨，他是快刀斩乱麻。他不想在那儿上班，每次上班就跟馆长吵架，吵到最后，馆长就说："马原你别来上班了。"他说："这可是你说的啊！"他还理直气壮的，说不是他不想上班，而是他很想上班，但馆长不让他上班，从此他就不上班了。但在今天，马原的方式和我的方式都是行不通的。

俞敏洪：到你这个年龄，对于写作，还有你刚开始写《活着》时的那种热情和感觉吗？

余华：有。**写作真的很愉快，但体力确实跟不上。**我觉得写作不是脑力劳动，而是体力劳动。我也锻炼，但因为我经常去的健身房是在地下室，关了快两个月了，所以我买了一个椭圆机放在家里。我可以在小区院子里走路，但我还是喜欢去健身房、游泳池，那里面气氛好，另外，在家里蹬椭圆机很无聊的。

我的毛病是写着写着就搁在那儿，然后又写另外的作品去了。这也是**艺术家的一种美德——不稳定。艺术家不能稳定。**

年纪大了以后，我其实在控制自己的脑子不要想新的东西，把没写完的几本书写完，这辈子就够了。《兄弟》在西方比较受关注的原因是，它用全景的方式描写了两个时代。曾经有一个法国评论家说："他竟然做到了！用全景的方式写，比寻找一个角度的方式写更困难，因为有一些东西不能回避，必须要写。"看到这个评论以后，我觉得那个人可能也是写小说的，因为他了解这种困难。

主持人：您现在写作是什么样的状态？

余华：我终于改过来了，现在下午写作。写《文城》的时候，我基本是晚上10点到11点睡一觉，12点左右醒来，凌晨1点开始工作，到天亮再睡。后来发现不行，因为要等到中午才能睡着，所以慢慢调整，现在就是下午开始写作，晚上我就看看书、看看电影，然后睡觉。

俞敏洪：有没有半年不想写东西，某一天突然就想写，然后写得意气风发的时候？

余华：我不是这样的，我是细水长流。莫言经常是背着包，提着箱子回高密，两个月后回来，一部几十万字的长篇就出来了。我很嫉妒，他怎么写那么快，我说他是短痛，我是长痛。我在北京家里写《许三观卖血记》的时候，莫言在高密写《丰乳肥臀》，那时候我们差不多半个月或是一个星期通一次电话，聊聊天。有一次我给他打电话，半天不接，后来拿起电话气喘吁吁的，他说他在院子里跑步，体力不支了。

俞敏洪：有没有写小说写到最关键的时刻兴奋得不睡觉，一直写下去的时候？是不是睡了，第二天醒来思路就中断了？

余华：有。一般写作最困难的是什么呢？是今天写完停下了，明天再继续往下写的时候，那个情绪续不上了。如果觉得一句话不行，现在在电脑里面删掉就行，但那个时候还要换一张纸，慢慢、慢慢，那个感觉有了才行。那时候确实很需要体力，可能前面一个多小时都在写废话，等到后面一两个小时感觉来了，你的体力还得再支撑两三个小时。年轻的时候可以，但现在不行了，现在我就学海明威，知道明天要写什么，在这个地方就不写了，哪怕我还能往下写，也不写了。我现在尽量用这样的方式节省体力。

俞敏洪：你现在花多少时间进行写作？

余华：昨天没写，为了准备跟你见面。前几天写了，每天写三四个小时。

俞敏洪：现在不少网友说余华老师已经老了，你承认吗？

余华：承认。

俞敏洪：假如你能写到80岁，你觉得自己还能写出超越你现在所有小说的作品吗？

余华：我不这么想，我觉得达到现在小说的平均线就够了。作家最重要的一点就是要保持一种好奇心，对什么都想了解。如果没有好奇心，写作可能也就结束了。

俞敏洪：如果你对这个时代的年轻人感兴趣，我可以帮你介绍，我这儿特别多。

余华： 每个时代，人的想法真的不一样。

6. 把人生过成欢乐的岛屿

俞敏洪： 除了写作，我知道你还喜欢看球、看电影，你对 NBA 的球员如数家珍。

余华： 对，我 1982 年开始看足球，20 世纪 90 年代看篮球。当年第一支梦之队在巴塞罗那奥运会打比赛的时候，我才知道原来篮球是这样打的啊。莫言写作就有点像打篮球，进球特别容易，进入状态快；我写作有点像踢足球，90 分钟过去了还是 0∶0。

俞敏洪： 看这种球赛，是不是对你写作本身有帮助？是为了清空脑子里想的东西吗？

余华： 其实是对自己辛苦工作的一种酬谢。突然想到明天有一场很精彩的比赛要看，那今天就应该好好工作。如果明天没有比赛，今天是不是就可以偷懒出去吃个饭？如果后面有一个什么奖赏，会激励你把现在的工作做得更好。

俞敏洪： 看电影是不是也是这样的感觉？

余华： 我看电影是因为睡不着觉，又不想看书，看书累。我一般都是在家里看，但贾樟柯的电影我会去电影院看。为了支持他，我们全家都去看。我欣赏他一直在他的水准线上，起码没有掉下来，他的电影值得去电影院看。

我基本上看的都是好看的电影，《野草莓》看过三遍，看得最多的电影是《美国往事》的导演导的西部片"镖客"系列，我看了七八遍，《西部往事》也看了五遍以上。

俞敏洪： 你的业余生活是怎样的？

余华： 我在网上跟人下围棋。

俞敏洪： 平常跟朋友应酬、吃饭、聊天多吗？

余华： 不少。

俞敏洪： 这种聊天是出于生活的需要还是写作的需要？还是说到这个年龄

就应该该吃吃、该喝喝？作家跟不同的人认识以后，了解他们的个性、行为、人生轨迹，也许就能将其变成小说中的某个人物。我有资格变成你小说中的某个人物吗？

余华： 把你写出来很难，你比李光头复杂。我觉得跟朋友们吃饭，他们来自各行各业，彼此之间没有那么实际的利益关系，所以相处得很融洽，但确实能够通过一些聊天多了解我所不熟悉的某些领域。比如，对中国社会的了解，我其实在很大程度上是靠倾听去实现的。《兄弟》里写到李光头到日本倒卖垃圾西装的时候，他想去酒吧，但是他不会说日语，然后就写了"98"。这其实是个真事，一个朋友告诉我的，后来这个朋友向我要版税，我说我还没跟你收广告费呢。他做房地产，他手下的人挣了钱到日本去旅游，想找酒吧，然后就在手心上写了"98"，但没人知道是什么意思。我就将这事儿写进了小说里。

俞敏洪： 希望未来还能读到更多余华老师新的、优秀的、可以传世的作品，我相信余华老师还是能够写出这样的作品的，实在不行我跟你一起写。你把我写成主角就行，写一个复杂的、不靠谱的主角，我给你当模特（笑）。

余华老师不那么耐看，但他的书还是比较耐读的，他的几本重要小说我基本都读了两遍，有的甚至读了三遍。在小说中，在字里行间，在又哭又笑中，在流着眼泪的感叹中，我们了解到余华老师所写的时代和时代中的人物命运，这些是可以映照到我们自己身上的，让我们意识到为了让自己的命运变得更好，我们应该去奋斗，做出更多努力。余华老师写着让自己流泪的作品，但又过着欢乐的现实生活，这其实有一点象征意义，**我们在人生中遇到的事情，很多都是要流泪的，但在这个过程中，我们依然不能失去欢乐和自信。**

余华： 其实我们在生活中，欢乐的时候要远远多于伤心的时候，但欢乐容易被人忘掉，伤心会被记得更久。这就好比我和老俞走在大街上，旁边有人一边走路一边笑，我们不会在意，但如果有人一边走路一边哭，我们就会站住看他。因此，**我们要尽量记住欢乐的东西，忘记悲伤的东西。**

俞敏洪： 我们可以有深刻的悲伤，但还是要把自己的人生过成欢乐的岛屿。现在大家都觉得你是段子手，觉得你很欢乐，网上还有很多人专门截你的段子。

余华： 我在生活中不是有幽默感的人。

俞敏洪： 一个人的优点和缺点通常同样突出，你的缺点在哪儿？李光头的优点和缺点非常明显，你的优点和缺点明显吗？

余华： 非常明显，我的缺点我要好好想一想，优点我也要好好想一下。批评与自我批评不是一件很容易的事。

主持人： 俞敏洪老师也出版了非常多畅销书籍，会考虑写小说吗？

俞敏洪： 我不会写小说，我没有小说家创造和想象的能力。

余华： 我觉得你刚才显示了你诗人的那一面，老俞跟西川是同班同学。

俞敏洪： 我年轻的时候写诗，结果被西川骂得狗血淋头，他说，你这样的人要是能写诗，我这样的诗人就一头撞死了。

余华： 没有没有，西川是看到了威胁他前途的人。

俞敏洪： 果然是，我被西川打击了之后就不写诗了（笑）。

余华： 西川那个时候叫刘军。刘军心想，俞敏洪写诗，刘军就无法成为西川了。

俞敏洪： 他认为俞敏洪写诗是对诗歌界的侮辱，下次把他叫来问问到底是怎么回事。不过被忽悠有被忽悠的好，如果我真写诗，可能现在穷得连衣服都穿不上了。

余华： 不会，你写诗也是在我们北师大国际写作中心，在莫言领导下。

俞敏洪： 好，等下辈子吧，这辈子追不上你们了。

7. 网友提问

主持人： 有网友提问余华老师，您觉得自己写作有没有天赋？

余华： 我当然有天赋。

俞敏洪： 余华写作没天赋？

余华： 天赋是需要被发现的，假如我不去写，我就不知道我有写作的天赋，但是也可能我还有别的天赋。

俞敏洪： 拔牙。

余华： 我拔牙拔得很好，拔了差不多 1 万颗。拔牙的时候我就已经开始写小说了，写作后就去文化馆工作，不用拔牙了。**人生就是这样，把你推到一个你特别不喜欢的工作中去，所以你不得不再找一个另外的工作。**

俞敏洪： 这也是一个办法，把人推到一个绝境，自己生出爆发力，想出一条出路往外蹦。

主持人： 另一个网友提问，《兄弟》里的余拔牙是不是有余华老师自己的影子？

余华： 没有。我干过 5 年牙医，当我写到牙医的时候就觉得特别亲切，所以就把我的姓给他了。有人问余拔牙是不是我，我说肯定不是我，如果是我，我肯定把他写成一个英雄人物。不过现在看来，有些地方还是像我的。

主持人： 网友提问，请问余华老师是怎么保持发量的？

余华： 我这头发也是一种天赋。

俞敏洪： 这是基因，不能什么东西都放到天赋上去，哪有那么多天赋。

余华： 我年轻的时候头发更多。

俞敏洪： 我年轻的时候头发像瀑布一样，现在你比我多。

主持人： 好的，今天时间差不多了，再次感谢余华老师和俞敏洪老师与我们对谈，大家再见！

（对谈于 2022 年 7 月 22 日）

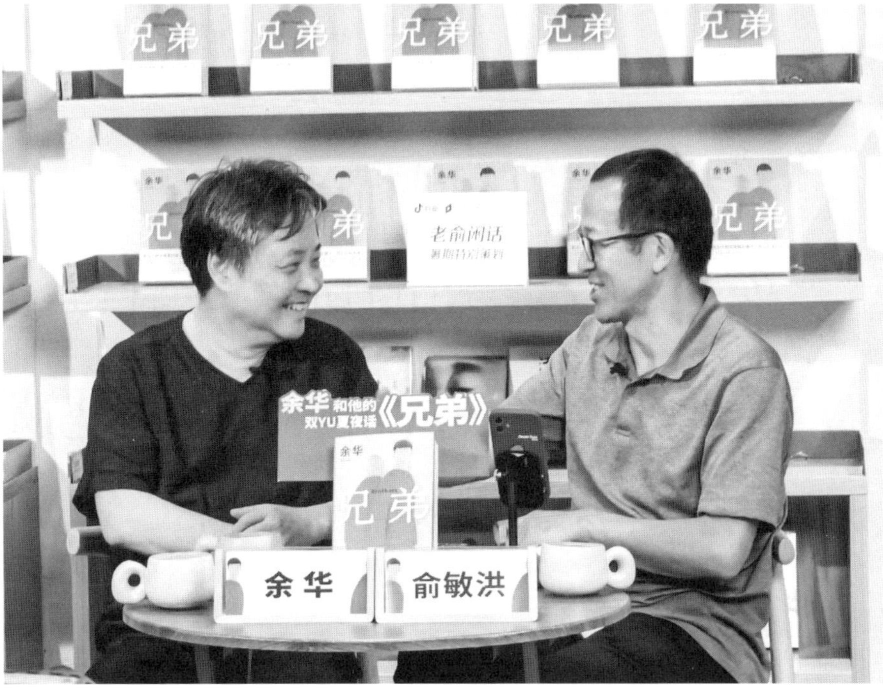
兄弟
老俞闲话
余华 和他的
双YU夏夜话《兄弟》
余华
俞敏洪

对话 葛亮

大时代下的人间烟火

人生就像一列行进中的火车，你看到了一边的风景，另一边势必就会错过，但这并不是遗憾，人生是需要留白的。

葛亮/

1978年出生，原籍南京，现居香港。现任香港浸会大学教授、广州市作家协会副主席。著有小说《北鸢》《朱雀》《燕食记》，文化随笔《小山河》《梨与枣》等。作品被译为英、法、意、俄、日、韩等国文字。其作品曾获"中国好书"奖、"华文好书"评委会特别大奖、"《亚洲周刊》华文十大小说"等奖项。

俞敏洪：各位朋友好，今天和我对谈的是青年作家葛亮。葛亮是一位非常有思想、有学术背景、小说又写得非常好的年轻作家，他的小说最初在港台地区出版，获得了很多港台文学奖。

葛亮出生在南京，成长在南京，从南京大学毕业后到香港大学获得了硕士、博士学位，之后留在香港，成为香港浸会大学的教授。他一直在努力传播中国文化、中国文学，所以今天我会以葛亮老师的四本书籍作为脉络和他聊聊创作经历、人生经历，以及与文学相关的话题。

在对谈开始前，我先向大家介绍下葛亮老师的四本书籍。最新出版的《燕食记》是以美食的传承为背景，沿着岭南饮食文化的发展脉络，以荣贻生、陈五举师徒二人的传奇身世及薪火存续为线索，借关于美食的跌宕故事描摹出中国近百年社会变迁、世态人情的画卷。里面涉及大量人物命运在时代背景中的跌宕起伏，文笔非常精妙、柔和。

《北鸢》是以他的外祖父和外祖母的人生发展经历为蓝本创作的一本小说，背景设定在抗日战争前后，通过这本书能读出大时代背景下人物命运本身的跌宕起伏。到目前为止这本书在内地已经卖了 30 多万册。

《朱雀》是葛亮老师的长篇处女作，以南京为背景讲了两代人的故事。以现代青年的故事不断交融引出了母亲一辈，甚至祖父母一辈的故事，即三代人的人生经历。这本书读起来更加有现代感，因为是从20世纪80年代、90年代这代年轻人的故事出发，引出了20世纪30年代、40年代老一辈人身上的故事，讲了人与人之间的关系，包括有血缘的关系和无血缘的关系，怎样互相扶持成长，经历了怎样的苦难，里面对特殊时代描述得非常好。

《瓦猫》则是葛亮老师的中篇小说集，讲匠人精神。江南篇《书匠》、岭南篇《飞发》、西南篇《瓦猫》，这三个故事写得比较动人、精彩。

——对谈环节——

1. 文学审美的建立与书写的初衷

俞敏洪： 葛亮老师好，你的《燕食记》写得非常精彩，是我最近读过的小说里非常棒的一本，描写的是20世纪民国时期的事情，你对文化描述得非常精细、到位。

葛亮： 俞老师好，谢谢俞老师。

俞敏洪： 你是1978年出生，你父母应该比我大10岁左右，所以他们经历过新中国成立及发展、"文革"，到后来改革开放的过程，等到你长大的时候，已经进入改革开放繁荣期了。我也了解到，你的家族背景有书香门第的色彩，老一代人中文化人也挺多的，所以，尽管你没经历过那个时代，但也一定在老一辈人的言传身教中，比如他们的风度、行为规范中，直接感受到那个时代的气息和韵味。所以我想问，**你父母在你成长过程中对你有什么样的影响？**

葛亮： 他们对我来说，无论是生活还是成长，都有非常重要的引导作用，特别是我的父亲。我的父母学的都是理科，我父亲学物理，我母亲学工程数学，往上追溯一代，我的祖父是以前中央大学的教授，做艺术史研究，所以从某种角度来说，**我现在做的一些事情，也算是一种薪火相传。**在这个过程中，我父亲是特别重要的桥梁，虽然他是学物理的，但他内心有非常强烈的艺术追求和想法。他在我成长过程中产生的影响其实是潜移默化的，他将自己的兴趣慢慢传达给了我，但这个过程非常自然。比如文学，我父亲是学俄语的，所以他特别喜欢读俄国早期的小说，这就构建了我最早的文学观轮廓。

俞敏洪：其实俄国小说，尤其是古典小说，还有19世纪末的作家写出来的小说，都有一种宏大叙事和对历史的追溯过程。我从你的小说中也读出了俄国文学对你的影响，比如把人物命运放在历史大场面中去叙述的这种方式。哪些俄国作家给你的印象比较深呢？

葛亮：托尔斯泰、屠格涅夫，他们一方面建构宏大的叙事方式，另一方面也有日常的精微描写。其实那时候我年纪小，就是有一种本然阅读的兴趣，也似懂非懂。关于人之间的情愫或者个人和时代命运之间的关联，我当时是不可能有认知的，是慢慢潜移默化而来的。很久之后当我成为一个写作者，我才发现父亲给我建构了最早期的文学审美。此外，我父亲很喜欢笔记体小说，像《世说新语》《阅微草堂笔记》这种短一点甚至有一点点偏门的故事，他都会引领我去读。虽然短，但它的容量特别大，一个非常非常小的故事，能够给人带来无穷无尽的遐想，无论是对人物的塑造，对时代和人的关系的描述，还是人和人之间博弈等的描写，呈现出来的整个故事张力特别大。这种语言体式和格局也让我对中国语言文字形成了一种自己的标准。

俞敏洪：你的祖父母、外祖父母都是老一代文化人，甚至不少是名人，比如你的太舅公是陈独秀，他的命运后来对这个家族产生了部分影响，影响了家族成员对于未来人生道路的选择。所以，我觉得你的文字功底和文化功底一方面来自家族传承，另一方面来自父母的直接影响，还有一方面是你自己沉浸其中。在你成长的时代，孩子们已经开始玩游戏了，社会也变得相对比较浮躁，虽然很多俄国小说都很优秀，但确实要有耐心才能读下去，在这样的情况下，你是如何坚持阅读以俄国著作为主的小说的？你也会阅读《世说新语》《阅微草堂笔记》这种中国古代的微型小说，你的古文功底又是从何而来？是受祖父母、外祖父母的影响，还是受父母的影响？

葛亮：更多可能还是来自我的父亲，他其实算是我和祖辈之间的桥梁，他身上的文化积淀是很深厚的，但他又非常生活化。很幸运的一点就是，我小时候的家庭教育环境是很轻松自由的状态，他让我读的笔记体小说等作品，本来就是一种非常自由的文体。胡适先生讲笔记体小说"可补正史之不足"，这也建构了我的历史观。你怎样看待历史？俄国文学里已经有非常多这样的宏大叙事，但在中国古典小说里，特别是有些旁逸斜出的部分，在建构我的历史观的同时也在建构生活观，而这些关于20世纪的重要文学的想象，我在写小说时也做了相应的应用，比如怎样切入细节、怎样感受生活、怎样营造历史的在场感等，这些都蛮重要的。

俞敏洪：听说你上大学的时候，你父母希望你去学理工科？

葛亮：其实还好，我母亲曾经考虑过让我读法学，但从我自己的角度看，我还是想学中文，我父亲特别尊重我。

俞敏洪：你是到香港读研究生的时候才开始写小说的，那时候已经20多岁了，为什么突然开始写小说？

葛亮：其实我一直甘于做一个阅读者，因为我觉得阅读本身是一件特别幸福的事情，一直到读研的时候还是这样。最初我对自己的定位实际上不是写小说，而是对小说、文学进行研究，因为我的专业是中国现当代文学。但作为一个研究者，我做的研究也不是冰冷的，还是会有情感落点，**我当时觉得要对自己的研究对象有一种心理上或者情感上的共情，所以最好的方式就是像那些作者一样写小说，这是一种将心比心的方式。**

一直到写小说，我也从没想过要发表和出版，我真的纯粹想体验他们写小说的甘苦，因为我觉得这是对他们的作品的尊敬，我想通过这种方式进入他们的生命肌理中，去感受他们写小说过程中可能会遭遇的问题，这有利于更加真实地做研究。

俞敏洪：你最初是为了研究时更加有切身感受，给学生讲的时候更能抓住一个作家心理上的要点，并且把它传播给学生，让学生共情，才开始写小说的。那在现当代小说家中，从钱锺书、沈从文开始，一直到当代的莫言、余华，你比较喜欢哪个小说家？为什么？

葛亮： 我觉得在现代文学脉络里面，沈从文先生是我内心非常崇敬的小说家。我们对沈从文有一些既成的想象，觉得他在那样一个年代，表达了一种人性的纯美，当然这种纯美中也包含了一种人性的砥砺，但我觉得**沈从文更大的意义在于他的小说中存在有关社会的实验性哲学**。我最喜欢的一本小说反而不是大家一致赞美的《边城》，而是他没有完成的《长河》，因为在《长河》里，他表现出了对中国社会"常"与"变"的反思。他表达出来一个观点，当现代文明和西方文明开始渐入一直以来根深蒂固的文化体系时，它的意义是什么？它的好处其实需要在一个相对比较传统的语境里得到检验，这也是我自己的小说观的核心部分。

俞敏洪： 对，我能看到你的书里有部分沈从文的影子，就是对于人物和大环境背景下的人物命运的描述以及对于细节、场景的描述，沈从文在这方面做得非常精细，我读你的小说时也能读出这种精细的感觉。尤其是读《燕食记》的时候，那种细微的感情，结合场景的描述，读着读着就能让人动容。写小说能写到这种地步是一种境界，可以说这是我近几年读过的挺让我动心的小说。那现在还在世的作家中，你更欣赏哪个作家的小说场景设计？你在大学教课的时候也会分析中国当代小说家的一些作品和特点吗？

葛亮： 当代的很多作家我也很崇敬，特别是前辈作家，他们都呈现出各自的写作气象。讲课的时候是一定要梳理文学史脉络的，包括小说的写作、创作类的课程，也一定会涉及。我的方式是尽可能给我的学生呈现比较多的可能性，在这个过程中，我会尽量少讲我自己的作品，也不会把对于哪个小说家的观点强行灌输给学生，因为这涉及相对比较个人的审美。我觉得写作课程很重要的意义就是，尽量通过自己的讲授，让学生感受到他们可以在写作的路径上呈现出哪些可能性，去挖掘他们自己的创造肌理，这是非常重要的一点。因为学生仅仅通过一个学期或者一年的小说创作课程是不可能成为小说家的，我也没有这样自我期许会成为一个非常棒的小说家。所以，我觉得写作不只是一种技能，实际上还是我们日常疏解、抒发的一种需要。其实写作是可以很私人的，但同时也注入了你对于这个时代的见解，就看你从怎样一个渠道去表达。

俞敏洪：我觉得写作，尤其是写小说，无论背景设定在什么时代——比如《红楼梦》，你甚至都看不出写的具体是哪个朝代——实际上都是通过人物的个性、命运沉浮来表达作者对于自己生活的那个时代的一种看法。

在你的学生中，一定有内地的学生，也有香港本土的学生，在跟他们打交道的时候，你觉得他们之间有什么差异吗？

葛亮：他们会依据自己的成长环境做出回应，这一点很有趣。我讲到当地的话题，香港学生的反应比较活跃；反之，我们看到当下一些很重要的文化现象和瞬息万变的文化事件大都发生在内地，然后通过网络的方式传到了香港，谈到这些话题的时候，内地的年轻孩子会有更多的互动。但这种差异越来越小，这就是网络带来的意义，它是一个文化共同体。我倒不觉得它埋没了每个人的文化个性，反而为人们提供了更大的机遇。在《燕食记》里我一直在谈"相遇"这个话题，本来岭南就是一个很大的文化容器，让不同的人相遇，甚至相知，在这个过程中不同的人进行了某种所谓的个性、性情、经历、阅历的融合，网络也是一样。有人说网络让我们对于信息的理解更加仓促，接收的信息更加密集，更加急于下结论，实际上这是一体两面的东西，网络同时也是一个很重要的容器、一个共同体。

2.《朱雀》：躬身返照看南京

俞敏洪：你第一本小说《朱雀》的创作初衷是什么？

葛亮：作为小说创作者，一定会在自己的作品中首先找到情感落点。《朱雀》确实就是写给自己家乡南京的。

我当时到香港求学，感觉香港作为一个城市，它的现代气韵和我的家乡完全不一样。南京说起来是六朝古都，吴敬梓先生在《儒林外史》中说南京"菜佣酒保，都有六朝烟水气"，所以南京是一个特别文艺的城市，而且生活节奏是非常舒缓的，你在里面能够体会到人和城市之间的天然融合，这是一种与生俱来的属性。但到了香港之后，我能感觉到香港的节奏感和南京大不一样，我们现在仍然会对香港有一个图景式的呈现,就是维多利亚港湾非常璀璨的灯光天际线。所以,在这个过程中,对一个年轻作者来说,内心一定会有撞击。我在南京的时候很少想写作,没有这种意念,我觉得我和这个城市最好的相处方式就是在这里生活,但到了香港之后,会有一种撞击,我躬身返照,觉得原来我的家乡这么特别,所以在这个时候我就开始写南京、写《朱雀》。

俞敏洪: 这也刚好是我想问你的问题。现在的孩子中有不少都是独生子女,从小到大被父母呵护得特别好,所以大学生填写志愿的时候我有一个建议,离家乡越远越好。你从小生长在南京,18岁考大学时又选了南京大学,你是大学毕业以后才选择了远离家乡,将文化上有比较大差异的香港作为自己进一步深造的地方。我想问,是因为你从小到大对南京这座城市非常满意才做了这样的选择吗?

葛亮: 又谈到一个情感落点了。我作为一个南京人,对于家乡确实非常眷恋,一直以来没有想过要离开,其实这就是个人和城市之间的融合。此外,我老家是安徽安庆的,当时之所以来到南京,是因为我祖父要到当时的中央大学,也就是现在的南京大学当教授。从这个角度来说,南京大学对我来说非常亲切。

俞敏洪: 我上北大的时候,有同学在南京大学读书,所以我去过南京大学好几次。我从北京坐火车到南京,先去南京大学待一两天,再和同学一起坐火车回家乡。我对南京大学爬满青藤的老房子有很深的印象,而且南京大学里都是参天古树,所以这所学校本身就有一种魅力。我想问,是不是那种校园环境刚好和你成长起来的家庭文化氛围有着某种非常好的契合?

葛亮: 您说得特别好,几乎是叠合的。我们家当时住在四条巷,隔壁就是南京大学,因为我的父母在研究所工作,所以虽然我不是在南大的氛围里长大的,但南大就是我们的邻居,我从小在南大附近玩,它里面的一草一木对我来说都有很深的感情。很自然地,中学毕业之后,我选择进入南大继续学习,在这个校园里玩耍相当于回到了家。

俞敏洪: 等你上南大的时候,南大搬到了浦口,大一、大二就在浦口,浦口的校园跟主校园比是不是完全不一样?会让你比较失望吗?

葛亮：确实是不一样，但倒没让我失望，因为那里也很自由，呈现出另一种气象。一个有历史感的空间当然会带给你亲切感，同时也会带给你拘囿的感觉。比如，北大楼非常雄伟，南大的校训"诚朴雄伟"，从北大楼就可以体现出来，所以在学校里就要力学笃行。但从某种意义来说，这种感觉会让我心理上产生一种沉重的感觉，觉得我在这个大学里一定要不负众望才行。

俞敏洪：实际上像南京大学、北京大学这样的学校，有意无意中形成的文化氛围就是，**你作为这个大学的一员，就应该不负众望。**

葛亮：但在浦口完全没这种感觉。我应该是第二代在新校区的学生，那是一个全新的大学环境，四周还有农地之类的，附近也没有什么餐厅，就有一些没那么多规矩的小馆子，我反而觉得非常自由。作为一个在城市长大的孩子，我能体会到和自然接触的那种感觉，反而有一种新鲜感。但我认为大三、大四一定要回老校区，因为必须在百年老校里得到某种熏染和浸润，这很重要。我觉得我还是蛮幸运的，能在大三、大四的时候回到主校区。听说我的一些师弟师妹要常住在江北，他们就体会不到百年老校的丰韵，蛮可惜的。

俞敏洪：现在中国很多大学都是几个校园，所以老校园的熏染变成了一个问题。北大、清华做得还算比较好，到现在为止，他们的本科生主要是在主校园，但某种意义上也限制了大学的发展。南大的老校园现在好像变成纯粹的研究生院了。

我想问，你对南京这座城市的文化、特性以及老百姓个性的思考是你离开南京到香港之后才开始做的吗？很多人觉得南京就是一个大萝卜，你怎么看待这个比喻？

葛亮：对，**就是一个躬身返照的过程，重新审视这座城市的氛围以及它的历史。**您提到的大萝卜，是指外地人讲我们南京人有点木讷的意思，但我觉得挺好的。不光是我说，我那些留在南京的外地同学也都说南京天然就是一座非常包容的城市，处于南北交界地带，对各种文化气象都会尊敬、吸纳，这也是为什么我一直非常爱我的家乡，并且愿意待在那里。

俞敏洪：如果用几个词来描述南京的个性，包括老百姓的个性，你会用哪几个词来描述?

葛亮: 纯朴、包容、有积淀、有烟火气。

俞敏洪: 我在南京也住过一段时间,在我看来,南京人还是有比较"野"的一面,就是北方气,也就是你说的包容,因为南京是一个移民城市。我个人认为你在《朱雀》中描写的女主角程囡好像挺体现南京姑娘的个性的,那张艺谋拍的《金陵十三钗》里描述的那些姑娘的个性,是不是跟南京人的个性也挺吻合的?

葛亮: 有吧,有大开大合的感觉,但真正的六朝金粉或者六朝烟雨,那种烟花女子很多来自扬州,并不是南京本地的。张艺谋导演也是把一种虚构的想象注入里面,所以电影里面的那些姑娘都讲南京的老话,由此看来他做了很多功课。

俞敏洪: 现在南京人在一起还是讲南京话,如果是两个南京人在一起,是不太愿意讲普通话的。我们在南京的新东方学校做得还挺大的,两个员工交流工作的时候都会说南京话,我去的时候他们才会为了将就我改成普通话。

我很喜欢南京,秦淮河、夫子庙、盐水鸭、豆腐干我都很喜欢,确实是你说的那样,很有烟火气,我每次去南京都要到秦淮河边上或者夫子庙游玩吃喝。

葛亮: 我当时写《朱雀》时有一个着眼点,因为南京夫子庙有一个老字号,叫奇芳阁。这个老字号非常有趣,有一年我回南京发现这个老字号下面彩旗飘扬,但上面却出现了一个巨大的金黄色的"M",因为这家老字号的经营状况不是特别理想,所以就把楼上租给了麦当劳。当时对年轻人来说,撞击感还是蛮强的,因为**老字号和麦当劳连接到一起之后非常后现代**。我后来也有一种省思,南京实际上代表了中国传统文化中一个非常重要的部分,代表了一种脉络,但它和西方对接的形式是有撞击感的。为什么我要在香港开始提笔写南京?其实是想去感受一下南京作为我的家乡,在当代的语境里会怎样发展。

3.《北鸢》: 大时代下的人间烟火气

俞敏洪:《燕食记》中的人物其实跟你过往的历史时期没什么关系,是你到香港之后对岭南文化，包括岭南文化对人物命运的影响的一种探寻。美食就是岭南的文化名片，以美食为脉络来探寻人的命运就显得非常符合当地的文化特征，也显得很自然。前两本小说，尤其是《北鸢》跟你个人的身世是有关联的，里面的主要人物卢文笙和冯仁桢的原型是你的外祖父和外祖母，你当时的写作动机是什么？

葛亮： 写这本小说的初衷和我祖父的一本遗作相关，那本遗作叫《据几曾看》。祖父是艺术史学者，这本书收录了从西汉到晚清的199件书画作品，这些作品都是艺术珍品，以前藏于故宫，后来流落到了海峡两岸。《据几曾看》的出版在现在看来是一个机缘，因为得到了我祖父的老友王世襄和范用先生的鼎力支持，他们二位奔走于海峡两岸，最后玉成了这本书的出版。所以，其中有许多我作为后辈而感念的东西。

《据几曾看》出版之后，祖父的编辑写了信给我。信中说到，一方面这本书的出版对于中国文化史、美术史的意义非常重大，从另一个角度来说，也是对那个时代的复现。我作为后辈，非常亲近于我祖父的那段历史。编辑问我，我有没有可能以非虚构的方式来写一写他们的故事。她当时给我寄了陈寅恪先生的女儿写的《也同欢乐也同愁》等一些作品，也是同样的体式，后人去写自己的先辈，进而勾勒时代。我也开始筹备这个工作，但遗憾的是，在这个过程中范用先生、王世襄先生等次第凋零。我没赶上和我祖父的老友们进行非常深入的交流。这个非虚构作品最终没有成形，对我的情感冲击还挺大的。

我记得每到年节时，范爷爷会用书简的方式与我往来，那时唯一用这种方式往来的就是范爷爷，那个过程特别美好，他会附上孙子的一帧小画。他去世之后，不仅仅带走了个人之间的人情交往，也带走了一个时代。因为现实状况和情感上的冲击，非虚构写作的意念就此中断了。后来我就想，我是一个写小说的人，有没有可能以小说的形式复现那样一个时代，所以就想到写《北鸢》。

《北鸢》以我的外祖父和外祖母为原型，我的外祖父出身于商贾之家，相对于知识分子，他身上有更多民间的、烟火气的东西，有很深刻的时代烙印。我的外祖母出身于世家，她的父辈甚至祖辈有很多传奇的事迹。而我思考最多的是，怎样把这些大时代背景落点于生活，回归到人的本位，如何让他们在里面经历一系列的时代转折和变迁。比如我外祖母，她是最早的一批大学生之一，从辛亥革命到"五四"时期，再到抗战时期，这些时代的变革她都经历过。从现在的角度来说，我们特别希望能看到那个时代的风骨，但其实在那种风骨之下也有很多日常和烟火气的部分，所以我希望借由这本书去传达有关烟火气的细节，让那个时代变得更加亲近。

俞敏洪：艰苦时代中的人间烟火和奋斗。你在书中描写你的外祖父加入了抗日战争的队伍，现实中他参加过吗？

葛亮：是的，确实如此。

俞敏洪：你小说中的主要场景并不是你自己亲自经历过的场景，这些场景大部分是在 20 世纪初到 20 世纪中叶，甚至改革开放阶段。比如，《朱雀》里的场景就是改革开放阶段，你最近出的《燕食记》也是如此，尽管是以香港为背景，但依然是以 20 世纪上半叶为主要的时间跨度。你之所以对这段时间的历史、社会环境感兴趣，是不是来自你对自己家族的研究？

葛亮：从本源的角度来讲是这样的。比如，我祖父留下来的一些东西，**在这中间我能感受到他们那代人的浸润感，这种浸润感不单是来自文化，也来自日常，里面含有中国人长期以来持守的尺度。**我还蛮喜欢把这种过程转化为能够和当代人价值观对接的部分，因为我们总觉得历史离我们太远，或者历史是我们可望而不可即的部分。但就我个人经历而言，我自己想在小说中传达的历史部分是非常亲切的，**我希望通过我的绵薄之力，通过我小说的文字，能够把相关历史"翻译"成当代人可触可感的部分。**

俞敏洪：如果纯粹地去读那个时代的历史，一会比较枯燥，大家不愿意深入去读；二用历史理论套历史，有可能出现一种留下了筋骨但没有血肉的感觉，所以我读你的小说感觉你在筋骨中填了血肉。

过去有一段时间，很多人特别迷恋民国风情、民国风度，也出了很多相关的书籍，到现在为止，大家也还在思考民国时期的一些社会现象，比如岳南在《南渡北归》中描述的西南联大时期知识分子的风范，到现在为止大家也非常感兴趣。你在以那个时期为背景写小说的时候，尤其你写的还是普通人物和有家族传承的人物互相交集、交替的历史，以及某些小人物在历史过程中的沉浮及奋斗，你觉得你了解的那个时代的历史和现在历史书上，尤其是正史里描述的有什么差距吗？

葛亮：肯定非常不同，其实这就是所谓的宏大叙事以及新的史观，即微观史、日常史之间的差距感。在我建构史观的过程中，我很在意将历史中所谓的人物还原为人的部分。比如，我在《北鸢》里写到褚玉璞，他是一个很重要的历史人物，他以前是直隶军务督办兼直隶省长，也是我外公的姨父。一直以来在对人物的想象和建构中，我会赋予人物某种特性，这类人物往往是纵横捭阖的，他会以一种固定的面目出现。但在《北鸢》里我更想把他还原成一个人，他作为一个父亲、一个长辈，甚至是一个非常普通的丈夫，会怎么样，他在家庭语境里怎么表达自己的所思所感，我会思考这些。

俞敏洪：你把他作为一个父亲或者家庭守护者的形象，与他作为叱咤风云的掌权人形象，而部分意义上是军阀的形象进行了对比。他是一个积极奋斗、有着血肉的人物，有着诸多个性上的矛盾和融合。我觉得褚玉璞这个人物，以及他和昭德、昭如的关系，你写得都非常到位。

葛亮：是的，他作为历史人物，肯定有叱咤风云的一面，但也有常人所会有的软弱的一面。比如，他感觉到自己作为军阀里一个非常重要的典型，已经走向了没落，他喟叹自己的人生，有种大势已去的感觉，他的人生也确实已经走到了终点，但这时候他的妻子昭德——她的原型就是我外祖母的大姨——说出了这样一句话："你造出时势，就莫怪时势造出他这个英雄。"这是一句非常辩证的话，可以论天下事。我们一般都讲英雄造时势，一言以蔽之，但其实它是一个非常辩证、可以相互转换、可逆的过程。她是站在一个家庭主妇的角度讲出来的，所以在这本小说里，我除了表达自己对于历史人物的看法，也表达了某种性别观。褚玉璞非常敬重他的妻子，觉得两个人是可以一起坐下来论时事、论天下形势的，他在寺院里留了一副棺椁，这副棺椁的主题是"渔樵问对"，一个给他的妻子，一个给自己，这代表了他内心对于妻子的敬重。这也是一种历史观和性别观的表达。

俞敏洪：这种描述在我看来反映了一个时代的变迁，如果放在辛亥革命之前，是不可能出现你所描述的这种夫妻关系的。这种慢慢走向平等和互相敬重的夫妻关系，以及夫妻之间尽可能互相了解的状态，是民国以后才有的事情。即使是胡适、鲁迅，他们的第一个夫人也都是被指定为婚的，尤其像胡适这样比较能忍耐的人，尽管在外面有很多花边新闻，但他还是守着江冬秀一个人。

那个时代是一个比今天还变化剧烈的时代，**那个时代彻底改变了中国人的传统行为方式和思维方式。**因为在民国时期，改革本质上是推翻过去，而现在改革开放的转变却是一种渐变，我们本质上并没有推翻过去。很多人研究民国历史时会有这样一种感觉，那是一个中国人跟过去的传统，包括人的行为进行某种割裂的时代。

4. 包容万千的岭南文化

俞敏洪：《燕食记》是以岭南为背景写的，后半部分又从最初的广东转移到了香港，有一个流转的过程。你刚到香港的时候，肯定也不会广东话，但在《燕食记》中，已经有大量本土文化和语言的交融，我想这一定跟你在香港生活了20多年有关系。如果你不在香港当20多年的学生和教授，也不可能对岭南文化那么了解。我想问，《朱雀》是以南京历史为背景，《燕食记》是以岭南和香港为背景，你觉得**岭南文化、香港文化和你说的南京文化的差别到底是什么？**

葛亮：我的几本长篇小说在地理学上都牵扯了不同地域，**中国幅员辽阔，每个地区都有非常特殊的文化气性。**第一本书《朱雀》是关于南京的，第二本长篇小说《北鸢》是关于中原的，第三本《燕食记》是关于岭南的。它们给了我特别好的机遇，去考察所谓文化的多样性。

比如，《北鸢》是关于我的家族的，这是一种情感的落点，它在地域上属于北方，北方有非常鲜明的儒家一脉的特性，可以称为"土性文化"，非常稳固，因为在这个过程中充满了一系列传承感。从费孝通的观点来说，是结合了所谓地缘和血缘，非常稳定。从另一个角度，也派生出一些伦理和日常观念，是浸润到我们生活中的，比如安土重迁、落叶归根，这些都是土性文化带给我们的。

而我在香港生活了20多年，从情感落点上，我觉得也要用一本这样的小说来回馈这一方热土。**岭南文化的特点确实跟中原文化不同，它是水的文化，是流动性的、开放的，这种开放是海纳百川的。**比如，在世界各地开枝散叶的华人大都是岭南一带的人，所以岭南是非常好的文化容器。那为什么借饮食去切入呢？因为写一部有关饮食的小说也是我内心的溯源。大家在我的其他作品中也能感受到，比如《朱雀》，里面写到远道而来的游子，他从苏格兰回来，接近故乡的根脉是从一碗鸭血粉丝汤开始的。而在《北鸢》中，昭如这个人物，原型是我的太奶奶，昭如跟她的朋友讲起那个时代，论天下时势，也是从吃的角度去切入的，一目了然。我们都知道，中国人爱吃豆腐，豆腐是中国人非常重要的发明，另外我们还发明了毛豆腐、豆腐乳、臭豆腐，其实这是一种很重要的地域特色，常中有变。**一种文化传统，它的根基越深，产生一系列变化的可能性就越大。**

到了《燕食记》这部作品，**食物更加能体现出岭南文化的包容性，这种包容性在不断蝶变和革新。**比如，书中的两代厨师荣贻生和陈五举，他们是很重要的主线，他们两人之间有非常深厚的感情，但后期出现了一个挺戏剧性的场景，徒弟陈五举背叛了师门。陈五举是被千挑万选选出来，作为荣师傅的一个名厨根系传承厨艺的，因为他有所谓的打莲蓉的绝技，所以大家在他身上寄予厚望，但因为他的个人情感选择，他离开了师父，入赘了一个做本邦菜的厨师世家。这对他来说是非常大的心理选择，他也一定挣扎过，这种挣扎中还包含了一种对手艺、对师父巨大的忠诚感。其中有一个情节，虽然他的师父对他背叛师门这件事情非常不认同，觉得那是一种背弃，但每到年节的时候，他都会和家人带着礼物回到师父工作的茶楼底下，一动不动地等待师父，尽管师父对他不理不睬。我觉得**这种忠诚感是我们的文化传统中特别重要的东西，我们有自己个人的选择，有求变的心理，但从另一个角度来说，我们一定要持守根本。**

关于变的部分，陈五举这个人物体现得特别好，可以说是一个文化样本。

刚才讲到了一种选择，就像武侠中的门派一样，他已经成长为一代少侠，突然投身另外一个门派，入赘了本邦菜的厨师世家，他一方面觉得这一切是陌生的，另一方面对自己的手艺难以割舍。就像杨过，你砍下来他一只臂膀，另外一只还能耍独臂刀，这对他的要求是非常高的，但他做到了。我觉得陈五举很了不起的一点就是，真的体现出了菜系和烹饪之间的融合感。比如，他创制了一些点心，既是粤式的也是沪式的。又如，他做的黄鱼烧卖、水晶生煎，这些在实际中是不存在的，是我作为一个小说作者所创作的，是一种想象，**但我觉得在岭南这方水土上，一定充满了这样的可能性**，这是特别有意义的一点。小说后期写到香港的部分，我们都说香港人有一个 fusion（融合）的舌头，所以在香港才会有所谓的京川沪餐厅。这样的餐厅并不是某一种品牌，而是一种类型，有很多这样的餐厅将各种菜系融合于一炉，这体现出非常巨大的有关文化的包容感。

俞敏洪：荣贻生是在广东一个大家族太史第里成长起来的，太史在历史上是真实存在的吗？

葛亮：真实存在，有原型的。我觉得他身上特别了不起的一点在于，他实际上源于士大夫的脉络，在时代的推进中，他非常有眼光地去看待时代的流转和走向。比如，他拥护共和，黄花岗七十二烈士是他独资安葬的。更加传奇的是，他曾经任过清廷的两广总督，他在各地剿灭土匪，广东的土匪叫大天二，但他偏偏在这群土匪里交了一个很好的朋友，后来他甚至把大天二，也就是李福林这样的角色推荐给孙中山，让其成为孙中山麾下一员枭将。

我们对于所谓的士大夫总有一种想象，认为他们会有所谓的读书人的清高，内心持守，但在太史这个人身上我们看到了一种求变的力量。比如，他专门建造了一些所谓的现代化果园和农场，甚而还为外来的烟草做代理。他身上有很多和时事之间如海纳百川般相合的东西。太史的家训是"读书为重，次即农桑，取之有道，工贾何妨"，基本上把我们看到的各个行业都囊括了。所以，观察岭南的历史，实际是一件特别有趣的事。

俞敏洪：这本小说对于岭南文化的体现挺符合我自己的一个观点。大家会觉得岭南文化就是广东、香港这一带的文化，跟中原文化完全不一样，甚至有人认为中华文化在中原，但我却认为对于**中国古代文化要素的真正传承，反而在岭南一带**，因为那一带有两个特点。**第一，它是开放性的，面向海洋**。比如，他们会漂洋过海，到全世界去做生意。因为在古代那一带比较穷，所以漂洋过海便成了他们的一个选择，到现在为止，海外华侨，尤其是做生意的人中，依然是这批人最多，当然这和后来跟随留学大潮出国是不同的概念。**第二，从北到南破坏性的变革，比如朝代更替，对岭南这些地方影响较小**。我认为这里对于一些文化精华的东西保存得比北方更好。北方的保存是以某种顽固和不变通来体现的，到最后甚至是以彻底消灭来体现的。但今天你到广东那一带去，谈到民间礼数，长幼尊卑的秩序，对于一些从古代流传下来的仪式的尊重，敬天畏地的心态等，依然比中原地区，甚至比南京做得还要好。我从你的书中读到了这些感觉。

你将这种传统的融合和开放的心态在人物的个性中进行了充分表现，尤其是七少爷这个角色，他是一个乐曲大家，我觉得他是对古典文化继承和对古代僵化传统反叛的两种形象的兼容。你还写到，陈五举背叛师门后，荣师傅与陈五举的和解过程，你用放弃比赛的方式来表达，叶师傅通过各种各样的考验，把他的独门绝技传给了阿响。

葛亮：作为一个小说作者，我对一些文化传统中最精髓部分的保留，恰恰也是我的文学观察或者文化传承中很重要的一个部分。

在比较年轻的时候，我刚到香港，觉得这个城市的气韵跟南京完全不同，它太摩登、太现代，但在这个过程中我能慢慢体会到，恰恰是这样一方水土保留了很多古典的传统礼仪。香港直到现在还保留了一些非常古老的节庆，比如猴王诞、长洲太平清醮等，这也是我在小说写作中特别关注的部分。有时候我会试图展现一个相对比较传统的香港，因为我本身在香港大学完成了硕士和博士学业，这个百年老校在这方面也有所体现。比如，对国学部分的保留，像唐君毅先生、饶宗颐先生等，在他们身上我们能够看到非常清晰的有关传统文化的血脉。还有当时的老院长、系主任许地山先生，他学贯中西，同时也有着非常传统与古典的君子之风。还有一个大家都很熟悉的作家，也算是老校友——张爱玲女士，她也是如此。

俞敏洪：中国的一些文化名人，比如萧红、张爱玲等，最后都移居到香港了，所以他们没有受到革命性破坏的影响，或多或少在香港留下了一些文化传承的血脉。你在香港待得比较久，香港老百姓一直在中国文化的浸润中生活、成长，但中间也曾受英国殖民统治影响了很多年，从你的角度来看，你觉得**在香港，这种文化的交融是很自然地体现出来的吗？还是说有着另一种不同于广东文化的特质？**

葛亮：我觉得这涉及生活习惯的部分，这种文化传统的交融会伴随着日常生活的肌理。我在《燕食记》里也表达过，比如七少爷这个角色，他特别喜欢去的一个餐厅叫太平馆，他进入餐厅的过程实际上是伴随着某种意义上的阵痛，他在门口用德文撰写了一副对联去回应文化传统。在这个过程中，**实际每个人内心都有非常重要的文化认同，但我们仍然能感受到中华文化的肌理是深入每个人内心的。**现代文学中一些非常重要的迁徙过程，实际上也是文化迁徙过程，刚才我提到的几位先生，包括茅盾、戴望舒等，他们身上带有某种非常深重的中国文学的血脉，这在当下仍然有所言传。有一个非常重要的学者，也是一位散文家——小思老师（卢玮銮），她举办过一个很重要的活动，叫作"香港文学散步"，这个活动就是她带领着她的学生和其他年轻人，一个一个地感受和考察以前的这些先生留下来的文化乃至文学遗迹。比如，他们每年会给许地山先生扫墓。这个过程将他们对文化传统的敬仰或者崇敬化为一种仪式，我觉得这是非常重要的。

俞敏洪：这种仪式就是一种传承，因为有时候仪式就等于内容。然而，现在在我们的文化传承中，很多仪式消除了或者变得很随意，反而不利于文化的传承。**没有仪式就没有继承，没有继承就没有内容。**

5.《燕食记》：与历史对望

俞敏洪：《燕食记》在大历史的背景下，把"色"和"食"讲得非常棒，"色"是男女关系、人情世故，"食"是美食。这本书最大的吸引力就是在美食传承中把每个人物都写活了。你对于人物的个性、人物之间的传承、人物与人物之间的关系是怎么设定的？是有人物原型，还是说是你凭空想象出来的？

葛亮：特别感谢您刚才的褒奖。人物确实是小说中非常重要的部分，就像您刚才讲到的，"食色，性也"。**无论是文化形态，还是具体到食物，最后都落点于人**，这是我在小说创作中一直在探索的部分。《燕食记》里有原型的人物就是陈五举，但我最早锁定的是戴明义这个人物，也就是戴凤行的父亲，他是真实存在的人物，我采访过他。他当时已经是中年人了，带着家乡的传统文化，或者是自己的经历来到香港，势必要将自己作为一个个体融入香港的整体大环境中。因为他已经有了非常成熟的文化理念，所以在这个过程中一定伴随着挣扎，我对这部分蛮感兴趣的。

我把他放在了北角的这个地方，北角是我特别希望在香港考察的一个地域，因为北角在不同的历史脉络或者节点中呈现出了非常迷人的特质。它曾经叫小上海，后来又叫小福建，可以说是香港大环境里的一个小小的移民区，实际上就是一个多文化交融的地区。我之前写的《飞发》里已经不存在的理发店也是在这个区。我就想写戴明义，我在访谈这个厨师，和他进行一系列交流的过程中，他的女婿，也就是陈五举的原型出现了。在交谈的过程中，我感觉到这个女婿虽然在讲普通话，但口音非常重，并不是上海人的口音。他说他本身是广东人，因为他跟这家的女儿产生了恋情，才入赘到这个家的。

我当时就灵光一现，这个人物太美妙了。他的个性和他自己所谓的对手艺的传承有着巨大的矛盾，就像一个武侠门派，他已经有非常成熟的武功，这时候突然要放弃、要断臂，还是舍不得的。在这个过程中会融入很多人情世故、情感以及对于他以往手艺忠诚的部分。他当时还比较年轻，在那样一个大时代里，他怎样用他的手艺去回应时代的变革。那时候有一个很重要的历史节点，就是茶楼已经开始走向式微，所谓的中式酒楼如雨后春笋，有一批夜总会也出现了，我们在很多港片里都能够看到，这种冲击感对他来说是一个巨大的考验。他怎样坚守自己的手艺，在他妻子去世之后复兴本邦菜？总之，就是这样一个变化的过程。

这不仅仅是一个人的声音，更是一代香港人的声音。香港有一种狮子山精神，这是很抽象的，我特别想通过这样一个人，用他一生的经历，对这种所谓的精神进行比较真实生动的描述。这个过程中，当然要做大量的案头工作，查找大量文献，甚至还要进行田野调查，但我特别希望将这个人物具象化、生动化。这是我在《燕食记》里特别想跟大家分享的一部分。

俞敏洪：坦率地说，我认为《燕食记》从文笔到场景设计，再到人物个性的描述，比前面你写的任何一本小说都要更加成熟。尤其是在美食和大历史的背景下对人物命运跌宕起伏过程的描述，以及人物与人物之间关系的描述，达到了比较自然、细微的程度，读了之后我不会感觉这两个人物之间的关系很突兀，而是完全自然的。每个人物不同命运的冲突和发展，以及人与人的和解是这本小说的精髓。

这本小说得到了很多人的推荐，比如，著名美食家陈晓卿老师专门写道："《燕食记》的好看与动人，在于以纯熟文字，如此贴切地勾勒出中国南方的夤夜历史版图。葛亮对食物的理解，更超越了我的想象。字里行间，如文火慢煮。落笔包容温暖，又深沉有力。时代在鼎鼐中更迭，既是日常盛宴，也是冷暖人间。"这刚好跟他的《风味人间》呼应了。这本书是我近两三年来读过的新出版的小说中非常值得推荐的一本，它不仅仅讲了美食，**还能勾起我们对美食的很多向往，更展现了美食背后人的生命，以及时代的变迁给人的命运所带来的影响。**

我想分享一下精彩的段落，比如，在描写露露和陈五举的关系的时候，讲到了学习做饭，你是这么写的："她走到了门口，又回转了身来，道，你莫太责怪他。人年轻，总要做些荒唐事，才能长大。我是真喜欢他，喜欢他心性单纯。男人的本事，可以熬，可以捧。熬着捧着，本事也就长出来了。可是心性要坏了，就再也回不去了。"我觉得特别简单明了，但又把人物底线给描述出来了。

当然，还有一些文笔非常好的，比如："五举脸庞上流着滚热的水，心里倒一片笃定，觉得脊梁里的筋骨，一点点地硬起来了。"一般人不会这么描述，最多说突然下定了决心，或者鼓足了勇气。

葛亮： 这段我蛮想跟大家分享的。这是他人生中一个非常重大的节点，他妻子当时已经是一个名厨了，用现在的话来说，就是要去给一个非常重要的主顾做家宴。她有一个绝技，叫蓑衣刀法，但有一次她切伤了手没有及时得到医治，最后因为破伤风故去了。你能够想象这对于陈五举的冲击有多大，他是一个入赘的女婿，他非常痛心地悼念自己的妻子，在追念她的过程中，他的岳父岳母把他叫到了身边，说："孩子，其实你当时做出的选择完全是为了我的女儿，你离弃了你的师门，入赘到我们家，现在我们的女儿已经去世了，我们当然非常舍不得你，但你可以重新回到你师父那边去。"五举就说："阿爸、阿妈，当年我为了凤行离开了我的师父，这可能是我犯的第一个错，这个时候如果我再离开你们，那就是我犯的第二个错了，你们以后就是我的爹娘。"他是一个无父无母的孩子，是一个孤儿，所以这个时候他的内心非常明晰，他要在妻子故去之后重新将这家上海本邦菜馆"十八行"振作起来，这种男人的责任感让他觉得自己的筋骨一点点地硬起来了。这其实就是我们传统文化中非常重要的有关于情的部分。

俞敏洪： 你用这种方式把陈五举这个人内心的忠义表达得淋漓尽致，而且关于情的描写也非常到位，特别是关于荣师傅的母亲。他的母亲本来是一个尼姑，跟陈司令好了以后生下了荣师傅，本来他的母亲还俗后可以被接到陈司令家里去，但陈司令因为战争去世了。这一段也写得非常好。

从以南京为背景的《朱雀》，到以北方抗日战争时期为背景的《北鸢》，再到这本《燕食记》，你认为你的写作到底经历了一种怎样的变革？《燕食记》和《朱雀》相比，在写作风格上有哪些变化？《燕食记》的写作水平和圆润度是不是比《朱雀》高一些？

葛亮： 对于一个写作者，特别是小说写作者来说，他的每一本作品实际上都有非常独特的意义，因为在这个过程中，他一定经过了所谓的时间和阅历的洗礼。对我而言，这实际上是一种史观的改变和逐步成熟。在《朱雀》里，有一个年轻的写作者或者叙述者企图在发言，是在表达自己对于故乡的一种见解，有一个叙述者的声音。我在写《北鸢》的时候，更倾向于让历史自己说话，有关于我的家族的叙述，叙述者的声音埋藏在历史的肌理之下，它不像《朱雀》是个人的，是年轻人去阐释的逻辑，而是历史本然的逻辑。在《燕食记》里面，我内心希望有一个今人能够和历史产生某种对话，这也显示了陈五举这个人物的重要性。在当下的一个非虚构的语境里，他的名字叫山伯，一路陪伴着我的这样一个角色，他已经深入了历史的肌理中。他为什么叫山伯？因为他身上带有背叛师门的好像红字一样的烙印。

俞敏洪：山伯是带有侮辱性的称呼吗？

葛亮：其实是有的。他的师父说，他和凤行两个人是梁山伯与祝英台，他们的爱情是不会善终的，所以这样的烙印陪伴着"我"这个角色进入历史。**我更想表达的并不是单纯对于历史的反思，对于历史的判断，而是我们和历史在进行某种意义上的对望。** 山伯或者陈五举这个角色是双面的银镜，一方面映照历史的现场，另一方面在和"我"这个角色进行回应和对话。所以，"我"这个角色一开始就像现代人一样，他和历史是不亲近的，是质疑历史的。

俞敏洪："我"这个角色表面上看是多余的，实际上让人以比较迅速的方式进入了《燕食记》中，探寻这些人物的个性特征。

葛亮：对。一开始一定是有所怀疑的，到后来慢慢地跟历史同声共气，产生了非常强烈的共情感，我也特别希望"我"这个角色陪伴大家一起读书，一起去感受历史的进程。

历史不只是冰冷的、离我们非常遥远的、有关于所谓遗留态的一种陈述，其实也是可以有温度的，也是可以离我们很近的。 我希望"我"这个角色能够陪着大家，一起进入历史的脉络，互相之间不光产生撞击，还有握手言和的过程。这本小说有很多情节，这些情节既有人性的逻辑，也有历史的逻辑，我希望我自己的文学逻辑也在其中。

俞敏洪：你描写了唱戏的名单，还写了言秋凰参与到暗杀日本军官的活动中，最后付出了生命，这些东西在历史中是不是都有影子？

葛亮：是的。言秋凰这个角色为什么还要落点于人？一方面是她身上有使命感，有一种民族大义；另一方面，她也是在为唯一的女儿复仇，这是母性非常自然的本能。作为一个名伶，她身上迸发出一种民族大义，同时也有着非常深切的对于已经故去的女儿的母爱。

俞敏洪：我从《燕食记》中体会出了对于食品的精妙描述，这让我想到了在中国古典文学中，很多对于食品的描述都达到了文化的程度，让人有非常强烈的现场感。比如，《红楼梦》中刘姥姥三进大观园的过程中，对于茄鲞的描述，以及对于中秋那些美女持螯吟诗场景的描述等。我觉得曹雪芹本人就是一个美食家，所以才会有这样令人感到如此真切的描述。我觉得你也是如此，在《燕食记》中，你对于美食与人性的结合、美食与传统的结合、美食与情感的结合以及美食给人的枯燥日常生活所带来的喜悦的描述把握得都非常精准。

我之所以喜欢这本书，是因为书中对于日常生活烟火气的描述非常精妙。这些烟火气是通过对美食不断递进的描述体现出来的，但更重要的是通过美食背后人物之间的爱恨情仇来体现的。另外，还有对于人物在文化传承中的底线设置，也让我非常感动。比如，陈五举离开师门以后，坚决不把师门绝技用到任何其他地方，表现出了对师门的忠诚和对于义的坚守。另外，没有血缘关系的母子之间的感情，师父和徒弟的情谊，男女之间的爱情，甚至朋友之间的友情，比如七少爷和阿响之间的友情，都是让人感动的地方。

我觉得你和现在的流行作家的不同点在于，流行作家所创作的作品大部分情况下是以扣人心弦的故事为核心，或者故意让故事显得跌宕起伏，但我却从你的小说中读出一种平和，尽管人物的命运跌宕起伏，但并不是以跌宕起伏的笔法描述出来的。所以，是一种什么样的情缘让你决定写这本书的？

葛亮：俞老师讲到了一点，在小说中以食物为源，穿插了不同的感情类型，所以写这本小说的时候确实我内心有一个情感的基石或者积淀，真的跟食物相关。

我是在读完大学本科以后到香港读研究生的，我从来没有离开南京这么远、时间这么长过。我离家的第一年，我母亲托家里的好朋友给我带了一盒盐水鸭，盐水鸭是我们南京非常著名的食物，当时我母亲给我送来的不是现在那种真空包装的盐水鸭，而是现斩的那种，是在我们家附近一家不是很著名但我们家吃惯了的老字号买的，很小的一个门面。**我吃完的那一刹那，不是有一种单纯的心理感受，那种泛义的、广义的思乡之情涌上心头，而是有一种巨大的幸福感，那种感动是近乎热泪盈眶的。**在那样一个情景下，我受到了强烈冲击，原来食物对于一个人从内心到生理上都有巨大的撞击，那种感觉绝对不是想象出来的。那是我第一次有这种感觉。

俞敏洪：我人生的二分之一支撑点都与食物有关。上上个礼拜，我家乡有人给我快递来一盘红烧猪小肠，那是我喜欢吃的，那天我刚好情绪特别差，打开快递一看，是一盘红烧猪小肠，直接就把我那天的最后几个小时彻底挽救过来了。我一个人倒了一壶黄酒，把一盘红烧猪小肠都吃完后，觉得此生值得。这跟你刚才的描述非常相近，幸福感有的时候很容易产生，并不是那么难的事情。

葛亮：对，所以我那时候有了一个意念，就是以食物为眼。但真正落点到岭南，其实是近几年才有的事情，因为我需要寻找一个切入点。我在《朱雀》和《北鸢》里也写到，慢慢会对食物产生更深层次的体认感，**它不仅仅是我们的日常所需，包含非常多的东西，而且是很重要的文化密码，是可以被复刻的。**我们的幸福感是一种个人记忆，甚至可以定格历史。比如，《燕食记》里写到香港第一家茶楼叫作杏花楼，这个杏花楼可以说对中国近代史有重大的推动作用，虽然它现在已经不在了。我书里写到的几个老字号的原型慢慢都不在了，但它们还是非常重要的文化传统的代表。

6.《瓦猫》：工业化时代对于工匠精神的坚守

俞敏洪：这几年疫情对香港的茶楼影响也很大吧？

葛亮：冲击非常大，因为香港的租金太贵了，如果你在经营方面不是特别理想，那绝大多数都是赔钱的。一个很小的餐厅，月租十几万元到 20 万元，如果没有特别好的收入是难以为继的。

我之前写过一本《瓦猫》，里面有一篇叫《飞发》，讲的是两支不同的有关理发传统的脉络，非常有趣，代表了一种融汇的、海纳百川的文化气性。一支是来自上海的理发师，另一支是来自香港的飞发师，他们之间有竞争、有砥砺，也有融汇。我当时特别感怀的一点就是，我写完这本书之后两个星期，我书里写到的一家理发店就因为疫情倒闭了，而且还是很有名的一家理发店。这家理发店大家可能还有印象，就是王家卫导演的《一代宗师》里，一线天隐于民间，最后把自己的身份改为一个理发师，寄居在一个白玫瑰理发店里，这个白玫瑰理发店就是在那里取景的。但很可惜，我写完这本书之后，这家店就没有了。

俞敏洪： 那是一个完全商业化的法理社会和契约社会，所以它只能形成一个该怎样就怎样的局面。这既有好的一面，就是它不那么复杂，该怎样就怎样，但也有残酷的一面，在商业竞争中，不管是外来力量，比如金融危机或者疫情，还是内部竞争，原则上都会让这些理发店进入一种共存很困难的状态。

《瓦猫》里的三个中篇写的也是某种传承，而且是非常小众的工匠精神的传承，比如古籍修复师等。尽管我们看到这些技艺未来没人继承，好像会成为"绝笔"，但实际上它背后体现的某种精神是永远存在的。

葛亮： 我特别感怀的一点是，在接触他们的过程中，我才知道所谓工匠的"匠"的意义。刚才提到古籍修复师，古籍修复本身带有某种职业上的自足性和封闭性，古籍修复师其实并不乐于和别人分享。后来因为要修复我祖父的遗作，我才慢慢接触到了这个职业，在这个过程中我知道古籍修复师的内心是非常自足和幸福的。修复古籍涉及 24 道到 26 道工序，非常繁复，但在这个过程中，古籍修复师会有一种非常鲜明的投入感，而这种投入感就像一个人把自己放在一只茧里一样，里面有非常丰盈的部分。这是我接触到这个匠人后的一种体验。

除了写小说之外，我近期还在做一些有关非遗方面的研究。我接触到一个做木雕佛像的木雕师，他是一个非遗传承人，来自澳门。我跟他接触以后，觉得这位老先生非常通达。他的儿子并没有传承他的手艺，而是在四大会计师事务所中的一家事务所工作，是一个非常可爱的年轻人。我跟这位老先生之间有过交流，这位老先生给我留下了非常深刻的印象，谈到他的手艺时，他是非常轻松的，他说他和澳门大学以及一些相关的科研机构都有一些合作，他的手艺通过口述、图纸、建模的方式已经逐步留下来了，在任何一个年代都可以进行复刻，他不担心他的手艺失传，也不担心固有的匠人观念，比如传男不传女、匠不外传等被改变，因为他们已经打破了这些成见。

俞敏洪： 这个原则上肯定已经打破了。你在《燕食记》中写的做双蓉月饼，这种师徒之间的秘密传承，是一个拥有几千年历史的传统，但面对现代的标准化，要想做出来有特色的东西，你必须是一个大师，并且已经很有名。比如，景德镇的瓷器，还有宜兴的紫砂壶，能卖出去价钱的就是那几个人。我前几天看到韩美林老师，他做出的紫砂壶一个就能卖出好几百万元，但同样一个紫砂壶，如果换了个人做，并不能卖出好价钱来。我觉得**现代化工业是标准化和流程化的过程，所以从部分意义上来说传承的独特性和唯一性被打破了**。以《燕食记》中写的美食为例，按照现在完全流程化的美食制作方式，很可能能做出来和当时的手工双蓉月饼一样的味道。人类有两个要求：第一是我要美食；第二是我要美食便宜。当然，如果真的有某位师傅做出来的味道是别人模仿不来的，我也愿意花点钱去体会。我想问，在面临现代化、标准化的冲击时，这种匠人精神的发展前景如何？匠人精神还能继续传承下去吗？

葛亮： 我觉得这个问题在于，我们怎样看待所谓的手艺。很多人对于手艺还是有一种想象的，觉得它是旧的、式微的东西，但我觉得手艺于现代而言，更多会体现一种可能性，就是文化基因内部生长的部分，你是推陈出新还是留旧布新，我觉得这点挺有意思的。**我们经常看到很多文化活化的部分，这部分代表了我们对匠人精神的传递，它其实是可以接壤工业、接壤市场的，还可以接壤现代人的审美，甚至是价值观。** 在《燕食记》里你也能感觉到有关食物的一种辩证或者观念的砥砺。比如，在陈五举这个人物成长的过程中，出现了传统的中国饼家，因为《燕食记》写到的茶楼不仅仅是茶楼，还是非常重要的饼家。刚才俞老师也讲到了，双蓉月饼在当时一饼难求，必须用现代化预订的方式去制作。比如，你中秋想吃双蓉月饼，可能你在初夏的时候就会举办月饼会，甚至往里面加入点众筹的元素，这是当时的一个传统。但到20世纪70年代的时候，随着工业化的发展，西饼样式出现了，陈五举就买了一盒以流水线方式做出来的西饼给荣师傅吃，荣师傅吃了一口就吐掉了，说了两个字："没味。"所以，虽然您刚才讲到**可能工业化的流程在某种形式上会代替手工，但它会失去这个味儿，这个味儿不是简单的所谓配方或者配比呈现出来的滋味，还包括"人味"**。

俞敏洪：你觉得普通老百姓对于这种味儿真的会那么敏感吗？

葛亮：这就是刚才讲到的舌头的意义。大家在现代的文化场景或者日常场景里各取所需，你的味觉可以非常敏感，你可以对传统手工有一些执着，当然你也可以吃快餐，也可以去感受现代化工业向我们呈现出来的万千气象。所以，我觉得没关系，老式的茶楼可以有，麦当劳、星巴克也可以有，甚至我们在这个过程中可以进行一些频道的转换。我们的生活实在太匆促了，有时候吃吃快餐也是非常重要的补益，我们的舌头需要锻炼，尝过各种各样混杂的味道，才会有一个坚强的舌头和胃。

我想分享一个小故事，大澳是香港非常著名的观光区，它保留了节庆和很古老的食物，其中之一就是虾酱。现在正宗的虾酱非常少了，因为当时颁布了一个规定，不允许再捕捞周边的银虾。这种银虾非常非常小，但因为禁止捕捞，所以当地的虾酱只能用进口的大银虾制作。在陈晓卿老师的《风味人间》中有一段制作虾酱的视频，他捕捉到的是一个很传统的部分。后来出现了两家用工业化体系进行生产的虾酱厂，但在当地最受欢迎的虾酱仍然是传统制成的，然而当地做虾酱最著名的那位老人已经过世了。这位老婆婆的虾酱是怎么做出来的？她是用光脚踩出来的，很多人慕名去买她踩出来的虾酱，这个"人味"真的特别神奇。

俞敏洪：小时候我们家腌咸菜，一定要让我们光着脚去踩，再封起来，那样才会觉得这个咸菜腌好以后的味道最正宗、最鲜美。我到茅台酒厂里去看，发现酒糟也要用脚踩，还要分男女，你觉得这有一定道理吗？是因为我们用脚踩，脚上的微生物和菜里的微生物发生了某种反应带来了食物的改变，还是说这只是一种人类的想象？

葛亮： 我觉得是有道理的，从科学上可以解释得通。食物味道为何与脚踩的节奏和周期有关系？因为人用脚踩的过程中，把握得再好，也是非匀速的，必然要控制力度的大小。在这种情况下，虾酱在短期内的滋味与刚才提到的化学作用就会有一定的关系，这是现代无菌环境下的工业化难以达到的。

陈晓卿老师给我讲过一个特别有意思的故事，一位老先生在采访的时候给他拿出来一壶自制的清酒，他的酒糟并不是经过非常严格的窖藏制成的，只是民间的一些普通酒糟，他说那是他去年酿造的一壶清酒，给陈晓卿尝一尝。在这个过程中，你会发现它是特别美妙的，美食的造就就是来自偶然。**尽管现在工业化能够控制它的流程，能够控制它的结果，但显得有点无趣了。**

俞敏洪： 其实现在不太容易出现极品了。工业化、流程化的标准意味着一切都是按部就班地进行的，会制造出同一类产品。比如，一个酿酒师在酿一般来说还算过得去的酒，突然有一天突发奇想，加入了一点什么成分，就冒出来一种超级好喝的酒，这种情况是有的。这和做化学实验是一样的，加点这个，加点那个，就会产生化学反应，而这个化学反应是你预先不可知的，这是中国美食的美妙之处。中国的厨师会想当然地在自己习惯了一种菜以后，突然灵机一动加点别的东西，想看看结果。比如，炒鸡蛋变成了赛螃蟹，可能就是厨师平时炒鸡蛋炒得挺无聊的，就想加点醋看看好不好，结果发现炒出来非常好吃。

葛亮： 对。《燕食记》里的露露是陈五举的徒弟，来自南洋，在我以前写的人物谱系里很少出现这样的人。她身上有一种生命力，在不断地用自己新鲜的观念冲击其他人。因为她来自南洋，本邦菜有自己的一些规矩，所以陈五举就非常认真地把这些规矩一个一个教给她。本邦菜里有一个十分重要的代表性的菜，叫清鱼汤卷儿，有一天陈五举发现这个汤色怎么这么奇怪，他喝了一口，有一种非常新鲜的冲击感，他就问露露是怎么回事。露露说，她为了汤色好看，在里面加了椰奶。陈五举大发雷霆，说她不按照规矩来。露露就说，她觉得这个可以，为什么不行？他们马来西亚叻沙汤头里就可以放椰奶，泰国的冬阴功汤里也可以放椰奶，为什么本邦菜里就不可以放？陈五举一时瞠目结舌。有时候食物的妙处就是这样，它的创新就是来自偶然。我们的文化传统里有很多东西也是如此，瓷器的创新也是如此，如果没有按照严格的流程来，永远不知道它的开片是什么样。

俞敏洪：到今天为止，要想模仿汝窑造出来的陶瓷，烧出来的任何一个颜色都是不一样的。这也是韩老师跟我说的，比如两个瓷器罐，放进去的时候涂的料是一模一样的，出来的时候也希望它们一模一样，结果出来的时候一个是红的，另一个是蓝的。涂料配比稍微有一点点不同，或者陶瓷在烧的时候放的地方不同、所用的火力不同，烧出来的结果就会变得不同。人生其实也是这样，**这本书最美妙的地方就是把美食和人生结合起来了，美食成就了某些人的人生，而某些人的人生又反过来加强了美食的传承。**

7. 尾声

俞敏洪：你大学毕业后选择到香港读硕士、博士，我想问，现在中国的孩子选择在内地读书，还是选择去香港读书，抑或选择去国外读书，对他们未来的成长会有什么不同的影响？举个例子，如果你自己在南京大学读完硕士、博士，现在还会写小说吗？

葛亮：我不拒绝任何一种可能性。**人的一生非常辩证，就像一列行进中的火车，你看到了一边的风景，另一边势必就会错过，但这并不是一种遗憾，人生是需要留白的。**有时候我也会设想，如果我留在南京，留在内地，现在会不会写小说，或者我的生活会不会呈现出一种新鲜的气象。这是一种想象，这个想象是美好的，但是没有留下遗憾，也许在另外一个平行时空，正有一个你在过着另一种生活。

俞敏洪：人生道路一旦选择了，再去假想自己没有选择的道路是完全没有意义的，你只能在自己选择的并且已经接受的道路上继续走下去。

从《朱雀》到《北鸢》再到《燕食记》，也是对你个人成长历程的映射。比如，《朱雀》映射了你的年轻时代，《北鸢》映射了你的家族成长过程，《燕食记》映射了你在香港读硕士、博士。你作为一个作家，还算比较年轻，未来你是会继续在大学教学，还是会把自己变成一个专业作家？

葛亮：作为一个写作者，我认为生活的层面和我写作的题材之间一定是勾连的，但我会让这两者之间产生距离。比如，我很少在我教学的大学讲自己的作品，我也很少强调我的作家身份，因为这是没必要的。一个生活中的人和一个在写作的人其实是两种状态，这种距离感有时候需要我从一个写作者的视角稍稍抽离出来。同时，大学是一个很好的工作环境，这种环境很大程度上是自足自洽的。如果是完全意义上的专业作家，把自身和所谓的周边进行某种意义上的分割，你可以选择去亲近，但不是职业性的亲近，而是你需要刻意地接触周遭。而作为一位大学老师，我和我学生之间的关系蛮美妙的。前段时间我跟一个长辈聊天，他说，如果作为一个大学老师，你看到的永远都是同样年纪的人，永远是年轻人，你会不会觉得有点厌倦？我觉得不会，因为每一代人，同样是18岁，但是他们体现出来的个性，他们的成长过程，他们和社会、他们和自己所处时代的关联，都是不一样的。我能够真正感觉到教学相长，我自己的年龄和阅历也在增长，所以我暂时还是会留在大学里工作。

俞敏洪：面向未来，你会以什么样的场景作为背景继续写小说？

葛亮：我的小说所用的并不仅仅是一种回望的方式，大家比较熟悉的是我的长篇，其实我还有大量的中短篇小说，都是以现代为背景，甚至是以当下的场景作为切入点的。实际上这和我选择文体的切入点有关系，大体量的背景更适合对某种历史观的传达，这样的话，我势必就会写到年代，写到时间和空间的流转。短篇小说更像是生活的切片，这种切片同样有意义，因为它可以及时传达我对于当下生活的看法，实际上这是一种价值观的体现。就像两条腿一样，我在写作过程中是齐步而行的，两者都很有意义，所以未来我还是会用这样一种方式去表达。

俞敏洪：你的小说写作尽管跟你个人的经历有关，但场景设计、故事设计、人物设计已经基本避开了以个人人生经历为核心的写作主题。中国不少作家写个人人生经历，一旦写完就发现没的写了，但我认为未来你的小说场景会有更宽泛的定义，你会用一种更客观的视角进入某个场景中，可能是一个旁观者，又或者是亲历者。所谓旁观者，就是你可以用比较理性的态度来看待你构思的小说中的情景、场景、人物个性和他们的命运；所谓亲历者，就是你比较善于做调查，比较善于去体会这些人物在某个场景和历史背景下的行为，你会利用这一点去构思，会有一个非常好的爆发点。

其实这个爆发点在《燕食记》中已经体现出来了，未来你可能会将其更加融合。《红楼梦》里的每个人物都有不同的特点，每个人物都有曹雪芹身上某个部分的影子，他只不过是把自己对某些人物特点的理解融入了人物的个性和行为中，而你的小说现在有这个发展趋势。一个完全以个人生活经历为蓝本的小说家，要么一次成名写出了传世之作，要么就是最后才思枯竭，没什么可写的了。你的这种能力是不是跟你一开始做文学研究，研读了大量其他作家的小说有一定关系？

葛亮：一定是有帮助的。**阅读的意义在于你能以一种最简捷的方式在有限的时间里去体会不同的可能性。**你无法进入别人的生命肌理，但可以通过阅读的方式去了解。最好的阅读就是一个个体和他人世界进行对话，写作也是一样。这也是为什么我在里面讲到了"我"这样一个角色，我希望"我"能陪伴读者和历史进行对话。

俞敏洪：你在成长过程中应该没有经历太多波折和大灾大难，你出生时，刚好改革开放，祖国一片繁荣，你从南京大学毕业后去了香港，原则上你这样的成长环境，你对于人物的细微个性特征的把握其实是不太容易做到的。比如，我看到那些人物面对苦难的时候，我的情绪、心情是比较敏感的，因为我自己在这种艰难中度过了很多时光。你描述的人物中不少也是苦命人，虽然有的人有很好的家族背景，但有的人没有，比如荣师傅。你对人物命运的把控、个性的描述以及成长的描述都比较到位，你的这种能力是天生的还是后来通过历练获得的？

葛亮： 作为一个小说作者而言，你刚才讲到的经历非常重要，我也不能完全说自己是一帆风顺的，在这个过程中肯定要经历一些波折，但无论是对自己的人生经验还是写作都非常有帮助。这种帮助并不是简单可以借由写作将你的人生经历复刻，而是会给你带来强烈的共情感，这种共情感使得你对于笔下的人物，即使没有相似经历，但也会代入其中，会体会到他的心情、他的境遇，乃至于他作为一个个体和时代之间的撞击感。这应该是作为小说作者的能力，我也在这个过程中不断加强了这样的能力。

我经常会被问一个问题，写小说的过程中，如果读者在读到了某些片段后特别动容，你作为一个小说家心理感受是怎样的？我可以坦白地说，**我的内心中必须有某种共情，包括他的故去，我也会在那一刹那热泪盈眶，因为我在写小说的过程中如果都没有感动自己，又如何能感动别人呢。**

俞敏洪： 对。这就是为什么我读《燕食记》的时候，比读前面两本小说更加感觉到在细微之处体现着人的真情和情感的交流。

由于时间关系，今天的对谈就到此为止，谢谢葛亮老师，谢谢各位！

葛亮： 谢谢俞老师，大家再见。

（对谈于 2022 年 8 月 11 日）

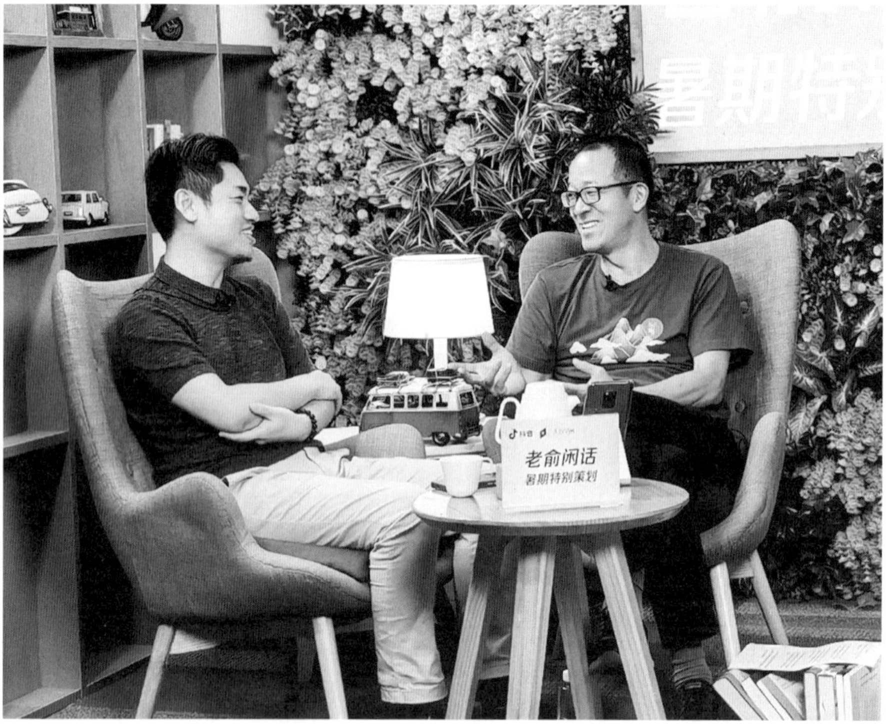
暑期特
老俞闲话
暑期特别策划

对话 麦家

写作，是与自己的痛苦经历和解

小说是真的，生活是假的。

麦家/

1964年出生于浙江富阳。当代著名小说家、编剧，中国作家协会副主席。著有长篇小说《解密》《暗算》《风声》《人生海海》等，其中《暗算》获第七届茅盾文学奖，被译成30多种语言；《解密》被《经济学人》评为"2014年度全球十大小说"，被英国《每日电讯报》列入"史上最杰出的20本间谍小说"。

俞敏洪： 朋友们好，今天我邀请了麦家老师一起对谈。麦家和我都出生在南方，他在浙江，我在江苏，他在钱塘江边上，我在长江边上。麦家是一位非常谦虚并且始终专注于写作的作家，平时比较低调，我们很少看到他在各种场合宣传自己的作品，但他的书确实非常受大家喜欢，比如《解密》《暗算》《风声》，尤其还有些小说被改编成了电视剧和电影，非常受欢迎。他的书都有点谍战的味道，后来出的《人生海海》，写了一位上校的人生故事，写作风格也做了一次转型。

《人生海海》写了一个时代中人的命运变迁，各种人生沉浮的故事，我读了以后很感动。所以，我邀请了麦家来做访谈，今天他专门从杭州跑到北京来跟大家进行交流。

俞敏洪： 麦家好，以前做过这样的直播吗？

麦家： 这种直播好像没有，但我曾经在电视台待了11年，因为我在部队上大学的时候，学的专业就是电视剧编剧。

俞敏洪： 难怪你写的小说拍成电视剧和电影的过程都如此顺畅。

麦家： 毕竟这是我的职业，我知道什么样的小说离影视剧最近。我所学的知识确实能给我带来一些影响，虽然并不能起关键作用。

俞敏洪： 前两天我和梁晓声老师对谈，他也是先到北京电影制片厂工作的。

他说在电影制片厂工作的经历，对他小说中场景的布置以及人物关系的连接还是有点影响的。这次出版的《人生海海》，有人帮你策划拍电影吗？因为这是跟社会以及我们生长的环境联系得很紧密的一部小说，和你原来写的谍战题材是不同的，很值得拍出来。

麦家： 是的，我也觉得这是一个很好的影视题材。

俞敏洪： 拍《风声》的时候你参与了吗？

麦家： 参与了，从剧本到现场，还有最后的审片，我都参加了，应该是介入比较深的一部。

俞敏洪：《风声》既拍了电视剧也拍了电影？

麦家： 对，电视剧拍了三次了，电影现在拍了两部，其中有一部是韩国拍的，我还没看到，但华谊兄弟当时拍的这部比较成功，我个人介入得比较多，我也因为这部电影和华谊兄弟建立了比较深的友情，现在跟他们都还蛮熟的，也蛮尊敬他们的。

1. 从《人生海海》看童年往事

俞敏洪：《人生海海》是 2019 年出版的，那时候，你直接给我寄了一本签名版，我算是第一批读到这本书的人，也是第一批写文字推荐这本书的人。到现在为止，读过《人生海海》的人应该超过一两百万了吧？

麦家： 那不止，这个书确实受众面比较大。

(a)《人生海海》的创作机缘

俞敏洪： 从《人生海海》中，我读到了你对家乡的情感，这种情感带有一定的复杂性，既能看到你家乡的一草一木、一山一水，又能看到每个不同个性的人对自身命运的关注。

所有作家最终都有回归家乡的可能性，而有的作家一开始就写了跟自己人生密切相关的岁月，比如梁晓声老师写了有关知青的小说。你是从什么时候开始想写一部跟自己家乡有关的小说的？是什么样的机缘促使你从原来的谍战题材转到了现在的题材？

麦家： 2014 年。其实我的童年经历，包括我跟父亲的关系，都是非正常的，我跟故乡的相处也并不是那么融洽，甚至有一点点敌意。这种情感使我对故乡有一种讳莫如深的感觉，所以我害怕提到故乡，更别谈写作，我甚至一度认为我不会去写我的故乡。我跟一般的作家不一样，很多作家都是从自己的故乡开始写的，因为相对来说有一定的原型，这种写作更容易成功，但我从一开始就在回避故乡。

但父亲的去世，成为我改变和故乡关系的契机。 父亲去世后，我个人的情感一下被掏空了。我一直想弥补我和父亲之间长达 23 年的僵持甚至战争所带来的遗憾，但他没有给我机会，因为他到晚年得了阿尔茨海默病。父亲的去世对我来说是一件备受打击的事情。与此同时，我的母亲也崩溃了，她在长达半年的时间里一直很痛苦，这半年时间，我就睡在父亲去世时所躺的床上，一直陪着我的母亲。

我以前都是悄悄回故乡，陪父母吃个饭就走，但这半年回避不了。在这半年里，我突然就融进了故乡，也跟我母亲有了很深入的交流，我发现我以前对故乡的一些敌意，包括一些情感，在我母亲的审视之下显得非常可笑。比如，曾经伤害过我们家的一些人，我母亲早就原谅了他们，但我作为一个大学生，作为一个知识分子，却对这些事始终耿耿于怀。我突然觉得，与我母亲相比，自己太狭隘了。这种情感、思想和立场的转变，让我彻底改变了对故乡的看法。

我父亲是 2011 年去世的，我在长达 3 年的时间里，一直在盘算如何重新找到一个写作出发点，在机缘巧合之下，我最终还是决定从故乡出发，因为那是我最熟悉的地方。

俞敏洪： 我知道你在青春叛逆期上了大学，跟父亲没有太多交流，而且这样的不交流还持续了很长一段时间，直到最后你再回到故乡，想弥补却还未来得及弥补的时候，他就去世了。你怎么会和父亲有这么长一段时间的僵持？我后来读到了你跟你儿子的故事，你儿子跟你也有一个比较长的僵持阶段，这和你自己的脾气秉性或者你父亲的脾气秉性有关系吗？

麦家：不光是脾气问题，我跟我父亲的那种僵持，我觉得还有时代的原因。我和你是同代人，那个时代是相对讲究政治身份的，我父亲是一个很能干同时也很自负的人，在家里情绪不是很稳定，有点喜怒无常。他因为说了不得当的话被打成了右派，但那会儿农村哪有右派！他就是想要博人眼球，引人注目，故意说一些过分的话，通过这个来表现他的自负。但他根本没想过，他的一次爽快可能会给家庭带来巨大的后遗症。

我父亲还被判过 3 年刑，虽然没坐牢，就是农村管制，但在那个政治挂帅的年代里，我们家因为我父亲的身份都变成了罪人，这对于我们的成长过程影响很大，比如我哥连读初中的机会都没有。我们寻找原因，就把所有原因都归咎在我父亲身上。我觉得我父亲本身受到的那种打击，也影响了他的个人情绪，白天他在外面被游街，晚上回来情绪就变得很暴躁，他有时候会表现得有一些极端，拿我们撒气。他被判刑后，总觉得自己低人一等，就特别希望我们懂事，别在外面闯祸，但一个孩子怎么可能不闯祸？我们有时候在学校闯祸了，在外面跟人吵架甚至打架了，他就不能接受，觉得我们把他难上天了。

俞敏洪：他回来就打骂你们？

麦家：是的，累积到一定程度后，量变引起质变。有一天，他打我打得很严重，从那天起我就开始写日记，我日记的第一句话就是"我以后再也不会喊他一声父亲"，那时候我才 12 岁零 7 个月。所以，父亲对我的影响很大，主要还是负面影响。

(b)《人生海海》的女性色彩

俞敏洪：你觉得你后来的个性跟你父亲一样，还是更加随母亲？

麦家：不一样。我的性格完全随我母亲，相对比较柔和。虽然我现在可能也会有情绪不稳定的时候，但那是经历改变了我。我有比较不幸的童年，在童年受伤以后，我的心就收得比较紧。很多人可以感觉出来，我是一个收得很紧的人，因为童年没有放松，一直夹着尾巴，我觉得自己一辈子都会夹着尾巴。

俞敏洪： 你童年的时候，很多小朋友都把你看作不可交往的人，甚至连老师都会指责你。据说有一次百米赛跑，你得了第一名，结果这个项目干脆就不发奖了，因为觉得发给你好像不太对。所以，你的童年确实过得非常不愉快，整体上是很压抑的感觉。**这些童年经历对你后来的人生到底起到了什么样的作用？**

麦家： 如果你想做成一件事，那童年经历的影响可能就是正面的。我觉得我可能是一个自卑的人，童年被人歧视，从小就很孤独，然后就开始写日记，这其实是不正常的行为，但对具体要做成一件事来说，**这种经历是对我的一种历练，让我更耐得住寂寞，更能忍受孤独。** 你自卑，就会加倍努力，就会更不肯服输。比如，我今天来跟你见面，我在微信里跟你说我会准备得特别充分，其实也是这个原因。我想这种经历对我做成一件事肯定是有好处的，会让我愿意付出、愿意坚守，能够忍受失败的煎熬，我觉得这都是好的品质。但这种经历对一个人来说也是不利的，你会觉得不放松，感受不到生活的乐趣。一定意义上来说，我做事情的时候可能没有反哺到我真实的内心，它只是在向世人、向我的同伴证明，我没有你们说的那么不堪，甚至我做得比你们更好。我觉得这是一种很苦的人生。

俞敏洪： 现在不少青少年，出于某些原因被同学看不起，很多人直接就崩溃了、放弃了、不奋斗了。但你不一样，你当时在那样的情况下还能学习，之后还考上了大学，你觉得除了你想证明自己外，这与你家庭成员给你的支持有关吗？

麦家： **我能有今天全是因为我母亲，所以我一直很感激她。** 我父亲给我多少打击，一定程度上我都在母亲身上得到了补偿，我母亲是一个被称为"活菩萨"的人。

俞敏洪： 你的善良、宽容与忍耐其实都来自母亲？

麦家： 对。我印象很深，那年我11岁，我有一个比我小2岁的弟弟，我们从学校回来吃午饭。虽然我们是鱼米之乡，但那时正是青黄不接的时候，粮食是不够的，于是我母亲就存了两碗饭在那儿，我弟弟一碗，我一碗。就在我们正吃着的时候,突然来了一个外乡人,他跪在我家门口,我母亲就把我的饭倒给他了。我当时号啕大哭,这碗饭没有了,我这一天都要挨饿,但这就是我的母亲。那时候我们全家人明明受了那么多苦,很多人整我们,但我母亲还是原谅了他们,甚至都不准我记恨他们。有一天,她发现我还在记恨着谁的时候,对我说了一句话:"我真的瞧不起你,你读了那么多书,都白读了。"她本身就是地主家的女儿,所以她早就看透了世间冷暖。

俞敏洪: 所以你父亲去世后,你回到家乡,在陪伴你母亲的这两三年中,她的人生态度对于你对故乡的看法起到了一定的积极作用。这也是你写《人生海海》这本书的原因吗?

麦家: 是,我母亲那几年深深地教育了我。

俞敏洪: 如果没有你母亲跟你之间的交流,你可能还会带着对家乡的不屑或者干脆遗忘家乡的一切,继续写你的谍战片,对吗?

麦家: 是这样的。那半年我和母亲住在一个屋里,经过那种深度交流之后,我突然发现了她身上的很多美德,同时也发现了自己身上的很多狭隘,我觉得那就是一个自我洗涤的时机,是非常重要的时刻。

我父亲脾气比较暴,动不动就又打又骂。我父亲真的就是老鹰,而我母亲就是一只老母鸡。我童年最多的印象就是我父亲追着我们打,我母亲就护着。那会儿对母亲的很多美德我并不了解,后来我陪她度过她人生最艰难的半年,我不仅能近距离观察她,还能随时跟她交流。关键在跟村民接触后,村民都在谈论她的美德,母亲突然就变得高大了,她一高大,教育我的动力也就更强了,我觉得那半年她确实改变了我。

俞敏洪: 你在《人生海海》中刻画的一些女性角色,比如上校的母亲、后来陪伴上校终老的志愿军时期的战友等,是不是都带有一点你母亲的形象?

麦家: 我专门写过一篇文章解释,《人生海海》是从我的童年和故乡的角度出发写的一本书,而我母亲在我心里又是那么一个高大的形象,所以我理应多写写母亲,但实际上在《人生海海》里,我母亲就是一个配角。

主要原因在于,每当我想把母亲放进去,把她作为一个重要人物展开来写时,小说就写不下去了。我控制不了这个人物,她在《人生海海》里出现的时候,会横冲直撞,我作为小说家显得很无力,我把握不了她。我后来写过一篇创作心得,我说,**强悍的事实让作家丧失想象力**。我之后也一直在研究这个事情,发现是因为我对母亲太满怀敬意,所以我缺乏改造她的能力。但写小说的时候,你总要对她进行改造,如果不能改造,她和一群改造过的虚构人物在一起是不协调的。所以,这本小说写的时间很长,中间修修改改,花了 5 年时间才写完。至于为什么把母亲撤掉,是因为真的放不进去。但后来有一天我发现,不管是林阿姨还是上校,甚至是爷爷身上的很多美德,真正的源泉都是我的母亲。

俞敏洪:我读这本小说的时候,反而产生了一种感觉,我觉得母亲是整个小说的大背景,或者是一堵墙,她是推动所有故事持续发展的动力。爷爷、父亲、孩子,甚至包括上校,他们的背后或多或少都有母亲守护的影子。

麦家:对,这是我爱这些人物的情感基础。我之所以爱上校、爱林阿姨,很大程度上是因为我对母亲的情感。

俞敏洪:能够感觉出来,这也是小说家的特权,可以把一个人物身上的优点或者故事分散到不同的人物身上。

(c)《人生海海》中人性的明与暗

俞敏洪:《人生海海》中最重要的是上校这个角色,这个角色很有个性,也很有才华,但命运多舛,经历了时代变迁所带来的各种荣耀和悲苦。对于这个人物你当时是怎样设定的?他有原型吗?

麦家:上校和我父亲其实是一体两面。

俞敏洪:这个小说中既有父亲的形象,又有上校的形象,而上校和父亲又是好朋友的关系。

麦家:坦率地说,我父亲很像小说里的父亲,是一个情绪特别暴躁、身上充满破坏力并且对感情很粗糙的人。但上校呢,我觉得我把梦想中父亲的特点都放在了上校身上。我梦想中的父亲,虽然遭受了时代的打击和蹂躏,但他依然有着高贵之心和善良之心，依然不畏沉浮。**所以，上校的形象在一定程度上是我对父亲的一种寄望，也是对自己的一种期待，希望自己不要被生活打败。**

俞敏洪：你是不是在某种意义上不仅寄托了对父亲的希望，还寄托了对天下所有男性的希望，甚至在你个人的潜意识中，也希望自己能够具备上校身上的一些特点，从而使你的人生可以更加自在，更加无所畏惧？

麦家：是。

俞敏洪：我第一次在你的小说中读到了一个人物形象完整的一生，从他小时候一直到最后人生结束，这个人物是如此完整，而且你通过多个场景、多个角度展现出了这个人物形象的不同方面，我读了以后还是比较感动的。

麦家：这好像也是很多读者的感受，尤其是很多女性读者，读到最后都爱上了这个男人。虽然他晚年有点智力下降，而且作为一个男人，他身上有明显的缺陷，但很多人都爱这个人物，我觉得主要是爱他的精神。

俞敏洪：从心理学角度来说，虽然这个男人有缺陷，但他有能力、有道德、有底线、心地善良，而且做事有点张狂，这恰恰是女性比较喜欢的一种形象。

麦家：确实如此。我觉得我们中华民族确实多灾多难，这本书一定意义上也是对我们中华民族的一次寻根。我们在多灾多难中，一直不放弃我们的传统美德，比如向上的、向美的、向善的美德，我们从来没有放弃过，但我们中华民族确实受尽了苦难，尤其是最近一两百年。这个小说虽然写的是农村题材，甚至带有一定程度上的自传性质，但它能够在读者中反响如此强烈，可能读者也读到了它宽广的一面，劝人向好向善的一面。

俞敏洪：你是不是想通过对小瞎子和胡司令的描写来探索人性中黑暗和邪恶的一面？

麦家：那当然，小瞎子就是小说里必须要有的一股黑暗力量的象征，正因为有他，人生才有至暗时刻。如果生活中没有这样的人，我们都是开开心心的，就没有上校的曲折，也没有民族的苦难。但实际上只要有人的地方，就有像小瞎子这样的人，作恶不断，但他没想到自己反而把人类变得更坚强、更伟岸了，一定意义上来说这也是一种生活的辩证。

俞敏洪：有点像你个人的生活，小时候受到的欺压反而增加了自己反抗的能力或者自我证明的能力。整本小说是以你的家乡为背景写的，现在让我写一本有关我家乡的小说，我是写不出那么多家乡的风俗、民情和语言，尤其是语言，但你在刻画爷爷这个形象的时候就把语言这方面表现得很好，还把乡村各种通俗的语言和人生经验的总结进行无缝对接。这是你回家乡后进一步提炼出来的，还是小时候就留下了这样一种记忆？

麦家：我发现很多事情，只要你慢下来，肯下功夫，就做成了，比如对故乡语言的追溯和模拟。**当我们脚步匆匆的时候，很多东西就会离我们而去；当我们安下心来的时候，很多东西就又回来了，真的是这样。**我没有刻意去学家乡话或者回忆家乡话，但我写的时候想起了自己的童年，很多东西就像涓涓细流一样流回来了，每天流一点，慢慢地就越流越多。

俞敏洪：在读到你描写的家乡环境时，深刻地感觉到你对家乡是热爱的，跟你童年在家乡受到的委屈相比，这份热爱更加宏大，你这样写，是不是意味着这是和家乡的一种和解，并且这种和解是双向接纳的，包括你对家乡的接纳以及家乡对你的接纳？

麦家：我自己的人生体会就是，会恨人，才会爱人，我自己体现得非常明显。比如，我跟父亲长达 23 年的僵持、敌意，应该是恨得够长，但最后就得还债。

俞敏洪：《人生海海》可以解释为你对父亲的一种还债吗？从某种意义上来说，小说中父亲的形象和上校的形象加起来，就是你对那 23 年的某种忏悔吗？

麦家：可以这么说，我觉得不要过多地阐释写作，作家有时候很害怕阐释写作。我跟你谈一个我生活中的细节，我没跟任何人谈起过。因为我这个人不太放松，所以朋友很少，我心里有事的时候，我都是去跟我父亲说。我平常每个星期都会去给父亲上坟，我母亲去世以后，可能去得就没那么频繁了，但我一个月肯定要去一次。如果有一天我要离开杭州，我必须要去父母的坟前说一声，我觉得这种爱就是以前的恨转化的。

俞敏洪：恨之愈切，爱之愈深。

麦家：你有一个窟窿在那儿，永远弥补不了，只能永远在弥补的过程中。

所以，虽然我 23 年没跟父亲说过话，但我现在跟父亲说的话比 23 年还要多。

俞敏洪：是的，这除了是对父亲的诉说，也是你对自己心灵的诉说。

麦家：当我把这个生活细节告诉你的时候，你就明白了父亲跟这个小说的关系。为什么上校和父亲有这么一个所谓的"CP"关系？就是因为父亲在我心目中挥之不去，我不知道怎样让他离开我的内心，也许写出来是一种让他离开的方式。

2. 日记是特殊时期的朋友

俞敏洪：我个人认为《人生海海》对于人物的命运以及个性的描写非常到位，而且是那种让人看得见、摸得着的感觉，甚至还可以进行对照。一部小说之所以能够成功，很大一个因素在于它能让读者有代入感，我在读这本书的时候就会把我自身的经历联系起来，常常会觉得有很深的代入感。你在书中写的一些关于童年时期小孩之间打架及斗争之类的内容，都是你的亲身体会吗？

麦家：对，亲身体会。

俞敏洪：你的兄弟姐妹现在都还在吗？

麦家：都在，我们家有三兄弟两姐妹，我母亲生了九个，养活了五个。现在我有一个哥哥、两个姐姐，下面还有一个弟弟，他们一直都在家乡发展。我觉得他们这种路径才是正常的，不正常的是我。

俞敏洪：五个兄弟姐妹，最后考上大学的就你一个人？

麦家：我刚才说我之所以能走到今天，主要是靠我的母亲和我自己的努力，但我觉得真正起最大作用的还是时代，是时代给了我机会。有时候别人说我身上有"运"，这个"运"其实就是时代。

我们村庄很大，有 6000 人，有自己的小学、初中，只要你是这个村里的村民，就可以上，学费也很少，8 毛钱。但高中就不行了，我们 6000 人的村庄只有五六个人能上高中，也就是 1000 个人里出一个。因为我们村里上高中需要有人推荐，这样的背景下，肯定就没我的份儿，但我觉得时代给了我机会。

1977年恢复高考，1978年恢复中考，我是1978年初中毕业的，正好参加了第一年的中考。我初二的时候成绩很差，因为觉得第二年就是我的最后一年，读完就要去生产队劳动了，所以根本没有好好读。但我父亲对于社会上的信息还是比较敏感的，他就分析，既然1977年恢复高考，那第二年可能初中也要考试，他给我提供了这个信息。他说以前都是他耽误了我们，但如果以后真要考试，我有本事，就一定要考上。所以，我就用最后3个月的时间考上了。我们整个村里也就考上了5个人，我觉得这个就是机会。

俞敏洪：你们一家兄弟姐妹五个，你是最喜欢读书的？

麦家：对，我哥哥姐姐是没机会读高中，初中也没机会读。我弟弟比我小，他应该可以读，但他很早就放弃了，因为他觉得反正也不能读高中，所以初中也就没读。

俞敏洪：你的兄弟姐妹在童年时期也感受到了和你一样的人情冷暖吗？

麦家：没有。我也分析过，我觉得有两个原因。首先，我弟弟那会儿还太小，所以感受不到世间冷暖。其次，我哥哥姐姐那会儿已经大了，所以他们也不怕，打就打、骂就骂。但我不一样，我那会儿六七岁或者七八岁，心智还没成熟，像一块豆腐，碰一下就破掉了，半懂不懂是最容易受伤害的时候。所以，我觉得这就和时代有关系，我们家三兄弟两姐妹，一共五个人，这种伤害我承担得最多。

俞敏洪：很多家长现在对于孩子内向、自卑、敏感这件事情很焦虑，但你只要确保给了孩子适当的爱护、平等的对待以及温暖的拥抱，孩子的这些敏锐感觉长大以后也可能会成为一种优势。就像你一样，因为你感情比较细腻，所以你对人的观察和把控就比较到位，这就使得你能把人生中的劣势转化成你后来写小说的优势。是不是可以这样说，**恰恰是你这种对外界环境的敏感度成就了你到今天为止的人生？**

麦家：肯定是的。作为作家，我这种童年经历肯定起了很大很大的作用。海明威说过一句话，就凭这句话，我觉得海明威就是文学大师。他说："**作家最好的训练就是辛酸的童年。**"对于这句话我深有体会，因为我被歧视，所以从小就很孤独，而恰恰是因为这种孤独，我的内心特别活跃、敏感，比如我从 12 岁就开始写日记了。你说农村人谁写日记？

俞敏洪： 我从来没写过。

麦家： 我写日记真的是写一个故事，写到最后像抽烟一样戒不掉。

俞敏洪： 一直到现在都还在写吗？

麦家： 我们家一个在公社里当小干部的远房亲戚送给我一个笔记本，从那天起，我就开始写日记了，再也停不下来。每天到了晚上，我都有一大堆伤心事要倾吐。因为孤独、被歧视，在生活中没有朋友，所以我就自己创造了一个朋友，我每天不吐不快，慢慢真的上瘾了。我后来在日记里记录的很多都是负面情绪，比如，白天被人欺负了，晚上我就会在日记里骂他，我觉得这是一种意淫性质的东西。后来上了大学我羞于提起，觉得我已经长大了，家里也正常了，我应该改掉这个习惯，不写日记了，但发现改不掉，还是会写，就像抽烟一样上瘾了。那我是什么时候改掉的呢？有一天，我孩子出生了，我本来是走到哪儿都会带着日记本，那天在产房里我还是有一种习惯性动作，想要写，结果孩子突然哭了，听到哭声的那一刹那，我真的就像戒烟一样，心想，从今以后你就为人父了，你要跟自己作斗争，你要把自己一些不好的习惯改掉。

俞敏洪： 那时候你开始写作了吗？

麦家： 已经开始写了。

俞敏洪： 是孩子的一声啼哭把你唤醒了？

麦家： 我要改掉自己的一些陋习。

俞敏洪： 写日记不算陋习。

麦家： 我的日记有一种特殊性，它是我特殊时期的一个朋友，它确实锻炼了我的文字水平，同时培养了我对文字的感情，但本身这种记录情感的方式，尤其是负面情感记录得过多，对我的成长是不利的。我母亲后来嘲笑我，说我怎么还对城里的人耿耿于怀，其实就是跟我写日记有关。我把一切都记在心上、记在本子上，所以我说我的日记是一个故事。不过对一个作家来说，写日记确实是一件好事。

3. 从军校到军艺

俞敏洪： 你高考时数学考了 100 分，物理考了 98 分，语文才考了 60 分，所以本质上语文不一定是你的天赋爱好，你更偏向于理工科，你大学选的是无线电专业，还有后来进入部队的工作，种种迹象都表明你不应该成为一个作家。你当初选军校也可以理解，我们当初都把军校看成更高一级的大学。我高考考了 3 年，前两年填的第一志愿都是军校，第三年成绩上去了，但是眼睛因为高考变成了近视，不符合军校标准，所以后来才没去军校。你当初选择军校，是因为觉得军校是一种荣耀，还是说你其实是为了能够离开自己的家乡去过更好的生活？

麦家： 当时我毫不犹豫地报考了军校。那时候是 1981 年，还没开放到不讲政治身份的地步，如果我能上军校，就可以改变我们家的政治地位，这是一个很重要的原因。

俞敏洪： 那时候家里平反了没有？如果没有平反，是进不了军校的。

麦家： 不瞒你说，军校录取我的时候，村里还有人到人民武装部去举报。农村的开放肯定比城里慢一拍，那时候可能城里都已经拨乱反正、开放了，但农村还是有一些固有的东西，所以我当时要上军校，有人就告了状，那人跟我们不是一条线的，他是军校直接招的。当时我能上军校真的就是梦想成真，更何况上军校还不要钱，部队给解决一切。至于高考，我真的想说，我数学考得很好，化学也考了 94 分，但我考得最差的是英语，只考了 3 分。

俞敏洪： 那你是怎么上的军校？英语应该算总分的吧？

麦家： 那时候英语满分才 20 分，不过英语彻底把我拉下来了，本来我数理化考得那么好，结果最后只比起点分多了 3.5 分。当然北大我是上不了了，但当时军校说起来很复杂，军校是高人一等的，是所谓的提前批，到我们学校来录取的时候，是要录取超过起点分 40 分以上的学生，我其实根本没资格。

后来我能上军校就是因为运气好。当时军校挑了我们学校 20 个学生，结果有 12 个在体检环节就被毙掉了。那时候人营养不好，其中有 4 个人体重不够，有的是高度近视，有的得过传染病，所以最后有 12 个人被淘汰了。当时军事体检很严格，他们在最高层 6 楼体检，我们就待在 1～3 楼，招生官中午吃完饭会休息一下，我们门口有一个桂花树，桂花树的树荫比较少，我坐在树荫底下，就看见一个人叼了一根烟，长着大胡子，也没穿军装，就那么走过来了。我从小因为家里的情况就很低调、很自卑，我看到有个人过来，就想，要么我们两个人需要挨得很近坐着，要么我就得把树荫让给他，最后我就主动把树荫让给了他。他一看就是城里人，结果这一让就让出了运气。

俞敏洪：好人是会有好报的。

麦家：还真是，如果没这一让，他也不会跟我聊天。这一让，他就对我有点兴趣或者好感了，跟我攀谈起来，我就知道他是干什么的了。他给了我机会，说让我去体检，命运就这么改变了。

俞敏洪：结果就成功了。当时你知道这个学校在成都吗？

麦家：不在成都，这个学校在郑州。

俞敏洪：你是从郑州毕业后分到成都的？

麦家：我待过很多地方，成都算是最后一站。我当时读书的时候是百废待兴，本校在郑州，军事大学的学生在本校放不下，就委托各个军区代培。当时有九大军区，每个军区都有一个分院，我考到了福州分院，所以我在福州上学，毕业以后也就顺理成章留在了福州。后来南京军区和福州军区合并，我又调到了南京，再后来因为爱好文学，第二次读书，就考上了解放军艺术学院。

俞敏洪：那时候在军艺是拿学位，还是像莫言他们那样，是个艺术班？

麦家：和莫言他们是一样的，莫言是第一届，我是第三届。我们第三届可以说是硕果累累，据说军艺到现在为止，我们这一届出的作家最多，比如阎连科，又如徐贵祥是中国作协副主席，岳南也是我们这届的。

4.《解密》&《暗算》：那些人不该被遗忘

俞敏洪：你是从什么时候开始决定要尝试写作的？应该是在上军艺之

前吧？

麦家：那当然了，写是很早就开始写了，像我这种人，内心很早就被打开了，但那时候是写日记。后来，20世纪80年代兴起了"文学热"，文学成为社会中心，我很容易地就靠近了文学，而且我内心特别敏感，特别需要滋润，文学是跟内心关系最密切的一个艺术品种。

俞敏洪：你的第一本小说是《解密》，这本小说修改了十几年？

麦家：对，11年。

俞敏洪：据说你把小说寄出去，退回来，再寄出去，又退回来，这个过程也有十几次？

麦家：17次。

俞敏洪：我读完《解密》之后非常有感触，容金珍为了解密事业一路不断前进，帮助那些人解决了很多问题，却因为丢了一个笔记本，最后疯掉了。从这个人物其实能够看出来一个人为了一项事业奋不顾身的那种冲劲。我特别同意你书中的一个观点：**当一个人专注于把一件事情做到极致的时候，就像一根线被不断拉长一样，可以不断地纵深，但它的横向就变得非常脆弱，有时候一不小心就断了。**

麦家：天才就是把自己某一方面无限拉长，长到像游丝一样，风一碰就断了。

俞敏洪：你写这样的一本长篇小说，被出版社退回来十几次，怎么还有信心继续写下去？虽然《暗算》后来获得了茅盾文学奖，《人生海海》也已经是很成熟的作品，但真正打开你长篇小说写作闸门的应该是《解密》，而且我个人感觉你自己对这本书也非常钟爱。你为什么会比较喜欢这本小说？为什么坚守那么多年也要把这本书出版出来？

麦家：我认为我历时11年，经受17次退稿的打击，依然不放弃的主要原因是我在生活中没爱好。**那时候写作已经成为我人生主要的爱好，它是我除了家人之外，和这个世界唯一的关联。**那时候我根本没想到它有一天会成名，有一天一定会被出版，它就是我的一种生活方式，每天下了班，没事就琢磨怎么把它改好。还有一个原因，我觉得这本身也是我童年留下的一种后遗症或者童年带给我的一种历练。我做事从来都是一根筋，不管别人，因为我不相信别人的评价。从小别人就没给过我一个中肯的评价，所以当别人否定我的时候，反而会激发我一定的力量。

俞敏洪： 所以，越退稿你越修改，再退稿你再修改。最后是哪家出版社接受了这本书？

麦家： 写《解密》的时候，我身上的优缺点全被放大了，优点就是不放弃。在经历了17次退稿之后，遇到了中国青年出版社的一个副总编，叫李师东，还有人民文学出版社、《当代》杂志社副主编洪清波，是这两个人联手发现这部小说的，他们肯定了这部小说。有两个人肯定，那就证明这部小说真的不一样。后来中国青年出版社出版了这本书，同时也在《当代》杂志上进行了发表。

小说肯定是个好小说，但为什么经历了那么多次退稿？一是作者名不见经传，二是写的内容太前卫。我写的内容相对来说有点敏感，我们的时代还没有开放到那个程度，所以很多出版社还是带着"小心起见，敏感题材我们不要碰"的心态。还有一个原因就是，别人对破译家这个职业不了解，不知道你写的到底是真是假，各种各样的原因结合在一起，使得这个稿子备受摧残。

俞敏洪： 读完《解密》和《暗算》之后，我对容金珍和阿炳都有非常深刻的印象，这两个人物在现实生活中有原型吗？还是说他们都是你根据职业特点创造出来的人物？

麦家： 每个作家都难免会把自己的精神放到人物身上去，容金珍那种脆弱并且痴迷解密事业的状态，原型应该就是我本人，我们都是一方面被无限拉长，另一方面很愚钝。

我为什么会写这样一个破译家？这是值得问的，也是值得读者了解的。那时候我读的是一个特殊学校，毕业以后就自然去了一个相关的部门。每个国家都有相似的机构，我到那个单位之后，确实遇到过一个专家。我年轻的时候喜欢打篮球，他也喜欢打篮球，有一天我师父在阳台上看到我在跟专家打篮球，师父马上跑来把我拉开，说我不能跟专家打篮球，我说为什么，师父说他是A

院的，我们是 B 院的，他的机密程度比我高，我们单位的保密级是 8 年，他们是 20 年。师父说，我跟他在一起，实际上是给自己找麻烦，同时师父又告诉了我这个人了不得的一面。这个人曾经在美国普林斯顿大学发展得非常好，就像是钱学森一样的人物，如果不从事这方面的工作，他很可能会在世界科学领域有所建树。他身上确实有一种迷人的才华，如果不从事这种工作，他可能真的会成名成家。**后来随着时代的发展，人们慢慢地把这些人遗忘了，我真的觉得这些人不应该被遗忘。**

俞敏洪：因为他们为祖国做出过重大的贡献。

麦家：对，**他们就是我们国家的基石、栋梁。你说他们不聪明？他们比我们聪明得多。你说他们不努力？他们比我们付出的多得多。**

俞敏洪：《解密》出来后就一炮走红了。

麦家：是一炮走红了。《解密》确实比《暗算》更完整，它是 2002 年出版的，2003 年评的茅盾奖，虽然它最终没有得奖，但它已经得到前 20 的提名了，是在 20 进 5 的时候被刷下来的。我觉得被刷下来并不是因为作品本身有问题，而是因为我自身知名度不够高。评奖确实一是评作品，二是评作家，我的书才出版一年，作家的属性都还没牢固，也许我写了这本书以后就再也不写了，所以这么重要的奖不应该给我这样的人。但 2008 年就不一样了，一是《暗算》本身由于改编成了电视剧而影响很大，二是我那会儿被圈里很多人认识了，所以《暗算》得了茅盾奖，《解密》反而没得。我觉得《解密》要是得了会更完美。

俞敏洪：《暗算》基本算是《解密》的姊妹篇，甚至故事发生的场景都在同一个地方。《暗算》中让人印象深刻的人物形象有两个，一个是阿炳，但阿炳的篇幅少一点；另一个就是黄依依，她的人物个性非常生动。这个人物的原型是不是跟那个打篮球的人有一定关系？

麦家：那倒没关系，一定意义上来说，黄依依是我设计出来的一个人物。

俞敏洪：以你的个性来说，跟女性的接触应该相对比较少，但你把一个女性不愿意被束缚、追求自由的个性描写得非常贴切，这一点在后来的电视剧中也得到了很好的体现。《风声》应该是在《暗算》后面写的，《风声》里就有了一些更加丰满的女性形象，你从什么时候开始探索小说中的女性形象的？

麦家：其实我在生活中是一个比较木讷的人，不太善于表达感情，尤其在女性面前会变得很胆怯，所以我对女性人物的描写更多的是一种幻想，黄依依就是我幻想出来的一个人物。这也是很正常的事情，关键点在于你幻想的这个人物最终能不能落地。有些小说家即使写生活中的一个真人，写出来之后也没有接地气，一个真人反而被写假了，这是小说家功夫不够。

俞敏洪：感觉《暗算》是三个中篇合成的，《暗算》的写作时间应该少于《解密》吧？

麦家：那当然，我写《暗算》的时候有一种削铁如泥的感觉，只用了8个月就写完了。你刚才说它是《解密》的姊妹篇，其实很多素材我在写《解密》的时候已经用空了，后来不停地修改，又删掉了。一开始写得很庞杂，后来有些人物还保留在那儿，所以结构是一种花瓣形的，没有整体的逻辑关系，但他们是同一个单位、同一种职业。这种长篇小说的结构也体现在很多小说中，比如，奈保尔的《米格尔街》，甚至是《圣经》，包括各种福音书，都写了耶稣的生平，但用了不同的写法。

5. 名利场中的沉迷与醒悟

俞敏洪：从《解密》到《暗算》再到《风声》，你有预料到你的书会引起中国谍战故事和谍战影视片的疯狂爆发吗？

麦家：没有。

俞敏洪：你第一个被拍成影视剧的小说是哪一本？

麦家：是《暗算》，但《解密》当时在《北京青年报》上连载，反响特别好，所以一下子就有几十家公司来买版权。我印象很深，有一家公司直接就说给我30万元，那时候30万元是很大一笔钱，我都吓坏了，因为如果他找我报价的话，我只准备报3万元。他为什么开那么高的价？因为他已经了解到有好多家都想买《解密》的版权。这确实让我很意外，一个曾经被退稿 17 次的作品，终于迎来了出头之日，引起了整个社会的追捧，包括茅盾奖也来追捧了，第二年就进入了提名名单。

俞敏洪： 后来你 30 万元卖给他了吗？

麦家： 卖给他了，因为其他人的报价都没他高，少的 8000 元，多的也就 3 万元、5 万元，有一家 12 万元，但都没他高。**古话说"有钱能使鬼推磨""重金之下必有勇夫"，其实是"重金之下必有愚夫"，反正最后我毫不犹豫地就卖给他了，但是给错了。**

俞敏洪： 为什么？

麦家： 因为这个就没拍出来。

俞敏洪： 那是他的问题，跟你没关系啊。

麦家： 其实有关系。后来《暗算》很快就拍出来了，因为它拍出来了，所以我也被更多人知道了。我觉得这才算是成功，**一个作品能被更多人了解，这才是最重要的。** 当时我跟他签了 5 年，但他 5 年之内没有写出来剧本，就没拍出来。

俞敏洪： 我觉得这是他们能力的问题，跟《解密》本身好不好没有关系。我印象比较深的还是《风声》这部电影，一方面演员的演技炉火纯青，另一方面剧本的改编也确实能引起老百姓的兴趣。拍这部电影的时候你参与了吗？

麦家： 相比《暗算》，这一部我参与得更多一点，《暗算》我只写了剧本。

俞敏洪：《暗算》的剧本是你自己改编的？

麦家： 是我自己改编的。《风声》我虽然不是编剧，但我确实介入得比较深，拍摄现场我也去了，包括后来审片的时候也提了一些审改意见，而且当时跟导演高群书、陈国富交流了很多。由于《暗算》的成功，我在这些导演、制片人中也有了一定地位和话语权，他们愿意听一听我的想法，我毕竟是作品所谓的"爷爷"，我也如实表达了我的观点，事实上这些观点对电影起到了很好的作用。

俞敏洪： 你的作品引起了那段时间中国谍战片的热潮，这种热潮对你个人有什么影响？因为我知道曾经有一段时间你为了影视片，变成了一个疯狂的写作者。

麦家：《暗算》《风声》确实引发了中国谍战剧的热潮，我作为一个所谓的"开创者"，必然备受关注。从成名成家的角度来说，我肯定是一个获益者，我的身价更高了，被更多人关注了，我的创作机会也更多了。但与此同时，对我的考验也更多了，给我的诱惑也更多了。**坦率地说，那时候真没做好准备，我还真是失败了，在名利面前我走了太多的弯路，我后来的有些作品都是失败的。**为什么我在写《人生海海》之前停了3年？因为有了后遗症。有一个极端的例子，那时候我还在成都，有一天有个人用面粉袋装着300万元现金到我家里来，说本子已经有了，只要我签个名就行。相当于本来是老俞你写的本子，只要我把名字签在你前面，就给我300万元。

俞敏洪：你没签吗？

麦家：我没签。当时我唯一的底线就是每个作品我都要自己写，这个底线我守住了，但其他的底线没守住。比如写《风语》《刀尖》，后来又写影视剧，我本来是一个孤独型、深思型作者，一天也就只能写500字、1000字，但那几年我每天都给自己规定要写5000字，当你500字的能力突然放大到5000字，其实就变形了。

俞敏洪：当时是一种亢奋的状态？

麦家：一是亢奋，二是没经得住诱惑。**坦率地说，我是一个低欲望的人，到今天为止，我对金钱的欲望都没有那么大，更多还是希望能够被社会所认可。**

俞敏洪：这跟你小时候的成长经历有关系吗？你有一种翻本的心态？

麦家：对，我就特别希望别人承认我。以前别人不承认我，被退稿，现在一大堆人围着我要我写东西，这是我的机会，我要把这些机会都抓住。**其实我只能抓住一个机会，但我却想一下抓住五个。**

俞敏洪：当时有没有预料到你这样拼命写作的行为带来的会是一种适得其反的效果？

麦家：没预料到。

俞敏洪： 你是什么时候意识到你写的这些东西过于泛滥了？那时候读者对你的评价已经开始走向负面了吗？

麦家： 是的，老百姓的眼睛太亮了。坦率地说，我在写《人生海海》的时候，给自己设了一个小小的底线，因为我以前的书都很畅销，所以我这次要写一本不畅销的书，结果这本书如此畅销。读者的眼睛是雪亮的，你写得好，他们就会给你宣传。电影、电视剧是最明显的，像《刀尖》《风语》，我写得不好，收视率就是上不去。2011年我有三部电视剧在播，中央电视台播了《风语》，浙江卫视频道播了《刀尖上行走》（改编自《刀尖》），还有一个《风声传奇》，是根据《风声》改编的，也播了。那年被媒体称为"麦家年"，虽然有三部电视剧，但算起来影响力还没《暗算》的一集大。而且我很快就听到了类似"江郎才尽""粗制滥造"这样的评价，虽然不是直接听到的，但拐弯抹角都能听到，本身我自己也会有一个冷却的过程。

俞敏洪： 我觉得《人生海海》是对你那段时间泛滥写作的一种彻底否定，能够明显感觉出来，这部作品无论是文笔、故事还是题材都与之前的作品大不相同。是什么样的契机让你突然开悟，并且让自己冷静了那么多年不动笔，最后才开始重新寻找自己的定位？

麦家： 还真有一个非常极端的事情。2011年，我的小说《刀尖》已经在杂志上开始连载了，那本杂志是双月刊，但到了9月30日我还没交稿。他跟我说10月5日我必须交稿，但其实稿子真的不能这样写，不过我当时信心满满，觉得肯定能交稿。但9月30日我父亲突然去世了，那时候我还有6000字没写。

俞敏洪： 那没法写出来了。

麦家： 是的，最后我一边给父亲守灵，一边在电脑上写。因为如果我不交稿，人家杂志是会开天窗的。如果没有前面连载的5期倒也无所谓，但已经发了一半了，另一半我必须续上，而我又遇到了这么极端的事情。**我当时想这一定是父亲安排的，只有一个上了天的人，才有这么大的本事，可以这么极端又贴切地羞辱我、教训我。**

俞敏洪： 这是上天冥冥之中给你的一个警示？

麦家：我当时真的写得号啕大哭。你想想那种情况怎么可能写得了稿子，但不交稿不行，我就必须在灵堂上写，写到扇自己耳光。这件事情确实引发了我深深的思考，**写作对我来说到底是什么东西？是我追名逐利的工具，还是安放灵魂的东西？如果是安放灵魂，对不起，我已经完全安放不了了，它甚至让我连守灵的时间都没有了。**我最后还是咬着牙把 6000 字的稿子交上去了，稿子好坏且不说，但那一刻我真的做好了这辈子都不再写的准备了。

俞敏洪：把这件事情消化以后再回头看，是不是很讨厌那段时间的自己，也很讨厌那段时期写出来的文字？有不少作家写完文字后，自己会觉得不堪卒读，你当时有这种感觉吗？

麦家：有，我现在都有。

俞敏洪：到现在还没放过自己？

麦家：不瞒你说，我到现在都还在重写《刀尖》，它成了我的一个伤疤。

俞敏洪：《人生海海》这么好的一本书出版出来都没有修复你的伤疤？

麦家：正因为《人生海海》还不错，所以我又开始相信自己的写作能力了，我既然有这个能力，为什么不去修复那个伤疤？如果没有《人生海海》为我加冕，给我一个信心，我可能真的就江郎才尽了，不可能写出更好的东西了，认命了。**正因为《人生海海》给了我信心，所以我想重新写《刀尖》。我觉得那个故事本身非常好，人物也非常好，就是自己写的时候动作变形了。**

俞敏洪：你会换一个名字，还是继续用《刀尖》？

麦家：这个具体还没想好，对出版社来说，可能希望换一个名字，但就我个人来说，我不想换。如果读者当作一本新书买回家，我会觉得亏待了他，虽然内容变得更精致、更艺术了，但不应该让读者两次买我的同一个故事。

6. 写作计划：呈现更好的抗战故事

俞敏洪：读你原来那些书的时候，我觉得反正就是一个编造的故事，就是一个谍战片，而且老百姓对于这种东西也不熟悉，大家更关注的是这些人是怎么工作的，至于里面人物的个性、特征以及命运，反而是放在后面去了解的。后面改编成影视剧后，大家也只是看剧情是否精彩，而不是探讨人物的命运。但《人生海海》完全是在时代背景下对人物命运的一种探讨，是对时代浪潮中人物命运的不可把控性的一种描述。你写这本小说也耗费了好几年，你能给大家讲一讲《人生海海》的写作过程吗？

麦家： 写之前停笔了 3 年，已经说好不想写作了，因为确实写了一些不好的作品，自己厌烦了。停笔几年以后，对故乡的情感发生了变化，我觉得一个人还是应该为故乡写一本书，而且我的童年确实像一条尾巴，没被剪断，可能永远也不会被剪断。既然这是我人生中如此重要的一段经历，那我作为一个作家就没有理由不去写它，所以 3 年之后的一天，我就开始写它了。

当然，它和《解密》《暗算》《风声》是完全不同的小说，它们的写法、思想、故事完全不一样，有天壤之别，唯一的相同点就是同一个作者写的。我在写这本书的时候已经做好了被读者抛弃的准备，因为一本童年视角的农村题材的小说其实很没有畅销性。但我就是想为自己写一本书，为我的故乡写一本书，为我的心灵写一本书，就是这样一个出发点。我确实也写得很认真，甚至给自己定了一些规矩，比如每天不超过 500 个字。

俞敏洪： 万一灵感来了，你也不往下写吗？

麦家： 就是这样的，必须要有硬性规定。我有各种各样可笑的硬性规定，比如，不能少于五个开头、不能改少于五遍等，因为我怕自己调皮然后重蹈覆辙，最后又像以前那样写变形了。就是在这种严格的纪律之下，我慢慢地写完了这本书。**我觉得我不是在写书，我是在教自己怎么做人，我是想通过写作，对自己内心有一次救赎**，结果这本书最后居然得到了读者们的高度认可。

俞敏洪： 对一个作家来说，写作就是生命，不管你以前的作品有多么成功，后续一定还会有写作计划，那你后续的写作会往什么风格或者什么主题上走？是继续写人生中的平常事，还是回到你熟悉的谍战故事，重写《刀尖》，又或是无所谓，哪个对你来说值得写你就会去写？

麦家： 其实我写的谍战故事不是传统意义上的谍战故事，我还是想通过谍战故事来写人性，我一直都在试探人性，包括我现在正在试图解密人心，所以不管是《解密》《暗算》还是《风声》，都不算是传统的谍战小说。

我一直想探究人，包括人内心最亮的那部分，也包括最暗的那部分，从这个意义上来说，可能《人生海海》比前面的小说更能达到我的目标，它把人性亮的那一面和暗的那一面表达得相当充分。所以，总的来说，**未来的写作我还是会在探究人性和人心上努力，但从题材上来说，我一直有一个放不下的情结。**为什么我今天还想重写《刀尖》？是因为我总觉得我们中华民族抗战14年的这段历史，我们这些小说家没有好好善待它，要么不说，要么就瞎说。同样，一个犹太人的历史，人家就会写出《纳粹》和《牢笼》，有那么多成功的影视和文学作品。

俞敏洪：对于一个历史阶段真实的表达，尤其是探索人性和历史发展的真实表达，我们做的是远远不够的。

麦家：我们在抗日战争中牺牲的人比"二战"时候的犹太人多得多，我们的反抗精神也非常了不起，但相比之下我们在这方面所出的影视作品也好，文学作品也罢，没有太多深刻的东西，没有形成一种业态。而在西方，揭露纳粹、同情犹太人，几乎成为一种业态，每隔几年就会有一个作品出来，所以，我个人特别想把我们这段历史的效用发挥出来，当时写《人生海海》也正有此意。我有一个非常经典的喻示，"你伤害到我命根子了"，这是一种象征意义，我下一步还是想在这方面写出更博大的作品。

7. 尾声

俞敏洪：今天的时间差不多了，我最后再推荐一下你的书。各位朋友好，今天跟我对话的是中国著名作家麦家老师，无论是他的书还是由他的书改编成的影视剧，大家应该都非常熟悉，他这两年推出了一本名为《人生海海》的小说，这本书一经出版就得到了广大读者的高度关注。"人生海海"是一句闽南话，大概意思是人生是复杂多变的，但又是生生不息的，就像大海一样变幻莫

测，有起有落，但不管怎样都要好好活下去。 大家如果没有读过麦家老师的书，第一本可以读一下《人生海海》，能从里面读出很多感悟。

《人生海海》我读了两遍。2019年我读完第一遍，然后写了一个短短的书评。这次为了跟麦家老师对谈，我又认真读了一遍。我确实比较喜欢这本书，大家读了以后会对时代的变迁以及人命运的改变有深刻的理解。麦家老师是以他的家乡为背景进行创作的，所以把浙江地方的风土人情写得非常透彻和到位，语言上也使用了很多智慧性的地方语言，这是一本比较深刻的书。

麦家老师还写过三本与谍战相关的书，探讨的是幽微的人性以及人性在环境中的变化和发展。麦家老师的第一本长篇小说是《解密》，这本书我也认真地读完了，我认为这是他三本谍战小说中更突出人物形象的一本。

另外一本大家比较熟悉的是《暗算》，因为拍成了电影、电视剧。《暗算》相当于《解密》的姊妹篇，麦家老师先写了《解密》，后写了《暗算》，不同的人物、不同的故事，大家如果没看过，我建议可以先看《解密》，这样后面再读《暗算》就有基础了。如果你读了《解密》觉得不感兴趣，就可以不看《暗算》了，但我估计你读完之后应该还会继续读。

《风声》肯定有不少人看过电影，周迅主演的《风声》当时在中国引起了轰动，所以大家可以回过头来读一读《风声》这本书。

总而言之，我们能够从麦家老师的写作中看到对于人性的探索，同时还能看到一种坚持不懈、不断深入的努力过程。麦家老师是我见过的作家中，不仅凭灵感进行写作，还凭着自律坚持不断在写作中进行探索的一位作家。同时，麦家老师也是一位特别善于自我反思的作家，通过自我反思创作出了《人生海海》这样更加深入、更加生动的优秀作品。

麦家： 你在夸我，说实在话，我觉得我不值得你这么夸。

俞敏洪： 当然应该夸，我这不是恭维，是内心真正的想法。

麦家： 其实我觉得不读我的书没关系，但一个人必须得读书，文艺书可能更值得我们去读，因为文艺书在一定程度上就是我们人生的模拟场，通过读一些文艺书，比如小说、诗歌、散文等，能够帮助大家更容易地去了解人。

俞敏洪：对，这也是我不遗余力提倡阅读的主要原因。

麦家：我给你写了一句话，"**小说是真的，生活是假的**"。这句话听起来有点夸张，但事实就是如此，生活当中充满各种各样的乱象，没有规律，而小说必须要把一些生活的规律总结出来，就像数学上所谓的公式公理。我觉得小说家就是干这个事的，把人的感情摸透，了解人间的一些真情并表达出来，而且这个过程必须要真实。海明威曾经说过一句话，我觉得说得太好了，"**我不允许任何不真实进入我的小说**"，但生活是可以允许不真实进去的。

俞敏洪：一定意义上以一种假的态度来对待生活。

麦家：是的。

俞敏洪：人的一生就是在真真假假中穿梭，通过阅读来体会百味人生，让自己慢慢地悟透到底应该怎样生活得更好。

由于时间的关系，我跟麦家老师的对谈就到此结束了，希望大家喜欢今天麦家老师和我的对话，同时也向麦家老师表示感谢！

麦家：谢谢！

（对谈于 2022 年 8 月 21 日）

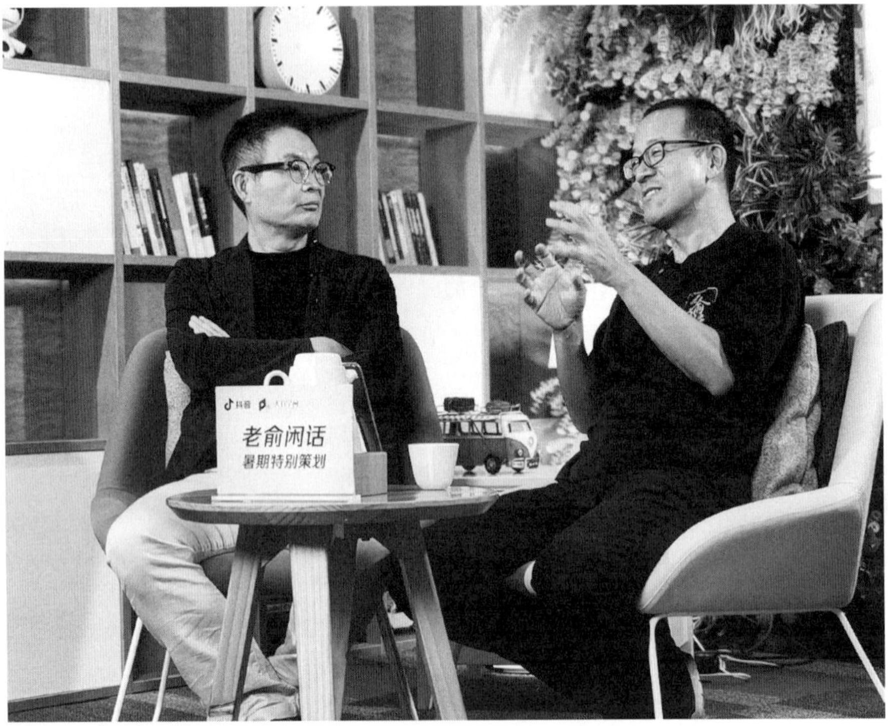
老俞闲话
暑期特别策划

对话 刘震云

哲学停止的地方，文学诞生了

你用幽默的态度来对待严酷的事实，严酷就变成了一块冰，它就掉到了幽默的大海里，慢慢就自我融化掉了。

刘震云 /
1958年出生于河南省新乡市延津县，现任中国人民大学文学院教授，2018年获得法国文学与艺术骑士勋章。代表作品有《一地鸡毛》《我叫刘跃进》《一句顶一万句》等，其中《一句顶一万句》获茅盾文学奖。

俞敏洪：大家好，我旁边的这位老师，大家一定十分熟悉——中国著名作家刘震云老师，很多人肯定都看过他的书和改编的电影，比如《一句顶一万句》《我不是潘金莲》《我叫刘跃进》等。最早被拍成电视剧的是《一地鸡毛》，讲的是一个人从青春靓丽、雄心壮志的状态转变为陷入平凡琐碎生活的过程，这应该是我们大部分人的宿命。电影《一九四二》很多人看了以后都觉得非常震撼，当时我也专门去电影院看了，感受到了人们在极致生存条件下的一种挣扎。

本来我今天想问问刘震云老师如何才能写好一部小说，因为我高中那会儿也写过中篇小说，但我估计这个话题他能讲上一天一夜。刘老师先和大家打个招呼吧。

刘震云：大家好，我是刘震云，今天特别高兴能来到俞敏洪老师的直播间。我跟俞老师有很多相似的地方，比如我们都是农村孩子，从小都干过农活，而后还上了同一所大学，甚至还住在同一栋楼里，但那时候我俩不认识，虽然可能曾经在楼梯上碰过面或者曾经在同一个食堂吃过饭。

俞敏洪：甚至排队吃饭的时候都可能是一前一后，我听过你在北大买锅塌豆腐的故事。

刘震云：也有可能排在前面的俞敏洪老师打光了所有的锅塌豆腐，所以轮到我的时候就没有了，然后俞老师回头看了我一眼，这一眼包含的内容非常丰富：一方面他觉得自己很幸运；另一方面他还有点幸灾乐祸，心想怎么到你这儿就没有了呢。

1. "中文系不培养作家"

俞敏洪： 刘老师是1978年进的北大，我是1980年进的北大，当时北大学外语的学生和学中文的学生都住在同一栋楼——北大32楼。这栋楼给我们的人生留下了很深刻的印记，但现在已经被推倒了。他们后来把砖卖给了原来住在这栋楼里的校友，不知道他们有没有向你推销？反正他们向我推销了一块，这块砖现在还在我家里放着，据说后来他们用卖砖的钱又建了一栋新楼。

当时的北大32楼总共有四层，中文系男生住第三、第四层，外语系男生住第一、第二层，所以中文系一直压在我们头上。我记得我住在厕所对面，被迫闻了4年厕所的味道，你那会儿应该住在四楼吧？

刘震云： 我是住在四楼，但我也住在厕所对面。

俞敏洪： 那差不多是你一直踩在我头顶上。

刘震云： 俞老师还是比我有远见，当时我上的是中文系，他上的是西语系，在我记忆里，西语系的女生是北大最漂亮的。

俞敏洪： 确实是，不过倒也不是因为真的外表漂亮，可能是因为气质不同。20世纪80年代初，学外语的女生一般都是城市出身，很少有农村出身的女孩能够在高中把英语学好并且考到北大西语系的。我们班当时总共有20多个女生，其中十几个都是大学教授或者领导的孩子，她们从小就生长在比较好的家庭环境中，不用像我们农村人那样天天晒太阳，所以就显得白白美美的，大概是这么一个原因。你在北大有没有追过西语系的女生？

刘震云： 没有，因为你们当时都说英语，但那会儿我的英语是一种 very poor 的状态。刚才俞老师这段话是在表扬自己，因为他说上西语系的同学一般都是城市出身，都是有文化的家庭出身，但俞老师是个农村孩子，他能考上西语系就确实非常不容易。我是78级，那会儿考学的人基本上都是在社会上颠沛流离过来的，所以英语都不太好。

俞敏洪：你考大学的时候考英语了吗？

刘震云：没有，可能到你那一批才开始有英语。

俞敏洪：对，到我这一级，英语已经变成统考了。

刘震云：如果当初我考到了西语系，是不是对我当下的写作会更有好处？

俞敏洪：那中国就会少个大作家。你是正规北大中文系毕业生，但你的一些作家朋友都没有上过大学，而且在中国上过大学以后成为大作家的好像也不多，倒是像梁晓声这样的，他们在上大学以前小说就已经写得很好了。你觉得成为作家这件事跟上大学有关系吗？我个人认为好像没什么关系。

刘震云：可以说没关系，也可以说有关系。**大学肯定不培养作家，但上不上大学对于作家写作生涯的长短有着致命的影响。**大学的概念可以分为两种：一种是真实的大学，比如北大、清华或者人大；另一种是社会的大学，随时随地都是大学，像孔子说的"三人行，必有我师""见贤思齐焉，见不贤而内自省也"，所以有时候社会的大学带给你的东西并不比正规的大学少，主要还是看个人的感悟能力。

孔子评价弟子颜回，他说颜回这人最大的特点就是"闻一知十"，你跟他讲一个事他能明白十个事；"不迁怒"，他从不把自己的过错迁怒于他人；"不贰过"，他不会重复犯同一个错误……我觉得这些都是非常重要的。在社会的大学里其实也能学到很多东西，比如像我的作品目前已经被翻译成了近30种语言，当我跟随这些文字走到不同国度，我也能学到很多东西，因为不同文化环境中的读者对于相同的作品会产生不同的理解，就会带给我很多启发。**学问存在于生活中的每一个角落，所以每一个角落都是大学，**但对一个作家来说，严格的培训还是很有好处的。

我到现在都记得，上北大中文系的头一天，系里面开会，老师开宗明义地说，**"中文系是不培养作家的，中文系是培养指导作家的"，**比如理论家、文学评论家等，培养的是文学方面的引领者。当然我有悖老师教诲，成了一个作者，但我深刻体会到了老师说的"中文系是不培养作家的"这句话的内涵，而且我发现上大学、读中文系，对一名作家未来的写作生涯来说，是至关重要的一个方面。

大学当然培养不了作家，但大学可以帮助一个作家更好地向着"学院派"的方向发展。我曾经有一个观点：真正的好作者一定是"学院派"，这个"学院派"指的并不是纯粹的理论方面的造诣，它代表的其实是一种目光、一种视野。比如，我是一个农村孩子，如果我一直在农村写作，那我有可能会从自己的情感角度出发去从事写作，当然这样产生的作品也可能会非常好，但它一定达不到一种更深层次的思想认知。

我曾经说过，**从一个村庄来看一个世界和从一个世界来看一个村庄，这种角度的不同可能会造就两种完全不同类型的作家**。比如，鲁迅先生和与他同时代的乡土作家之间最大的区别就在于，很多乡土作家是从一个村来看这个世界，而鲁迅先生是从一个世界来看这个村，所以他才能写出阿Q、祥林嫂、孔乙己这样的人物，他已经超越了题材，超越了生活范围。

我曾经有一个观点，我认为**文学的底色一定是哲学**。我是一个职业作者，看过很多中外文学作品，这些作者确实能分为两类：一类是他一辈子就只有一个好作品，其他都不行；另一类是他的作品开头写得很好，但中间就塌下去了，最后结尾比中间更塌。原因是什么？有很多原因，比如缺乏生活体验，不是让你去体验生活，而是生活朝你扑面而来。刚才我们吃饭的时候，大家都在讨论疫情，但我觉得大家在疫情期间都不缺乏生活体验，那大家缺乏的是什么？一定是文学之外的东西。**所谓的"工夫在诗外"，说的就是如果你只懂文学，那你肯定做不好文学**；如果你只懂新东方，你一定做不好新东方。所以，如果要想成事，最重要的其实在于你对文学和新东方之外的东西知道多少，你的思想和认识到底有多广，而思想和认识是靠书支撑起来的，有时候是一本书，有时候是两本或者三本。

现在我们所处的客观环境逐渐变得陌生，所以关于主、客观之间关系的讨论是当下一个非常大的哲学问题，从我的观点来说，主观一定会随着客观一起变化的。比如，我在写作的时候，如果我觉得我对现在写的作品驾轻就熟，那这个作品我一定不会再写了，因为它一定是在重复自己，**重复别人可能是一种**

学习，但重复自己一定是一种倒退。我写完《一地鸡毛》之后，很多人都说我其实还可以再写《一地鸭毛》和《一地鹅毛》，但如果我这样写下去，很可能会形成一种风格或者一个流派，要知道风格和流派是最害作家的，所以我不会这么做。那么究竟如何才能把下一部作品写好？我写这个作品的时候要觉得它对我来说是非常陌生的，写的时候不能是驾轻就熟而是战战兢兢、如履薄冰的，只有这样才会是一个全新的开始。一个山头你已经爬过了，你再去爬，那是相同的路，如果这时候出现了另外一个山头，你从来没爬过，你爬这个山头的时候，一定不知道周边的环境，不知道你要到哪里去，不知道爬到山顶是什么样子，这时候就是一个全新的开始，这座山最大的好处就是让你突然调整了方向。

我觉得调整方向非常重要，比如，写完《一地鸡毛》之后，我接着写了《温故一九四二》，它和《一地鸡毛》是完全不同的题材。然后我写了《我叫刘跃进》，这和其他作品也完全不同，再然后我写了《一句顶一万句》《我不是潘金莲》，一直到现在的《一日三秋》，我觉得变化对一个人来说是非常非常有用的，因为客观变化可能会带来主观上的提升。**困难是自己最好的朋友，因为出现困难的时候，一定会有一个新的台阶在等着你，关键看你怎么踏上这个台阶以及踏上台阶的过程中你的心情究竟怎样。**说白了就是做这个事你非常不习惯，但这个不习惯有非常非常好的推动作用。

2.《一地鸡毛》：什么才是重要的

俞敏洪：你提到颜回，颜回他们跟着孔子，相当于现在的博士生跟着导师，现在很多人都觉得只有上大学才是真正的学习，当然上大学确实对人的发展有好处，但很多人上完大学后，他们的学习就停止了。比如《一地鸡毛》中的小林，他在人生之花还没有开放的时候，就已经陷入了无穷无尽的琐碎之中，以至于他忘了自己要学习、要进步。我想问，**在现代信息技术这么发达的情况下，即使有的人没上过大学，是不是也能通过自己的努力跟上这个知识爆炸的时代？**

刘震云：是的，**学习就是每时每刻都在进行的。**我有一个习惯，特别爱坐在街头，不管是在北京、广州，还是在纽约、伦敦、巴黎，我能在街头坐两三个小时。当然这跟坐在教室里是两回事，坐在教室里是老师讲课你在听，但坐在街头是没有人给你讲课的。

俞敏洪： 是作为一个小说家去观察生活吗？

刘震云： 没有那么功利，我是单纯觉得这件事有意思。成千上万的人从你面前走过，你谁都不认识，他们每个人长得都不一样，怀揣的心事也都各不相同，每个人的个性、信仰、所处的社会形态统统都是不一样的。有时候一个人走着走着突然就笑了，我就会想他在笑什么，会感同身受。比如，在巴黎塞纳河旁边有一座关于爱情的锁桥，有一次我看到一个妇女坐在那里哭得特别伤心，她哭得太投入，以至于忘记了熙熙攘攘的人群。虽然我不知道她在哭什么，但一定是她跟这个世界产生了某种她自己无法调和的状况。看了这些之后，你会觉得这个世界还有太多需要你去理解的东西，所以有时候陌生是非常重要的。

但凡好的作品都是与众不同的，这种与众不同一定超越了写作本身。比如唐诗，写得好的那些句子一定有哲学的成分在，就像白居易写的《卖炭翁》，"可怜身上衣正单，心忧炭贱愿天寒"，这其实就是哲学，他自己穿得很单薄，但他却依旧盼着天能更冷一点，因为这样他的炭就能卖得更好一点；李太白写的"今人不见古时月，今月曾经照古人"也是哲学，今天的人没有见过唐朝的月亮，但唐朝的月亮肯定照过俞老师和我。

《一地鸡毛》其实也有一定的哲学成分在，比如小林在大学毕业后经过不断的磨炼，慢慢把自己这么一个有棱角的石头变成了一块光滑的鹅卵石，逐渐适应了日常的生活，但这只是一个较浅的层面。从更深层次来说，小林在生活中不断学习，他在这个学习过程中意识到了一个问题：**在这个世界上，究竟什么对自己来说才是最重要的。** 你现在看 CNN 和 BBC，觉得八国首脑会议很重要，但小林却认为他们家一块豆腐馊了比八国首脑会议更重要，我觉得这是撬动《一地鸡毛》的一个最关键的思想支点。当然现在"一地鸡毛"变成了一个成语，形容一件事乱七八糟。

俞敏洪： 我老用"一地鸡毛"这个词，这是你创造的词。

刘震云：俞老师，你要付版权费，你一定要有这个意识。《一地鸡毛》刚出来的时候，大家都觉得开创了一种新写实的写作流派，当然也有一部分读者不这么认为。其实怎么说都对，**这个世界上很少有对和错之间的争论，更多都是对和对之间的争论，无非是大对还是小对。**

俞敏洪：就是因为每个人都认为自己是对的，所以大家才会去争论。

3. 军旅生活：思考哲学问题的开始

刘震云：其实上学的时候我的数学比语文好得多，我一个高中没毕业的人，在部队当兵的时候就已经自修了微积分，当时领导过来跟我说："小刘，你这看的是天书啊！"我考大学的时候，他说："你是不是语文特别好，所以才能上北大中文系？"我说恰恰相反，我是数学好。我们这些78级的，经历了太多颠沛流离的生活，当时我们班大一点的同学都已经30多岁了，家里都已经有两个孩子了，所以他数学能考个七八分就不错了，这样一比，我的分数肯定就高一些，100分满分我考了89分。

俞敏洪：当时我进北大看见了许多大叔级别的人物，结果发现他们跟我一样都是本科生。你上北大的时候也已经20岁出头了？

刘震云：20岁。

俞敏洪：我看你的履历，发现你14岁就去当兵了，原则上14岁是进不了部队的，你是怎么进到部队的？为什么你会想当兵？

刘震云：农村孩子在"文化大革命"的时候是不能考大学的，那时候农村孩子最好的出路就是当兵，因为当兵以后可以提干。

俞敏洪：而且当工人也没希望，当时只能是城里人当工人。

刘震云：是，所以当兵对我来说非常重要。虽然那会儿年龄还没到，但个子已经长得差不多了，我外祖母为了让我当兵，就给村支书提了只老母鸡。我心想，反正都这样了，那就当兵吧。

俞敏洪：你们村上总共有多少人？

刘震云： 我们村是河南省新乡市延津县王楼镇老庄村，老庄村又分东老庄和西老庄，东老庄可能有 200 多口人，西老庄有 70 多口人，我都认识。

俞敏洪： 那差不多，我们村是 80 个人。

刘震云： 当兵的时候，我在河南新乡第一次见到火车，那时候都是蒸汽机，天桥上一列火车开过来，从火车里下来成百上千的人，然后又上去成百上千的人，我不知道他们从哪儿来，也不知道他们要到哪儿去，这又是一个哲学问题。

俞敏洪： 你那时候就已经有这样的思维，被震撼了？

刘震云： 特别震撼，这么多陌生人在这个世界上来来往往，我以前根本不知道有他们的存在，他们到底在干什么？这种陌生给我带来了前所未有的震撼，当时我都流泪了。

俞敏洪： 你好奇怪，不过这也印证了你天生就要探索陌生人的世界和命运。

刘震云： 当时没有这样想过，只是突然觉得这个世界怎么那么大。然后排长就过来问我："小刘，你是不是想家了？"我没法给排长解释这种复杂的情绪，他们是谁、从哪儿来、到哪儿去这样的哲学问题我解释不清。我就说："排长，我看到咱们当兵的第一顿吃的都是白馍，我怎么能不想家呢？"当然，一开始说的是去兰州当兵，我心想兰州是一个大城市啊，但火车到了兰州并没有停，而是继续往西开，又开了 1000 多公里到了酒泉，我说酒泉也行啊，结果又没停，换了一列火车又往北开，就到了现在发射航天卫星的那个地方，在大戈壁滩上。

俞敏洪： 你那时候是所谓的航天发射部队？

刘震云： 对，但我是站岗的。

俞敏洪： 站岗的很重要，没有站岗的哪有安全！

刘震云： 我不是北京国际图书博览会的形象大使嘛，他们那个大使会客厅就像"老俞闲话"直播间一样，我跟他们说，别老弄些作家来跟我对话，能不能请请各行各业的大咖？然后有一天，他们就把上过天并且刚回来不久的女宇航员给请来了，以前是刘洋，现在是王亚平。我和亚平谈了谈天上地下，又谈了文学和天空之间的关系，我就跟王亚平说："其实我原来在你上天的那个地方当过兵，全是大戈壁滩。我们排长是个哲学家，他领着我们参观，说你别看现在这是戈壁，几万年前它就是大海，现在这下面都是鹅卵石，这种变化沧海桑田。"

俞敏洪： 他竟然知道这些，那时候你对排长说的话就已经有所感悟了？

刘震云： 没有，那会儿怎么可能会有。现在回头再想那段日子，确实生活得非常艰苦，我当兵那个地方没有青菜，天天就吃土豆，土豆炒午餐肉，因为土豆是从其他地方拉过来的，不容易变质。所以，现在有时候涮火锅，他们说你吃点午餐肉，我说我确实吃够了，他们就说，哎哟，你从小生活条件不错啊。

俞敏洪： 在那个年代能吃到午餐肉确实不太容易，我进北大以后才第一次吃到午餐肉。

4. 生活链条里的哲学

俞敏洪： 你在部队待了这么久，怎么没看到过你写军旅题材的小说？

刘震云： 我写过，很早的时候出过一个中篇叫《新兵连》，《新兵连》对我的写作生涯来说还是很有转折意义的。我当时把写作的重点放在了构建人和人之间的关系上。谁都能把一段感情或者一个思绪给写好，无论是用华丽的辞藻还是质朴的语言，大家都能做到，但要是**真的想达到一个高度，写作的重点就一定要放在结构上，故事结构、人物结构，特别是故事结构和人物结构背后的道理**。比如，我在《新兵连》里写到，第一顿饭我们吃的是羊肉排骨，那个羊肉排骨炖得扯扯连连的，甚至还露着红肉，但农村孩子觉得特别好吃。这时候有个叫李胜的新战士看见排长没吃，就以为排长是为了让我们吃上羊肉排骨才自己挨饿的。按照村里人的习惯，既然你舍不得吃，那我就把我的菜给你，所以他就把自己吃了半盘子的菜倒在了排长的盘子里，然后跟排长说："吃吧！"排长说："你怎么把这种剩菜倒我盘子里？"然后把盘子给摔了，说，"李胜，你要干什么？"当时李胜就哭了，别人安慰他说："排长确实做得有点过分。"他说："我哭不是因为排长恼我，而是排长恼我的时候，我们村有几个人在那里偷偷笑。"这就是我一开始所设计的人物关系结构。

俞敏洪：我发现你小说里或多或少都有这种底色，表面上引发这件事情的因果关系和实际引发这件事情的因果关系并不相同，有时候你甚至会把这种关系套个三四层，所以有人说你写的东西比较绕，绕到最后还有点荒诞。你对自己的写作风格是如何界定的？

刘震云：其实不是我绕，是生活本身就非常绕，我只把其中的 1/10 给写出来了。在现实生活中，一件事情的发生，背后涉及的事情范围其实非常广泛，表面上看这是一件简单的事，但实际上它的背后有一个综合因素，而在这个综合因素里又有一个变化的链条，这个链条中蕴含着太多哲学问题，所以就会由一件事变成另外一件事，然后变成第三件事、第四件事。但大家在争论的时候总是停留在问题的表面，把背后的三、四、五全都忘了，所以在《我不是潘金莲》里才会出现从一个芝麻变成了一粒米，再从一粒米变成了一个西瓜的情节。

一只蚂蚁怎么就能变成大象？因为所有的因素都不可控。这是生活的一个逻辑，而且这个逻辑背后是深层的哲学原因，但有时候我们在生活中体味不到这背后的东西，这时候就不得不提文学的作用了。文学是生活的反映，恰恰是**在生活停止的地方，文学出现了。**举个例子，文学作品中的人物，他的笑、他的话术、他的心术等，其实都是生活的范畴，而当我们看到这些生活的范畴之后，我们会产生一系列问题。比如，他为什么哭了，为什么又笑了，这些问题其实就是我们对于生活的反映。很多时候我们在生活中思考得并不会那么深入，因为太匆忙了，你追赶着生活，生活也追赶着你，这时候只有文学能够帮我们把背后的这些认知和思想一点点揭示出来。所以，并不是我非要把作品写得多么拗口，而是生活本身就很绕。

俞敏洪：我估计你的这段解释，大家已经被绕进去了。我比较同意你的观点，有时候人生是被生活绕进去的，表面上我们能决定自己生命的方向，但实际上这个选择的背后是各种因素相互作用的结果，不管是偶然的还是必然的，它都在推着你不自觉地往某个方向走。比如，刚才说北大中文系不培养作家，是培养指导作家的人，但最后你却变成了一个作家，这里面就涉及你个人抉择的问题，而这种抉择背后可能还有某种外在或内在的原因，一些你从来没讲过，我们也从来不知道的原因。是不是因为你喜欢上了一个女孩？或者是因为生活缺钱？又或者说你不把心里的感觉表达出来就始终无法放下？

刘震云： 不是的。**如果仅仅是因为生活中的一个人、一件事、一段经历，或者是自己的爱好来从事写作，那一定走不远。** 我写作的一个根本原因是，我在生活中其实不是一个爱说话的人。我的作品里，不管是《一地鸡毛》里的小林、《一句顶一万句》里的杨百顺，还是《一日三秋》里的明亮、《温故一九四二》里面的300万灾民，他们都不大爱说话，不是因为他们没话，而是因为他们就算说了也没用，那干脆就不说了，把这些话慢慢压在心底，最后就成了心事。**大街上走的每个人都有自己的心事，万千的心事汇集成了一条洪流，而这洪流恰恰是推动生活和历史发展的动力。** 在生活中，很多时候大家说话都是笑语欢声的，比如大家在一起吃饭、喝酒等，这就导致了我们的谈话没办法进入一个深层次的领域，所以对于生活的反映就会比较少。

俞敏洪： 我觉得只要有三个人在，谈话就深入不了。

刘震云： 这是一个特别好的哲学观念，我特别同意。"三人行，必有我师"，但三人行谈话就不能深入，两个人可能会深入，但在生活中不一定能找到谈得来的，这时候文学就派上用场了。小林、杨百顺、明亮以及那300万灾民，他们永远都在那儿等着你，你们能共同把一件事说得那么深入、动情，还可以一起哭、一起笑，这种体验是非常深刻的，而且这种深刻有时候可能还会成为你写作的一个特别大的动因。但这个深刻不光是哲学方面的深刻。

他们说，你总说文学的底色是哲学，难道你要把文学写成哲学吗？我说，错了，**哲学停止的地方，文学就出现了。** 哲学是要努力把这个世界说明白，不管是亚里士多德、柏拉图、克尔凯郭尔、萨特，还是孔子、庄子等，他们这些哲学家都想把这个世界说明白，但生活中能说明白的事情和道理仅仅占1%，99%是说不明白的，比如人的情感。**所以，连哲学都说不明白的事谁来说？文学。**

有人问我，《一句顶一万句》《一日三秋》写了多长时间？我说其实写了多长时间不是最重要的，想了多长时间才是最重要的。还有人问，为什么思想的支点很重要？比如，我刚才举的《一地鸡毛》的例子，你只看表面的话会认为这个想法很对，但你仔细思考之后会发现它是不对的。当然它也对，但总有一个更对的，所以思想的支点更重要。**就像阿基米德说的，"给我一个支点，我能撬起整个地球"，其实就是在强调思想的支点是非常重要的。**这种思想的支点，无论是对民族来说，还是对作者来说，都是非常重要的。

5. 介入者：站在世界看村庄

俞敏洪：你写小说的时候，大量场景是放在村庄或者村庄的老百姓身上，所以我认为，你是通过描写生活中最普通的老百姓，来寻找生活中的哲学和逻辑，并且想要去陈述这种逻辑中的某种荒诞性。你的小说很多都是基于你的家乡延津来展开写的，现在全中国人民都知道延津了，你是站在什么角度来写村庄和村庄里的人物的？是站在哲学的角度、世界的角度，还是站在一种悲悯的角度，抑或你只是想用你的笔法把生活本身的荒诞和偶然呈现给大家？

刘震云：俞老师提的问题非常深入也非常专业，站在一个村庄来看这个世界和站在这个世界来看这个村庄写出来的东西确实是非常不一样的。比如写延津县，写它的风土人情，包括街上来来往往的人，包括写杨百顺、牛爱国、李雪莲、明亮都没问题，这样就是一个乡土小说、地域小说，有很多这样的乡土作家写得都很好，但这种作品一定不是顶级的作品。**真正顶级的作品一定得体现在内容结构上，一定得真正地站在世界看村庄。如何才能做到这一点？这时候就需要一个介入者。**

《一句顶一万句》现在已经被译成了 30 多种文字，我到各个地区做推广的时候，发现那些读者都特别喜欢《一句顶一万句》里面的一个介入者——老詹。他是 20 世纪二三十年代到延津来传教的一个意大利神父，如果没有老詹这个介入者，这个作品结构包括人物结构就会非常不一样。因为老詹的到来搅动了延津静态的生活，出现了世界跟延津的量子纠缠，这个时候延津就成了世界，世界就成了延津。他刚到延津的时候 20 多岁，意大利人的名字特别长，他叫吉罗拉莫·詹弗兰切斯基……有二三十还是 40 多个字，因为他们起名字的时候，会把他爸妈的名字搁上，再把他爷爷奶奶的名字搁上，要是正好碰上他三姑来了，还得把他三姑的名字搁上，四姨来了也得把名字搁上，这不就长了嘛！延津人说，你名字太长，跟你说话太啰唆，说之前先得叫半天你的名字，你姓的第一个字是什么？詹姆斯的"詹"，那就叫你老詹吧。来的时候老詹的眼睛是蓝色的，但黄河水喝多了就变黄了。

俞敏洪：这个描述让我印象极其深刻。

刘震云：本来他来的时候鼻子是长的，结果老吃羊肉就成了一个面团，40年过去后，从背后看跟一个卖葱的老头没什么区别。慢慢地，老詹也学会了抽旱烟。有一天，他跟杀猪匠老曾在黄河边上碰着了，他就劝老曾："老曾啊，你信主吧。"老曾按照中国人的想法问："信主有什么好处？"老詹说："你信了主，就知道你是谁、你从哪儿来以及未来要到哪儿去。"老曾说："我不信我也知道啊。我是老曾，从曾家庄来，到各村去杀猪。"这下反倒把老詹说服了，老詹说："你说得也对，但你不能说你没有忧愁，这是一个世界命题。"

俞敏洪：这就有点黑色幽默和荒诞的味道了。

刘震云：老詹的介入把延津的一切都搅动起来了，包括分子、量子、生活细节等，这样推拉的结构对写作来说是特别重要的。

俞敏洪：是不是可以这样推断，在《我不是潘金莲》中，李雪莲因为告状这件事情把村庄及她的个人命运与外界进行了连接，而在《我叫刘跃进》里，刘跃进通过到城里打工这么一件事把自己的命运与外界和时代结合起来了？是这样的概念，对吧？

刘震云：对。

6.《温故一九四二》：偶然与必然

俞敏洪：你书中的所有人物都是被某种偶然事件所影响，从此展开了千奇百怪的命运。比如，刘跃进是因为丢了一个钱包，李雪莲是因为假离婚，后来事情套事情，这些人物就被迫在波涛汹涌的生活中荡来荡去。你书中的人物更多是作为一个真实的人出现在读者面前的,他们既有善良的一面,也有狡黠的一面;既有为自己命运抗争的一面,也有放弃自己的抗争随波逐流的一面。你好像从来不写可以左右自己命运的人物,比如,你的第一本小说《一地鸡毛》,主人公小林想要掌控自己的命运,寻找生活的美好,最后陷入生活的琐碎中,并且在琐碎中找到了自己认为的生活中最重要的事——一块豆腐。为什么会有这种人物设定?是你内心对这些小人物有悲悯情怀,还是你只是想通过这些人物的命运把生活中的荒诞展现出来?

刘震云: 这是一个非常好的哲学问题,它涉及偶然和必然的概念。其实世界上所有事都是偶然发生的,比如,为什么我们今天会进行对谈?其实是因为我跟俞老师微信交流的时候偶然做了一个决定。又如,我恰好在你生日这天来到这里,其实也是一个偶然。但偶然背后一定有必然,这个必然到底是什么?

俞敏洪: 你认为人生背后的逻辑和世界的必然性是存在一定关系的?

刘震云: 对。**凡是偶然发生的事,背后一定有宏大的必然因素,从古至今、从中到外,大的历史事件往往是由一个特别小的偶然事件所引发的,必然是在偶然之中孕育的。**

俞敏洪: 能不能这样说,偶然是明面上的导火线,而必然才是背后的大炸药?

刘震云: 那当然。比如,《温故一九四二》写的就是一个非常偶然的事件,你不知道这一年会发生旱灾,不发生旱灾可能就饿不死这300万人。300万人是什么概念?当时纳粹在奥斯维辛集中营里迫害致死的犹太人是110万。

俞敏洪: 而且是非常短的时间,一年之内300万人就没了。

刘震云: 对,但偶然饿死300万人背后的必然因素是什么?这其实就是我写《温故一九四二》的一个最重要的原因。你突然发现原来300万人的离去可能不是因为旱灾,而是跟当时的世界局势有关。比如,那会儿正在发生中日战争、欧洲大战、斯大林格勒大血战,或者那会儿可能丘吉尔正在感冒、宋美龄正在访美、甘地正在领导运动……**这些看似毫不相干的偶然事件组合在一起,就变成了一个必然的大趋势。这样必然的大趋势所产生的更加必然的结果是什么?**

因为《温故一九四二》是一个调查体小说，所以我当时回到家乡采访了那些幸存者，但最后发现1942年幸存下来的人把这事给忘了。**遗忘是个必然**。我采访过我外祖母，她也是1942年的幸存者，我说："咱俩说说1942年的事。"她说："1942年是哪一年？"我说："饿死人的那一年。"她说："饿死人的年头太多了，你说的到底是哪一年？"

俞敏洪：背后充满了悲剧的味道。

刘震云：遗忘比前面的事实更加剧了我要写这本小说的冲动，因为这些幸存者并不像我们想的那样悲天悯人，他们没有要责问谁，更多时候他们想的是自己还活着。比如，我快饿死了，但我饿死之前想起了你，因为我们是同学，我就想老俞三天前就饿死了，那我比老俞多活了三天，我值了。这种幽默的背后究竟有多少悲凉，我想把它讲出来，这也就是为什么他们说这本书读着读着就笑了，但笑了之后又有点不好意思。

7. 在琐碎中寻找生活希望

俞敏洪：你举的这个例子多少反映出了一些中国人的个性问题。中国人往往是在跟周边人对照来看待自己命运的，比如，我当了局长，你才是副局长，我就会很高兴，但如果有一天你变成了部长，我就会超级不高兴；你买了一辆好车，我的车不如你的好，我就不开心；打仗我只断了一条腿，你断了两条腿，我就觉得我比你幸运很多。当然，从人性角度来说这无可厚非，因为每个人都是在参照中寻找自己的心理平衡和快乐，但我总觉得在这种比较之中缺乏一种深刻的东西。你觉得这种东西是什么？

刘震云：先解答一下为什么会出现这样的现象，其实是因为人非常重视近前关系。比如，法国人是怎么生活的，你未必很关心，但你会非常关心你身边的人是怎么生活的。又如，在《一地鸡毛》里，小林忽然就明白了一个道理，人其实把身边的几个人对付好了，就等于对付了整个世界。这说白了也是一个哲学问题。关于人为什么会有这样的问题，**如果你用严谨的态度来对待严**

酷的事实，严酷就变成了一块铁，你撞上去自己就碎了；但如果你用幽默的态度来对待，严酷就变成了一块冰，它就掉到了幽默的大海里，慢慢就自我融化掉了。而且这个心理不是个人产生的，而是一个民族的集体意识，可能从清朝就产生了。

俞敏洪：还有一个挺有意思的事，我觉得现在的老百姓在很大程度上能用一种中国式的幽默把自己在现实生活中遇到的问题化解掉，在你的书中我也看到了这种中国式幽默。**你觉得这种中国式幽默究竟是一个民族沉淀多年的生存之道，还是一种哲学态度或者人生智慧？**

刘震云：这是一个很大的文学、哲学、社会学命题，我觉得不单中国人是这样，各个民族在面对灾难的时候可能都是这样，这种灾难既可能是一个特殊的灾难，也可能是一个日常的灾难。**每个人在生活中都会遇到困难，他很可能就会产生无奈的感觉，而无奈本身也是一种生活态度。**第二次世界大战的时候，那么多犹太人被屠杀，是不是一种无奈？在电影《辛德勒的名单》里面，几个德国士兵押着一火车犹太人，让他们干什么他们就干什么。所以，这个无奈既跟个人的命运有关系，又跟整体的命运有关系。比如，现在新产生的这些词："躺平""摆烂"，其实也是一种生活态度，说白了就是不合作，但其实躺平和摆烂都是不存在的，你躺平和摆烂之后怎么生活呢？

俞敏洪：现在有些小年轻有躺平的资格，因为他们的父母在过去30年里积累了一定的财富，但这种以父母积累的财富为基础的躺平，我认为不会太长久，而且这种躺平不是真正的躺平。

刘震云：对，躺平有时候只是一个说法，但它未必是一个做法。

俞敏洪：躺平也是年轻人在面对当今激烈竞争时的一种无奈，其实大多数人一生都在面对无奈的生活。

刘震云：对。我发现有一个职业永远都在跑——送外卖。

俞敏洪：这些外卖员都在以一种积极的态度去延续自己的生活，去跟自己的命运作斗争。

刘震云：另一个极端，比如在互联网公司工作的白领，每天早上六七点钟在地铁和公交上的人大多都是他们，他们甚至有时候能握着拉环睡着，而且每天都在担心自己会不会失业。这些人可能在网上会说自己要躺平，但其实在生活中没有躺平。真正靠父母生活的还是少数人。

俞敏洪：他们真的是在拼命努力，尽管他们有时候看不到太多希望，但依旧得努力，只要一天不上班，他们就没有资格在北京租房子了，因为他们要付几千块钱的房租。

你在《一地鸡毛》中对小林爱人的描写很到位，她结婚之前是一个单纯美好的淑女形象，结婚之后为了省一点钱，会在晚上把水龙头开得小一点，这样水表就不转了，然后第二天起来就能得到一桶"免费"的水。人有时候很容易被生活逼到这样一种状态，以至于没有能力去把自己的人生过得很好，挤压到最后，一块豆腐就变成了核心点。我想问，人要如何才能摆脱这种命运？

刘震云：我觉得俞老师提出了一个很多人正在面临的问题，面对人生中的无奈，我们要如何应对？最近雨霖拍了一个电影叫《普通男女》，回答的就是这个问题。

俞敏洪：刘雨霖是刘震云老师的女儿，现在是中国小有名气的导演，《一句顶一万句》的电影就是刘雨霖导演拍的。

刘震云：我觉得《普通男女》能够非常好地回答这个问题，因为它里面的人物确实跟目前所有的上班族，不管是白领还是外卖小哥，都有很多共情的地方。主人公不仅在婚姻方面遇到了问题，在事业方面还面临着失业的风险，同时他还失去了自己的亲人。他有一个表弟是外卖小哥，每天在这个世界上奔跑着。他对这个世界非常害怕，但那又能怎么办？他只能坚强。为什么他还得坚强起来？因为他还有亲人，他是家里的顶梁柱。**因为害怕所以勇敢，因为亲人所以坚强**，这是非常重要的一点，我觉得这也是人类共通的地方。我相信每一个80后、90后、00后都会这么做。

俞敏洪：《一句顶一万句》里，牛爱国发现自己的老婆跟另外一个男人好了，就想捅死他们。他连刀都买好了，结果发现女儿生病了，最后把刀放下了，因为他觉得女儿不能没有爸爸，也不能没有妈妈。其实人类很多时候都面临着这样的选择，**当你面对亲人的时候，你会发现自己原来是可以放下尊严的。**你觉得人在这种现实的打击下，究竟能将尊严放下到什么程度？

刘震云：你追赶着生活，生活也追赶着你，在这里面，你的尊严是为谁而放下的？一般来讲都是为亲人而放下，为自己放下的相对少一些。比如，我外祖母生前给我讲故事，她说我外祖父是很好的农村庄稼把式，他农活干得很好，所以他很有尊严。那会儿在打仗，村里人都非常穷，大都过着衣不蔽体、食不果腹的生活。我母亲是他最小的女儿，那会儿他们俩去赶集，集上有很多好吃的，比如羊肉烩面、火烧、炸的肉盒子，还有撑着大红伞的牛肉摊，但我外祖父没有钱，他只能看着。我外祖父个子特别高，有一米八多，散集的时候，牛肉摊上会有一些切完牛肉之后留下的碎屑，尽管有时候是牛皮，但我的外祖父还是会放下自己的尊严跟卖牛肉的说："大哥，你看那小妮都看了一天了，你这反正都不要了，要不就让她吃了吧。"有的人不让他拿，但偶尔也会有好心人说你弄走吧，然后他就会把上面的碎屑搓到自己的手窝里拿回去给我母亲吃。

俞敏洪：做碗汤？

刘震云：当场就吃了，她觉得好香啊，所以我母亲一辈子都爱吃牛肉。**我觉得我外祖父放下自尊其实是另外一种自尊的体现。**

俞敏洪：也就是说，**人有时候为了另外一种自尊是可以放下眼前自己本来想要守护的面子和尊严的。**

刘震云：对。

俞敏洪：《一地鸡毛》中的小林后来也放下这种尊严了吗？

刘震云：我觉得当他突然发现另外一种生活的出路，比如怎么让他家的豆腐不馊，这一点对他来说是非常非常重要的，他就放下了尊严。

俞敏洪：在琐碎中寻找新的生活希望。你从北大毕业后去了机关单位工作，当时是在《农民日报》，那十几年你体会过机关单位里上下级关系之间的酸甜苦辣吗？那段时间你把个性隐藏起来了，还是依旧以真实性格示人？

刘震云：我觉得世界上不存在任何一个人可以按照自己的个性张扬地生活，个性在共性面前有时候是不存在的。比如，俞老师为什么会成为企业家？

有没有个人的努力？有。但这背后一定也有共性，比如时代的作用。当时邓小平先生提倡改革开放，在他的努力下，国家恢复了高考，但如果不恢复高考，俞老师就没有机会上北大，你可能就还在你们村待着，你在你们村能办新东方吗？

俞敏洪： 那不可能，办养猪场倒是可以。

刘震云： 那你说你的个性到哪儿去张扬？你在工厂可以张扬，但你不可能在新东方这么大的一个世界性的平台上张扬。这其实就反映了**一个人的个性在共性面前是多么微不足道**。如果没有高考，可能我依旧在北京，但大概率是在北京的工地里打工。

俞敏洪： 没有高考你应该都到不了北京，当时我们作为农民，转到外地算盲流，是要被抓起来的，你可能跟我一样也在村里养猪。你认为这个社会究竟是应该鼓励张扬个性，还是应该鼓励大家保持整齐划一的步伐？

刘震云： 那肯定是允许张扬个性对这个社会的推动作用更大。比如，很多伟大的科学家，他们要失败 9999 次，最后才能有一点特别微小的发现，但就是这特别微小的发现，能使人类前进一大步。因此，美国很多大学都允许科学家失败，所以他们整天就是在喝咖啡。

俞敏洪： 其实中国现在面临着一个非常现实的问题，我们总是要求这些科学家每年都要拿出科研成果，一旦失败，他们后面的科研经费可能就没了，这就直接导致有些科学家非常急功近利，尤其是基础科学方面的科学家。

刘震云： 对。因为基础科学有时候无法变现，虽然将来可能会，但现在不一定会。**对基础科学的重视、容忍，对整个社会来说特别重要，这是共性。**

8. 永远有不足，永远在进步

俞敏洪： 你出了这么多小说，你最喜欢哪一本？

刘震云： 这也是一个非常经典的问题，其实在写小说的时候，比如在写《一地鸡毛》的时候，我肯定觉得这个是写得最好的，因为我付出了自己全部的努力。

但等到 20 多年后再回头看，我一定会发现很多当初没有意识到的问题，因为当时我的思想认识还没达到那个高度。《温故一九四二》《我不是潘金莲》《一句顶一万句》《一日三秋》都是如此。我现在看《一日三秋》，会觉得很多地方写得都不算太好，但为什么当初没有发现呢？因为当时我的能力没有到那儿。

俞敏洪： 有没有想过重新改写一下之前的小说？

刘震云： 如果重新改写了，它就不是原来的小说了。要是有那个重新改写的精力，为什么不去再创作一部新的小说呢？而且当我翻阅之前写的作品时，对我其实有很大的帮助，我能够从中发现之前犯过的毛病，这样之后就可以避免这些问题，下一部可能就会写得比上一部好一些。

其实对作者来说，每个人都希望自己的作品能够一部比一部好，当他发现这个作品确实比上个作品好一些的时候，就会觉得自己还可以继续写。《一日三秋》到今天为止好像已经得了 30 多个奖了，我曾经说过，这些奖重要，但它也不重要。不重要是因为它已经写出来了，所以你现在再说它好或者不好都已经没用了。那为什么又说它重要？因为这种评价可能会对我写下一部作品有价值，它使我又有了勇气和信心。

如果问我哪部作品最好，我觉得哪部作品都有好的地方，但也都有不好的地方，那些不好的地方有时候还很致命，那我写下一部作品的时候就尽量避免这些不好的地方，所以才说学无止境。另外，"三省吾身"也是非常重要的，只有不断发现问题才能不断进步，毛病其实就是自己前进的一个动力，你想孔子那么大的思想家每天还在"三省吾身"，我们又有什么理由不做呢？

俞敏洪： 我估计你的"三省吾身"是对自己未来能写出更伟大作品的一个思考。我问你一个问题，如果 50 年后，你的一部作品被老百姓认定为传世之作，你觉得会是哪一部？

刘震云： 我觉得是下一部，因为有前面写作积累的经验，可能下一部会写得更好一些。所以，大家在看文集的时候，可以看看我哪里写得不足，这些不足的地方我当时确实没想到，现在也很后悔。比如，刚才说的意大利神父老詹，我到巴黎交流的时候，有一位法国女士问了一个问题，老詹最后到哪儿去了？

因为书里写到老詹在米兰有一个妹妹，还有一个 7 岁的小外甥，他外甥一直认为老詹是一个特别伟大的传教士，所以这位女士就觉得老詹最后可能又回到了米兰，她认为老詹就是现在米兰大教堂的大主教。这个我在书中没有写到，所以我听了之后就反省，既然这个人物已经写出来了，我为什么没有继续写下去呢？如果真在小说中写到他是米兰大教堂的大主教，那么就是这个人到了东方没传成教，反倒回到他出发的地方成了大主教。如果这样写，这个结构该有多好啊！可是我当时没这个能力。**所以，我希望自己永远有不足，永远能够通过不足再进步。**

俞敏洪：我和余华对谈的时候也问过这个问题，他当时也没想到《活着》能这么火，后来他再写作品的时候，其实心里也希望下一部作品能比上一部更好，但对作家来说，有时候也存在一个偶然性，所以这一点并不是那么容易就能做到的。虽然你的写作技巧在进步，但真的要写出一部优秀的传世之作，一定是很多因素综合作用的结果。

刘震云：肯定的，不管是余华老师还是我，写作的时候其实都不会有这么大的负担。

俞敏洪：有这样的负担反而写不出来了。

刘震云：真正的进步不是你想就能做到的，单是一方面的进步是起不了任何作用的，只有一个整体的、融会贯通的进步才是真正的进步，而且这种进步只有在得到一定的积累之后才会在某一个节点彻底爆发出来。

9. 文学的价值

俞敏洪：你出版这些小说的时候，有想过那么多作品会被改编成影视剧吗？

刘震云：这并不是我想改编就能改编的，因为写小说是我自己在写，这不花钱，只要拿着笔就可以写，但影视剧中每个字都是用钱堆出来的，都是制片方认为它可以改才能改的。他改是为了什么？一方面是责任心，另一方面他肯定是要赚钱，所以这哪是我能决定的呢。而且改编还会有一种偶然性，到底是谁读到了这本书是非常重要的，比如，哪个导演、制片人读到了这本书，只有他们觉得可以改才是真的可以。他们老问我，你的作品为什么这么多都被改编成了影视剧？我只能说，因为它们好，当然我这是在开玩笑。

俞敏洪： 我个人认为，把你的小说改编成影视剧其实要做的变动会比较大，因为你小说中更多的人物都倾向于心理上的自言自语，而这不太容易在影视剧中表达出来。这么多的影视剧中，你最满意哪一部？

刘震云： 我觉得电影跟小说是两个完全不同的东西，如果电影忠实于原著，其实是没法拍的。小说就像炒菜，重视在厨房里的过程，从剥葱、剥蒜、切姜开始，接着是葱、姜、蒜下锅，包括腾出来的火苗，但电影更像是端到桌上的一盘菜。所以，小说最大的一个特点是什么？就是解释这件事为什么要这么做。

俞老师也客串过电影，如果整部电影只拍一个人坐在那儿思考半天的画面肯定是不行的，电影对节奏的要求非常严格，而且要求有情节、细节以及对话，但它是不要求有心理描写的。**电影有点像河流，因为河流的流速特别快，但小说有点像大海，表面的浪花不重要，重要的是下面的涡流和潜流决定的潮涨潮落，而且电影和小说的关系还有点像太阳和月亮，它们是不一样的。**

俞敏洪： 是，这两者是不一样的。所以，哪部电影是你最满意的？

刘震云： 我觉得小刚导演拍的《一地鸡毛》，还有《我不是潘金莲》和《温故一九四二》都非常好。最近《我不是潘金莲》正在全国巡演，是丁一滕导演导的，张歆艺演的李雪莲，鼓楼西出品。丁一滕导演是北大艺术学院博士后，是"学院派"，他们这种学院派不会把作品拍得让人看不懂，凡是让人看不懂的作品，无论是小说、话剧，还是电影，基本上就不能称得上通俗的作品。**真正好的电影都是深入浅出的，深入相对来说比较容易，但深入之后怎么浅出是有学问的。凡是特别好的哲学家，他们的书基本上都是深入之后再浅出的。**

俞敏洪： 如何能够用简单的语言讲述深刻的道理，同时还能打动人心，这真的是一件非常不容易的事。

刘震云： 像孔子、亚里士多德和柏拉图，他们平常说的都是身边的小事，但他们能从一件小事里说出来大道理，我觉得这是学问从底部往外抒发的一个非常重要的过程。

俞老师是一位非常有见识、非常有学识的企业家，我觉得今天和俞老师的对话其实就是一个深入浅出的过程，因为我们说的一些所谓闲话，大家仔细思考之后可能会发现它们其实并不闲，今天的对话本质上就是从闲话中道出不闲的道理。

俞敏洪：还真是这样。你对你女儿拍的《一句顶一万句》满意吗？

刘震云：也不错，因为《一句顶一万句》在国际电影节上获得了很多奖，包括在柏林电影节也获奖了。《温故一九四二》和《我不是潘金莲》也在国际上获过很多奖，《我不是潘金莲》就获得过圣塞巴斯蒂安国际电影节的最佳影片和最佳女主角奖。

俞敏洪：你的书已经被翻译成30多种语言版本了，对国外这些不了解中国文化的人来说，你觉得他们买你的书是想要了解中国底层老百姓真正的生活，还是单纯被你书中的艺术性或者小说性吸引住了？

刘震云：之所以能翻译成这么多语言版本，首先，因为出版商觉得这些书能卖钱，资本家绝对不会干赔本买卖。其次，我的书都是各个国家比较大的出版社出版的，比如嘉利玛出版社，这样的大出版社会有一个全世界的衡量标准。为什么会被翻译成这么多版本？基本上一本书出来马上就被翻译成二三十种语言，比如《一日三秋》，出版后没多久就有30多种翻译版本陆续出版了，为什么？特别简单，因为写得好。

俞敏洪：这是作家的自信。

刘震云：《我不是潘金莲》出荷兰文版本的时候，我去荷兰帮出版社推广，就跟读者见了面。读者一定是读过我的书才来的，这是肯定的。其实去国外交流有一个极大的好处，当我看到来了那么多人，这个场景会瞬间增加我的自信心，而且他们提出的一些问题都是我想不到的。我记得一个荷兰妇女让我印象特别深刻，当时是在一家书店，她站起来说："我没有去过中国，我对中国不了解，我了解中国的唯一渠道就是CNN和BBC，我原来以为中国人没有思想，但看了《我不是潘金莲》之后，我改变了这种想法，一个中国妇女仅仅为了证明自己不是一个坏女人，她就能持续奋斗 20 年。She is a hero!"她接着说，"刘震云一定是中国最幽默的人，因为我看这个小说的时候从头看到尾都在笑。"我说："太太，你错了，你是没去过我们村，我们村的人个个都比我幽默。"

但她后面说的话让我非常震撼，她说："我从头到尾都在笑，但有一个地方我哭了，就是当全世界都不听李雪莲解释的时候，她开始和她家里的一头牛解释，她说'你说我是不是一个坏女人'，看到这个地方我哭了，但我知道还有一头牛也在听李雪莲说话，那就是这本书的作者。"

这件事对我的冲击非常大。**我为什么要写作？就是当全世界都不听你解释的时候，你只能讲给一头牛听，但我要让你知道还有我在听你讲话，而我就是一头牛。**要知道，倾听也是一种力量，在倾听的过程中你会一步步地提升，而这种提升是潜移默化的。有时候他们会问我，你的写作过程艰不艰苦？我说不艰苦，再也没有一个职业可以让我静下心来跟人对话了。刚开始写作的时候我会觉得自己有很多话要说，但到最后我发现其实并不是有话可说，而是有话可听，这些话可能原来在世界上没有出现过，如果它在我的作品里出现了，那么这就是哲学停止的地方，也是文学出现的一种价值。

俞敏洪：我觉得作家最了不起的就是从虚无中创造出一个个鲜活的人物，这些鲜活的人物可以让人们去反观自己的命运和人生。其实我们现在谈论的很多人物都是小说家创造出来的，比如李雪莲、刘跃进、杨百顺等。

刘震云：这也是一个哲学问题。为什么读者会喜欢文学里的人物？因为文学中的所有人物都是虚构的，而现实生活中活生生的人是会死的。比如，大清王朝的人全死了，但也有几个人一直活到了现在，贾宝玉、林黛玉、薛宝钗，只要你想跟他们见面，打开《红楼梦》就行，他们永远是十五六岁的样子。

俞敏洪：这就是文学的魅力。

刘震云：你明明知道他是假的，但他比真人还真，比真人活的时间更长，所以我觉得**留住时间可能也是文学的另外一种价值。**

10. 尾声

俞敏洪： 你的小说大部分都是基于故乡的人和环境来写的，你对你的故乡有一种怎样的情感？

刘震云： 每次回去都会觉得这个村庄渐渐变得陌生了，村庄本身是会有变化的，村庄里的人也会有变化，但有一点是不变的，就是这个村庄留下来的情感。比如，我回村的时候，我们村的人都不会拿一个作者当回事，他们没有那么功利，我就经常和我表哥表弟坐在一起，喝个酒。而且我们村庄的月亮非常大，哪天有时间邀请俞老师到我们西老庄村做客！

俞敏洪： 下次我们到西老庄村喝你家乡的土酒。

刘震云： 我们那儿产槐花，槐花馅的包子很好吃。

俞敏洪： 好吃，我每年都吃。我们住的那个小区就有四五棵槐树，每年春天，槐花长出来的时候我都会去摘槐花，我家阿姨就给我包成槐花饺子、槐花馄饨。

由于时间关系，我最后再推荐一下刘老师的作品。《刘震云作品选》里有刘震云老师最喜欢的6本书——《一句顶一万句》《一日三秋》《我不是潘金莲》《我是刘跃进》《一地鸡毛》《温故一九四二》，大家如果想多读一些，可以买套装。如果没有读过刘震云老师的书，可以单独买一本《一句顶一万句》，先感受一下刘老师的写作风格。《一日三秋》也值得大家看一看，讲的是如何利用幽默对抗苦难的生活，刘老师在这本书中创造了花二娘这样一个人物，把河南人民、延津人民的幽默体现得淋漓尽致，甚至让人有一种不幽默就不得好死的感觉。"有时候确实要用幽默来对抗生活中的平庸和苦难，因为只有这样才能给人一线生机"，我觉得这句话也可以用来总结刘震云老师所有的长篇小说。

刘震云： 谢谢俞老师，今天刚好是俞老师的生日，我准备了一份生日礼物送给俞老师，这是翻译成外文的几本书，我本来都想给你拿英文版，但英文版被人拿光了。这是英文版《一句顶一万句》、德文版《我叫刘跃进》、法文版《温故一九四二》、荷兰文版《我不是潘金莲》和韩文版《一地鸡毛》，都是给你的。

俞敏洪： 真的是非常珍贵的生日礼物。英文版的《一句顶一万句》，这个世界上真的有一句话能顶一万句的时候。我考大学就是因为我高中英语老师说了一句话，他说："你们这帮农村孩子，我认为你们一个都考不上，但我依然要让你们去考一次，考完了，至少未来你拿个锄头在田头干得半死不活的时候，会想起来你曾经为了改变你的命运奋斗过一次，尽管这是一次失败的奋斗。"

刘震云：哎哟，这是一个好老师，加缪出车祸之前写过一本书叫《第一个人》，在里面也写到了自己曾经的小学老师，说的话跟你刚才说的那个基本一样。

俞敏洪：是的，老师真的很重要，一个坏老师毁人一生，一个好老师成就人一生。

由于时间的关系，我们今天就到此为止，谢谢刘老师，谢谢大家！

刘震云：谢谢俞老师，谢谢网友们。

俞敏洪：再见！

（对谈于 2022 年 9 月 4 日）

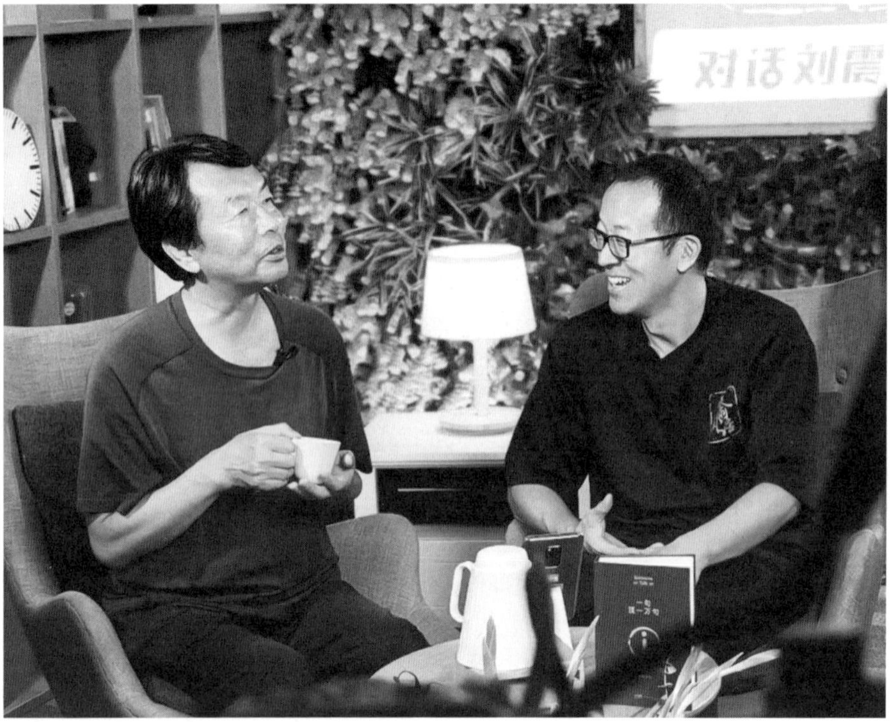

对话 阿来

知所从来，知所从去

来一趟不容易，既然生命像个奇迹一样，那就尽量像放烟花一样，让这个烟花更漂亮一点。

阿来 /

1959 年出生于四川阿坝藏族羌族自治州马尔康市，现任中国作协副主席。主要作品有《尘埃落定》《空山》《云中记》等，其中《尘埃落定》获第五届茅盾文学奖，《云中记》获第十五届精神文明建设"五个一工程"奖、2019 年度"中国好书"奖等。

俞敏洪：大家好，坐在我旁边的是阿来老师。相信大家一定知道阿来的《尘埃落定》，这本书我读了三遍，我一直认为这本书是中国小说界中的一部杰作。2019年他出版了《云中记》，是一本对汶川地震做精神和灵魂纪念的书，我读完后感觉到了人对心灵归宿的探索，中国的文化与文明，汉文化也好，藏文化也好，藏族在佛教传入之前的本教文化也好，面对生死时都会探索心灵归宿。

阿来是藏族出身，在藏区马尔康长大，我尽管是在内地长大，但我对边疆地区的民族文化一直很感兴趣，所以今天特别邀请他来和我对谈、分享。

阿来是你的笔名吗？

阿来：我的本名，我从小就叫阿来。但我要多解释一下，阿来是名，没有加姓。大家知道我是藏族人，在藏族里，类似于汉族的姓叫家族名。

俞敏洪：藏族的家族名是放在名的后面还是前面？

阿来：都有，没有统一的标准。

俞敏洪：在西方，名放在姓的前面；在中国，姓放在名字前面。阿来在藏语中有什么特殊意义吗？

阿来：其实我们藏族人的名字基本都是有学问的人起的，父母没有太多的文化，所以我问父母，他们都说不知道有啥意义，但名字的确是有学问的人起的。我30多岁的时候遇到一个有学问的人，他说"来"是麦苗刚出土时的那个样子。

俞敏洪：我发现你作品中特别喜欢写植物刚出土时的样子，是不是跟你的名字有关系？

阿来：也许吧，但我觉得好像是一个象征，用今天哲理一点的话讲叫可能性，成长就是可能性。

俞敏洪：你相不相信某种意义上的命定？当你被起名为阿来的时候，意味着已经在某种程度上为你的命运奠定了一种成长或者发现新事物的基础？

阿来：这就是我们最纠结的一个地方。

俞敏洪：藏族的文化是不是带有某种命定性？

阿来：对，但说命定可能就太消极了，我们又是在现代社会成长的，我还是希望积极一点。积极一点当然就有可能突破命定，比如，我们当时的生活环境决定了今天的一个词——"天花板"，但我觉得随着时代的变化、社会的进步，虽然不敢说突破这个天花板，但至少这个天花板应该会升高一些。我们在试探这种可能性。

俞敏洪：时代给了我们试探的可能性，比你描写的土司之前的那个时代可能性大多了。

1. 成长背景中的三重文化融合

俞敏洪：你是藏族人。能够用汉语写出中国人民喜欢的作品并且获得了茅盾文学奖的藏族作家，现在应该就只有你一个人？

阿来：目前是这样。

俞敏洪：我记得还有回族作家霍达写的《穆斯林的葬礼》，但你的《尘埃落定》真的让大家读了以后有很多人生感悟，而且后来又拍成了电视剧。作为一个藏族小孩，你是怎么成长为一个把汉语文化和汉语语言掌握得那么炉火纯青的作家的？

阿来：我出生在边疆地带、藏文化地带，但我的血统比较复杂，我父亲在某种程度上是穆斯林。我父亲当年是中国人民解放军的一员，刚解放的时候就去解放藏区，然后留在了那里，在那里又找到了我母亲，然后就有了我。可能他们自己并没有充分意识到，我小时候也没有意识到，但我长大以后学了一点文化，觉得不管是从血缘、基因还是文化来说，自己的身体有一个丰富的来源。

俞敏洪： 其实你是藏文化、回族文化、汉文化的三种融合。

阿来： 受到了三重影响。

俞敏洪： 简直就是一个大熔炉，所以你思路的开阔性跟这三种文化有一点关系？

阿来： 后来我想如果我进行单一选择，会选哪个。我发现，都会选，都不会选，就茫然失措，但都找到皈依了。

俞敏洪： 其实是一种文化融合的皈依，在这个过程中你肯定挣扎过很多次。你小时候会在家里吃猪肉吗？

阿来： 吃，爸爸也吃，因为他离开了那个文化圈。那个文化圈有特殊的生存方式，但到了另外一个文化圈就需要做些调整，因为文化圈不光是观念的问题，还是一个具体生活方式的问题。**族别本身不会给你带来这个东西，而是族别背后的信仰。** 我们知道文化变迁当中，会出现各种各样的"方便法门"。后来他们说，你既然是混血，为什么不是回族？我父亲那边的回族亲戚还问我这个问题，比较严厉地追问。我说对不起，因为我是在藏文化的环境里长大的，我的习惯、我的观念是完全不一样的，虽然我有这个血统，但我不在甘肃，也不在宁夏。

俞敏洪： 当初如果你妈嫁到了甘肃，就完全不一样了。

阿来： 对，我如果在甘肃、宁夏，就不一样了。

俞敏洪： 这里面有文化选择的问题，但实际是文化环境的问题。

阿来： 是生活环境，都没有到文化的层次。

俞敏洪： 我在电视中看到你家乡的环境，你们家的房子就是一个藏文化的房子，周边的环境就是高原雪山相辉映的藏文化环境。你后来用汉语写作，但这种藏文化环境的影响，到今天依然是你源源不绝的灵感来源吧？

阿来： 我觉得有一部分是，第一，**地理环境或者大自然的大美无言是我这**

个淳朴乡村中的一个村民质朴的人生观的来源。第二，我们处在现代社会，有丰富的现代生活经验，在大城市生活的经验，**我们不可能再在那种环境下生活，而是会继续往前走**，但再去反观那种生活，它给我们今天的生活提供了什么情感上、精神上的真正支撑？我经常会考虑这个问题。我们不能失去本性，我们的本性是被那个环境所塑造的，我2岁、10岁甚至到20岁都处在那个环境里。

俞敏洪：我一直觉得中国应该获得诺奖的文学作品不止一部，还应该有《尘埃落定》。在你的文字中，我发现了一个影子，是你的祖父，你父亲的父亲。

阿来：对，他是个商人。

俞敏洪：你是说你的祖父到都江堰贩盐的故事？

阿来：对，进藏不是要走茶马古道嘛，他不是小商人，而是个大商人。

俞敏洪：大商人？这跟你后来能够有所成就有没有一定的关系？

阿来：没有关系，其实他是个传说，我都没见过他一眼。我们家族的荣耀在1949年就翻篇了，后来也不知所终。

俞敏洪：你祖父是个大商人，你父亲当时怎么会参加解放军呢？

阿来：这个就是时代变化所导致的。他上过学，那时候反叛家庭是一种潮流。

俞敏洪：就像巴金《家》《春》《秋》中的反叛一样。

阿来：对，后来我问他，他说我爷爷去哪儿了他也不知道。有人说可能他去台湾了，但改革开放以后，我们在台湾也没找到。

俞敏洪：他的背景对你的家庭在新中国成立后的日子有影响吗？

阿来：我很年轻的时候，大概不到30岁的时候，教书教得好，好到我迅速成了我们州政协的常委。这时候我就遇到了政协里那些统战的人，他们都是过去当地的上层，并不像今天那些新知识阶层、新企业家。他们就说，你是不是某某人的孙子？我说好像是吧。那些人都是过去非常有地位的人，是当时的一把手，他们给我讲了好多我爷爷的故事。

俞敏洪：实际是你成年以后反向产生的影响？

阿来：原来他只是一个名字，后来就引起了我对这段历史的追溯。

俞敏洪：《尘埃落定》中的土司有没有你祖父的影子？

阿来：没有，商人那一部分有。

俞敏洪：你父母有文化吗？认字吗？

阿来：我父亲当过兵，认识字。

俞敏洪：汉字？这对你认识汉字有影响吗？

阿来：其实关系也不大。我父亲在某种程度上倒霉也是因为认识字，本来觉得轮不上他倒霉。他当兵、打仗，还参加过平定藏区，最后却回归成一个农民，这肯定跟我爷爷的出身有关。所以，从某种程度上说，在我们这个家庭，文化反而成了禁忌性的东西。

俞敏洪：你有很多兄弟姐妹吧？

阿来：加上我一共八个。

俞敏洪：从你 1959 年出生开始，经历了中国很多上下波动的时代，八个兄弟姐妹居然都养活了？

阿来：我们家是个奇迹，我们那个村，我知道的左右邻居，生十几个的都有，但活下来的不多，最多四五个、五六个，我们家的生活跟大家都一样困窘，但我家全养活了。

俞敏洪：你的兄弟姐妹都在马尔康吗？

阿来：有三四个留在农村。

俞敏洪：我就一个姐姐，还留在农村。

阿来：等我有一定能力，能帮忙的时候，只有那些比我小 20 岁的，我能资助他们上学。因为他们能上学，所以他们的情况就会比年长的兄弟姐妹们好一点。

俞敏洪：你小时候在那个小村中，没有任何读书氛围，如何养成了读书的习惯？

阿来：我 1959 年出生，上小学那一年刚好"文化大革命"爆发，我们在小学没有教材。我们虽认识两三个字，但没有书，那时候我就想到去老师的办公室看报纸。我唯一想看的报纸是《人民日报》，但当时也有一些阻碍，村里干部和老师都觉得这是他们的一个权力，当然他们也允许你看，但你一定要向他们请示，做一些其他的事情。少年时代让我受伤最深的，或者说现在我都不能原谅的，是那些掌握权力而过分弄权的人。好在我除了课本以外，学了这么多字。

俞敏洪：你从小肯定讲藏语，怎么会那么快掌握了汉语和汉字？

阿来：我们用的是地方语言，跟我们通常看到的藏文有差别，可能相当于今天汉语中的广东话或者福建话，而且没有书。那时候藏文材料较少，那就看中文。我觉得拯救我的是《水浒传》。

俞敏洪：当时怎么可能读《水浒传》，你汉语还不认识呢？是你小学一年级的时候？

阿来：那时候老师并不太鼓励我去看报纸，我就经常给老师赔笑脸，他才把报纸给我看。后来我有一次去埃及，我给他们讲，我知道他们第四次中东战争是怎么打的。为什么？因为我在《人民日报》《参考消息》中读到过有关这次战争的报道，记忆深刻。

俞敏洪：你当时讲藏语，学的是汉语，你读《参考消息》也好，其他报纸也罢，会有隔阂吗？

阿来：没有，因为我们的藏语是口语。你有没有发现汉语的书面表达更美？

俞敏洪：你觉得这种感觉是天生的吗？你的兄弟姐妹有这种感觉吗？

阿来：没有，我觉得可能是天赐我也。我说，哟，太美了！我遇到过一件事情，我有一次到山上去，看到修公路的人都拿着报纸糊墙，后来公路修完了，那些工人撤走了，工棚还在。后来我到山上放牛，经过工地，一进去就被吸引住了。我才知道那是《沙家浜》的剧本，全文都发表在报纸上，全糊在上面，我就搬个东西来，站在上面看。

俞敏洪：很有画面感。这种感觉是天生的？

阿来：天生的。我那时候总喜欢躲在一个地方看书。中央电视台上次拍纪录片《文学的故乡》，我妈妈在里面说："我对不起我儿子，我总不让他读书，我不知道他读书能读出什么。"

俞敏洪： 前两天蔡崇达跟我聊天，他说他妈妈看见他读书就打他。

阿来： 对，蔡崇达也是一样的。家里人总说，你偷懒，不干活，你看家里这么多事情等着人干呢。等我回头再看那段往事时，像是被闪电击中了一样。我一个放牛娃，站在那个高山上，海拔4000米，看到修公路的人留下的那些报纸，满棚都是《沙家浜》，那是汪曾祺先生写的啊，多美啊，我觉得非常震撼！

俞敏洪： 对文字天生敏感，对故事天生敏感，是不是跟你想象力丰富有关系？我觉得你的小说充满了想象力。

阿来： 那必须的。我们都被现实拘住了，比如房子、车子、钱、美人，当然我们也不拒绝，我也不是清教徒。

2. 在河流与高山中生长

俞敏洪： 你从小在马尔康长大，"马尔康"在汉语中是什么意思？

阿来： 过去那个地方是一片河谷地带，很宽阔的河谷，只有一座寺院，这个寺院比较繁盛，寺院各个地方都点灯供佛，供佛的人越来越多，"马尔"就是藏语的酥油，"康"就是地方，直接翻译出来就是酥油地方，连起来说就是酥油灯火很明亮、很旺盛的地方。

今天不是讲绿水青山嘛，我觉得马尔康应该是藏族地区文化多样性最特别、最丰富的一个地方，更重要的是自然生态的多样性。我写过一本书，叫《大地的阶梯》，中国的大地无数次上升，都是从低海拔上升，跃升到四五千米的时候，一些生物就消失了，因为自然太严酷。而马尔康刚好是在1000多米往4000多米上升的阶段，是从平原上升到高原的关键地区，同时文化次第交汇，生物多样性和文化多样性都很丰富。更重要的是，这个地方长久以来的文化交互性很强，所以不管是哪个民族的人，心胸都很开阔。

俞敏洪： 而且是古代川藏商贸的必经之路。

阿来： 当然，我们经常说的茶马古道，其中最重要的两条都是从四川往西藏、青海、甘肃走的，都要经过这里。

俞敏洪：你们的村庄叫什么名字？

阿来：卡尔古。"卡"是山沟，"古"是很远，连起来就是山沟很远的地方。

俞敏洪：这个村庄离马尔康城里有多远？

阿来：现在是 50 多公里。

俞敏洪：当初的 50 多公里，也是远得不得了。

阿来：因为那时候都是用马车算距离的，去一趟马尔康城要三天以上。

俞敏洪：我在江南水乡平原地区，我家乡在江阴，无锡是我们认为的大城市。我在 18 岁以前没去过无锡，两地总共相距 38 公里，但我不敢去，觉得它远在天边。

阿来：我 18 岁以前只去过一次乡政府，那时候不叫乡政府，叫公社。我们那个公社名字就是那条河流的名字，叫梭磨河公社，离我们家 27 公里，50 多里地。

俞敏洪：当时如果步行，一小时也就走 5 公里左右，得走好几个小时。梭磨河就在村庄边上吗？

阿来：对，就在我家房子旁边。

俞敏洪：对藏族来说，河流和高山是必不可少的两个成分，我发现你第一本写家乡的书就写的是梭磨河。

阿来：诗集《梭磨河》，歌颂家乡的土地、河边的磨坊、河边的青稞地。

俞敏洪：当你写这些东西的时候，这一切已经从小时候那种日常所见，甚至看得不耐烦的感觉转化成了一种诗意，是不是？

阿来：对，其实我从师范学校毕业以后，1977 年参加高考，1981 年就当老师了，突然在这个时候就产生了一个反差。

俞敏洪：距离产生美，当你在马尔康县城当老师的时候，发现家乡那种美开始呈现出来了，对吗？

阿来：对，其实也是文化给我带来了转变。**我觉得读书给我带来了一种重新看这个世界的角度，而且读书越多，视野越广阔。大家都在逃离的时候，我已经在回归了。**

俞敏洪：对，我发现你回归得真的很早。有一个词叫"乡愿"，"乡愿"的回归是狭窄的，甚至是虚伪的，但你的回归不是。

阿来：对，"乡愿"是一个既要肯定自己还要否定别人的状态，但学问给了我新眼界、新角度，给了我看待世界包括看待家乡的新方法，所以我要不断学习。

俞敏洪：也许这就是阅读和文化带来的好处。我看你的文字充满了从小想离开家乡的想法，当时是一种什么样的原因，让你一心一意想离开那个小村庄？是因为阅读让你对世界有了更深刻的理解，还是你的个性使然？你的七个兄弟姐妹有没有像你这样一心一意想离开家乡？

阿来：他们好像没有我这么强烈，但他们也不相信世界就这么狭小。我那时候没读过什么书，真正开始阅读是在 20 岁以后，1977 年我高考结束进入学校后，学校才把原来封闭的图书馆打开。我说，老天爷啊，这么多美好的书，这么多美好的思想，这么多美好的情感！我们村子是在一个残酷、荒芜的环境中，这时候我到了一个水草丰润的地方，从盐碱滩来到了水草地，别提多激动了。

俞敏洪：你当初生活在家乡河边上的小村里，只有二十几户人家，后来到马尔康上师范学校，这其实是一个地区性的学校，我想地区性的学校应该有很多局限性，进了这个学校让你打开了什么样的眼界？

阿来：我报的不是这个学校，可能跟我报志愿有关系。我报志愿的时候，招生办的老师跟我说，年轻人你报错了，因为我报的所有专业都是地质。

俞敏洪：为什么？你当时应该不了解什么是地质吧？

阿来：小时候村里来了地质队员，我到帐篷里听他们聊天，我当时只有七八岁，他们说的都是中国很遥远的地名，大庆、玉门、吐鲁番、天山等，我记下了这些地名，至今让我印象深刻。

那时候别的小孩去一两次就不去了，但我天天去，用他们的话来说，就是有个脏兮兮的小屁孩天天跑到他们帐篷里去，因为我觉得太新鲜了。后来有个人说："你天天来干什么？"我说："你们说了那么多地方，我们村在哪里？"我现在都还记得这个人的样子，我永远感激他。他拿出来一张地图——我现在想来那就是一张航空拍的地图，说："小鬼，横断山大概就是有很多很深的褶子，像老年人的脸一样，你们村大概就在这个地方，一个看不见的深褶子里面。"我老家背后那个山海拔 4000 多米，我们那个河谷海拔 3000 多米。

俞敏洪： 这个雪山是不是《云中记》中的阿吾塔毗？

阿来： 我借用了这座山的名字，我老家背后的那座山就是阿吾塔毗。看天气就看阿吾塔毗，老年人说，高不高兴啊？高兴就是云开了，今天天气好；如果阿吾塔毗今天不高兴，就是云雾把它遮起来了，天气不好。

俞敏洪： 很朴素的唯物主义。

阿来： 也是一个自然经验。

俞敏洪： 太有意思了。马尔康其实是培育你的地方，是你成长的地方，是你小说诞生的地方。你初中毕业后没上过高中，后来通过高考去了马尔康师范学校，毕业后在马尔康当老师，这段经历对你产生了什么样的影响？

阿来： 我觉得让我了解了中国社会的种种。一个人如果一直在社会底层会有局限性，但如果一直在顶层，恐怕也会感到空虚、懊恼，所以我后来的这种经历，加上刚好我爱好文学，就结合我自己的审美追求，写出了对中国社会的各种真实现状的理解。虽然我的这些想法不可能形成学术报告借助某种学术机构发表出来，但我有一些形象思维及感性的东西，我就想，我是不是可以走文学的道路。李白不是说"天生我材必有用"嘛，一个人总得有点用处吧？

俞敏洪： 你什么时候意识到自己要走文学道路的？你写诗歌、散文，后来写小说，是因为自己在马尔康当老师以后在单调的生活中产生了想法，还是自己有意想开始总结自己植根于故乡的人生经验？

阿来： 都不是。我出身于农村，非常苦，我父母说："老天爷，你居然考上了师范学校，还到中学去教书，不知道我们这个家积了多少辈子的功德才能这样。"但读书是很奇怪的，读读读，就为了考试，后来我突然发现，我越读越对自己不满意，就想着还得做点什么。那做什么呢？不晓得。我是初中毕业后，1977 年考的师范学校，1980 年就毕业了。我们是唯一一届冬季招生，算是中专生，后来再来的学生就是大学生了，他们读的书、谈的话，和我们的有点不一样。

后来我就到我们学校只有三四千册的图书馆读书,我说这些人懂的我也得懂。

俞敏洪: 你是什么时候开始动手写第一首诗的?

阿来: 那时候也是这帮人,20世纪80年代的本科生,当时来了四个人,有一个是英语系的,后来成了我老婆,有一个是地理系的,有一个是数学系的,还有一个是物理系的。除了我老婆以外,这三个人都在写诗。我觉得很奇怪,你们也不是中文系的,为什么还写诗?人家就说那有什么奇怪的,非中文系的一样可以写诗。

俞敏洪: 当时是中国诗歌最兴旺的年代,你写的时候我也在写。

阿来: 我们学校后面有一片非常漂亮的白桦林,我在很多篇文章里都写过,秋天我们就去树林里采蘑菇,采完就买一个红烧猪肉罐头和蘑菇一起炖,晚上一边喝酒一边吹牛,他们就朗诵他们的诗。我说:"你们写得不好。"他们说:"不要吹牛,你写个试试。"我说:"老子写一个就写一个,至少比你们写得好。"因为那时候我读了很多书,我不是瞎说,确实是非常入迷地在读。我第一首诗写出来后,他们帮我投稿,结果他们的诗都没有发表,我的诗却发表了,而且寄来一张汇款单,50块钱。我当时工资才41.5元。

俞敏洪: 当时你老婆还没跟你谈恋爱吧?

阿来: 谈着呢,她当时就哭了,说:"你怎么一下就成功了?"

3.《尘埃落定》: 知所从来,知所从去

俞敏洪: 你在30岁的时候,也就是1989年,对你过去的作品有了一个认可和否认的过程,而后你就不再写东西,开始背着背包在嘉绒地区旅行,这是什么原因导致的?

阿来: 我30岁的时候发生了一件事,那时候我写了两本书,一本诗歌,一本中篇小说,孔子不是讲"三十而立"嘛,中国人都会受到这种强烈的文化暗示,我就想,我立了吗?好像没立。有两本书就算立了吗?今天写作的人多得很,不算。那什么算?后来我想这个是没法说的。古人还讲过"立言、立德、

立功"，我这算立言吗？肯定不是立德，也不是立功。

俞敏洪： 你内心没觉得自己是立言？

阿来： 没有。确实刚开始写作的时候，没有意识到一个人写作，或者一个人到底跟这个国家、家国情怀有什么联系，到了1989年，突然反观自己的作品，就发现有些地方写得好，有些地方难免是文化人在叽叽歪歪。

俞敏洪： 突然意识到要有一个更大的格局？

阿来： 对，因为遭受了那么大的现实冲击。那怎么弄呢？后来我想应该到北京去找专家，但恐怕他们不能解决这个问题。因为通常一个作家要出名，就要拜名师，找著名批评家，找领导，今天也一样。幸好我年轻时对这种东西有所警惕，我觉得到北京恐怕不管用。那怎么办呢？我想就向大地学习吧。那时候我刚好30岁，我就写了一首诗，叫《三十周岁时漫游若尔盖大草原》。

俞敏洪： 那首诗很壮观，我读过。

阿来： 有一天我觉得我醒悟了，我隐约听见一个声音在引我前行，我攀上山冈，又走下山冈，听见风，这种声音四处飘荡。后来我意识到，我就是大地之子。我看见一个诗人诞生了，头戴太阳的紫金冠。皇帝不是要戴金冠吗？风是我众多的嫔妃，她们有流水般的腰肢，有小丘般的胸脯，乳房也长得好看。我看见一个诗人诞生了，像帝王一般、巫师一般穿过草原。

俞敏洪： 这是20世纪90年代写的？

阿来： 1990年。

俞敏洪： 写完就行走嘉绒地区了？

阿来： 对。我第一次旅行是从贡嘎山下来，来到泸定桥边，参加了一个作家会，散了之后我就回成都了。快要上车了，我脑子里突然有一个想法，我不去成都了。他们说你去哪儿，我说要往上游走。没有思想准备，我就走了。第一天很辛苦，第二天很辛苦，第三天还是辛苦，第四天走开了，越走越爽。走路就是这样，越走越爽。第一天走了20公里，快崩溃了，但不走20公里，就走不到下一个地点，因为路上都没有人家。

俞敏洪： 为什么不坐车呢？

阿来：主要是没有交通工具，就只好徒步。有时候遇到一个老乡开着手扶拖拉机，我就竖着大拇指，他就会停下来。有一次遇到一个骑手骑了一匹马，但另一匹马空着，我就竖着一根大拇指，他就让我骑上去了。美国乡村电影里有很多这样的场景。反正就徒步前行。我的家乡阿坝州将近8万平方公里，其中2万多平方公里是羌族地区，剩下的那些地区我不敢说每个村去过，但每一个行政建制乡我都去过。

俞敏洪：羌族地区你去了吗？

阿来：去过一些，但更多还是在藏族地区。

俞敏洪：很多羌、藏地区在某种意义上有文化渊源，你觉得羌族地区和藏族地区的文化有什么大的区别吗？

阿来：主要是宗教文化上的区别。其实两个地区的地理条件都差不多，比如，阿坝藏族羌族自治州所辖的汶川县、茂县、理县、松潘县，这四个县中只有一个县几乎完全是羌族文化，剩下三个县都是藏羌汉文化的结合。费孝通先生说这是"藏羌彝走廊"。

俞敏洪：有点像大海和江河结合的地方，生物多样性特别丰富。

阿来：对。说到生物多样性，横断山区是全世界生物多样性最丰富，同时也是文化多样性最丰富的地方。我当时就走了两个地方，其中一个是嘉绒，嘉绒都是山地，但我觉得一定要有个对照，所以我每年都重返若尔盖草原黄河上游，将游牧和农耕进行对照。

俞敏洪：嘉绒藏区是什么概念？是和阿坝一样大，还是比阿坝更大？还是说它就是四川西部藏区？

阿来：在藏语里面，"嘉"就是汉人，"嘉绒"的意思就是靠近汉人的地方。藏族有两个最重要的邻居：一个是汉族，叫"嘉那"，穿黑衣服的人；另外一个是印度人，叫"嘉格"，印度人在热带，他们以穿白衣服为主。"绒"在藏语里面就是农耕的意思，一般在河谷进行农耕。

俞敏洪：你从小生长的河谷其实是农耕和牧民结合的地方？

阿来：对，我们大部分藏区都是游牧，都在高原、草原，但也有很多河谷地带是农耕，海拔比较低，所以"嘉绒"就是靠近汉族地方的、穿黑衣服的汉族的农耕区，包括今天阿坝州的一部分，也包括甘孜州的一部分，是一个地域概念。如果用河流来表述，就是大渡河流域和岷江流域的一部分，是汉藏羌文化的交界处。这里也形成了一种方言，在藏语里有点像广东话、福建话。所以，若尔盖草原和嘉绒地区尽管是同一个民族，都叫藏族，但两者差异很大，尤其是语言差异很大。

俞敏洪：从拉萨来的人能听懂嘉绒的语言吗？

阿来：比较难听懂，就像北京人很难听懂福建话，但福建人能听懂一点普通话。

俞敏洪：嘉绒有自己的文字吗？

阿来：没有，还是就像福建人一样。

俞敏洪：从地理位置上看，从你的家乡再往上面走是色达，色达是藏文化传播的核心区，它也是汉藏文化的交界处，它为什么会那么兴旺？

阿来：它就远一点了，它过去就是在草原的游牧地带。过去从文明上来讲，定居的人好办，因为他们一旦定居，可能就会接受一些固定的东西，但色达是大草原，他们的部落会不断流动，这个时候如果让他们接受定居的那些文化，对他们来说就比较困难。

俞敏洪：所以色达与你所在的马尔康文化不太一样？

阿来：截然不同，他们住在帐篷里，要逐水草而居，就不可能在这个基础上再美化；我们住在石头房子里，定居了，就会不断向农耕靠近，如果10年不变，我们就不断想美化它。

俞敏洪：越美化越固定，越固定越美化，实际是一个相辅相成的过程。

阿来：对，不断前行。

俞敏洪：人创造了自己的生存环境，最后被自己的生存环境所改变，可以这样说吗？

阿来：对，所以在世界文明史上，从古代开始，游牧和定居之间一直有一个巨大的冲突。

俞敏洪：生活方式决定了生存方式，生存方式决定了文化方式。

阿来：对，甚至**生活方式之间的差异，大于两个民族的整体差异**。后来在行走过程中，我突然发现一个问题，就是现在中国的历史观太空洞，你去看今天的中学生、大学历史系的学生，他们都知道法国大革命，知道印第安的文化，还知道中国的每个朝代，但你问他们自己所在地的历史，比如，你们村呢？你们县呢？你们社区呢？你们街道呢？他们就不知道了。大历史虽然有构架，但太空洞，而人既活在大历史中，同时也活在小历史中。**我们之所以空洞，是因为不知道小历史**，我们知道大历史中的某一年、某一月发生了什么重大历史事件，但我们不知道小历史。

比如，我知道隋炀帝是什么时候死的，但我不晓得我在徒步过程中经过的这个地方是怎么回事，它的历史是怎样的。于是我就一路打听，走到一个县城，就查一查当地的县志。我今天到每个地方都会去查查志书。后来有人跟我说，你能不能建一个志书博物馆？其实，我搜集这个东西，不是乱搜集的，而只是搜集我去过的地方的志书。佛经说"知所从来，知所从去"，就是哲学讲的"从哪里来，到哪里去"，抽象意义是一回事，但我们这个文化是具象的。后来我觉得嘉绒地区清代册封的 18 个土司非常有意思，我就有意研究这 18 个土司的历史，不是要做学问，只是好奇而已。

俞敏洪：所以《尘埃落定》是在研究土司历史的过程中慢慢形成的？

阿来：烂熟于胸嘛。那时候只有 1 万块钱，我买了一台 286 电脑，一台爱普生打印机，就开始敲字。

俞敏洪：从你落笔开始写《尘埃落定》一直到写完，花了多长时间？

阿来：那时候是 1994 年，我还在阿坝州的文化局上班，写了 8 个月。

俞敏洪：当时已经不在中学教书了？

阿来：中学说继续教书必须要有本科学历，后来就把我调到文化局工作，当然也得按部就班地进行嘛。我也算是公务员，每天回家就写。本来可以写得更快一点，但那时候我是足球迷，1994 年正在举行美国世界杯比赛，我都是下半夜看，当时《尘埃落定》写到一半，为了看世界杯停了一个多月，直到现在我还记得意大利巴乔把点球踢飞了。

俞敏洪：那都快 30 年了。世界杯差点影响了一部世界名著。

阿来：后来我发现年纪越来越大，精力有限，要跟这些费时间的爱好告别了。我的告别方式是去南非世界杯现场看球，我是跟余华去的，回来后我就不看足球了。

4. 为自我表达而写作

俞敏洪：你当时预判到《尘埃落定》写完以后会有这样的成功吗？

阿来：没有，但我觉得这对我自己是一个了结。我 1994 年写完《尘埃落定》后，1998 年年底才出版。当时去了很多出版社，但他们觉得跟当时流行的审美可能不符，就提出各种各样的修改意见，我就说，这本书可能只有一种地方要修改，那就是错别字，剩下的都不能改。他们就说这个人疯了，因为我没有一点知名度，现在只有大作家才能这样要求。我说我确实是倾注了自己全部心力，他们说，你倾注全部心力并不全都是对的，哪怕是一个小摊贩，人家也是倾注了全部心力，但问题是你的方向要对、方法要对，结果也要对。

俞敏洪：你当时对自己的作品为什么有那么大的自信呢？即使 4 年没人出版，你觉得也不能修改。

阿来：第一，我闯入了一个非常陌生的、从来没有人触及过的题材领域。第二，孔子讲"远人不服，则修文德以来之"，我就是一个远人，我就是被这种语言征服的人。

俞敏洪：你反而对这种语言很看重？

阿来：对，我看重它的美、它的意蕴。这是无条件的，又没有人拿枪逼着我，是不是？我觉得我既然被这种语言征服了，那这种语言就差不多是一个信仰的问题。

俞敏洪：你对中文本身的把握以及对语言本身的理解和喜欢，其实已经超出了你作为一个藏族人甚至汉语学习者的这种能力？

阿来：对。有些时候，长期处在这种语言环境当中，没有另外一种语言的映照，就感觉不到这种语言最优美的特性，但我们至少有一个参照系。今天很多人写作，受两个东西支配，除了意识形态，还有一个是消费社会，我们很难保证语言的纯粹性。

俞敏洪：甚至是观念和态度的纯粹性也很难保持。

阿来：对。我在北大中文系也讲过，对作家来说，语言就是信仰，除此之外没有别的信仰。语言的信仰是什么？美！美就是信仰，至善至美。

俞敏洪：语言本身的表现形式就包含了美。

阿来：欧洲的古典哲学也好，孔子的想法也罢，美跟善，有时候是等同的。

俞敏洪：《尘埃落定》写完后4年都没人出版，最后终于出版了，到今天为止，从正版到盗版有千万册的销量，你有想到最后会这么成功吗？

阿来：我没有想过成功，我觉得成不成功、畅不畅销我管不了，这跟时代关注的一些热点相关，谁都不能预测。但我想过一个问题，**我觉得我要把它写成一本好小说，因为我心目中有美学标准，这是我能保证的。**

俞敏洪：即使在那种状态下，也没想过写这本小说是为了畅销？

阿来：到今天为止，也没有这样想过。我也做过小文化商人，办杂志，那时候我当总编，我手下的人经常跟我说："总编，你要考虑读者。"我就说："老子讲了多少次，不许在我的编前会上讲读者。"

俞敏洪：为什么呢？迎合读者难道不是一件好事吗？

阿来：问题是，你知道读者是谁吗？曾经发生过一件事情，我们成都办公室面临最繁华的大街人民南路，我把杂志社一个小姑娘拉到落地窗前让她看人民南路。那时候我的杂志是发行量50万册的《科幻世界》，我说："中国有14亿人口，他们都是读者吗？"她说："不是。"我说："显然不是，恭喜你答对了。在14亿人里，我们的读者有50万，那么你帮我指出来这人民南路上哪个人是我们的读者。"她说："不知道。"我说："所以说，这不是一个虚拟的概念嘛，而且我们一旦想到读者，就容易往低处想。"

俞敏洪：一个作者如果不为读者写作，为谁写呢？

阿来： 自己啊，但你一定要相信，这个世界上有一部分人，他们愿意跟你一样，感同身受，而且这个比例非常大。你想，今天中国最畅销的书有没有卖出 1 亿册？

俞敏洪： 没有，你的已经很畅销了。

阿来： 客观地讲，我的书还是很小众的，我其实是在寻找最小的那部分。我最反对一件事情，那就是雅俗共赏，我觉得这大概是共产主义理想，雅就是雅，俗就是俗，俗了还雅得了？你这本书卖了 50 万册，你就说雅俗共赏，这不是侮辱人吗？你把雅人都说成俗人了？俗人要读书的话，至少要卖 2 亿册嘛。

俞敏洪： 难道雅俗共赏不对吗？

阿来： 不对。世界大同，对不对？也许是对的，但还没达到，我们心向往之而已。今天如果哪本畅销书卖了 5000 万册，那就差不多接近雅俗共赏了。

俞敏洪： 现在有一些作家带有某种功利心写作，我能明确感觉到他们写东西是为了能畅销，你对这种迎合大众趣味的写作有什么看法？

阿来： 没什么看法，因为我自己有一个小的人生哲学，我就只管我自己怎么做，我做我自己相信的事情，如果别人相信了一个什么东西，他们就按他们相信的去做。如果要让我客观评价，我当年做杂志非常市场化，而且在当时中国的期刊界做得还是比较成功的。当时我就说，我们编辑部的一个规则就是不准谈读者，你又不知道读者是谁，你跟我谈读者干什么？我要说的是，**我们能不能给那些在追求某种价值的人提供价值？**

俞敏洪： 其实任何时候文学作品只能首先满足个人内心表达的需求，其次才能满足某种社会需求。一本作品出来，哪怕当时没有任何人读，你只要内心感觉到这是一种好的表达，它就是好作品。有很多作品刚出来的时候根本就出版不了，或者出版了没人买，这种情况有很多。

阿来： 今天可能越来越少。如果让我跟年轻的写作者讲点什么，我会说，如果你对自己的作品有充分准备和充分自信，不要轻易向出版商妥协。

俞敏洪： 我再问你一个问题，20 世纪 80 年代到 90 年代，中国一批作家的写作风格受到了国外写作风格的影响，比如最初受到了俄国写作风格的影响，后来受到了美国、英国、拉丁美洲的影响。我觉得中国一些作家的作品跟拉丁美洲以马尔克斯的《百年孤独》为代表的作品是有一定关系的，比如莫言。你觉得这种影响在你身上有多少？你从拉丁美洲作家身上学到了一种什么样的表达现实的方式？

阿来： 我很多年前在一个大学里演讲，题目叫"文学表达的民间资源"。我说，拉美文学及文化现象的产生，就是他们对当时的文学现实不满，跑到巴黎文学革命中心去学习。

俞敏洪： 实际上当时巴黎那个地方对拉美作家产生了重要影响，对海明威那一代作家也是，差不多有20年之久。

阿来： 对海明威他们的影响早一点，对拉美作家产生影响大概是20世纪五六十年代了。后来法国的超现实主义，回到拉美不就跟印第安神话一样吗？印第安神话不就是天上地下的吗？充分挖掘印第安神话，就产生了魔幻现实主义。我突然得到一个启发，我们也有魔幻作品。我们的《聊斋志异》不魔幻吗？在某种程度上《西游记》不魔幻吗？它们都有这种色彩，当然表达方式不是那种现代文学的方式。

刚好这几年我在研究乡土的历史材料，我就联想到民间传说。比如，当时的土司，当地都是口传史，没有文字记载。你会发现100年前发生的事情，在100年后被不断神化，不断神化的内容也没有太多的奥秘，并不是说统治阶级一定要塑造自己的高大形象，而是每个讲故事的人都想比别人讲得更精彩。打个比方，早上你一个人去上班，在中关村十字路口看到一辆车把快递小哥撞了，快递小哥受了点伤，你上班后讲给第二个人，第二个人再转述时就说快递小哥被撞死了，第三个人说这个故事不精彩，于是就说撞死了两个人，传到下午，就变成了撞死了十个人。

俞敏洪： 你觉得民间的故事很多就是这么产生的？

阿来： 对，每个讲故事的人都有一定程度的改编，但你回到故事情景中，会觉得这个挺有意思。你想研究历史，就要做一个还原的工作，你不研究历史而是写小说，就要研究他们是怎么耸人听闻的。

俞敏洪：但这背后是有历史根基的。

阿来：对，肯定有，**你层层过滤就是还原，层层加码就是渲染。**

5.《云中记》："攀爬"于生死之间

俞敏洪：你觉得《云中记》是继《尘埃落定》以后你最满意的一部作品吗？

阿来：这本书，我用的力比较多，耗费的情感最多。

俞敏洪：我读了以后很感动，觉得它不仅是一部小说，还是一部长篇心灵散文，在某种意义上我觉得它是一种自说自话的心灵叙述。

阿来：对，它有某种宗教意义。

俞敏洪：我觉得不是正式的宗教意义，但具备了宗教情怀，因为你写的是人的生死问题，是人最朴素的情感，是人的原始情感，讨论了人死去以后灵魂如何安抚的问题。

阿来：大家都知道我是四川人，到今年，汶川大地震已经过去14年了。汶川大地震刚发生那天，我就迅速给共青团的一个机构打电话，问他们招不招募志愿者，我在成都。经过半天的讨论后，共青团的领导对我说："对不起，我们只招募年轻人，对我们来讲你有点老了，不能去。"那天我斗争了一晚上。第二天，也就是13日，我心想不行，因为我经常在野外跑，所以我自己有个车，但比今天的车差远了，我就在超市买了东西塞了一车，自己开车去了。

我能出力出力，能出钱出钱。当时我还遇到阿坝州的一个领导，我和他比较熟。我现在还记得，他抱着我就痛哭，我说："你哭什么？你家里死人了吗？"他说他不知道他家里死人了没有，他刚好到这儿来检查工作，就遇到地震。他突然意识到他就是这里最大的官了，直接就地指挥。他说："你一来，我们这些老朋友就忍不住了。"他跟我说了一句话让我印象非常深刻，他说："我从参加工作到现在，虽然我们发展得慢，但是基础设施、民生改善是我们一手干出来的，30年了，现在我都要退休了，这些就被抹去了。"这是一个基层干部真实的心里话。他还说："你给我说说，我这辈子干了些什么？人生意义是另外一回事，但是现在我什么都没有了。"

俞敏洪：你写的仁钦这个角色，是不是跟这个有点关系？

阿来：有一点。我当时在震区就没出来，当了8个月志愿者，还做过一件最后没有成功的事情。我让朋友在《北京晚报》帮我发了一个募捐书，我说要在灾区重建学校，募了上千万元的资金。当时有一些作家也来支持了，还有一些地产公司，他们说："你要多少？1000万元还是2000万元？我们地产公司出。"然后我找到我非常好的朋友，四川的一个设计师刘家琨，他说，所有这些工程可以免费设计，不收钱。还惹来了很多清华的博士，他们要给我们当义工。

俞敏洪：后来建了吗？

阿来：没建成。我当时和刘家琨与广东的一个现代地产公司合计，看能不能从建材，包括废物利用的角度等做个社会实验。我们也不接地气，后来县里的领导就不干了，说中央下达指示要在两三年内必须完成，以我们这个节奏根本完不成，所以我们就退出了，钱没有用掉的就退了。然后我们三个四川作家，杨红樱、麦家、我，建了个奖学金资助学生，今天在映秀中学（汶川县七一映秀中学）还设有这个奖学金。

体制性的优势，要求两三年完成，我们没跟上进度，才被迫放弃这个公益项目，但也花了我很多精力。当时各种物质上的重建工作很容易完成，但生活的重建、生活信心的重建，这个过程很漫长，到了第10年，我又以志愿者的身份回去了。很多写作的人说我回去就是看地震后的情况的，看完回来就写个小说，但我觉得我只是去尽自己该尽的义务，更何况那个地方还是我老家，所以我从来没想过要写这方面的小说。

俞敏洪：其实是不敢写？

阿来：不敢写，写不动。这么多人的死，怎么写？当时地震刚结束，很多作家就说要写地震，我给他们说，这可能是灾民心态。因为从道义上讲，你不应该首先想到，你看到的每一个东西都是写作素材，七八万人的死亡，几十万人的创伤，那么多家庭从财产到情感的毁灭。你不能一去就想写书，这是一个人基本的道义。

地震 10 周年的时候，那天下午，我正在写一个东西，2 点多成都全城开始拉警报。我在地震灾区看到那么多人，经历过那么多事情，都没有流过泪，突然警报一响，我就不知道怎么流泪了，好像当年救灾时看到的死人、那些亲戚都出现在眼前了，我一下就控制不住了，还怕家里人看到了笑话我，就把书房门关上。过了半个小时，我突然就打开了电脑，把正在写的文件关了，新建了一个文件，写下了"云中记"三个字。

俞敏洪：这个情景跟你当初写《尘埃落定》的情景差不多，突然对某个场景有了深刻感悟，然后用一个故事表达出来。

阿来：写《尘埃落定》的时候还年轻，有充分的想象力，这本书是完全激活了这 10 年中的记忆。地震的时候我没想过，当时甚至对同行有点鄙夷，觉得那个时候你怎么能去采访呢，因为采访在某种程度上就是旁观，旁观别人的痛苦。

俞敏洪：有时候更残忍。之前有一个摄影师在非洲拍了一张照片，照片中秃鹫在一个将死的小女孩旁边等着，想把她吃掉，后来那个摄影师被大家指责，抑郁过度自杀了。

阿来：我们很多人今天还是这样。

俞敏洪：其实这种旁观本身也很重要。

阿来：一方面是重要的，但另一方面是对人的本性的一个拷问，你怎么能够忍受？怎么能够可以？我自己在这两者之间并没有做出判断，但我自己要选择，我觉得我很难选择做个纯粹的旁观者。

俞敏洪：我们都选择不了，因为你在某种场景下一定会参与。汶川地震的时候，我在国外，当天飞回来，第三天进入四川，到了映秀镇。我带了 5 辆卡车的东西进去，我觉得我不去这辈子心灵上不会得到安慰，但进去以后看到的场景直到今天还是感到震惊。我去了一所小学，整个小学都倒塌了，所有的书包散落在废墟中间，全是孩子们丢掉的，我把书包一个个捡起来放在一棵大树底下，到今天这个画面还让我心里隐隐作痛。

阿来：映秀镇，震前有 9000 人左右，震后那个山上埋了差不多 6000 人。

俞敏洪：所以，《云中记》是你在《尘埃落定》之后写的最完整的一本陈述心灵的书。为什么最终选择了一个村庄作为蓝本来写作？

阿来：其实那些村庄在汶川大地震之后还面临了很多次灾害，岷江流域有一个山都被震松了，有个村子 30 户人家的房子都震裂了。

俞敏洪：只有这一个村庄吗？

阿来：不止一个，山体滑坡滑到岷江里面是早晚的事。有个村不迁移，最后一个晚上，100 多人都没了。另一个村子，我的一个摄影师朋友老去这个村，这个村的村民就全部迁移了，而且迁移到四川盆地里了。

俞敏洪：所以《云中记》的故事在现实中确实有模板？

阿来：有模板，但它是一个羌族村子，我不太了解羌族，也怕麻烦别人，所以我就写藏族，但地理条件都一样。后来这个摄影师一直在跟踪这个村的巫师，有一天他找我，说他拍了几张照片，照片中那个巫师在废墟面前击鼓招魂，就跟《云中记》里写的一样，我说他们村不是都迁完了吗，他跟我说了一句话我很震撼，我后来写在了书里，他说："这个巫师每年都要回去，巫师说：'**活的人政府管，死的人谁管啊？他们变成鬼了，我管。**'"结果又过了两年，那个村子真的就没了。当然这个巫师人还在，只是他每年都回去。

俞敏洪：小说中阿巴这个人物是跟着村子一起没了。我觉得你是在小说中探索一种活着的人和去世的人的关系问题，人死以后灵魂归到何处的问题。我相信这些问题在纠缠着你，也在纠缠着我。如果你坚信藏传佛教，这些问题要好解决一点，但对我来说，我到今天其实也没解决。你觉得这本书回答这些问题了吗？

阿来：可能部分回答了这些问题。但这些问题，古今中外所有的哲学都没有给出最终答案。我多少相信一点欧洲哲学家斯宾诺莎，他讲了一个东西叫"自然神性"，在英语里叫"God"。他说："这不是你们教堂里钉在十字架上的那个人，而是我们觉得这个世界真的有一种自然秩序。"他把它翻译为自然神性，说这种自然神性可能才是人这种短暂生命最后的皈依，或者说我们是这个秩序中一个有机的部分。我觉得可能到今天为止，最好的理解就是这个。

俞敏洪： 你自己对死后灵魂在不在这件事情怎么看？

阿来： 我其实抱一种虚无态度。我认识很多活佛，我说："你别忽悠我。"他说："什么？"我说："佛教理论上都很自洽，你说有转世，你跟我说老实话，你都十三世了，你把每一世给我讲一讲。"他说："我不知道。"我说："不知道你还说个啥啊。不知道就把可能和不可能都取消了，因为只有现实是真实的，有你不知道，没有你也不知道，那不就是不知道吗？我们人生几十年，像个小小的奇迹一样，前十几年懵懂无知，年纪大了后我们再做保健、再养生，医疗手段再好，最后的五六年、七八年也无能为力，其实人只有四五十年可以自主。"

俞敏洪： 假如你不相信来生的灵魂存在，我们如何安置今生的灵魂与今天的生活？

阿来： 我没法相信，我觉得**来一趟不容易，既然生命像个奇迹一样，那就尽量像放烟花一样，让这个烟花更漂亮一点。**

俞敏洪： 你认为来到人世是偶然的，只不过你把偶然变成了你人生中更加肯定的必然，是这个意思吗？我相信你父母不会这样想，他们相信有来世吧？

阿来： 他们相信，我也不批驳他们，因为我舅舅就是一个喇嘛。

俞敏洪：《云中记》里阿巴的形象是不是跟你舅舅有点关系？

阿来： 对。

俞敏洪： 对现代人来说，其实很多人抱持着和你我一样的态度。我跟你的态度一样，**我认为前世我想不起来，后世我不知道落在何处，所以我觉得今生今世是能够过好的最好的时间，应该好好想想怎样过好今生今世，而不是把自己委托于虚无的来世，原则上问题应该靠自己解决，而不是靠神、靠下辈子，你的一切苦难通过自己也可以解决。**当然有些大环境或者超越性的力量我们不可能对抗，但从个人来说，你认为怎样才能有更多的自由意志和自主选择，来让我们这一生过得更好？

阿来： 我觉得就是基本的信仰，虽然好像已经脱离了宗教信仰的轨道，但对现实世界还有一个基本的信仰。中国人还是相信真善美的，但我更倾向于美学派，不是哲学派，**我们就倾向于善多一点、美多一点，至善至美。**

俞敏洪：善是根基？

阿来：对。德国古典哲学家讲得很好，善是动机，美是形式，真是追求。追求是不一定能达到的。

俞敏洪：你觉得一个普通人在社会中怎样才能达到善呢？因为善有哲学的善，也有行为的善，更有心灵的善。你的文化经历和人生经历比我要更加丰富，你的生长环境就是多文化环境，藏族本身就是一个以行善为核心的文化体系，你觉得当普通人面对很多没法解决的困境甚至认为是恶的情况时，他怎样才能达到内心善的状态？就像《云中记》写的一样，阿巴通过自己回归到最终要消亡的村庄，去召唤那些灵魂，来满足灵魂的归属和他自己内心安宁的归属，最后自愿跟这个村庄一起消失。我想这个故事表达了一种个人面对自己没法左右的状态时，怎样让自己达到内心善的状态，而不至于让自己崩溃或者对这个世界绝望。

阿来：我觉得要有牺牲精神。

俞敏洪：如果牺牲精神变成一种屈服、顺从怎么办？

阿来：那不是屈服。比如，你在生活中遇到一些事情的时候，是否可以像上帝牺牲自己一样做出一个示范？当然我们也要有一个道德底线，儒家有标准，"富贵不能淫，威武不能屈"，这个底线还是要有的。如果说柔软，没有底线的柔软就是任人踩躏，是不可以的。当现代社会各种各样的集团力量变得如此强大的时候，很多人不愿意坚守底线、不愿意做出牺牲的借口就出现了，这跟原来的社会不一样。原来只会面对一两种选择，今天我们可能同时面对意识形态的、商业社会的以及种种别的思潮的冲击，这时候可能自我的价值认定和坚守就很重要，甚至我们都不愿意说坚守，因为坚守就是困守一个堡垒的感觉。

俞敏洪：有点像《尘埃落定》中守在土司寨中不愿意出来、不投降的感觉？

阿来：对。我自己有点体会，就是作家做符合自己天性的、价值观的、道德观的，甚至审美观的选择的时候，不是坚守，而是可能有某种快乐存在，就像佛教说的生出法喜来了。如果说这是一种坚守，那就太辛苦了，你不是自然而然地选择的吗？佛教不是说法喜产生、法喜充满吗？我们有时候确实有这种内生的状态。

俞敏洪：有道理。今天下午我刚好见了我北大的一个师弟，叫柳智宇，北大本科数学系毕业以后，作为天才学生本来可以去 MIT 读硕士、博士，后来他遁入空门到了龙泉寺，过了七八年后又还俗，给很多人做心理咨询。他这种回归在大家看来是来回折腾，因此引起了一些非议。遁入空门以后被非议，出来以后又被非议，但我觉得他恰恰上升到了一个新的层次，他的人生开始变得豁然开朗。我从他的聊天、感悟，从他愿意用另一种方式为世人提供服务的这种心态可以感受到，其实人生是一个经历从迷茫到痛苦，去探索、去追寻，最后用一种大家意想不到的方式回归到现实并豁然开朗的过程。你自己这种从纠结到豁然开朗的过程是什么时候产生的？你写完《云中记》以后，是不是就把汶川地震这件事情放下了？

阿来：我觉得完全放下是不可能的，但在那个阶段，我投入那么多情感，看见了那么多不同的人生，让我觉得这个担子很重，心理上、情感上都是，写出来以后确实心里轻松了。我刚开始写的时候会流泪，写完我就点一支雪茄，先让烟缭绕升空，我说"这是给你们的"。

俞敏洪：有点像小说中阿巴给大家祭祀一样。

阿来：藏语里有一个词叫"次旦"，就是往生者，我说"这是给你们的"。今天我们至少过这一关了，但那么多人还在继续自己的人生，他们其实活得更艰难。

6. 现代化对乡村文化的冲击

俞敏洪：我在书中读出了很多你和大自然的关系，在你长大的过程中，伐木工人在村庄周围把原始森林伐掉了，你在不少书中还探讨了大自然跟人类社会经济发展之间的关系，后来我读你的《机村史诗》（六部曲）、"山珍三部"，尤其是"山珍三部"中的《蘑菇圈》，看到里面写尽了大自然对人类的滋养，人类对大自然破坏性的利用给人类社会带来的某种灾难，以及现在经济社会发展过快和大自然不融合的关系。**现在中国的乡村明显走向凋敝，包括藏区的乡村也有凋敝的可能性，关于经济发展对乡村的冲击性，你怎么看？**

阿来： 我觉得只能从产业的角度来理解，原来那种方式就是一个自给自足、略有盈余的状态，过去包括乡村很多人在内，如果这个家族比较殷实，是不用靠地里的，可以靠牧场，还可以靠别的。所以，这可能是产业形态的转变。我觉得将来大部分人还是要进城的，我也相信进城以后有一些人明白了这件事情，了解了这个产业的发展，就会回去，但不是简单地泡个茶、喝个酒，而是会带回去全新的经营理念。尤其是现在我们的土地制度已经有了相应的改变，比如土地流转，当然现在还没有真正解决问题，但已经提供了一个途径，而我们已经看到了一些希望和案例。

俞敏洪： 从当时的公社到后来的个体户承包，到现在的再次整合、土地流转，最后可能会形成一种新的农村商业模式？

阿来： 对，这是一个时代的摸索过程。

俞敏洪： 那你如何看待经济发展与乡村文化、自然环境之间的关系？

阿来： 如果从文化角度谈这个问题，我倒不是一个保守主义者。今天我们有一个迷信，或者说我们有一种文化原教旨，觉得以前的文化都好，但这确实是唯心的，唯心的安全感是虚幻的，因为它抗不住变化。1938年费孝通先生写《江村经济》的时候，就已经看到了中国传统乡村的解构、解体，现在距离那时已经快100年了，所以唯心是抗不住现代性的来临的。今天我们特别单纯地、一往情深地怀念这些东西，用一个不好的词来说，就叫"乡愿"。如果乡村那么好，我们跑到大城市干什么？今天晚上直播干什么？我们在山上放羊不就得了？这就是乡村的变化，由于现在生产组织方式产生了巨大的变化，维持原来的那种生活是绝对不可能的。

但这确实带来了一个问题，我们跟自然界的关系发生了变化。人的能力越来越高，尤其是有组织的人，有科技武装的人，对自然界的侵害越来越大。我们所面临的问题就在于，我们原来就想征服自然，现在征服自然的能力提高了，又发现我们征服不了自然，我们征服它就是在违反它的规律，它就用二氧化碳增加导致全球变暖这样的方式来加重自然灾害，危及我们的生存环境。这些年我的小说里，从"山珍三部"开始，确实对自然生态方面有特别的关注。

俞敏洪：你后来愿意研究植物，是因为想增加自己对植物的理解，思考植物与历史、文化的密切联系，更重要的是，你其实也在回归自然。小时候你的家乡有那么多植物，开花结果，你不在意它们叫什么名字，但现在你自己可以随时随地认出七八百种植物，而且专门写了《成都物候记》，是不是你在表明一种态度，你希望人类跟自然更加亲近一点？

阿来：对。从古老的人类智慧开始，人类便喜欢亲近自然。比如在佛经里面，有一部中国人很信的经典叫《妙法莲华经》，它讲众生平等。众生怎么平等呢？众生不都是雨露滋养的吗？从一朵云下来的雨洒在你们身上，人身上、牛身上、树身上、草身上，天意没有区别，你们都是生命，一云所雨、一云所育，一场雨所孕育的众生平等。

俞敏洪：其实大家并没有意识到身边的所有植物、动物跟自己的命运、生命是密切相关的。

阿来：生物圈是互相勾连的。

俞敏洪：你现在对这种生物圈的互相勾连是有深刻体会的吗？

阿来：确确实实是这样。比如，我到长江看到一棵草，如果这棵草从长江中消失，水就存不住，水存不住，水中的鸟、鱼就存不住，更不要说更大的陆地以及更高端的人。生态链的断裂就像公司的资金链断裂一样。

俞敏洪：很多人没有意识到生态链的断裂对人类社会和人类生存造成的影响。现在你写的书，包括《成都物候记》《大地的阶梯》，本身就在传递这样一种信念，把大自然拉到人的身边来。

阿来：如果我的写作会诉诸某种意识形态，那肯定不是关于政治的，而是关于生态的，因为生态不管种族，不管肤色，不管政治信仰，甚至生态都不是资源，因为说资源会带有利用的意识，但我也不知道该用一个什么词来概括。现在我在《收获》杂志开了一个专栏，名字就叫《万物生》，这个专栏里主要就是写生物，尤其是植物，已经写了三篇了。

俞敏洪：你未来对生物的研究还会继续下去吗？

阿来：会继续。我两个月前才从三江源回来。我跑了一个多月，走遍了黄河上源的十几个县，一直到了真正的源头星宿海。我从扎陵湖一路上去，从黄河九曲第一湾若尔盖开始一直往上走了十几个县，走了几十万平方公里。

俞敏洪： 你接下来准备写本书吗？

阿来： 准备写本书，但遗憾的是长江源还差300公里没走完，疫情暴发了。

7. 尾声

俞敏洪： 你作品中最后回归故乡的情结非常重。尽管你年轻的时候对故乡有过抽离，希望离开故乡到外面闯荡，但从你写《尘埃落定》开始，到后面的《机村史诗》（六部曲）、"山珍三部"、《瞻对》，再到现在的《云中记》，或多或少都在回归家乡，展现家乡的人物、情怀。现在的年轻作家其实没有家乡，比如说我的孩子，在他们成长过程中，光搬家就搬了十几次，**对这些已经没有家乡概念的年轻人来说，你认为他们写作会是一种什么状态？你对他们有什么建议吗？**

阿来： 我想皈依感还是有的，却把他乡作故乡，包括我自己的故乡观念其实也是一个不断变化的过程。如果要说小的故乡，某一个县、某一个乡、某一个村就是故乡，我觉得就像我自己说过的一句话，"我笔到处即故乡"，我到了成都就写成都，成都就是我的故乡。如果我的故乡有一点影子，那就是大概以我出生的村子做蓝本。

俞敏洪： 你那个村庄现在变成旅游中心了吗？

阿来： 现在还没有，但是我很期待。

俞敏洪： 我估计大多是出于你的原因。

阿来： 有一些。

俞敏洪： 现在还是一个安静的山村吗？

阿来： 我老家那个村很大，跟内地的村子不一样。有多大呢？穿过我们村的峡谷的公路有25公里长，这是它的纵向距离，南北是不通公路的草甸、森林，如果算下来至少有几百平方公里。住了多少人呢？20多户，现在我不知道具体有多少人，但当年我离开的时候是 200 多个人。

俞敏洪：你们那个村庄要集中起来开会几乎不可能啊？

阿来：那时候也开会，政府就有这个能力，他们走路、骑马、骑驴都可以。那时候我去我最近的舅舅家要 15 分钟。

俞敏洪：你在小说中能写出那么广阔的自然环境，跟小时候所处的环境是有关系的。

阿来：对。每户人家之间都隔得很远，现在密度增加了点，但也没有到靠得那么近的程度。

俞敏洪：现在的年轻人算是在一个比较特殊的时期成长，面临各种不确定性，他们有很多苦恼和困惑，这些苦恼和困惑跟你当初的不一样，你是因为机会少而苦恼和困惑，现在他们是因为机会不确定或者完全不知道机会在哪里而苦恼和困惑，世界表面上变得丰富了，但实际上是一片好像看不到边的沙漠。作为一个过来人，你对现在年轻人的成长有什么建议吗？

阿来：我没有建议，因为我年轻时刚开始写作，对我耳提面命的老作家有很多。

俞敏洪：你现在不能变成耳提面命的老作家吗？

阿来：不能，因为我觉得他们说的都不对。大家背景不同，面临的现实情况、各种各样的选择也截然不同，而且每个时代的价值观也不同。

俞敏洪：有时候我们对年轻人的价值观也没法理解。

阿来：那时候有老作家非常爱护我，但他越爱护我，我就越不舒服，觉得这个人怎么想把我捆起来呢。可能**每一代人需要解决每一代人自己的困境，他们的成长都是通过自己提供的解决方案来实现的。**所以，我都不敢管我儿子，我也不敢有什么指引，万一管出不好的结果，他说要我负责，我怎么负责呢？

俞敏洪：他们应该对自己的生命负责。

阿来：所以，我觉得更重要的还是每一代人应该有自己的探索。

俞敏洪：你后续有什么人生计划和写作计划吗？

阿来：我今年按藏族人的算法已经 65 岁了，我就想尽量把自己身体状态调整好，我不追求活多长，但我希望我活在我有创造力的时候，如果没有创造力就没意思了。

俞敏洪： 和写《尘埃落定》的时候相比，你的创造力有退化吗？还是你没感觉到有什么区别？

阿来： 我没有感觉到有什么区别。

俞敏洪： 我觉得我的记忆力下降了，你有感觉吗？

阿来： 我记忆力还好，但对美丽女士的兴趣下降了。

俞敏洪： 不下降也不行，我估计嫂子会盯着你。

阿来： 这就是某种衰落。

俞敏洪： 哈哈哈，今天聊得比较开心，我最后再来推荐下你的书籍。阿来的《尘埃落定》是最优秀的书籍之一，大家一定要看看。在我的感觉中，不敢说超越《百年孤独》，但从我的文化认知来说，我觉得比《百年孤独》写得要好，我认为这本书是要获诺奖的，诺奖评审委员会到现在为止还没有选你这本书，是一个遗憾。当然一个作家的价值不能以获诺奖来衡量，但至少是一个认可，如果有诺奖委员在看我们的直播，我希望可以考虑一下这本书。

《云中记》也是一本我读了以后很感动的书，读这两本书对阿来的写作风格以及他作品的意义会有所了解。阅读是一种打开我们心灵的窗户以及扩大我们认知，甚至让我们对生死有更多感悟的方式，尤其是阿来的这两本书，真的能让我们从部分意义上悟透生死的界限，这是我个人的感觉。

最后，请大家多多支持阿来的作品，也多多关注阿来后续写作的进展。今天由于时间关系，我们就聊到这儿了。

阿来： 谢谢大家。

俞敏洪： 谢谢大家，晚安！

（对谈于 2022 年 11 月 25 日）

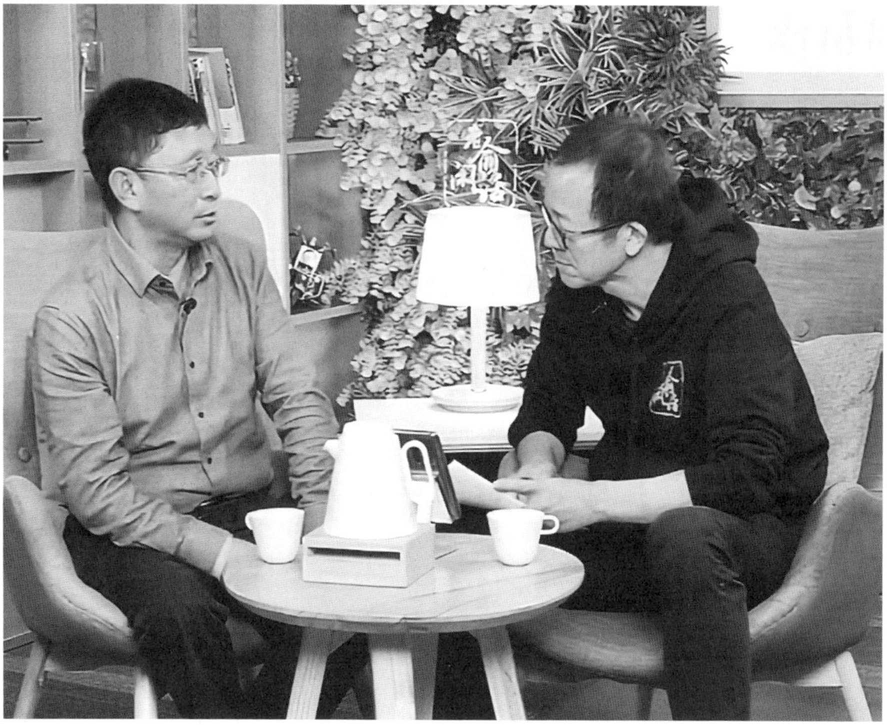

对话 苏童
做一个记录人生故事的旁观者

> 主宰你命运的不是外界发生了某种事情，也不是某人对你做了什么事，而是你自己内心不能放下的那点东西。

苏童 /

1963年出生于江苏苏州，是当今文坛重要作家，也是国内外评论界极为关注的作家之一。代表作品有中篇小说《罂粟之家》《妻妾成群》等，长篇小说《米》《菩萨蛮》《我的帝王生涯》《城北地带》《黄雀记》等。曾获茅盾文学奖、鲁迅文学奖、华语文学传媒大奖年度杰出作家奖等奖项。

俞敏洪： 各位朋友好，今天跟我对谈的是中国著名作家苏童老师，大家熟悉的电影《大红灯笼高高挂》，就是由苏童老师的作品改编出来的。希望能够通过今天的对谈，让大家对中国作家的心路历程和成长历程，以及苏童老师对写作的思考和看法，有一个更透彻的了解。

苏童老师的小说非常值得一读，我了解到的作品就有很多，比如《我的帝王生涯》《妻妾成群》，还有《河岸》。《河岸》是你20多岁写的吗？

苏童： 不是，《河岸》是2010年写的，《妻妾成群》是我26岁写的。

俞敏洪： 因为那时候苏童老师还很年轻，所以写了《妻妾成群》（笑）。

苏童： 与荷尔蒙分泌有关系。

1. 故乡是挥之不去的意象

俞敏洪： 你写《河岸》的时候快50岁了，那时候你同时作为父亲和儿子写下了《河岸》，是吗？你孩子多大了？

苏童： 我女儿是1989年出生的。

俞敏洪： 你的孩子是个女儿，但为什么会在书中写那么多小男孩的形象？

苏童： 那些小男孩的形象主要为了展现他们的生长背景，都是一条乡村竖街的。

俞敏洪： 你小时候住的那条街其实不叫乡村竖街？

苏童： 不，确有其名。苏州有六个城门，其中一个城门叫齐门，我住在齐门外大街的。

俞敏洪： 齐门外是不是有一条护城河？

苏童： 其实苏州古城并不大，四周被护城河包围着，所以每个方向都有一个城门。我生长的地方在城门之外。在我的青少年时期，城门就已经不存在了，但那个桥还在，是所谓的吊桥，现在也还叫吊桥。

俞敏洪： 其实后来变成石桥了。我家乡的木桥后来也变成了水泥桥。我家乡的木桥是在野河上，常常千疮百孔，小孩被风一吹，一不小心就掉到河里去了，大概到我初中的时候，它才变成了水泥桥。

苏童： 刚才说起那条街，基本是我文学世界中最初的那条道路，我所有的想象都离不开那条街，而且那座桥是一个中心地标。那条街很微妙，往北面走，走着走着就看见油菜花地、菜地了，就到郊区了；往南走，走过吊桥就进了苏州古城。我从小生长在这样一条街道上，叫齐门外大街，古建筑很多，房子很多，它就是这么一个区域，很特别。我以前有一个小说集，名字叫《世界两侧》，我就感觉，从小生长的那条街道一侧是城市，另一侧是乡村，我在中间。

俞敏洪： 所以，你有很多城乡之间不同的感悟。余华的作品里也差不多是这样的场景，他作品里的场景都是在房子里就能看到稻田和油菜花地，背后是城里的医院。

苏童： 对，余华在海盐。

俞敏洪： 比你的城市小很多。

苏童： 但从某种意义上很相似，这样的县城与苏州这样的城市没有本质上的区别。所谓的生长环境也有很多相似性，只不过他长时间在医院，因为那是他父亲工作的地方。我小时候则常在工厂，我在我母亲的工厂长大。

俞敏洪： 你的书中有大量不同时代的青少年形象，《我的帝王生涯》里有古代的青少年，还有《黄雀记》里的保润、柳生……从这些人物中能看到，你在写小说的时候，对青少年发展路径做了很多思考和描述。现在如果再让你生一个孩子，看着他从青少年长大，你还愿意吗？

苏童：完全没这个想法，我现在每天都兴致勃勃地陪我的小外孙玩，看他成长，但两个小时后，一定会崩溃。但回想我们那个年代，恐怕你跟我是相似的，孩子成长哪需要父母啊，都是野生的。

俞敏洪：你有没有发现，孩子越野生越好。

苏童：这不敢妄下评判，但野生的孩子与家养的孩子一样都会成长。对我来说，我好像是野生的，因为我对街头有记忆，这个街头就是一个小世界。

俞敏洪：你小时候担心在街头玩被人拐走吗？

苏童：没有，从来没觉得。

俞敏洪：只有没人要的孩子，没有被拐的孩子。

苏童：对。那个年代的外界社会的确有某种很奇怪的安全感，确实也有拐卖这一类的事，但很少很少，所以觉得不会发生在自己身上。我很感念我在街头野生的经验。

俞敏洪：所以，在你的小说中都会有所表现。

苏童：对。前面说的少年形象，在某种意义上是仿真的，是一种对我个人过往经验的忠实记录，虽然不是百分之百真实，但从情绪上来说是有记忆的。

俞敏洪：你小时候的生长环境中，对你来说印象比较深刻的是什么？我看你之前有一次接受采访的时候讲到，你父母在江苏镇江扬中市，因为从你父母家乡来的人讲扬中话，所以你童年时期的朋友就认为你是苏北人。那时候有这么明显的区别吗？

苏童：我写过一篇散文《八百米故乡》，就是利用了这一段内容，这关系到一个人所谓的身份问题、故乡问题。可能大家都知道，苏州的人特别讲究人的来历，我们那条街道上就有几户人家不是传统的苏州人，比如我父母是从扬中移民来的，他们之所以会泄露身份，就是因为语言。正常情况下，我父母都说苏州话，因为他们很年轻的时候就来了，所以在我的记忆中，他们与邻居、家人交谈都说苏州话。但一旦从扬中来了亲戚，他们就说扬中话，扬中话在苏州人听来，确实语音上、发音上近似苏北话，而不是苏南话。但这个语音是带有地域歧视的直接原因，所以在我小时候的记忆里，"故乡"这个词对我来说并不温暖,而是一个需要解释的东西。因为家族、家庭、语言……我永远要给别人解释,用我的地理知识告诉他们,我的老家是长江中间的一个岛,它既不是苏北,也不是苏南,所以你们说我是苏北人,是错的。我小时候就经常跟人叽歪这种事情。

俞敏洪:对一个孩子来说特别正常,因为孩子最希望得到朋友的认同,而且必须是平等的认同。在我们那个时候,中国还特别朴实,但已经有了地域歧视或者人的社会地位的歧视,到今天,这种歧视或多或少还存在,但已经不是地域歧视了,而是社会上某种等级的歧视。比如,今天我们去到一个地方,讲了方言或是带有口音的普通话,其实不太会因此受到歧视,但可能会产生另外一种歧视,生活在相对富裕环境中的人对生活在底层的老百姓的歧视。你觉得人类社会中,这种歧视是必然会存在的,还是说能通过某种机制让它渐渐消失?

苏童:必然存在。大家所说的歧视链的发生其实有各种各样的原因,比如我们前面所探讨的地域、语言所带来的等级划分。人们在划分等级的时候,背后依据的是一种文化,是一种传统价值观。在今天已经很少有人再谈地域歧视的情况下,仍然会有新的元素组合,从而诞生新的歧视链,一定有新的歧视发生在人与人之间。

俞敏洪:如果一个人处于被歧视的一方,不论是出于什么原因和状态被歧视,这个人应该怎样摆脱这种心态的困扰?

苏童:好像很多成功人士都有被歧视的经历,或者因为家庭,或者因为长相,或者因为他自己的缺陷。

俞敏洪:像你提到的这种成功人士,他们成功以后有两种反应:一种是报复,你当初歧视我,我现在成功了,我就要跟你对着干;另一种则做得更好,他会觉得,因为我小时候被歧视和伤害过,所以我现在不能去歧视和伤害任何人。为什么会有这两种区别呢?

苏童:因为人的成长经验。人都是被自己的青少年时期所滋养的,我觉得青少年时期对于人生很重要,它关系到最初你的营养摄入、价值观的形成等,甚至对于美与丑、善与恶的判断都跟青少年时期有关系。很多所谓的成功人士，很少从青少年时期开始就一帆风顺的，用庸俗的话说，人上人都是从下边人做起的。成功人士在多年以后如何面对社会？其实有很多种方式，但我觉得，一般如果能成功，很少有人会选择报复。如果他是这种心态，他也不太可能成功。

俞敏洪：一个从小被歧视的人成功以后，其实不会像电影中有些镜头那样去选择报复，大部分会选择原谅和宽容小时候歧视自己的人，并且还会有一种慈悲和爱的心理，会想办法做得更好。

苏童：拥有报复性人格的人，我不能想象他会获得成功。

俞敏洪：比如韩信，尽管受了胯下之辱，但他成功回到淮阴之后，并没有展开报复，那个让他受了胯下之辱的人，最后还当了一个小将军。

苏童：对，这不光是善良的问题，而且是一个人如何和世界相处的问题。

俞敏洪：人和人之间相处，总是在和谐的情况下才能更加长久。

2. 童年里的孤独与阅读

俞敏洪：你小时候就喜欢读书吗？

苏童：基本上是。

俞敏洪：你父母都喜欢读书吗？

苏童：我母亲是一个半文盲，她没法读书。我父亲会读一些书，但仅限于《毛选》，马克思、恩格斯的著作，古典文学，还有《三国演义》《水浒传》等。

俞敏洪：你的阅读习惯是自己养成的，还是在父亲的影响下养成的？

苏童：自己养成的。其实我很难判断是我天生喜欢阅读，还是因为某个环境让我进入了阅读世界。我小时候有一年生病，一个人休学在家，不能出去玩，那个时代也没有手机、电视，我一年都在病榻上，能干点什么呢？当时我妈妈就跑到工厂的图书馆给我借书拿回来。

俞敏洪：那时候是小学三四年级？我记得我也是小学二三年级就开始读

《水浒传》了。

苏童：对。但我妈妈是个半文盲，她并不知道我能读什么书，她就会跟图书馆管理员说，我儿子要读书，你们觉得他应该读什么书？她会给我带回来很多书，在我的记忆里，她甚至莫名其妙地拿回来一本南斯拉夫的小说，我都看不懂，那是唯一一本我没读懂的外国小说。

俞敏洪：你当时因为没有选择，只能阅读，但现在和当时的环境不太一样。假如你当时休学在家，天天打游戏、看手机、看电视，中国是不是就少了一个著名作家？现在的父母其实对孩子的学习很焦虑，对此你有什么样的建议？

苏童：父母的焦虑有时候只不过是父母的焦虑，与孩子 10 年后、20 年后的人生是没什么关系的，他们的焦虑纯粹是出于监护方、监护主体对被监护者的过分责任感。我也不知道，这个过分责任感所带来的焦虑对一个孩子未来的影响是正面的还是负面的，因为过分的监督其实是跟孩子的天性相违背的。为什么我们那个年代的人回忆童年的时候，基本上不管家里是不是天天都是粗茶淡饭，但并不觉得没有爱、没有自由，即使是在那样一个粗陋的、物质非常贫乏的时代。

俞敏洪：对，父母不焦虑，对孩子狭隘的成功没有期待。

苏童：对，他们只期待孩子健康，好好度过童年，不给你分配任何任务、任何指标，所以我们这一辈人的童年是很放松的，回想起来都是贫穷而快乐的。

俞敏洪：我的建议是这样，现在的孩子确实面对的诱惑比较多，比如手机、游戏，孩子的学习压力也比较大。所以，父母首先应该给他们创造一个相对放松的环境，其次应该适当允许孩子做自己的选择，对孩子学习成绩的要求也没必要那么高，也不要要求孩子未来一定要上名牌大学。坦率地说，随着人工智能的发展，未来上多好的名牌大学都未必管用。

苏童：是的，你今天是完全不能做规划的，因为你的规划永远赶不上变化。

俞敏洪：等到我们的孩子像我们这么大的时候，他们的生活方式跟我们应该完全不同了，所以现在去要求孩子追求我们心中所认为的成功，有时候不一定有意义。你对你的孩子有什么要求吗？

苏童：我们家主要是我太太在管孩子的教育，我太太的教育理念跟大多数人是一样的，孩子得考100分，而且她算是很严厉的母亲。前不久恰好我跟我太太一起探讨我们当年对孩子的教育问题，在时隔几十年以后，等我女儿已经是两个孩子的母亲以后，我们突然意识到了当年的问题。**其实很多大人自己不完美，但很奇怪，总要求孩子是完美的。大人会认为，我的努力、我的付出，要的就是一个结果：让孩子完美。**

俞敏洪：父母常常会对孩子的学习成绩要求过高，却总带来适得其反的结果，让孩子对学习丧失兴趣。你女儿在成长过程中也有这样的阶段吗？

苏童：我女儿的说法就是，她后来不怎么爱学习，就是因为我们要求太高，她觉得自己做不到。

俞敏洪：你小时候得过不少病，我小时候也是，我小时候有黄疸肝炎和哮喘病，所以一直打针打到十二三岁，后来发育以后，这些病居然就没了，这对我来说是非常幸运的。你小时候得的病好像比我还要严重，失眠、败血症，甚至还休学了一年，这一段童年时期的病痛时光，给后来的人生观、价值观带来了什么影响？这对你的小说创作，比如写作场景和故事的布局，带来了什么样的影响？

苏童：其实我得的那个病，对身体倒没有什么痛苦的影响，但在心理上却是致命的。我离群索居，这是违背孩子天性的，每个孩子都想在街头跟别人玩，但医生告诉我，我不能劳累，必须在家静养，强行让我进入一个孤独的小世界，我得与这个小世界相处。

俞敏洪：当时你就体会到了孤独？

苏童：那是孩子真正的孤独。

俞敏洪：童年的孤独往往影响一生。

苏童：对。我记得很清楚，我休学在家已经很长时间了，那个年代的老师也很懂人情，有一次，老师专门找了几个小朋友到家里看望我，但我并不感谢，而是觉得丢脸。我现在不记得我当时具体的表现，但我记得我的心情，很抵触这件事情。我心想，你们不要来看我！你们为什么来看我？我本来有可能就是一个纯粹的街头少年,但那段经历让我发现,生活是可以安静的,是可以阅读的。一个孩子其实很少能意识到自己有一个独立世界,而我是被强行有了一个独立世界,最后还变成了一种惯性,让自己一个人待着。

俞敏洪: 从这个意义上来说,这场病也算是上天送给你的礼物?

苏童: 可以这么说。

俞敏洪: 我常常说,**当你生命中遇到某种不顺利的时候,先不要着急下结论,觉得自己命不好,或者命苦,这有可能是老天安排的一场棋局,现在下的是第一颗棋子,是为了未来让你在某个方面取得某种胜利或者成功。**如果没有这场病,你觉得你还会成为作家吗?

苏童: 不确定,它并不是一个规律。

俞敏洪: 确实,我们并不能为了当一个作家而去生一场病。

3.《我的帝王生涯》: 极致跌宕的人生

俞敏洪: 我发现你写小说时,你自己生长的场景或者你那个时代的场景用得并不太多,《黄雀记》应该是其中一个,但更多的小说都不在你这个时代,《妻妾成群》不在,《米》也不在,《我的帝王生涯》更不在。《我的帝王生涯》是你的小说中我比较喜欢的一本,一是写得比较纯粹;二是你把它放在浓缩后的历史框架里写的,一个人不管是帝王还是普通人,都有一种宿命,而宿命的结局到底是什么,你对它进行了一种探索。你怎么会想到写这么一个帝王的故事?

苏童:《我的帝王生涯》是我的第二部长篇小说,篇幅比较短,11万字。我那时候刚写完《米》,就想写一个完全不同的东西。苏州评弹有很多古典故事,比如狸猫换太子等,但20世纪70年代是没有的,到了80年代才渐渐开始有。我中学的时候每天回到家就会听到广播里说这样的故事。其实谈古有可能要论今,谈古与论今之间有一条暗道,有时候想走通这个暗道,就要用文字去表述,所以我在写第二部长篇小说的时候,就在想,写一个什么样的东西能够让我有新鲜感又有挑战性，于是就写了一部仿古典小说、仿历史小说。它不是历史小说，而是以历史小说的外貌写的；它有宫廷，但也不是宫廷小说，其实就是写了一个孩子的人生。

俞敏洪：你怎么想到将一个孩子作为帝王的形象来写的呢？这是一件需要打开思路的事情。

苏童：恐怕就是因为狸猫换太子，关键是那个太子会怎么样。所谓"被替换的人生"，一般穷人家的孩子如果替换了人生，基本就是从贫穷到贫穷，但如果是一个帝王，他的人生被替换了，会是什么样子？主要是被这个激发的。

俞敏洪：我个人感觉，你在写这本小说的时候，不只是在写帝王，也是在写人生。一个小时候被选为帝王的孩子，因为受到祖母的控制，他长大以后就开始报复性消费，报复性实现自己的残忍，报复性地把这个国家搞乱，最后他被推翻，变成一个民间艺人。他在民间艺人中又观察到了社会底层方方面面的生活，自己也受尽苦难，最后终于放弃乱世，遁入空门。你其实是在写一个人从繁华到落寞，最后觉得这个世界终于可以变成清静简单的样子，还是……

苏童：我最后结尾写得很清楚，这个世界对他来说就是一本书，或者是一把锁、一条绳子，世界和人生到最后就萎缩成这些东西，但对于他足矣。

俞敏洪：有的人说你是在写一些朝代帝王的缩影，比如我读这本书的时候，就想起了万历皇帝。张居正跟万历皇帝的亲生母亲一起，辛辛苦苦地想把他教育成千古一帝，结果万历皇帝长大后，居然连张居正家的祖坟都给挖掉了。**这里面是不是写了一种人格特征，当你小时候被过分说服、压迫，或者人生被别人主导，等到长大以后，一定会有某种报复倾向？父母对孩子的管理如果过分严厉，其实最后会造成孩子的反叛，是这样吗？**

苏童：对，《我的帝王生涯》里有反叛，也有放逐，包括自我放逐。人生很戏剧化，但这是我所想象到的最跌宕起伏的人生。一个人曾经是一个皇帝，后来是一个艺人，而且是杂耍艺人，这样的设计我也不知道历史上哪一个朝代能被引证。我是想通过我的小说去设计一个人一生的故事，他的人生能够锦绣到什么程度，又能荒凉到什么程度？一个人可以走运到什么程度，又可以背运、凄凉、落魄到什么程度？而这些，都是人生。

俞敏洪：这恰恰是我比较喜欢这本小说的原因。你说过你喜欢苦难与欢乐的交融，也赞叹人生的动荡和起伏，你也觉得最完美的人生莫过于水与火、毒与蜜的有机统一，而小说中的主人公恰恰体会到了命运的起伏跌宕，上到帝王，下到杂耍艺人，从某种意义上说这是一种命运的极致写照。你写这本书的时候有 30 岁吗？

苏童：应该是 29 岁。

俞敏洪：才 29 岁，就有了这样相对比较深刻的思考。

4.《黄雀记》：每个人都是别人的黄雀

俞敏洪：你的《黄雀记》是 2015 年出版的，写了两个少年和一个少女的人生经历和成长故事。这本书给你带来了比较多的荣耀，因为这本书，你还获得了茅盾文学奖。你当时为什么会写这样一本书？

苏童：《黄雀记》的构思由来已久，里面的保润就源于我青少年时期我母亲朋友的一个儿子。我母亲的朋友有六个孩子，死了一个，那些孩子都要理发剃头，这个阿姨一直有一个很好的剃头手艺，我妈妈就让我去找这个阿姨剃头，可以省钱，所以我小时候经常会走几百米到她家剃头。保润的形象其实是那个阿姨的一个儿子，但我跟他并没有太多交往。我上大学的时候，也就是 1981 年，在那个历史背景下，出了一件事，这个孩子栽在了青少年强奸案里，被抓起来了，而且被判了无期。这个故事我为什么印象这么深？因为当时有好几个青少年卷入了这件案子，每一个母亲都在外面奔走，给自己的儿子脱罪，每一种说辞都不一样，听起来都值得信任。

俞敏洪：最后由女孩来指认是谁？

苏童：对，所以这个故事是源于这么一件案子。

俞敏洪：据说这本书原来并不叫《黄雀记》，后来为什么要起名叫《黄雀记》?

苏童：书里面写到20世纪80年代、90年代流行的一种小拉舞，就是吉特巴，当时我觉得"小拉"这个名字不太好，也不好懂，就想换一个别的名字。黄雀的意向最早是小说的责编提出来的，因为以小说的氛围来说，这是个关于"螳螂捕蝉，黄雀在后"的故事，所以后来干脆就叫《黄雀记》了。

俞敏洪：里面三个人保润、柳生、仙女的形象都写得非常到位，尤其是保润，仙女后来还改了名字，叫白小姐。这个故事其实跨了两个时代，因为他们的少年、青年时期还没有改革开放，10年后保润从监狱出来，已经进入新时代了。你为什么把保润写成这样一个受害者，在监狱里待了10年，出来后他还能跟柳生、白小姐和解？本来也可以相安无事地生存下去，小说可以结尾了，为什么最后又来了一个反转，保润听说柳生又跟白小姐混到一起了，就在柳生的新婚之夜捅了他三刀，把他杀掉了？是出于对人性的洞察，还是对小说结构的布局？

苏童：都有。保润如果出来以后摇身一变，变成一个我们大家所期望的人，这个小说也就不存在了。我觉得他心里一直没放下黄雀的阴影，而且柳生、保润和白小姐的关系，其实一直是在循环之中，每个人都是别人的螳螂，每个人都是别人的蝉，每个人也都是别人的黄雀。

俞敏洪：想表达人性中的某种东西其实会成为你自己命运的主宰。**主宰你命运的不是外界发生了某种事情，也不是某人对你做了什么事，而是你自己内心不能放下的那点东西**，是这个意思吗？

苏童：是。它甚至不能叫宿命，我一直也难以找到准确的词。

俞敏洪：人性中的那些东西是会随着环境、见识、年龄而改变的，我就见过年轻时很粗暴、脾气很火暴的人，结婚生子以后，或者到了四五十岁以后变得非常温顺，我想他们内心中人性的某些东西被改变了。

苏童：对，但改变占了95%，还有5%没有改变，这95%不代表能覆盖那5%，95%也不代表那是真实的他。

俞敏洪：所以，这5%遇到某种场合，会随时爆发出来。保润、柳生这些人身上，有你自己童年的影子吗？

苏童： 我小时候因为体弱多病，就是一个胆小的旁观者，街上什么事情我都很感兴趣，但我自己不参与，什么都不参与。我从小就是一个观察者。

俞敏洪： 你真的是一个很好的观察者，你的文笔把你的观察或多或少地反映到了你的小说中。

5.《妻妾成群》：大红灯笼的背后

俞敏洪： 你第一次真正引起全国人民的关注，是因为《妻妾成群》。《妻妾成群》最开始是发表在杂志上，并没有出书，当时是不是就已经引起了大家的关注？还是因为后来拍了《大红灯笼高高挂》才引起了关注？

苏童：《妻妾成群》是在《收获》上发表的，发表以后，收到了很多读者来信。在此之前的作品，比如《1934年的逃亡》，被认为是先锋派的风格，但我只收到几个先锋派作家的信件和少数几个读者的来信。《妻妾成群》发表以后，我收到了很多以前想不到的读者来信，其中有一个读者我印象特别深刻。那时候大概是1990年，我住在南京新街口一栋老楼的阁楼上，突然有一天一个中年妇女过来敲门，我以为她敲错了，我就在楼上问："你找谁？"她说："苏童是住在这里吗？"我说"是"，就下来开门。我们来到楼上，几句话就切入正题。她说："我刚看了你的《妻妾成群》，小说写得不错，但我家的故事比你写的还要精彩。"这个小说使我第一次意识到，我有可能自己认为是在写小说，但我也有可能在替别人写故事。

俞敏洪： 我觉得作家有两种：一种是虚构能力相当强，根据逻辑、人性以及自己对人生的观察和体会去写作，不管写哪个时代的人物，都能写出这个时代的特点和人性的特点；还有一种作家，把自己的生活写完了，就写不下去了。你明显应该属于第一种。

苏童： 对。我的小说也有两种类型，有一种是利用了自己的生活，有一种我不用。当然，这不绝对。《妻妾成群》有没有用到我的生活？我也不敢说绝对没用到。我当然没有一夫多妻,也不可能,但我有可能沿用了别人家庭中人与人之间的关系、夫妻之间的关系,有可能里面包含了我平时对社会形态、家庭形态的观察。

俞敏洪:《妻妾成群》里面几个女人的关系,和那种社会场景下女人所受到的压抑,其实是你虚构出来的?

苏童: 对。

俞敏洪: 但想象得如此贴切。

苏童: 对,这其实是某一种逻辑推演,因为我肯定没有这样的生活,这是毫无疑问的,我的家庭成员也没有这样的生活。我们家附近有几家这样的,但我不能去采访他们,我不能为了写这个东西去采访人家当初为什么娶了杨阿姨,不可以。所以,基本就是一种推演。推演是基于人与人的关系逻辑,然后把它细化。我自己现在也会想,为什么大家都觉得像真的,或者大家会以为这跟我个人家族有什么关系?

俞敏洪: 为什么你对女性的心理洞察力那么强?你怎么能把女性心理写得那么好呢?连余华都说,苏童对女性的描述让他自愧不如。

苏童: 这是谬赞。因为别人老这么说,我才意识到这个问题。我自己思考过我所写的女性到底有什么过人之处,其实没有。我只是设想她首先是个人,然后才是一个女人。这个出入其实很大。

俞敏洪: 但男人和女人不一样的地方还是太多了。

苏童: 对啊,但有时候你也没办法穿越。我记得特别清楚,大家看《妻妾成群》的时候会有这样的迷惘,你怎么会写老旧时代那种特殊的一夫多妻的社会家庭形态?他们想当然觉得,你爷爷是一夫多妻,你家谁是一夫多妻,其实并不是。但我想写这个故事的时候,其实有一个角色的潜入,我会首先把它想象成人与人的关系,人与人的关系是要处理的,然后我再处理一个家庭、一个屋檐下的人物关系。

俞敏洪: 张艺谋拍《大红灯笼高高挂》的时候是几几年?

苏童: 大概是 1991 年。

俞敏洪：先找你谈了版权和编剧吧？

苏童：对，但我没参与编剧，电影的编剧是倪震。当年张艺谋在山西拍电影，我就觉得好奇怪，我写的全是江南、南方，他为什么要到山西拍？后来我看完了电影，他说他当时在等一场雪，因此耽误了两三个月，所以去山西拍了。他认为在12月就必然要下雪，结果没下，所以他等到了第二年2月。这是我们那时唯一的一次交流。

俞敏洪：整个拍的过程你完全没有参与？

苏童：没有，也不需要参与。

俞敏洪：你看这部电影，是满意的吗？

苏童：我看这部电影的过程一波三折，我觉得我像一个审片人，我一直在看这个电影跟小说之间的关联，看到最后我觉得我变成了一个观众。

俞敏洪：你觉得《大红灯笼高高挂》对你的作品推广带来了怎样的影响？

苏童：当然是良性的。在那个年代，一部电影跟小说结缘，这个小说就会乘上电影的翅膀飞翔，《妻妾成群》也享受到了这个红利。这肯定加强了《妻妾成群》在读者当中的传播，尤其是那种潜在的读者。本来他不是一个文学爱好者，但他可能是一个电影爱好者，他去电影院看到这部电影，觉得有意思，就会去寻访这本书来读。从这个意义上来说，电影拍完以后，作为作者，我会收到一个大礼包，这个大礼包里面有很多东西，一个是读者，另一个是发行量。我还记得《妻妾成群》有很多译本，法文和意大利文的译本是拍电影之前就已经谈妥的，后来的其他很多译本都是因为电影所带来的。

俞敏洪：这部电影在国际上的影响力也非常大？

苏童：非常大，那几年你要说苏童，人们会说谁是苏童啊，但你一说那个电影，立马就恍然大悟了。

6.《米》：人性中的悲伤

俞敏洪：其实中国不少作家都是因为电影把他们的作品又推了一把，莫言的《红高粱》，余华的《活着》，你的《大红灯笼高高挂》，后来你的其他作品也有不少被影视化了，《大鸿米店》就是根据《米》拍的。

苏童： 但影响没有那么大。《米》是我的第一部长篇小说，是以家族史的结构和外形写的，写的是20世纪三四十年代的一个农民移民到城市里，扭曲的、变形的人生，这个故事比较跌宕起伏。他来到城里的时候，只带了一车厢的米，代表着他少年时期的恐慌，他别的不怕，就怕饿死。最后他返乡的时候，带了一颗在城市里装的金牙。他的人生，从他离乡到他晚年临死之前返乡，从他带走了一车米，到他带回了一颗金牙，这都是城市送给他的礼物。

俞敏洪： 为什么你要把五龙写成一个充满报复心理的人？你写的不少人物还是有很善的一面的，但五龙身上恶的一面表现得淋漓尽致。

苏童： 我在生活中从来没见过像五龙这么坏的人，我自己当然也不是。我写这个东西的时候，我们文学史上有太多杰作都是写人的善良、悲伤，所以我想写一个反叛的东西，恰巧就写了一个恶棍。

俞敏洪： 实际上他作为一个贫困的底层人物，受了太多欺负，以致性格扭曲了。

苏童： 对。五龙很明显是被压迫的人，但被压迫以后，他选择了报复，选择了一种扭曲的反抗，他甚至希望去压迫他的亲人。被压迫者可以选择很多道路，但五龙选择了一条不同的、让人悲伤的道路——你压迫我，我压迫你；你今天剁掉我一根手指，我明天就剁掉你一只手。这是人性或者很多人生观中悲伤的一面。

俞敏洪： 我读过这样一句话："一个百依百顺的奴才被一个残暴的主人所欺负，一旦这个奴才得到了权力，会比这个主人还要残暴。"

苏童： 大家都知道人心非常复杂，《米》其实就是我对这种复杂心理的推演。

俞敏洪： 你有那么多的作品都被影视化了，我想问，小说和电影在表现人的个性、命运和心理各方面时到底有什么区别？

苏童： 根据小说改编的电影，跟这个小说的联系有可能是紧密的，也有可能是松散的，甚至有可能是没什么关系的。所以，对于电影和小说，我一直用亲戚关系来比喻，有可能是近亲，也有可能是远亲。电影会给原著小说带来一些潜在读者，但电影也永远取代不了小说，因为沉浸于影像和沉浸于文字其实是两种不同的消遣，不能简单地说沉浸于影像容易一些，沉浸于文字难一些。

俞敏洪：你认为小说中的哪些东西是很难在电影中体现的？

苏童：太多了，比如人的内心。我们看普鲁斯特的《追忆似水年华》就最明显。很多内容是没有办法靠影像来表现的，比如，空气中的一种辣味，你在电影中勉强可以用喷嚏来表达，但一种比较复杂的酸，带有什么什么样的酸，电影怎么表达？所以，电影的表达的确很直接，但是有缺憾的，文字反而是无所不能的，因为它的造型功能和描述功能远远高于影像，虽然没有那么直接。电影的传导跟文字确实有非常本质的不同，由文字生发的美感或者愉悦跟电影生发的当然有差别，这两种功能也不一样。

俞敏洪：电影中能表达的东西，小说文字不一定能表达出来。

苏童：对，倒过来也是一样的。

俞敏洪：电影给你带来了很多正向反馈，你在写小说的时候，有没有提前去想，我这本书未来能不能拍成电影或者电视剧？

苏童：不能这样想，除非我就是在为一个电影公司写大纲。

俞敏洪：作为一个作家，你写小说不能说是为了把它拍成电影，对吧？

苏童：对。这不是价值观的问题，而是由写作规律决定的。当你写小说的时候，你是自主的，是一个独立体，你的文字因为自主和独立而衍生出来。但你不可能为一个电影导演脑子里的画面去写，你不是他脑子里的虫，你不可能复制他所想要的东西。

俞敏洪：导演看故事和作家看故事是站在完全不同的角度吗？

苏童：对。一部小说也不可能百分之百吻合一个导演对电影的想象。我们一直在探讨这个部分有百分之多少，甚至可能只有 5%，但你不可能为了这 5% 的可能性去牺牲 95% 的创作空间。

7. 尾声

俞敏洪：在中国的现当代作家中，你更喜欢哪一位作家？你好像说过你很喜欢路遥的《平凡的世界》，但《平凡的世界》已经是定论的经典作品。你还见过路遥，是吗？

苏童：对，当年组稿的时候见过。

俞敏洪：《平凡的世界》是你那边组稿出的吗？

苏童：不是，我企图组稿，让他给我们写东西，但他在写《平凡的世界》，没空为我们杂志写东西。

俞敏洪：那在现当代作家写的小说当中，你最羡慕哪一部？

苏童：我最羡慕余华的《活着》，销量又多，写得又好，这当然让人羡慕。

俞敏洪：在你从小到大的过程中，哪本作品对你的写作或者你的人生影响最大？

苏童：我和你这一代人的文学营养其实是最乱七八糟的、最复杂的、最良莠不齐的，所以很难说清楚我们从哪一天开始真正接收了有益的文学营养。我们小时候读的是"文化大革命"风格的小说，有没有营养呢？今天看来可能没有，但它至少教会了我们遣词造句，至少告诉我们人物要有性格，一个脾气火暴的农民队长应该是什么样的……**所以，一切阅读，哪怕是你再鄙视的东西，都会给你适度的养分。我并不是要感谢我阅读的一切文字，但我至少不表示悔恨。**

俞敏洪：在中国范围内，有没有一两个作品你会反复读并且觉得这个作品对你产生了影响？当然世界范围内的也可以说一说。

苏童：我经常会提到鲁迅、沈从文、张爱玲，鲁迅就不说了，沈从文和张爱玲的作品都是极其风格化的，从某种意义上代表了我们的国粹。在叙事、语言方面都称得上是一种小说艺术，是值得反复读的。

俞敏洪：20世纪80年代中国的文学氛围和社会氛围给你的成长和写作带来了什么影响？我们俩是同年进的大学，你进了北师大，我进了北大，同样的4年时光，我们当时面对的氛围是一样的，每个人都在写诗，每个人都想用诗歌证明自己的文学才华，不管是中文系、英文系还是物理系的。你在北师大上的是中文系，当时的那种氛围对你的成长有什么影响？你有没有学到什么东西？沉淀了什么东西？

苏童： 我们那个年代，物理系、化学系的孩子都有可能在写诗，我一个中文系的孩子如果不写点东西，会被人认为是不正常的。当然也不是因为要被别人看作正常的而去写，但当时的确有一种集体的倾诉，这种倾诉倒也不一定是内心的需要，也有可能是受外界影响，这个倾诉是国民性的。你想倾诉，那时候没有其他平台，没有互联网，你也不能用日记告诉别人你要什么，所以就以诗歌、散文、小说的形式去呈现。每个人差不多都是这样的心理基础，我存在，所以我写诗；我写诗，所以我存在。

俞敏洪： 我们当时的氛围就是每个人都在写，不管是写诗、写散文还是写其他什么，每个人写完以后都希望给别人看，用各种各样的方式发表。如果没有正规媒体发表，就自己油印，当时青年是以这样一种方式来倾诉的，这个倾诉相对比较理性。现在这样的网络环境，每个人可以作为隐身人在网上发表，甚至可以出口谩骂，完全不考虑自己写的什么东西、写得好不好，只要有人看就行。你觉得现在这种表达更好，还是原来我们那种表达更好？

苏童： 很多事情倒推是很困难的，所以看你更怀念哪个时代。我们的青年时代已经是可遇不可求了，恐怕以后也不可复制了，而今天这个时代有可能会以各种不同的形式愈演愈烈，或者以我们今天描述的更极端的方式出现。

俞敏洪： 你认为极端的、不加思考的表达对社会的发展是有用的吗？还是说你认为每个人用自己的方式表达，本身就是一个正常的社会形态？

苏童： 如果用抒情的方式来说，每个人的歌声都有存在的意义。用更实际的方式来说，夏天的时候我们路过一片水田，听见了蛙声，我们不知道是哪一只蛙在叫，就是这样。

俞敏洪： 大家都能说话这件事情非常重要。

苏童： 对。从某种意义上来说，从20世纪80年代我们的青少年时期、大学时期到今天的这个时代，我们已经过了两种完全不一样的人生。

俞敏洪： 你跟得上这个时代吗？

苏童： 我努力在跟。

俞敏洪： 现在会不会跟年轻人主动交流，跟他们座谈，了解他们的想法、困境？

苏童： 会的。我原来在江苏作协做专业作家，我的交往范围其实很窄，就是文学圈子里的那些作家同行。我现在很感谢我能跟学生在一起，比如，这两天我在北京跟学生瞎聊，因为有不同代际，我觉得我所获得的信息对我来说非常有用。从某种意义上说，他们在帮助我对付这个时代，从他们那里获得的信息，比我从同龄朋友、同行中获得的信息更有用。

俞敏洪： 也就是说，你跟余华聊获得不了什么东西，跟年轻人聊反而可以获得更多东西？那我下次告诉余华，别再跟你聊了（笑）。

苏童： 可以这么说（笑）。

俞敏洪： 你跟余华、西川他们做了一个节目，叫《我在岛屿读书》，通过你们的日常体现你们的思考和思想，同时把其他优秀作家拉进来，进行一些关于阅读和人生的讨论。把你们这么一群人攒到一起，你觉得这个节目的现实意义在哪里？

苏童： 我觉得还是有好玩之处的。我自己觉得这个节目给了我一种新奇感。我原来去的时候，很难想象这个节目怎么做，做出来别人会不会看，我也难以想象它的形式感，我一直觉得台上是几个老头，我只是参与其中而已。

俞敏洪： 就像我们对谈，很多人就说今天对谈的是两个老头。你承认自己是老头吗？

苏童： 必须得承认。

俞敏洪： 你觉得这是一种衰老的承认，还是一种昵称的承认？现在全国千百万网友都在叫我老头，后来我做了一场滑雪直播，他们就不再叫我老头了，叫我东方飞俞、东方小俞，因为我滑雪的时候还是很青年的。

苏童： 网友有时候会客气，但我们对自己不客气，老头就是老头。

俞敏洪： 如果再过 50 年回头看，你觉得还会有人读你的小说吗？

苏童： 这个不好预测，希望有。

俞敏洪： 如果有，你希望哪本小说能变成传世之作？

苏童： 你这是一个套，千万不能说自己哪本小说是传世之作。

俞敏洪： 哪本小说你自己最喜欢呢？

苏童： 今天这几本里，我自己相对喜欢的是《黄雀记》。

俞敏洪： 有时候作家自己喜欢的小说跟读者喜欢的不是同一本，比如你的小说在我这里，《我的帝王生涯》就会排在第一，《黄雀记》排在第二。你后面还有写作计划吗？到这个年龄你会不会就想含饴弄孙，过潇洒人生了？

苏童： 含饴弄孙的同时还要刻苦写作。

俞敏洪： 一个人过了60岁还能写出好东西吗？

苏童： 不一定，过了60岁，一切都要好自为之。

俞敏洪： 你有没有发现我们这个年纪的人的记忆力和对新鲜事物的感知力下降了？

苏童： 这必须得承认，但另一方面在上升，比如你对小说所涉及的时空意义的思考有可能会成熟很多。

俞敏洪： 有时候一个人开始思考，小说的精彩可能就停止了。

苏童： 思考本质上不伤害小说，因为写作没什么经验之谈。像我写作几十年，有很多心得可以说，但写作真的没有规律，没有可以用一、二、三来总结的东西，它就是一次一次的突然来访。每一部作品都是一个突然的访客，它敲门，你开门，你接纳，作品形成了。你现在觉得年纪大了，大雪封门了，没有客人来了，你想在家里静等，那是不可能的。

俞敏洪： 曹雪芹写《红楼梦》的时候过了五六十岁了，所以成熟有成熟的好处。

苏童： 成熟有成熟的好处，但每个人都怀念自己的青年时期，青年时期的那种野蛮生长是不讲道理的。一个60岁的老头写作会在那儿分析，一个20多岁的青年人写作则是不会分析的，他不需要分析，一分析就写不出来了。

俞敏洪： 后续你还会以当今社会形态和人们的生活状态为主题来写小

说吗？

苏童：其实我现在很多小说的主题就是在写当下。

俞敏洪：时间差不多了，再次感谢苏童老师。

苏童：今天很高兴，反正我自己感觉挺好的。

俞敏洪：好的，那我们的对谈就到这里了，再次向大家表示感谢，谢谢大家！

苏童：谢谢大家！再见！

（对谈于 2023 年 3 月 15 日）

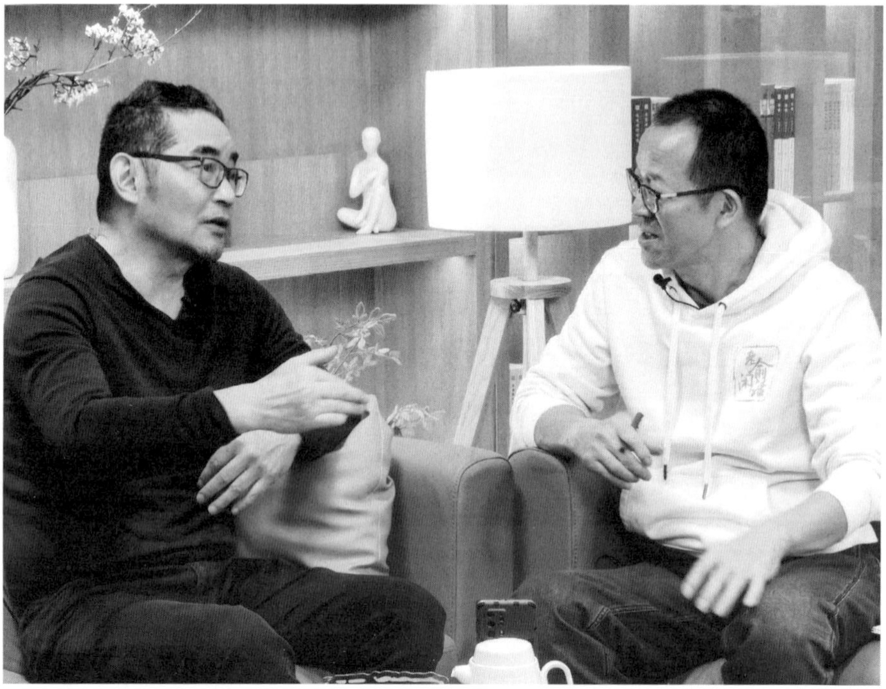

第二部分

人生况味

老俞对谈录

对话 **梁晓声**
于人间烟火处，感受人性之光

无论是在现实生活还是虚拟世界中，总有那么一些人，即使身处最黑暗的世界，他们内心人性的善良之光也从来没有熄灭过。

梁晓声 /

1949年出生于黑龙江哈尔滨市，北京语言大学人文学院资深教授。至今创作了包括散文、小说、杂论、纪实文学等在内的作品逾千万字。代表作有《雪城》《返城年代》《年轮》《知青》等。作品《人世间》荣获第十届茅盾文学奖。

俞敏洪：各位朋友好，今天我邀请了梁晓声老师，一起聊他的文学创作以及人生历程。在对谈开始前，我先简单介绍下梁晓声老师的书籍，目前梁老师最有名的一套书就是《人世间》，我相信不少人都看过《人世间》这部电视剧，但实际上，小说的描述和电视剧中的表达有很多不一样的地方，而且小说的文字读起来是那种娓娓道来的感觉，所以大家可以读原著感受一下。

《雪城》是梁老师还没有到 40 岁的时候写的一本大部头的小说，是关于知青返城之后迷茫和奋斗的一本书，这本书里的语言描述汪洋恣肆、充满激情。尽管梁老师是一位现实主义作家，但《雪城》中包含了很多浪漫主义的描写。

还有两本小一点的书——《母亲》和《父亲》，这两本书本质上是短篇小说集，开篇写的父亲篇和母亲篇非常感人，大家可以通过读梁老师对家人的回忆，看出他小说中人物原型的所在。

梁晓声：谢谢俞老师。

俞敏洪：梁老师是从哪年开始就不带学生了？

梁晓声：我退休七八年了，现在偶尔还会去学校看看同行，看看在读的学生，有时候也参加一些学校的活动。

俞敏洪：你平时住学校吗？

梁晓声：我没要学校的房子。当时我被分配到学校的时候，接待我的是劳资处,那时候他们和我说,让我趁学校还有房子赶紧要一套,但我考虑了一下。第一,我有房住;第二,我那时候已经是政协委员了,我到北京语言大学的时候,直接面对的社情民意就是很多老师对学校分房很有意见,在那种情况下,我有房还再要房肯定是不合适的。另外还有一点,学校给我分了房子,我如果不去住,那是个问题;但我如果住了,可能晚上家里就会经常像会客厅一样,老师、学生没事就来聊聊天、玩一玩,这样我就什么也做不了了。

俞敏洪: 像你这样亲近学生的老师,家里肯定很快就被学生占领了。

梁晓声: 他们会把那里当成一个沙龙,完全可能。

俞敏洪: 我在北大当老师的时候就是这样,北大分了我一个 10 平方米的宿舍。

梁晓声: 跟我在北京电影制片厂的时候一样,我的比你多 0.7 平方米。

俞敏洪: 差不多,当时都是筒子楼。但后来我发现一个问题,学生每天晚上都来找我。

梁晓声: 所以那会儿想的就是,我还要写作、读书,我到现在也仍然要读书。我的手机没有新闻 App,也没有其他上网软件,我前几天才刚学会用手机付款,但目前还不会用手机约车。

俞敏洪: 对你来说,学会约车不难。我看你有一个梁晓声老师的抖音号,那是出版社帮你弄的?

梁晓声: 人民文学,当时人民文学要做一场直播活动,必须开一个号,开了之后我就再没管过它。

俞敏洪: 以后你要做直播活动,就到"老俞闲话"来,我这儿都是读你书的人。

1. 我的父亲母亲

俞敏洪: 今天我们就从你的成长聊起吧,刚好前面提到《父亲》,你父亲在你的成长过程中扮演了什么角色?你从小到大是不是都挺怕他的?

梁晓声：应该是我们全家都有点怕他。

俞敏洪：是父亲比较威严或者脾气暴躁，还是什么原因？

梁晓声：我小学二三年级的时候，他就已经在东三省那边参与建设了。那时候东三省是中国的重工业基地，所以他经常离家，见不到，回到家他又很累，话也不多。他的脸是冷脸，我跟他一样，我有时候要是不笑，或者在那里思考问题、看着别人发呆，我的目光也会有些发直，这就给人不悦或者要发脾气的印象，所以我们都怕他。

俞敏洪：但大家看你是一种慈眉善目的感觉，我们从认识到现在至少十五六年了，除了见你在会议上义正词严地发言，或者因为看到了不公正的现象批判性地发言以外，都没怎么见你严肃过。你是大家公认的仗义执言的政协委员，但平时你跟朋友在一起的时候，一直都很和颜悦色。

梁晓声：对，火气都发在那样的场合了。在日常生活中见到朋友就比较心平气和，**第一，我知道我的一切不快都不是由他们造成的；第二，我理解他们自己本身也有很多不快；第三，和他们在一起交谈，我已经把我的一些不快在另一个场合释放掉了。**当我无处释放的时候，就用字和纸，有时候确实像鲁迅说的，字和纸几乎像投枪与匕首一样。我们党派的会议、政协的会议，给我们提供了一个平台，让我们可以把最关注的国事问题、民生问题，以最直接的话语表现出来，这种参政方式就是一种释放。那么，**当我面对字和纸时，心中的不快乐就消化掉了一部分，这时候可能文字反而会变得温和、理性一些。**

俞敏洪：母亲在你的成长过程中是不是起到了非常大的作用？

梁晓声：对，我从小就跟母亲生活在一起，父亲两年才有一次探亲假，一次探亲假才住12天，他还要看他的工友们，所以都是匆匆来、匆匆走。

俞敏洪：父亲去过"大三线"吗？

梁晓声：去过。

俞敏洪：《人世间》中描述的去贵州，还真的去过？

梁晓声：还真差不多就是我父亲的经历。我在《人世间》里写了那样一个人物，也是想通过周家父亲的形象为所有曾经是"大三线"工人的父亲留下纪念，同时也是树碑立传，记录下他们为国家做出过的特殊贡献。那时候我给父亲写信，他的地址有陕西、甘肃、新疆、云南、贵州、四川等，这些地方他几乎都走遍了。

俞敏洪：一方面父亲在你心目中比较威严，而且跟你们相处不多；另一方面父亲在你心目中又是一个英雄，因为他参与了祖国最艰难时期的"大三线"建设。

梁晓声：实际上我从小在荣誉感方面是很受压抑的。我们家是长方形的，虽然很小，但一进门迎面的那面墙有5米多长，中间有一面镜子。曾经两面墙上各悬挂着七八张大大小小的奖状，都是我父亲的。我发现这位老父亲是那么在乎荣誉，他把他得到的奖状很仔细地卷起来，放在纸筒里，千里迢迢背回家里，自己做框子，在家里挂上，然后剩余的地方是我哥的奖状。所以，我从小生活在这样的环境里，只要我照镜子就能看得到两边的奖状，而且我有时候还要去擦，但里面没一张奖状是我的。但我心里也有一种欣慰，父亲是一个好工人，得了那么多奖状。因为他得了奖状，每次别人家的母亲和父亲到家里来的时候也会肃然起敬，连派出所的人、街道干部一进家门就会看到，说老梁家的大哥是好工人，他家的长子也是好学生，这会给我带来间接的荣誉上的满足，所以我还是很感激父亲、感激哥哥的。

俞敏洪：《人世间》里的母亲是不识字的，你的母亲识字吗？

梁晓声：《人世间》里的周家绝对没有照搬我的家庭，里面除了父亲这个形象有我父亲的影子之外，其他的儿女身上都是我对于好青年理想样子的一种寄托。进一步说，秉昆对哥们儿的友爱、秉义对清官的执着，以及周蓉保持独立的个性，这可能都是我想要在现实生活中达成的方方面面，所以我就把这些寄托在了人物身上。

我写过《母亲》这本小说，还写过很多散文，所以在写《人世间》里母亲的时候，我并没有着意写这个人物。《人间世》中最苍白、最不立体化、塑造得最不成功的人物，其实就是周母。但我要感谢萨日娜，也要感激改编者和导演，因为萨日娜的表演使原著中比较苍白、不立体的人物鲜活起来了。我第一次看到萨日娜的时候也有那种感觉，但她确实身形太丰满，我想象中那个年代的母亲应该消瘦一些。不过当萨日娜在镜头前出现超过5秒之后，我立刻就认定了这就是小说中的母亲，这个演员身上的那种母性魅力，甚至她的一颦一笑，她的每句台词，都很符合母亲的形象。我发现她说台词的时候，对气声的控制相当准确，她的台词能带出内心微妙情感的变化，这些都是这位演员很棒的方面。

俞敏洪： 把一个处在艰难生活中的慈母形象演绎得尽善尽美。

梁晓声： 对。在性情上，萨日娜非常像我母亲。我的父亲和母亲给了我不同的基因，比如，同样在艰难困苦的生活条件下，两个人的反应完全不同。我的父亲就是在这样的环境中过来的，一直到他退休之前，50岁左右的时候，他是一种什么状态呢？什么样的苦他都吃过了，走南闯北二十几年，独自在外挣钱养家糊口，因此他没有办法对别人正在经历的一些艰难困苦感同身受，包括自己的儿女们。他认为那有什么呢，他都经历过了，人是可以克服这些微不足道的困难的。我母亲就不一样了，她也经历了这些艰难困苦，但她就会感同身受，她再看到别人在不容易的状态下生活的时候，就会心疼。所以，我在这些方面可能会更像我的母亲，这可能是一种基因。

俞敏洪： 你身上有非常强大的、基于本性的善良基因，无论是你在书中对小人物的同情，还是你在现实生活中对不公现象的愤怒，抑或是你为普通老百姓的发声，都可以说是把善良体现得淋漓尽致。

梁晓声： 主要还是因为我母亲，基因真的太奇特了。我记得小时候，我家虽然在城市，但家里面有一小块空地，那时候城市允许养猪，我们家就真养了一头猪，从小养到大。但猪也是要卖的，买猪的人拿着一个很长的竿子，前面有很尖锐的钩子，他们一钩子钩住猪的下巴，直接把猪从栏子里拖出来拖到车上，猪很害怕、很惊恐，然后就叫。我母亲那时候在家里一直哭，之后她相当长时间不吃猪肉。这种基因在我身上是一种什么体现呢？我那个小区在改造的时候有很多民工，天很热的时候，他们中午就在树荫底下垫一个纸板壳坐着，吃盒饭也吃最简单的。我从楼里出来看到他们，心里会有一种忧伤，这种忧伤让我想到，他们背后是一个什么样的家庭？是谁家的父亲，谁家的兄长？肯定是那个家庭需要他们出来挣这个钱,而这个钱估计一天也就两三百元。但其实有时候我不太愿意自己身上的这种基因过于鲜明,因为这会使我经常处于多愁善感的状态,在生活中我看到这个事多愁善感,看到那个事也多愁善感,所以我很希望自己要么看到的少一点,要么看到之后转眼就让它过去,但有时候它就是过不去。

2. 善良依然是不变的底色

俞敏洪: 恰恰是因为你身上的这种善良,才让你在写小说的时候能够把一个个底层老百姓的善良写得那么淋漓尽致。

梁晓声: 可能我更了解他们。我就是在光字片长大的,下乡之后在那样的氛围里度过了每年的 365 天,我和大院里的孩子们、家长们都非常熟悉。还有一点相当重要,也是许多我的同代人所说的,那年代虽然贫穷,但治安反而更好一些,因为谁家都没什么可偷的。我记得邻居家一个长我几岁的女孩子曾偷了我们家 5 元钱,那时候 5 元钱对一个家庭来说是很重要的,所以即使是我母亲这种会容忍很多事情的人,也一定要去报案,让派出所来解决这件事。但除了这样的小事之外,一般来说邻里关系都相对比较和谐,这种和谐给了我一种底层人家的暖意,这使得我往后成长为青年、中年的时候,就觉得庆幸和感恩。**如果生活已然那样不堪,人和人之间的关系再雪上加霜,那日子就没法过了。**

俞敏洪: 为什么往往在底层艰苦条件下生存甚至是挣扎的人,反而在更多的时候体现了人性中善良的一面?为什么明明在往上走的人,经济条件好了,有社会地位了,自私的一面或者势利的一面却体现得更多?当然往上走的人里也有好人,比如,你现在算是中国的知名人物,物质条件、地位都解决了,但你依然在关注普通老百姓的命运,为他们呼吁和呐喊。

梁晓声: 其实在猴群、大猩猩群,甚至狮群、狼群,一切较大型的动物群体中,都会发生这样的现象。当这个群体中的一个成员要往上走的时候,终点可能就是挑战首领。在这个过程中,它一定会表现出相当强悍的一面,一定会有对其他成员六亲不认的一面，就算是一个新的年轻猴子或者猩猩要挑战首领，也是会大打出手的。但你会发现，其他没有这种想法或者没有能力有这种想法的群体，它们认识到自己不必那样做，所以它们相对不会那样做，原来是怎样，之后就还是怎样。

东北的情况和江苏的情况不太一样，东北人更多的是闯关东来的，不只是山东人，还有河北人，还有少数山西人，**这种闯到关东来的底层人民，最初的时候很难单靠个人的努力去维持生活、家庭，所以抱团取暖成为一种本能**。如果一个人被别人指着后脊梁说他不可交、他不讲道理、他不仁义，而这个人在底层又上升不了，这个时候他就会有一种在人格上被逐出的感觉，所以底层大多数人都很在意，都很本能地要体现出这一点。

俞敏洪：所以，在一个相对固定的社会结构中，更容易出现人与人之间和谐相处的状态。后来中国进入了改革开放期，慢慢开放了各种各样的竞争，到现在中国已经变成了充分竞争的社会，考大学要竞争，工作岗位要竞争，做生意要竞争，甚至人和人之间为了友情、爱情也要竞争，很多人因此失去了善良的一面。但也是在这几十年的过程中，中国大部分老百姓都变得比原来富有了，中国也从不流动的社会变成了一个充分竞争的流动社会，你认为这对中国的现在和未来是一个合算的改变吗？

梁晓声：可以肯定地说，是合算的。**我觉得在底层、在民间，人和人之间是能够抱团取暖的，绝大多数人会尽量以友善的态度对待别人，这一点确实应该充分肯定**。但在晚清覆灭、民国开始的时候，有一个什么现实呢？中国最优秀的那批知识分子想要改变中国，他们和民众的庞大基座是脱节的，即使知识分子的鼓与呼对民众是好的，但民众对于这些优秀的儿女依旧缺少理解，就像鲁迅写的《药》和《坟》那样。因此，鲁迅的笔下才会有郑老三，才会有红眼睛阿义。阿义是一个狱卒，夏瑜在监狱里还在跟他讲他们要做的事情是为了劳苦大众，这时候他就扇夏瑜耳光，觉得他还敢跟自己说这样的话。所以，**当知识分子和民众脱节时，这对一个国家来说是非常令人痛心的**。

现在的确会出现你前面提到的那些状况，但我会把它看成人类社会转型期间必然发生的事情。我们看美国那个时期的文学、戏剧和电影，你说的这些情况比比皆是。比如，卓别林就演过一个角色，取材于美国一个真实案例，一个男士冒充绅士专门骗富有的中年女士，骗钱骗婚，最后伤害了 30 多个人。当我们看到其他国家也会经历这个过程的时候，我们能得出一个什么结论？**一个 14 亿人口的国家，在从原来那样的形态转向极大程度市场化状态的时候，如果没有出现这样一些现象，那几乎是君子国的传奇，然而这个世界上是没有君子国的。**

俞敏洪：那就是超级现实的理想国了。所以，现在所发生的一切，在一个变革的社会中应该算是正常现象吧？

梁晓声：现在媒体发达了，所以这些事一发生我们就都知道了。在你我小时候所处的那个时代，也有很多类似的事情，但媒体不发声，我们就不知道，而且即使媒体报道了，也不是家家都订报纸，家家都有收音机，我们还是不知道。我在兵团的时候，就有黑河市公安局的人到我们团里破某某案子，当时带了很多破案资料，他们就住在我们团。有一天趁他们不在，我就翻阅了，看到其中有一个案子，讲的是一个附近的农村人家原本很老实，有人到他家投宿，穿了一双很棒的大头鞋，结果这家人就为了占有那双大头鞋，把那个人给干掉了。之后他们看还有一支笔，其实就是一般的钢笔，但他们是文盲，也不认字，所以就揣在自己兜里了。而这样的事情在中国大地上，这里或者那里，都可能会存在。

我中学的时候，在美术老师办公室里看到过一本雕塑集，其中有一幅雕塑作品可能是法国雕塑家罗丹的《人马》。人马是希腊神话中一种非常强悍、暴力的动物，但罗丹雕的这个人马，马的躯体是向后坐的，人的上半身努力向斜上方挣扎、扭动，手臂上升，他想与马的躯体脱离开来，他要两脚落地。其实我从里面读出了一种命题——进化，人类要进化，当然这里是指文化的进化。经过几千年的时间，一部分人类进化了，比如受到最好的文化影响的那一类人，他们有一种愿望，要成为最现代、最好的那类人。还有的人，虽然双脚落地，脱离了马的躯体，但人马的那些习性还存在于他们的基因里，这些人就在我们身边，而且在一代一代地繁衍。当然还有一些人，他们到如今仍然还是人马。**中国有 14 亿人口，有这样的人、那样的人，是千差万别的，所以我们的生活中依然有人马，而且必然有，全世界任何一个国家都会有一些人马正处在进化的过程中。**

俞敏洪：可不可以这样说，环境的变化会使一个人有所改变。比如，到了一个更好的生存环境或者互相友善的环境中，坏人有可能就变成了好人。如果把人逼到了绝境或者各种诱惑、欲望不受控制的环境中，好人有可能就变成了坏人。

梁晓声：我更相信这一点，**无论是什么样的环境，在人类进化的过程中，一定会出现一种返祖现象。**虽然在心性上的返祖现象也会有，但我说的更多是生理上的返祖现象，是带有人马的自私、凶悍、暴力以及攻击性的返祖现象，但没有办法，我们必须面对。从这样一种视角看，我不会拿这些事来衡量一个社会到底是变好了还是变坏了，因为我们有 14 亿人。

俞敏洪：我个人有一个信念，不管你生存的社会环境和人群是什么样的，只要你始终保持一颗善良的心，尽可能做与人为善的事情，就会为你个人的生存带来好处。

3. 阅读与从事写作的契机

俞敏洪：你小时候的生活环境明明那么艰苦，你也看到了那么多社会的阴暗面，但你却始终与人为善，你是怎样才让自己保留了这样一种善良的天性？你觉得保留一种善良天性对人的发展有什么好处吗？

梁晓声：首先是基因的问题，其次也和我读的一些书有关。我读的大部分书是苏俄文学和欧洲启蒙时期的文学，他们的作品中经常会塑造一些坚韧、善良的母亲形象，这些形象在他们的影视中也有所体现，所以潜移默化地影响了我。但我认为最重要的一点是，在那个年代，我们其实不太能直接面临那么凶恶的人，因为贫富差距在那儿摆着，那个差距就是存在。比如，我们看到一幢独立的小楼，当我们知道里面住的是抗联老革命的时候，会发自内心地觉得理所当然。但当我们看到另一幢苏联小楼，即使我们很清楚这幢小楼里住的不是什么好人，但我们也不能把人家的房子给占了，因为那就是分给人家的房子。

我上中学的时候，班里调来一个男生，父母都是医生，他们家就住在新阳路边上，有一天他穿了一双皮鞋来上学。一个中学男生，个子瘦高，形象又挺好，居然穿了一双皮鞋，我们全班同学穿的都是棉鞋或者打补丁的鞋。当时他就坐在我后面，我经常忍不住看他的鞋，觉得他穿皮鞋的那双脚是那样帅。我在兵团的时候，曾经去过一个兵团战友的家里，他父亲是哈尔滨卫戍司令部下面的一个师长级的首长，到他家之后，我就觉得房子真大，那是苏联的房子，有红木的地板，所以我实际感觉到了这种贫富的差距。

俞敏洪：你为什么从小就喜欢阅读？

梁晓声：首先，我们搬到光字片的时候，那个大院里有很多和我年龄相仿的孩子，我除了有个哥哥，下面还有两个弟弟，所以每当院里需要买煤、劈柴、挑水以及粉刷墙壁的时候，我们这些男孩子就成了全院的小工。但那时候母亲很不希望我们去串门，因为别人家都是女孩子。那我们在家里干什么？就听她讲故事。我母亲非常会讲故事，能迷住我们班好多同学。我这次回哈尔滨，一个男同学就说那时候他们可爱和我妈说话了，我母亲也愿意跟他们聊。

其次，小时候我总看我哥哥他们的书。我哥哥有个同学，家里开小人书铺，有段时间我母亲出去上工，哥哥天天泡在学校，就剩我和弟弟妹妹们，我哥哥就往家里借小人书，我那时候字还识不全，就根据图画发挥想象讲给弟弟妹妹听，所以小人书就变成了能使我们在家里度过时光的媒介。这样看书多了之后就容易产生想象，当然，我经常想象自己的未来，一直到初二也依然保留着这种想象。我特别喜欢想象牛郎织女，因为我觉得**哪怕是在一个荒僻的地方，只要有一块地，有一头老牛，有一个织女下凡，粗茶淡饭地生活一辈子，就已经很幸福了。**

俞敏洪：你觉得现在你的牛郎织女梦实现了吗？

梁晓声：我现在住西三旗，是 2000 年的时候买的房子，那时候比较便宜，我买了门对门的两套房，原来我准备自己住一套，哥哥从医院回来住一套，当时是那样安排的，我现在依然住在那里。那是一个很廉价的老旧小区，每平方米物业费只有7毛钱，但我简单装修了之后，心中一下就充满了幸福感。马克·吐温曾经说过："与人们对于财富的诅咒相比起来，贫困更是万恶之源。"他之所以这样说，是因为他处在资本主义社会里，看到了贫困所造成的疾病，其实这种疾病就是我们前面说到的偷盗。我个人认为他说的是对的，因为贫困都能使冉·阿让那么好的人成为犯人，更不用说别人了。

俞敏洪：你能够坚持上学上到初中毕业，再后来喜欢语文、喜欢阅读，据说是跟你小学四年级时碰到的一位老师有关？

梁晓声：对。我小学四年级的时候，有一位大队辅导员，我至今还记得他胖胖的、不修边幅的样子。他是农村孩子，后来考上了师范，再后来到小学做了辅导员。当时他组织了小记者协会，但必须得是少先队员才能参加，而我不是，他看了我的作文之后，就觉得即使不是少先队员也没关系，就让我参加了。他还推荐过我的作文，我的作文被人用小楷抄在儿童影院的大广告板上，所以他对我的影响很大，但当时我还没想过要当作家。《人世间》中写的周家的孩子把书藏起来，也是我的经历。我有托尔斯泰和雨果的书，而且都包了书皮放在小箱子里，但当时只是想珍藏起来，没想到以后会写作。

俞敏洪：后来你到北大荒的时候，带上这些书了吗？

梁晓声：没有带，也不能带，会被没收的。那时候我们这样的青少年在相当长一段时间内，除了语录几乎没有别的书可读，但我们周总理在那个时候关注到了这个问题，就赶紧下指示，加紧加印《钢铁是怎样炼成的》。你知道那时候我对文字饥渴到什么程度吗？我到连队的指导员家里去，他是从抗美援朝的战场上下来的，又是读书人，他家里放了一本厚厚的苏共的政论文章汇编，我就把那个拿过来看，看伯恩斯坦、托洛茨基和一些人的辩论，那些文体和我们常见的报刊文体有很大区别，而且国外那种辩论文章很风趣，所以我就很愿意看那个。

俞敏洪：你差不多当了7年知青，你是一直做体力活还是……

梁晓声： 我的人生其实也有非常"凡尔赛"的一面，做知青的那段时间对我的人生观和世界观产生了很大的影响，甚至也影响了我后续的创作。但这种影响不都是好的，可以从两个方面来说。我做知青不久之后就去做小学教师了，脱产了，而且在连队也比较受尊敬，尤其受家长们的尊敬，然后又被调到团里，是报道员，也脱产了，再之后又进了兵团的创作学习班。但我有一段时间没忍住，发表了比较尖锐的关于时政的话语，就被发配到木材厂抬木头。那个时期对我的身体有很大的伤害，但也只不过是一年半的时间，之后我就上大学了。到了大学以后，再分配，被分配到北京电影制片厂，是不需要坐班的。

俞敏洪： 在《人世间》里，周秉义有一段在兵团的经历，其实是你自己经历的部分影射，对吗？

梁晓声： 对。我在北影没坐班，在儿童电影制片厂部分时间坐班，到了语言大学还是不坐班，因此，回过头来看，我凭着"文学"两个字度过了自己几乎没有坐班的大部分人生。没有坐班意味着什么？意味着我对办公室里的摩擦没有切身体会，但在避免摩擦的过程中我舍弃了什么？涨工资，放弃；评职称，放弃。我还是高级职称评委，我首先要做到自己不参与，因为大家要角逐，所以分房子的时候我放弃了。当这些都放弃的时候，我突然发现我实际上是放弃了摩擦。而我为什么可以放弃？因为我有文学，文学还给我带来了一定的稿费。所以，这也形成了"凡尔赛"的一面。放弃的结果就是，我跟别人的矛盾、竞争和摩擦比较少，别人和我也不会产生太多矛盾，或者至少认为我对他造不成实际妨碍，我就会觉得生活相对更有暖意，因此笔下也就更有暖意。

俞敏洪： 你在北大荒当知青的时候，是因为领导觉得你文笔好，所以才让你去当小学老师的，还是因为你写了东西，才华慢慢被领导发现了？

梁晓声： 我们那时候一个班有十几个知青，12个男知青里有高二、高三的，大家都一起劳动，两个月之后我就开始当班长了，然后又从班长到小学教师，还代理过一排的排长，所以我没怎么当过普通知青。为什么会出现这种状况？真的是读了一些书和没读一些书的区别。我那里不是农村，是兵团，是连队，我们面对的大部分都是老战士，是复员军人，这些人中有相当一部分人是喜读书的,他们能立刻判断出这个青年和其他青年是不同的,这种不同可能和他们内心的想法暗合,所以就选了我当班长。

俞敏洪:你是什么时候开始动心起念写小说的?

梁晓声:应该是我在连队做小学教师的时候,当时写了一篇很短的文章,也就1000字左右,叫《纪念雷锋逝世九周年》。在这篇文章里,我没有谈他对敌人像寒冬般严酷无情,只是强调了他对同志像春天般温暖,我那时候就强调知青和知青之间、知青和老战士之间必须继承雷锋的温暖。这篇文章在《兵团战士报》发表之后,我就被调到团里了,进了兵团创作学习班,到学习班就要交作品,所以那时候我就开始尝试写小说了。

我的第一篇小说叫《向导》,发表在《兵团战士报》上,那应该是中国第一篇环保小说,在此之前绝对没有。那篇小说非常短,也就2000字左右,那时候国家鼓励大量伐木建设祖国,所以那篇小说主要讲一对知识青年在一个老职工的带领下进山伐木,老职工要进到山里很远的地方,伐那些歪树、病树、扭曲的树、倒下的树,但那样很费力,而且收获还很少,知青们就很生气,恨不得把他从爬犁上撞下去,当然实际上他们也这样做了,但老职工说了一番话后,大家就后悔了。他说:"看看你们来了之后伐光了多少山头!如果这些山长出一片林子会是什么样子?"确实如此,那时候我们往山上一看,这个山头被我们伐光了,那个山头也被我们伐光了,心里面觉得诧异,然后就想,如果我们在这里住10年,那会伐掉多少树木。当时可能有这么一个想法,就写了《向导》。

非常奇怪,《向导》是朝着环保方向写的,和阶级斗争、路线斗争无关,也正是这篇作品,让复旦大学的一位招生老师在《兵团战士报》上发现了我,他正好住在兵团总司令部,当即就问这个知青在哪团哪连。当时兵团的人还不太愿意告诉他,我们兵团架子很大,因为我们是原沈阳军区黑龙江生产建设兵团,我们的司令员是原沈阳军区副司令员,我们的政治部主任是少将。但最后还是告诉他了,他开了个介绍信,从佳木斯到哈尔滨,从哈尔滨到北安,从北安到黑河,从黑河再到我们团,就为了和我见一面。这一路上他就算是不停地走,也要花 5 天的时间。

俞敏洪： 这个算是典型的伯乐。

梁晓声： 我有时候就会这样想，梁晓声，你有什么资格不做一个好人？你已经没有不做好人的资格和理由了，因为在你的人生旅途中，有那么多好人，即使跟你不认识，他们也会在最关键的时候帮助你、推你，虽然之后你们之间可能不会有多深的来往。

俞敏洪： 你做好人比较容易，因为一路过来贵人多，大家都帮助过你，所以你再去帮助别人也很自然，但如果一个人在生活中遇到了各种各样的欺骗和苦难之后还能做个好人，这其实是一件挺不容易的事。

有一个男明星前段时间来和我对谈，说他年轻的时候因为讲义气帮朋友顶了罪，进了监狱。进监狱后，那个朋友把他的女朋友拐走了，他就觉得受到了双重欺骗，所以有一段时间他很绝望。但出狱以后，他遇到了一个女孩，女孩帮助了他，又遇到了伯乐，伯乐觉得他有演艺才华。最后，他终于摆脱了那些负面的东西。他现在很正向，光是捐的希望小学就已经有八九十所了。我是这样认为的，**一个人不管遇到了什么样的挫折或者苦难，如果能够在这种环境中保持自己内心的善良，那么这对他的人生来说会有极大的好处。**

梁晓声： 我很感动，你刚才说的那些我都不了解，我只知道他做了很多好事，所以你在说的时候我就在心里问自己，如果我是他，我还能像他那样做一个好人，做那么多好事吗？73 岁的我给出的答案是：不一定。除此之外，还有很多事我的答案也是不一定的。比如，当我看到"五四"运动、辛亥革命时期一些革命志士的事迹时，我觉得他们不被公众所理解，在他们行刑的时候，可能还有人向他们扔烂菜帮和沾血的馒头，或者在一旁看热闹。虽然我心里也秉持着一种信仰、一种接近圣徒般的情怀，但我曾经多次问自己，你能做到吗？我给出的答案是，我未必能做到，甚至有时候我会很直接地说，我做不到。**正因为我做不到，我反而更崇敬他们，所以我希望我的笔是用来写这样的人物的，这是我作为作家所应尽的义务。**

4. 知青作品：追忆青春岁月

俞敏洪：在你后来的作品中，尤其是一些长篇小说，不少都跟知青有关，比如《年轮》《雪城》《返城年代》等，你为什么写作的时候总是念念不忘，要去写知青？是因为这段岁月对你的影响非常大吗？

梁晓声：我至今已经创作两千五六百万字了，严格来说，知青作品在数量上不是主体，但知青作品多数被影视化了，所以人们知道的就比其他作品多一点。我最初写知青题材是因为这是我自己的经历，比如，《这是一片神奇的土地》是我刚到北大荒时候的故事，《今夜有暴风雪》是离开北大荒时候的故事，但写《返城年代》的时候，我是在完成任务，它是一种外力。又如，北京电视台要写有关建国四十五周年的内容，那我就要写年轻人，但那时期的年轻人都有知青经历，所以写知青就变成了一件自然而然的事情。

俞敏洪：有些写知青的作品，比如《知青》《年轮》，其实是有点命题写作的味道？

梁晓声：对。有个当过国土资源部部长的人，以前是我们一个团的知青，他到山东去的时候，心心念念地希望有人能再写一下知青，他就来找我，那我肯定要完成这个任务。**但对我个人来说，我既不觉得六七年的知青岁月是一种资本，也不觉得它是一种苦难的经历。你凭什么认为它是苦难？** 全中国有五六十万的人和你一样，况且你还是东北人在东北当知青，人家还有从南方过来的呢，所以我不觉得它对我来说是一种苦难。还有一个原因是，我挣钱了，实实在在地挣了四十几元钱，那时候四十几元很厉害了，所以知青对我来说不过是一段经历。

但我忽然发现我写作的时候经常在写青年，一直到今天出版的《人世间》，主体人物还是青年，包括后来出的《我和我的命》《中文桃李》都是写青年，我就问自己为什么。**我经常对自己进行心理分析，我觉得可能这个叫梁晓声的人太依赖青春岁月，而且青春岁月太美好，一切困难、一切不幸都可以被克服，依然保持着一种旺盛的生命力，而且青春时期的友情和我们现在这样的友情不**

一样，我们已经是老酒了，但青春的友情却像红酒似的非常浪漫。所以，一方面可能是留恋青春岁月，另一方面可能也认同自己已经在和老年握手。

俞敏洪：你会写一本关于老年生活的书吗？

梁晓声：我好像写不好，因为这个时候我还在回头看青年，虽然看不到自己的青年时期了，但还在看80后的青年，还在写他们。

俞敏洪：从你不断写的这些东西中能够感觉出来，到了兵团以后，其实你的收获非常大，即使是在那样的条件下你依然没有放弃写作。我想问，你认为上山下乡的岁月和政策对2000多万的知识青年来说公平吗？

梁晓声：我个人认为，这不能用公平或者不公平来衡量。首先，这件事本身是一个重大历史问题。我记得有一个类似的决议，在决议中好像有了一些定论，我觉得那个定论基本上是客观的、全面的。我们不能因为这2000多万人中有一部分人成为这样或者那样的人物，就把这段经历看成这一代人的光荣，因为当我们把这段经历本身和"文化大革命"10年重叠的时候，会发现事实并不是如此。我们必然要承认，"文化大革命"是国家之不幸，如果我们不能这样看问题、谈论问题，我们就不配坐在这里谈论这些话题。首先，它是国家之不幸，所以上山下乡这10年其实是权宜之计，如果从这个角度来看，你会看到一些有才艺的人被埋没了，比如那些插队和在农场的年轻人，但兵团相对例外一点，兵团非常重视才艺。

其次，经过这件事之后，有一些像我这样下乡之前可能都考不上高中或者大学的人最后上了大学，也有很多人眼看着一脚已经在大学门内了却没能去读大学。**我个人觉得，任何个人都不能以他自身的感觉来评说那10年对那一代人的影响究竟如何如何，谁也没有资格代表这一代人，但这一代人中的任何个体都可以发言，所以现在在网上，关于这种发言记录的总和，可能更能丰富我们对于那10年的考察。**

俞敏洪：《雪城》写的是知青返城之后的心态，从绝望到后来在改革开放的过程中慢慢找到自己的定位，重新振作起来，开始了新生活，当然也有一些人从此便一直消沉下去。我在读《雪城》的时候，发现你对知青返城以后心态和生活的描述都非常到位，你怎么会这么了解？

梁晓声：首先，因为我的同代朋友个个都是知青，我和他们有友谊，所以写的时候会带有感情。其次，**我当时确实有以文学代言的愿望，其实是希望当时城市的有权者们可以安排这些返城知青，希望大家能通过我的作品来重新认识他们。**在我看来，这种重新认识是极其必要的，因为他们的前身都是"红卫兵"，如果没有一个重新的认识，还抱着他们曾经是"红卫兵"的印象，公众就会认为是狼孩儿回来了。**因此，我希望我的作品能够起到这样的作用，告诉大家，他们变了，他们在这10年中经历了什么样的事，他们现在已经变成了中国很善于省察和反思的一代。**

俞敏洪：《雪城》应该是1986年左右写出来的，你在那个时候就已经开始反思这么一个巨大的社会现象了，如果你当时没写这个作品，而是放在20世纪90年代或者今天，你觉得还能写出来吗？

梁晓声：写不出来，文字的感觉都没有了。

俞敏洪：你写的时候对这件事情还记忆犹新，而且你跟这些知青的亲密关系也都还在，你在书里描写的关于爱情的话语、人与人之间的关系以及对自己梦想的追求和无奈，正是你们那一代人每天都在想的事情。

梁晓声：我所面对的同代人，都是正处在返城初期的人，年龄大的33岁、34岁，不会超过35岁，年龄小的27岁、28岁，正是那种全身充满了能量的时期，但那种能量要向哪儿散发，以什么方式散发，他们还没有找到。而且这种能量里还包含着无奈、沮丧和愤懑，同时还有一种渴求，他们希望被公众所理解。我面对他们的时候，会被他们的情绪所感染，因此我的书才会写成这样的状态。但今天我再面对他们的时候，他们垂垂老矣，身上已没有了这种能量，所以我也不会再感受到那时候那种强大的外在气场。

5.《人世间》背后的故事

俞敏洪：《雪城》有100多万字，当时你才30多岁？

梁晓声： 对。我觉得我开篇写的场面还是挺好的，当年拍成电视剧反响也还可以。

俞敏洪： 非常好，你第一部受欢迎的电视剧不是《人世间》，而是《雪城》。

梁晓声： 对。《今夜有暴风雪》《雪城》《年轮》，当时的反响都很大。

俞敏洪： 你后来到北京电影制片厂工作，跟影视的关系比较密切，你还变成了内容审查委员会的委员，所以你在进行小说创作的时候，是不是就有意想着未来要把它拍成电视剧？

梁晓声： 肯定不是。我在电影制片厂里是写小说的，不是创作电影的，也不太支持我的同事们把我的小说改编成电影，因此《今夜有暴风雪》和《这是一片神奇的土地》当时都没有给北影，而是给了长影。我那时候对自己有一个要求，既然我在电影厂，那我和电影就要离得远一点，我要做一个好编剧。但不可否认的是，在创作过程中，我确实深受电影艺术的影响。我在北影的时候，崔嵬、水华这样的大家都还在，他们一起讨论的时候就会说，**一部电影如果能给银幕留下一个形象，那就是很成功的。**要想达到这点，就要有细节，所以我写小说的时候就会格外注意这点，不是循着故事，而是循着人物，看这个人物需要一个什么样的状态。所以，这些对我其实都有影响。

俞敏洪： 我读《雪城》的时候有一种青春热血的感觉，但读《人世间》的时候就有一种经历人世沧桑的人娓娓诉说的感觉，所以你对人物个性的把握和描述也慢慢变得更精准了？

梁晓声：《人世间》已经有点像《追忆似水年华》的状态了。

俞敏洪： 不管是你的哪一部长篇小说，几乎都接近百万字或者超过百万字，这跟你年轻时读苏俄作品有关系吗？因为苏俄作品都是巨著，《战争与和平》也好，《静静的顿河》也罢，都是那么厚，有好几本。

梁晓声： 苏俄作品中，俄罗斯作品对我的影响更大一些，但苏联有几个作家对我的影响也很大，一个是高尔基，另一个是肖洛霍夫——《静静的顿河》的作者。苏联时期的一些短篇小说和散文中描写的景色其实相当优美、相当漂亮。有一个细节，《人世间》中有一个盲眼的少年叫光明，光明是有原型的。

我家在光字片，那边有个太平胡同，一到下雨天就会变得非常泥泞，我在那里看到过一个盲眼的男孩子，确实在举着瓶底看阳光，我当时看到之后心里难受得要命。我为什么觉得我母亲的基因有时候对我也不好呢，就是因为这个形象会一直在我的脑海中出现，我不想脑海中有这样一个令我忧伤的形象，可他一直驻足在里面不出来。因此，当我能写作的时候，我就在想，什么时候能把他请到文字中来，但以前一直都请不到。

俞敏洪： 是不是把光明的形象写出来以后，你的内心就松了一口气？

梁晓声： 释放了很多很多。这是我给他起的名字，因为我也不知道人家叫什么，这个孩子终于出现在我的文字中了，终于让我的头脑清除了一角，但这已经过去40年了。

俞敏洪： 郑娟这个形象无论是在书中还是在电视剧中都非常丰满，她在现实中有原型吗？是不是代表了你对女性的一种理想化的追求？

梁晓声： 有原型，但我跟她既没亲戚关系，也没亲近关系。网上好像有很多人说郑娟的原型是焦丹同志（梁晓声爱人），她当时就非常抗议，跟我说你不要让网上经常出现这样的段落。

实际上郑娟这个人物也在我头脑中很长时间了。我从光字片出发去上学，路过太平胡同的时候，中间有一条下坡路，叫民康路，当我横穿这个斜坡的时候，从坡上走下来一个女孩子，当时我应该是读初一，我看她像是读初二或者初三。当时旁边没有别人，虽然冰天雪地的，但天气很好，她围着一个深紫色的围巾，也没全围上，露出了乌黑的头发，再加上哈尔滨的女孩都很白，所以那种清丽的样子一下子迷住了我，我几乎看呆了。后来我发现她经常走这条路，我有时候就会在街口等着，等她快从坡上下来的时候我也就下来，因为不能盯着一个女生看，所以等她快到我跟前六七步远的时候，我就低下头系鞋带，等她再近一点的时候，我就系好鞋带直起身来，这时候几乎可以面对面清楚地看到她。那是初一的我第一次感觉到一个女孩原来可以那么美。

俞敏洪： 这算不算你朦胧的初恋？

梁晓声： 人家也不知道，只能说是单相思，或者是有那么一个意向。后来在许多作品中都写不到她，但隐隐的也有，《这是一片神奇的土地》中的女指导员其实有点像我记忆中的这个女孩，《人世间》里的周蓉也像，《今夜有暴风雪》里的指导员也像。

俞敏洪：还有站岗的时候被冰雪冻死的裴晓芸。

梁晓声：写到一个非常美的女性角色的时候，我几乎都是按照我记忆中的那个女孩的形象来写的，而且这种对女性的审美好像定格了，之后就没有再变过。

俞敏洪：《人世间》改拍成电视剧的时候，你有参与改编的过程吗？

梁晓声：没有。但我知道是海鸰老师改编的，也知道海鸰老师、李路导演，还有王彬，他们经常在一起磨合，那个磨合有时候愉快，有时候也很痛苦。

俞敏洪：电视剧其实改变了小说中的一些故事情节，包括人物的命运。看完《人世间》电视剧之后，你觉得他们改编得成功吗？

梁晓声：我觉得，首先李路导演在选演员方面非常有眼光，其次李路导演总体上知道小说原来是一个什么状态，因为他读过《人世间》，但实际剧本出了不到20集，他就已经开机了，所以后来他也只能期待着编剧能送过来比较好的剧本。在这样的节奏下，他能把这个剧控制到这样一个状态，我个人觉得他还是有自己独到的想法。**文字的东西非常像多米诺骨牌搭起来的一个实体存在，但真的要改编它的时候，一定要推倒，所以就变成了一地散乱的骨牌而已，导演和编剧就是要重新按照他们的想法搭起来，这时候有的骨牌就变得多余了。我个人的观点是，他们认为多余，那就是多余，一定要完全服从于他们，因为这是另一次的劳动再创造。**

俞敏洪：听说你在看电视剧的时候，看着看着自己就哭了起来？

梁晓声：比如，看到父母去世的那一段，虽然跟小说写的不一样，但我感到惊讶，因为我觉得把父母去世放在同一个晚上，这是相当大胆的一种想法。作为小说写作者，可能为了避免故事情节的唐突或者戏剧性，是不会这样做的。但作为导演和编剧，他们这样做，就要看演员的表演能不能达到一个能使观众接受的程度，如果大多数观众能够接受，那我觉得这就是成功的。其实大家看到那个地方的时候都会流泪，尽管有点戏剧化，但大家觉得特别合情理。我在写作的时候是要尽量避免戏剧化的，一定要最大限度地减少创作性，我要让人们看来看去会忘记这是一个作家在写作，所以要避免经常呈现出作家暗示读者的段落。比如，"看，我这里写得多有才""看，我这里安了一个悬念""看，我这里又抖了一个包袱"。但影视有时候需要这些东西，我们看到演员表演时最大限度地把这些可能带来的不适给抹平了，或者对冲了。

俞敏洪： 你从来没有在电视、电影中出演过角色，原来电影《手机》让你去演个老师你都拒绝了，为什么这次电视剧让你去演法官你就答应了？

梁晓声： 因为我和导演成了朋友，他也是非常好玩的人，我这人只要朋友高兴，即使他们要求我做的事情会让我心里觉得好为难，我也会去做。另外，可能也有客观原因，真正法院的法官们都比较年轻，氛围不行，突然明天要开拍了，现找年老的也找不到，这时候李路一看，就说是我了，所以我也没办法。

6. "文学拯救了我"

俞敏洪： 国内外作家中，你最喜欢哪位作家？

梁晓声： 如果谈美国短篇小说，一定是欧·亨利，他非常像契诃夫，也有点像鲁迅，他最后留的悬念都很好。还有德莱塞、马克·吐温，这些都是我喜欢的。俄国作家我喜欢的更多一点，屠格涅夫、托尔斯泰、契诃夫、果戈理。法国首推的是雨果。

俞敏洪： 我发现雨果的《悲惨世界》对你的影响也很大。

梁晓声： 应该说托尔斯泰和雨果对我影响最大。托尔斯泰对我的影响是他贯穿始终的自我救赎，他的《复活》写的实际上就是一个自我救赎的过程，人无完人，孰能无过，但他总是要去弥补。在《战争与和平》里，他的行文很庄重，我个人认为这种庄重是一种自信，不需要靠任何不庄重的语言和任何另外的描写来辅助，庄重的文学在这里就足够了。另外，他对女性都不会有过多的描写，但如果写，会写得很细致，会描写阳光照着她脸上细细的绒毛，而且他对男女之间的爱情，比如拥抱和接吻，写得都很少。这种庄重本身就是对文学的态度，这点是托尔斯泰对我的影响，还包括他的人道主义和忏悔精神。雨果在这点上和托尔斯泰是相同的，但他又属于那种行文比较恣肆的，他有时候是很富有激情的，而托尔斯泰是内敛的，我不能做到像托尔斯泰那样内敛，所以我很喜欢雨果的激情。除此之外，雨果塑造的冉·阿让这个形象对我的教育意义也很大。比如，追剿冉·阿让的警长沙威从楼上摔下去了，结果冉·阿让不仅没有赶紧逃跑，还伸出一只手把他给拉上来了，这个情节我记得很深刻。

俞敏洪：这个景象在电影中也是非常震撼的。

梁晓声：当时这个景象在电影里是给了一个特写镜头，我们可以试想一下，毕竟冉·阿让不是米里哀主教，他不是一个真正被宗教熏陶很深的人，而是一个苦工、劳役犯，受过压迫、不公正的待遇，但他仍然在那一刻伸出一只手把警长沙威拉了回来。这跟前面提到的男明星的故事有点相似之处，但现实生活中又有多少人能做到？有多少现实中的苦役犯最后成了冉·阿让那样的善者？一定很少很少。这时候就有一个问题，雨果不知道这种事情在现实中很少见吗？以他的智商，他肯定十分清楚，但即便如此，他也要把这很少一部分由苦役犯变成善良老人的形象用文字记录下来，他要把人性向上向善的可能性保留下来，而且摆放在一个不度让的高度。正是他这种对于人性向善的敬畏态度，带给了我很深的影响。

俞敏洪：你的作品中其实也有类似的情愫和形象，如果用一句话来总结，就是**无论是在现实生活还是虚拟世界中，总有那么一些人，即使身处最黑暗的世界，他们内心人性的善良之光也从来没有熄灭过。**

梁晓声：我个人觉得作家可以大致分为两类：第一类是可以非常冷静地编一个故事给读者看，比如，我吸着烟斗、喝着咖啡，写这个人物的时候其实不太走心，纯粹是凭我的经验和技术；第二类是几乎把自己的很大一部分都摆进了故事里，我就属于这一类。很多时候我写作都不会在意印多少册、别人会怎么看这些问题，重要的是我可以跟我自己对话，我教育了我自己。比如，我在写一个老人的时候，会觉得我今天也老了，我就会想，之后我也会像他一样吗？

又如，周秉昆即使在那样的情况下，还在想是不是要把房子让给孙赶超家，写这段的时候我就会问自己，在今天房价已经比较高的情况下，我还能做到这样吗？我的回答是，我可能做不到了。但在他们那个年代，房子不是很值钱，如果回到那个年代，既然赶超能做到，秉昆能做到，那么我也能做到。**所以，我的作品其实是和自己的一个对话。**

俞敏洪：我觉得你年轻时的作品更靠近雨果汪洋恣肆的文笔，无论是对词语的罗列还是对情感的描写都是如此，比如《雪城》。但你写《人世间》的时候就有点像托尔斯泰，我能感觉到你那种娓娓道来的沉着。你觉得呢？

梁晓声：对。我接下来写长篇《父父子子》的时候，用的句子更短了，几乎会有意识地勾掉很多多余的形容词，但我会保留比喻。**因为比喻是打上个人印记的，**而形容词是公用的，所以句子就变得越来越短了。

俞敏洪：为什么你的写作能够如此汪洋恣肆？是因为你脑袋中的故事和思路涌出来了，推动着你写，还是说，每次你都要构思半天才能写出来一段？

梁晓声：其实有时候是有种一气呵成的感觉。我经常对自己说，这是最后一部了，就好像一个老面点师傅说，这是最后一团面了，做完就算了。但不知道什么时候突然又有一些素材扑面而来，我就感到很激动，那种不能自已的激动，只有把它摆放在文字中，我才会觉得心里安静一些。**但即使是这样，我也确实是在做收尾工作，我不愿意以那种老到不能动了，快接近痴呆了，又聋又近视的状态进入老年，那样的老年也太没意思了。**

俞敏洪：你放得下那根笔吗？我觉得你应该放不下。

梁晓声：我觉得应该在自己状态尚可的情况下，决然地转过身去。但在转过身之前，我心里确实深深地、深深地感恩文学，因为它改造了我。这也是我一直在书中写好人多一点的原因。文学改造了我，改造的意思是什么呢？我在光字片的时候，经历了许多这样那样的事情，我本来有那么多可能性会成为《人世间》中的涂志强，有那么多可能性会加入"九虎十三鹰"，有那么多可能性会变成另外一个人，但我没有。假若我心中充满了对于社会的怨恨，那我在"文化大革命"中就会变成那种可怕的人马式的红卫兵，可我没有。这一方面要感谢母亲，另一方面要感谢文学。**我确实觉得文学拯救了我，所以我要向它鞠一躬之后，再去过一种和文学无关的生活。**

俞敏洪：毕竟人生七十古来稀！你觉得你到了现在这个年龄，写作时的思维速度跟你三四十岁写《雪城》的时候区别大吗？

梁晓声：区别很大很大，我那会儿最多的时候一天可以写8000到10000字，但现在我一天最多能写2000字，而且我已经不能在格子纸上写了，只能在A4纸上写。我也不能发那么长的短信，我不会用手机编辑短信，所以只能在A4纸上写好，然后拍下来传给你。

俞敏洪：梁老师，以后我们交流你就用语音留言就好。

7. 充满信心地看向年轻人

俞敏洪：你在《雪城》中描写了一个女教导员，由于当了女教导员之后，思想和行为就开始变得僵化，为什么会有这么一个形象？

梁晓声：作家都觉得自己是批判的，而且认为一般"左"和"极左"的思维只存在于别人的头脑中，所以从来没想过我们自己身上也会有这种思想。后来有一次李国文老师跟我谈话，他说，其实我们自己的头脑中也可能会有这样一种习惯性思维。

俞敏洪：其实我们的很多思维已经僵化了，慢慢地变成了我们的思维习惯，但我们不自知。

梁晓声：对。在这样的情况下，我个人觉得如果我这一代人中有一些人老了，当他们五六十岁的时候，他们可能就带着那个年代思维的痕迹。

俞敏洪：确实是不自觉的，我们身上一定带有那个年代思维的痕迹，所以当我们面对年轻人的时候，他们不一定能理解我们，而我们倒过来也不一定能理解年轻人，这是一个时代的烙印，也是没有办法的。

梁晓声：我可能就是这样的，我对80后的年轻人曾经有过微词，而且直接写在了文章里面。当年我写过《大学生为什么这么小》，动不动就说"我们男孩""我们女孩"的。**但经过这么多年再回看，我觉得，我们后几代的年轻人超棒。**

俞敏洪：如果让你去写一个以 90 后甚至 00 后的年轻人为主角的小说，你能写出来吗？

梁晓声：《中文桃李》是从 80 后的视角写的，《我和我的命》写的是 90 后的青年，写的时候我完全没有取悦于他们的想法，当时就是这样看待我们的青年的。我以前谈到舞蹈的时候，就会觉得中国的舞蹈虽然长袖善舞，但舞蹈语汇太单一、太苍白，后来从各种媒体上看到了我们年轻的舞者，他们把现代舞的肢体语言发挥到了超乎想象的程度，让我看得入迷，我突然觉得他们是超过前几代人的；再看年轻人在广告设计、场景设计、创意设计等方面，也是远超从前的人的；电影和电视剧方面，你会看到年轻的导演们后浪推前浪的状态；服装展、家电维修，甚至航天、航海、潜海、桥梁建设等，凡是在一线的，无论是脑力还是体力劳动，最卓有成效的那部分人都是 80 后到 00 后的这些孩子。**每一代都有不同的群体，当我看到他们中最优秀的人呈现出来最优秀的部分的时候，我突然就会觉得，我们有什么理由去轻视他们呢？**

俞敏洪：所以，你对未来的年轻人建设祖国的才能是充满信心的？

梁晓声：是的，在其他一切方面我都充满信心，只是文学方面我暂时画一个问号，因为文学有的时候需要经历。

俞敏洪：你读过现在的网络文学吗？

梁晓声：看过一点，他们有着一等的想象力，但有时候这种网络小说和市场联系得太紧密，有点太市场化了。我发现受众和作者之间其实有一个年龄上的呼应，你年轻时写的这些他们看，但如果你到了 45 岁以后还写这样的小说，年轻人就不看了。等到这种时候，就可以看他们的才华还能向什么方向转移。**因此，我给他们的建议就是要兼顾，要兼顾文学这部分的品质，**这不是说你一转身就到了纯文学那边，而是你不得不转身，这个过程是很痛苦的。但你要知道，年轻人的想法是这样的，既然我已经把钱挣够了，那我可以向任何方向转身，我干吗非要向纯文学转身？即使是有这样的想法，我个人也是包容的，**只要他**

们将来能生活得好。多一个生活好的人，多一对生活好的夫妻，多一个生活好的家庭，对中国皆有意义。

坦白说，有时候我也会被年轻人的语言惊到，他们语言的幽默和黑色幽默的程度，是我这样有几十年创作经验的作家所不能达到的境界。他们使汉语言变得那样有趣，像鲤鱼跳龙门里的鱼儿们一样活蹦乱跳。他们的那种幽默感，也是我决定要转身离开写作的一个原因。

俞敏洪： 一代人有一代人的语言表达方式，所以我们没必要去羡慕现在年轻人的语言表达方式，年轻人也没有必要学习我们的语言表达方式，主要是互相也学不来。我觉得只要这种语言大家能够接受，并且背后传达的思想、感情、情怀大家都能懂，那就是好的表达方式。

梁老师，由于时间关系，我们今天的对谈差不多就到这儿了，谢谢梁老师！

梁晓声： 谢谢大家，以后有机会，我们再聊文学，大家再见！

（对谈于 2022 年 8 月 16 日）

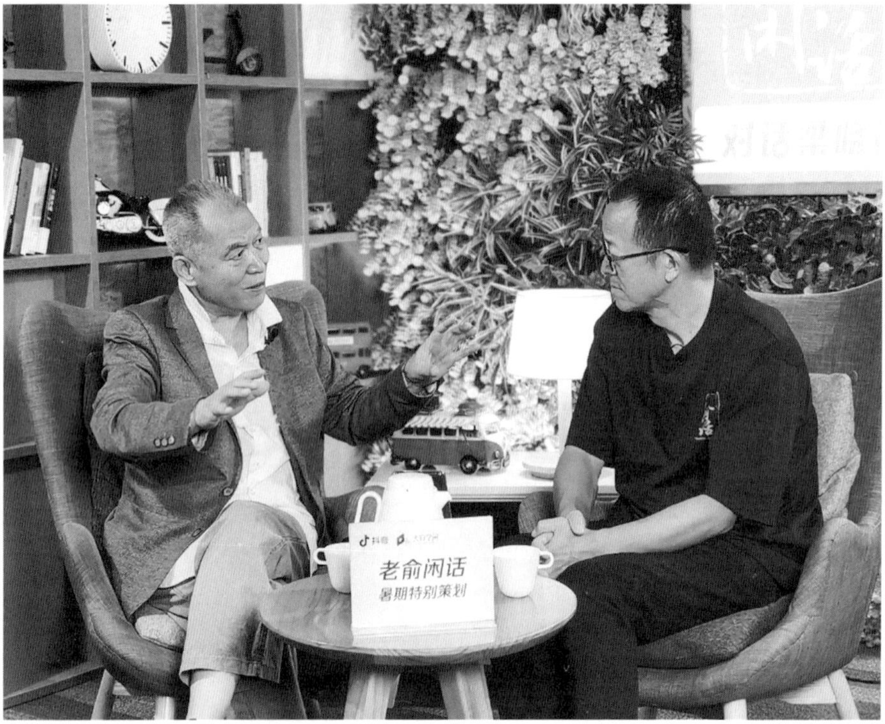
老俞闲话
暑期特别策划

对话 冯唐

成功不可复制，成事可以修行

> 不要一味地追求成功，要追求把事情办得利落，要成事、持续成事、持续多成事，这样成功自然就会跟着你来，不能舍本逐末。

冯唐／

1971年出生于北京，诗人、作家、投资人。曾任麦肯锡公司全球董事合伙人、华润医疗集团创始CEO、中信资本高级董事总经理。代表作品有长篇小说《欢喜》《十八岁给我一个姑娘》，散文集《活着活着就老了》《无所畏》《有本事》，诗集《冯唐诗百首》《不三》，管理作品《冯唐成事心法》等。

1. 多读书，读好书

俞敏洪： 大家好，今天我邀请了冯唐进行对谈，不知道有多少人读过冯唐的《北京三部曲》——《十八岁给我一个姑娘》《万物生长》和《北京，北京》。冯唐比我晚 10 年进北大，我是 1980 年，他是 1990 年，不过他的才华真的比我高太多了，无论是小说还是散文，甚至是诗歌，他都写得行云流水。我至少读过 10 本冯唐的书，有人说冯唐是"斜杠"作家，这个我承认，因为一般作家写小说就是写小说，写散文就是写散文，但冯唐是小说、散文、管理著作一起写。他最近刚出了一本《了不起》，写的是他最喜欢的 50 本书的读书笔记，大部分都写得很不错，如果没有读过这些书，可以按照他的读书笔记找来看看，因为他对书籍有很强的分辨能力，所以他推荐的书应该都是对读者非常有益的书。

好了，冯唐老师上线了，冯唐老师没怎么连过线，所以好不容易才连上来。

冯唐： 俞老师好。哎呀，好事多磨，我也是第二次直播连线，第一次是跟周国平老师，第二次就是和您。刚才平台一直说俞老师的直播间不能接受连线，让我重新找个对象，我心想我也没想找俞老师当"对象"啊。

俞敏洪： 哈哈，真是好事多磨。你生活中遇到过哪些好事多磨的事情？

冯唐：第一个例子是读书。我受了 22 年全职学校的正规教育，以前总觉得读书是一件浪费时间的事情，所以一直毫无希望地念书，但念着念着突然发现自己好像比别人懂得多一点，后面就顺其自然了。所以，这是第一个好事多磨的例子，我们读书破万卷之后，一定会有好报。

第二个好事多磨的例子是写书。22 年前我出了第一本长篇小说《万物生长》，当时转了 20 多家出版社，都说改不了、删不了、出不了，最后终于出版了。刚出版一周左右，我出差回来了，连家都没回，立马就打车去美术馆的三联韬奋书店。去了之后我就想，既然那么多人都说好看，这书应该能上排行榜，不排第一也得排第二，不排第二也得排第三，不排第三怎么也能排个第十吧？结果连个第十都没有。我当时戴个眼镜，在那个排行榜前面愣愣地看了好久，没第一也没第二，甚至连第十都没有，于是我落荒而逃，结果坐出租车时还把手机弄丢了。这是 22 年前的真事。

俞敏洪：你当时真的那么在乎书的排名吗？

冯唐：是的。当时年纪很轻，又觉得自己的书写得很好，其实就是好胜心太强，这是遗传我妈。后来觉得好事多磨，就像现在这本《了不起》，最开始我没抱有任何期待，就是写了个书评集。估计您看了很多书评集，我小时候也看过很多书评集，唐涛、郑振铎、朱自清、鲁迅、周作人等人写的。我觉得书评集没有门槛，任何人都可以读书，都可以写书评，但我没想到这本书从 8 月 16 日开始，连续两个礼拜都在当当文学榜上排第一。我心想我明明什么都没干，结果一个书评集就能卖成这样，这也是好事多磨。

俞敏洪：你刚刚说，你以前觉得读书对你来说是件挺没用的事情，直到后来你才发现读书其实特别有用。现在的年轻人可能也会觉得读书没什么用，用什么方法来说服他们读书呢？

冯唐：我觉得读书最简单、最直接的一个效用就是能战胜无聊。虽然我们现在正在用电子设备直播，但我觉得读书比刷短视频更能让人觉得充实。看短视频虽然也有用，但这毕竟是一个单向输入的过程，这些信息是在往脑子里灌，是一个被迫接受的过程。但读书会让你感觉到疲惫，你的眼睛会累，所以你会跟书产生一种疏离感，这种半疏离、半不疏离的感觉特别好，好的点就在于你能多想想自己，读一会儿书，想一会儿自己，就像古人说的"六经注我，我注六经"一样。这种疏离感和距离感其实是警醒自己的特别好的媒介，但刷短视频的时候，就没有这种疏离感和距离感，没法跳脱出来想想自己的生活和工作，所以光刷短视频是取代不了念书的。**我还得再强调，从现在开始，包里永远装本书，你现在可能感觉不到区别，但 10 年后，你会发现自己要淡定许多。**

俞敏洪：非常对，不管走到哪里，手里一定要有一本书，而且最好是纸质书，因为它有书香，书的味道能让人安静下来。另外，如果你有一本书在手里，那 10 年以后，你就不会再是现在的你，你和周围没有读书的朋友对比一下，一定能看出彼此的区别，所以，还是要多读书、读好书。

2. "冯唐"的来历

俞敏洪：言归正传，我想问问师弟，当初为什么会用"冯唐"作为笔名？跟"冯唐易老，李广难封"这句话有关系吗？

冯唐：第一，为什么要起笔名？我出第一本书的时候，出版人给了我两个选择，一个是用真名，还有一个就是起个笔名。我说这俩有什么区别？他说你起个笔名不会影响你正常的生活，我当时心想，要是能影响我的正常生活那该有多好啊！我出门还得戴个墨镜，很多人管我要签名。当时不懂，就觉得这真是美好的生活。但后来一想，我那时候还在咨询公司，如果让周围人知道了，他们就会认为我不努力工作。其实我当时写作只是不想让自己疯掉，并不是不努力工作，我这种写作跟别人去跑步、去健身房是一样的，只是一种换脑子的方式，所以为了不让大家知道，我就起了个笔名。

第二，起什么笔名？我叫王建国、王卖货，好像都不太行，当时就想找一个古人的名字，来个"借尸还魂"。我那会儿读海明威的作品，他说"写完了就没了"，我当时觉得我可能写完这本也没了，所以还不如没人知道到底是谁写了这一本书，然后我还继续过我自己的生活。那时候刚刚有百度，查起来不是那么方便，比如大家查《万物生长》的作者冯唐，结果查出来冯唐是一个古人，那他们就不会再去追查这个人到底是谁了。

第三，找哪位古人？我想找我最喜欢的时代里最喜欢的那个人，当时正好在二刷《史记》，看到了《史记·张释之冯唐列传》，我蛮喜欢汉代，冯唐那个时期正好也是汉民族形成的时期。另外，冯唐有几个特点我很喜欢，比如他活得长，活到了90多岁。很多古人活得都很短，比如，李世民50岁出头就死了，写《世说新语》的刘义庆40多岁就挂了，大家都是很快就挂了，所以我想如果我能活得长一些，就可以多看到一些事情，多增长一些智慧，多走一些地方。那谁活得长？就冯唐活得长，这就让我挺开心的。

另外，在《史记》的记载里，冯唐说"臣不知忌讳"，意思其实就是，抱歉，我写东西的时候不太会掩饰自己的真实思想。我觉得这非常重要，如果你在写作的时候就有自我审查的毛病，哪怕你真的相信世界就是这个样子，之后也绝对不可能写出来。这个世界已经沉淀了太多文字和思想，如果你不能杀出一条血路，不能血战古人，不能放手去写，那很抱歉，你一点戏都没有。我很喜欢活得长的人物，加上冯唐历经了文帝、景帝和武帝之后，还能不知忌讳地去写，这一点我非常喜欢，所以最后就起名叫冯唐。当然，最开始你用百度查冯唐，出来的更多是汉代的冯唐，但现在再用百度查冯唐，80%是我。

俞敏洪：现在大家都不太知道你的真名，但都知道你叫冯唐。

3. 冯唐的写作之路

俞敏洪：你是怎么开始写小说的？

冯唐：我的第一部小说发表在一本叫《十月》的杂志上，是一个严肃的文学期刊，当时全文都登了，名字叫《欢喜》，是我18岁时写的第一个长篇。

当时写小说说白了就是为了吸引女生的注意。那会儿我们高中有各种俊男美女，而且体育特长生特别多。我们班40多个人，一小半都是男生，里面好几个还是体育特长生，人家跑起来或者打篮球都特别帅，我那会儿又瘦又黑，完全是一个土鳖，我就想怎么办，做点啥事能让女生注意我。后来凭借我天生的战略敏感度，心想写文章有可能行。我从初中升高中虽然是保送的，但还是参加了中考，听我语文老师讲，好几个老师都给我的作文打了满分。我心想这方面我可能有戏，那就多试试，就开始写长篇了，这是最开始写小说的动机。

到《万物生长》的时候，我那会儿在美国读商学院，暑期到新泽西打工，那时候已经有新浪了，但新浪里的内容差不多半小时我就看完了，实在是无聊，而且美国的工作节奏又慢，早上交代我的活两个小时就干完了，我又不好意思躲到车库里喝酒，就只能看着这个屏幕想想干点啥。那么写点东西吧，让大家觉得我在忙。偏巧我又想起年轻时的那些事，对有些人思念得不行，还是会反复梦见，于是就开始写了。

写《十八岁给我一个姑娘》，一个很大的动因是好胜。因为很多人都说《万物生长》好，但《万物生长》卖得非常差，第一版只卖了3000本。我心想，为什么写得这么好的书卖不出去呢？坦率地讲，我们商业人士倒不觉得这是奇耻大辱，但确实有做得不到位的地方，最后我把这个问题给解决了，用了一种很实操的方法开始卖《十八岁给我一个姑娘》。这本书我觉得写得也不错，质量是OK的，卖书的方法我跟各位说说。

第一件事就是占领评论最高点。我把当时中国最好的两个文学评论家叫到一起，说："你们在一块儿闲聊的时候总说我的书写得不错，那你们俩能不能给我站个台？"那时候天津举行书展，我的发小有一辆桑塔纳2000，我们四个，我发小开车，我坐副驾驶座，他们俩坐后面，我们从北京去天津开新书发布会。他俩说："那你晚上请我们吃饭吗？"我说："不一定，要看你们俩表现怎么样。"他们说："那我们表现好点，晚上吃个饭。"我说："行，那咱们去趟天津，站个台，然后吃个晚饭，你们再搭下一班火车回北京。"就这样我们四个到了天津，开始站台。

第二件事就是所谓的放下身段。这是我跟王朔老师学的。王朔说他有一年见了100家媒体，然后发现自己有点名声了之后，就可以不用见那么多媒体了，那是 2003 年。我说那我也见 100 家媒体，我就和出版社一个小伙子扛着书的易拉宝走了 15 个城市，在每个城市都找七八家媒体来参加，那时候媒体来的人都比读者多。总之，就这样花了一个月的时间跑了 15 个城市，两天一城，然后发现书开始好卖了，我以后就不用再见那么多媒体了。

写小说的过程大致就是这样，至于读者会不会不喜欢我写的这些东西，我是这么看的，**一个好的作家，只能用好自己这块材料，只能做好自己**。也就是说，我没法替别人写，没法迎合所有人的需求，我不能扔掉我脑子里的想法，对于我自然产生的东西，我就去尊重它、表达它，而不是因为您想我变成什么样，或者张三、李四、王五甚至某种更有力量的东西希望我变成什么样子，我就能变成什么样子。我不是孙悟空，我只是冯唐，我只能用好我自己这块料，这是我在写作中一直坚持的，到今天了也就这样了，变不了了。大致就这么一个情况。

俞敏洪：最后这段话让我特别感动，一个作家不管写什么东西，如果不坚持去写自己认为值得写和能够写的东西，而是迎合大众，编一些讨好大众的东西，那我觉得他就不再是一个作家，更像是一个被雇用的写手，这肯定是不对的。你的坚持肯定没有问题，何况随着时间的流逝，我相信你的三部曲一定会不断被更多人阅读。坦率地说，因为这次要跟你对谈，我重新读了一下，根本没有过时的感觉，依然能勾起我对于青春梦幻般的回忆。当然我没有你那么潇洒，现实中你被美女青睐的机会肯定比较多，毕竟你是北京人，相对来说比较大胆，也比较自信。我觉得你还算幸运，因为你那三本书从出版到今天，从来没被禁过，一直在销售中。想想劳伦斯的《查泰莱夫人的情人》在英国被禁了 30 年，但现在谁都不会说那是一本坏书。

冯唐：还有亨利·米勒，他的书到一九六几年才发布了全文。劳伦斯也没有在活着的时候看到自己的小说全文出版。所以，我觉得这是人类进步的一个过程。其实师兄说得对，**我们生活在一个环境里，你可能感觉不到那时候的好处，但当你经历过之后，你会发现，哦！原来那时候这么好**。

4.《北京三部曲》：青春之旅

俞敏洪： 我觉得你我还是生活在了一个好时代，在你的青春年少还没过去的时候，你的书就变成了畅销书。刚才说第一版《万物生长》只卖了3000本，但到今天为止，《万物生长》应该已经卖出去几百万本了吧？

冯唐： 应该是。

俞敏洪： 我一口气读完了《万物生长》《十八岁给我一个姑娘》《北京，北京》，我觉得你把青春的美好、烦恼和躁动描写得淋漓尽致。因为我也是北大出来的，所以那些场景我比较熟悉，有一种真实感。中国像你这样的小说家真的不是太多，但后来大家对你有各种误解，你的小说中有很多涉及男女之情的描述。坦率地说，比起你的散文，《北京三部曲》对我冲击力反而更大。

冯唐： 感谢您的评价，我也蛮同意您的评价。他们老说我杂文写得好，其实只是杂文流传得比较广，而且写杂文有一些简单的技巧，我认为自己也是一个很好的诗人和小说家。在师兄面前我不加掩饰地说，我觉得您说得对，我不认为在《北京三部曲》之前，有其他更好的写15岁到30岁这个阶段年轻男性的作品。《万物生长》2001年出版，《十八岁给我一个姑娘》2003年，《北京，北京》是2007年，这三本小说形成的《北京三部曲》出版后到现在也有十几年了，我觉得讲青春、讲北京的书，没有比三部曲讲得更清楚的。

俞敏洪： 你觉得王小波的《黄金时代》能跟你的三部曲比一比吗？

冯唐： 是这样，跟古人和前辈相比，我总觉得有点不好意思。我在《了不起》里也讲了小波的《黄金时代》小说集，我非常喜欢里边收录的三个中篇——《黄金时代》《似水流年》和《革命时期的爱情》，特别是《黄金时代》的结尾，那是我看过古今中外的所有小说里最凤头、猪肚、豹尾的一篇，绝对是最漂亮的豹尾，没有之一。我给大家读一读他写陈清扬跟王二又一次见面时的情景："已经过了这么长时间了，事情已经发生了很久，话也说了很多遍了，但是想起彼此还是真他妈操蛋的，就是这种感觉。"然后两人滚了床单，再看看这一段："陈清扬说她真实的罪孽，是指在清平山上。那时她被架在我的肩上，穿着紧裹住双腿的筒裙，头发低垂下去，直到我的腰际。天上白云匆匆，深山里只有我们两个人。我刚在她屁股上打了两下，打得非常之重，火烧火燎的感觉正在飘散。打过之后我就不管别的事，继续往山上攀登。陈清扬说，那一刻她感到浑身无力，就瘫软下来，挂在我肩上。"看这个动词用的，"挂"。"那一刻她觉得如春藤绕树，小鸟依人，她再也不想理会别的事，而且在那一瞬间把一切都遗忘。在那一瞬间她爱上了我，而且这件事永远不能改变。"再看最后一句，太漂亮了，就一句，没有说两人怎么分开的，没有说怎么去的火车站，没有说最后是谁碰了谁的手，只是这么两句"陈清扬告诉我这件事以后，火车就开走了。以后我再也没见过她"。我想说的其实是，有些好小说，它本身就是天然而成的，真的就是所谓的"文章本天成，妙手偶得之"。

其实，别看我长得像个杀猪的，但我是做战略的专业人士，因为有太久的战略修养，所以我总会一方面想我自己擅长描写什么，另一方面想我的竞争对手是什么样的。如果别人已经写得很好了，况且我对这方面又很不擅长，那我干吗要写？

5. 成事学：成功不可复制，成事可以修行

俞敏洪： 除了《北京三部曲》，我也很喜欢"成事学"的三本书。你有一个理论，你说成功和成事是不一样的，为什么不一样？一个人要怎么做才能成事？

冯唐： 第一，成功不可复制。比如，现在再让您开个新东方，您老老实实说，能成功吗？

俞敏洪： 不一定，80%的可能没法成功。

冯唐： 谢谢您的坦诚。如果问问那些大佬，现在重新开始做20年前做的那件事，能不能成功？如果他们老实回答，应该大半以上是成功不了的。

俞敏洪： 因为各种机缘巧合是完全不能复制的。

冯唐： 对，成功是一命、二运、三风水、四积阴德、五读书，有太多事情能影响成功，但成事是可以修炼的，这是两者很大的区别。比如，俞老师说，

冯唐你去这条街上开个咖啡馆，我觉得以我的修炼能把这个咖啡馆开好，你让我创个品牌、组织个团队、弄个健康俱乐部等，我觉得我可能也都行，但你要是让一个大学教授去做这件事，他做不了。所以，我其实是想把这种成事的能力传授给大家，希望大家能够学会，从而更好地用好自己这块材料，同时也让这个世界变得更美好一点。这是我发自肺腑的一种想法。

第二，为什么要成事？ 引用一下我妈在我一路长大的过程中一直唠叨的一句话："作为一个人，你要上进一点，要对别人有点用，要自己去奔。"人活在世界上，应该做点有意思的好事，不只是让自己开心。就算你最后当个和尚，其实对别人也是有用的。你成事、成好事、持续成事、持续多成好事，这个过程是能给你带来满足感的，同时这也是你应该做的，帮助别人做一些别人不容易做到的事情。

第三，怎么成事？ 其实除了看书之外，更重要的是"做"。您是从北大出来之后创立的新东方，如果那会儿您不做，就不会有现在的新东方。**空想是没有用的，必须要落到实处，只有这样才能知道这个世界究竟认不认可你的空想。** 所以，大家除了看我跟俞老师的直播，除了看冯唐"成事学"的各种书，更重要的是要放下书本去实操，**不要空想，要做具体的事情，这样才能给自己信心，才能给别人更好的生活。**

俞敏洪： 你在很多场合中都反复提到，一个人如果想把事情做好，一定要"不着急、不害怕、不要脸"，而且还要"浑蛋地活着"，你能给大家解释一下这么说的原因吗？

冯唐： 所谓九字箴言"不着急、不害怕、不要脸"，其实是有内部逻辑的。**"不着急"，是对过程或者说时间的态度，要给自己或者一件事以时间，因为它是一个自然的过程。** 什么是苦尽甘来？什么是好事多磨？哪怕你出版的第一本书是《红楼梦》，你也不可能第一年出版的时候就能收获四处的掌声。创业如果不苦10年，就不叫创业。**所以，多数情况下要尊重自己、尊重时间、尊重自然规律，扎扎实实地做，不要着急看到结果。**

"不害怕"，是对结果的态度。我已经尽力了，至于成不成功还要看其他的因素。我把自己的力尽到了最大，至于结果怎样，就看天意了。有一句老话说得好——"成败安之于数"，能不能成功是有数的，是要靠命的，**所以尽力就行，不要害怕结果。**

"不要脸"，并不是说没底线，不遵守法律法规，而是说你不要在乎别人的评论。既不要太在乎别人的负面评价，也不要太在乎别人的正面评价，因为知道你的人多了，骂你的人、不喜欢你的人肯定就多了。这是一个简单的数学问题，哪怕喜欢你的人比例不低，但因为知道你的人绝对数太大，不喜欢你的人绝对数也会变得非常大。而且人很贱，比如我夸俞老师 100 句，俞老师都不见得能记住，但如果我骂俞老师一句，他估计能记 10 年。正常人都是如此，所以要做到不要脸，别人爱怎么骂就怎么骂。

如果能做到"不着急、不害怕、不要脸"，也就是内心足够浑蛋，那我们在宇宙中就不易被风吹散，我们就还有机会看月、看花、喝酒！

俞敏洪：真要能做到这三点，这个人一定活得坚强而通透。

冯唐：尤其"不要脸"非常难做到。

俞敏洪：非常难，到今天为止我也没做到"不要脸"，只能把它当作一个目标。不过我现在对于负面评价和正面评价都会说声"谢谢"，它已经不会再引起我内心的波动了，不管多少人赞扬或者批评我，我都会坚持做我认为自己该做的事情，在这点上我倒是有一定定力的。

我觉得《冯唐成事心法》适合所有人读，尤其是 18 岁到 50 岁的成年人，里面写的完全是你个人的感悟和体会，读完这本书可能会部分达到"不着急、不害怕、不要脸"的境界。你再用两句话说一下这本书的内涵。

冯唐：《冯唐成事心法》最重要的内涵就是"成功不可复制，成事可以修行"，管理是一生的日常，成事是一生的修行。**不要一味地追求成功，要追求把事情办得利落，要成事、持续成事、持续多成事，这样成功自然就会跟着你来，不能舍本逐末。**

俞敏洪：《成事》是在《冯唐成事心法》之前出版的吧？你也简单介绍一下。

冯唐：是的，《成事》是"成事心法"的第一本书。有一句古话叫"借尸还魂"，这本书其实是我看了梁启超摘录的《曾文正公嘉言钞》后，借着曾国藩讲了讲管理和成事。自古以来，成事的背后都有某些潜在原则存在，不只是我这么认为，曾国藩、梁启超也都这么认为。其实写这本书的目的并不是想说古人有多了不起，而是想告诉大家，有一根金线一直从古至今地贯穿着，不要看不上这根金线。你可能看不上冯唐，看不上俞老师，但曾国藩有他的成功之处和成事之处，梁启超也有他的独到之处，如果这些人在某些方面达成了共识，那你就要去判断一下这些方面对你究竟有没有用处，多看看不是坏事。

俞敏洪：很多人都喜欢曾国藩，比如张宏杰，他写过《曾国藩传》。年初我们俩还专门谈过曾国藩，你觉得现代人读曾国藩的书真能学会他那种"成事"的状态吗？

冯唐：第一，**曾国藩对我们今天的生活有重大的实践作用**。他比孔子更靠近现代，他面临的问题也更贴近现代生活，所以他比孔子更有现代意义。他是在条件非常艰苦的晚清，但他依然能够奋力做事，所以他是一个对我们有足够借鉴作用的人。你说难，他自杀过三次，当然最后没成功；你说苦，他一个书生，自己去带兵。所以，他有很多值得我们借鉴学习的地方。

第二，**他是不是百分之百通透？我觉得其实也不是**。他只活了60多岁，自己内心也很拧巴，可以说这种倔强让他产生了力量，但这个倔强对他的身体也是有伤害的。他有疥癣，所以要一直挠痒痒。回过头来说，**我们前半生赖以生存、所谓成事的一些特性，到了后半生有可能就变成了障碍，这些障碍会影响我们后半生的生活质量**。比如，我有焦虑症和强迫症，我总是过分要求自己，也不会放松，这些都是问题，所以还是要通过曾国藩这个例子反思一下，怎么才能把后半生过得好一点。

第三，如果在《成事》和《冯唐成事心法》中看到了曾国藩所不理解的现代商业社会，希望大家能从"成事"的角度多想想。因为曾国藩那时候没有遇到我们现在的这些问题，所以他可能帮不了你。总之，书里有些新东西，希望各位看看，扬弃地学习。

俞敏洪：我觉得值得一读，因为现在如果大家去读曾国藩，第一，他古文色彩太浓烈；第二，大家也不一定能悟透。我觉得你对他这些嘉言的阐释，基本是把他的原意表达清楚了，而且你把曾国藩思想能对现代人产生什么样的作用也讲得比较通透，所以我也比较喜欢这本书。

刚才有一句话你说得特别对，"**我们前半生赖以生存、所谓成事的一些特性，到了后半生有可能就变成了障碍**"，或者用另一句话说，"你把事情做成功的特长，未来也有可能变成你成功的障碍"。这点我深有体会，当我用以前新东方做成功的方法来重振新东方的时候，结果却屡屡失败。

6.《了不起》：阅读的捷径

俞敏洪：《了不起》是你最近新出的一本书，可以比较负责任地说，《了不起》是我读过的所有书评中非常优秀的一本。这本书不仅包含了对人物做事的分析，也包含了对经典语句的延伸，还包含了你行云流水的文笔。我一直觉得你行云流水的文笔几乎是自然流露出来的，根本就不需要思考。一般人写书需要反复思考这个语句怎样排列才能更好，但我觉得你基本就是一气呵成的。你对文字的铺张，比如对比喻、类比的运用等，我觉得一般人都不太容易做到。你为什么要专门出这么一本书评集？

冯唐：主要有三点原因。第一，我坚定地认为，做管理的人如果想把管理做好，成为一个很好的管理者或者职业经理人，除了财务报表之外，还要读一些经典，要有一些所谓的底蕴。因为你要了解人，要了解时间，要了解生活，要了解这个世界，而不只是做做财报就可以了。《了不起》虽然看上去是一个简单的书评集，但实话说这是我创立的所谓"成事学"的第三本书。我发自内心地坚信，**有一个阅读的底子，能帮助刚入门的管理者更好地管理自己、管理团队、管理项目。**

第二，我也理解读书是件挺累的事，因为书太多了，所以如何给大家找一条"捷径"、如何给大家一个"拐杖"其实是一件蛮重要的事。我就想，古今中外这么多经典，还是要挑一挑、选一选，做一个精选集给大家，这 50 本书就是我从原来讲过的书中精心挑选出来的,从100万字的读书笔记中精选出的20万字。大家如果能通过这个"拐杖"把这50本书读上一遍或者两遍,其实就差不多了,因为这里面除了文学还有历史,更有生活美学。我一直觉得,文学让我们了解人性,历史让我们了解时间,它们能够让我们在时间的尺度下,了解到人类会有什么样的行为举止,人是怎么想的、怎么干的,发生了什么。至于生活美学这部分,我估计俞师兄应该比较理解我在想什么。我们上半辈子赶上了国家最好的时候,万物生长,一切都好,但在这个过程中我们太忙了,忙到没有时间去享受清风朗月的生活,这实在有点惨,我们这辈子来地球的时间可能就这么多,也不知道下辈子去哪个星球、变成什么,因此生活美学是非常重要的,特别是在现在这个环境下。如果没有其他事情干,至少可以看看月亮,喝一杯酒或一杯茶,可以想想怎么让生活美好一点,所以我把这些都集中在了这本书里。

第三,原来大家说不要学以致用,就当打发无聊时间,但我小时候苦,总认为时间要花得值,所以这本书的出发点是讲管理、成事,而不是炫耀我读过多少经典。我想的就是大家能够学以致用,希望大家能觉得读书是为自己增强武库、增加战备的一种方式,从而让自己走出门以后,能够对人和世界有更好的了解,能够更好地面对生活和工作中的问题,包括失败、危机、无常等。

俞敏洪: 我对这本书比较感兴趣的主要原因在于,我觉得你选书的角度特别好。像我们这样的人,至少要读过上千本书才能告诉朋友哪些书真正值得他们去读,这件事情其实不太容易。所以,你刚才说的那些维度特别好,**通过文学找人性,通过历史找时间,通过美学找生活,人的一生毕竟就那么多时间,要让时间花得更加值得。**

其实人一辈子好像就离不开这些东西,因为一个不通人性的人一定做不好事情,也做不好人。所谓的人性到底是什么,没法一句话说清楚,但当你去读那些把人性的美和人性的恶讲得很透的小说的时候,或多或少能够让自己更加接近于真实的人性。人是生活在时间长河中的,如果我们不知道前因,也就很难预知未来,所以我比较喜欢读历史书。就像你讲《资治通鉴》的时候说,如果你在那个历史人物的位置上,你会做出什么样的决策,这种思考倒过来会对你当下深陷的现状有很好的帮助,所以要把历史放长远了看。

今年我 61 岁了,我后面的时间应该怎么用?其实就涉及你前面说的第三点。由于时代的节奏在不断加快,我们从懂事开始一直到今天过得忙忙碌碌,完全没有享受过生活,连读本书都像打仗一样,写篇文章也希望自己几分钟就能写完,就觉得时间不够用。难道时间真的不够用吗?我觉得不一定。你比我还年轻 9 岁,实际上到了我这个年龄后就会反复思考,究竟什么是享受生活?是胡吃海喝,是奢侈浪费,还是就像你说的,一盏茶、一杯酒,甚至是一本书就能让我们的生活清风朗月,就能让我们过得更好?所以,未来到底要怎么过,这不仅仅是我们两个人要思考的问题。一个人过了 40 岁,这个问题就摆在眼前了,我现在才来思考这个问题,已经太晚了。

我这两天想得最多的就是,怎么才能让自己不忙一点。我发现有时候我忙的目的不一定对,比如,我找那么多朋友进行对谈,我觉得我是带有功利目的的,不仅希望做知识的分享,还希望能把对谈的文字留下来,这样结合起来就可以变成书,就能进一步传播这些思想,而且我本人还能因为这样的对谈获得更高的知名度,但这些想法其实是不对的。能够对谈当然很好,但我必须用另外一种心态对谈。我的目的就是聊天、玩,至于有多少人在线上观看与我无关,能不能留下一些文字也与我无关。最好的方式也许是我把你请到家里,或者你把我请到家里,一盏茶、一杯酒、几粒花生米,我们能谈得比现在还要好,这才是真正的对谈。这是我的感觉。

7. 从医学转变为战略咨询的原因

俞敏洪:聊完你的书,我想聊个特别有趣的话题,你在北大协和医学院学了整整 8 年医学,几乎成为癌症方面顶级的专家,在这个时候你却突然转型跑到国外读了商学院,后来到了麦肯锡做战略咨询管理工作,在麦肯锡一待就是 10 年。"救人一命,胜造七级浮屠",明明当医生是最直截了当实现救人使命的职业，你为什么突然就放弃了当医生？

冯唐：有几个原因。**第一，有些疾病我是真的没办法，所以自己会有一种强烈的无力感。**我熟悉的卵巢癌，当时的 5 年生存率只有 50% 不到，也就是说，你接 100 个病人，5 年之内，死掉一半，而且治疗过程很痛苦，治了再复发，又治又复发，在这个过程中你会有很强的挫败感和失落感。但好消息是新的药物、新的治疗方式，包括一些免疫治疗的方式，在过去二十几年在不断产生，所以大家不要放弃希望，说不定未来就有很好的药物了。反正当时有巨大的无力感，毕竟那时候还年轻，才 20 多岁，觉得自己一直在做一件无可奈何的事情，这样似乎不对。

第二，关于我更适合干什么的问题。我当时就想，我这块料如果做医生，不见得能接郎大夫的班，最后就只能做他的一个徒弟，所以我以后的日子就是每天在自己的一亩三分地里弄，一整天开足马力能做 10 台手术就已经非常了不得了。**但我觉得我最大的潜力不是把刀口开得特别快、开得特别好，我想用我的时间、用我这块料去救更多人，**如果有来生，我可能还是会做妇科大夫，做一个手术匠。那现在我更适合干什么？有什么办法能给这个世界创造更多美好？我就想到了管理，想到了商业，只要把一些战略战术及奖励机制安排好，就能把大家组织起来，能够带领大家朝着设定的目标前进。其实只要几十个人能够一条心，就会发现真的可以创造奇迹，甚至七八个人就可以创造奇迹，您一定能明白我在说什么。

俞敏洪：当然明白，尽管我没有搞过战略咨询，但新东方 30 多年来一直在不断地定战略。

冯唐：对，从这个角度来说，我能帮助大家制定好战略、配好班子、定好目标，然后一组一组的年轻人就去做这些事情，最后能创造出更多的价值和美好，这比我一个人去做肯定要强得多。在这个思路之下我就进麦肯锡做了咨询，做了 10 年以后，也是好胜心太强，被客户说动了，就自己创业。他说，你整天劝我们怎么做，有本事你当个司机开开车啊，别老在副驾驶座上当领航员。后来我就去客户那边转了一圈，创立了华润医疗。如果您现在查华润医疗、华润健康，可以看到它已经是亚洲最大的医院医疗服务运营商之一了，所以从这个角度来说，做商业可能比我做一个好大夫更能影响一些人。

俞敏洪： 医生在给普通病人看病的时候是很有成就感的，如果这个医生医术高明而且心术也正，他就会为自己的妙手回春而感到自豪。实际上绝症也需要医生治疗，当这些医生发现自己对病情无力回天的时候，内心肯定会充满各种各样的挫败感，好在现在的医学技术在不断发展，治好肿瘤的机会越来越多了。但我还是想问，**在一些无力回天的情况下，医生如何调整自己的心理状态？**

冯唐： 我也常跟医生打交道，现在我的很多同学都已经挑大梁了。**第一，我觉得医生，特别是西医医生，一定要说服自己去理解"无可奈何花落去，似曾相识燕归来"，而且还要有勇气去接受，接受自己能力有限的事实，自己"尽人事"了，剩下的就"听天命"。** 有生无死，新人如何更迭？地球怎么承载？这是一个自然规律，所以医生首先就要从哲学高度来接受有生就有死这么一个大势。

第二，医生还是要有在死神面前献祭的心态，既然我尽了一些力，那就一定能产生不一样的效果。 这一点也是医生的倔强和自尊的体现。我们那时候协和每年在全国只招30人，现在可能要招90人甚至120人。当时的老教授给我们做培训，听上去还是蛮激励人心的，他说，我们是患者和死神之间的最后一道防线，如果我们垮了，那就真没辙了。意思就是如果你顶上去，或许还能产生一些奇迹。就因为这个信念，我们这些人没日没夜地研究这个病。当时已经有 Medical literature 这样的文献检索工具了，所以关于这个病最新的东西我们都要知道，比如新的药、新的治疗方法到底是什么情况，适应证是什么，我们要把自己变成一个最懂的人。

当时对我们的要求蛮高的，压力也蛮大，我们当时说"协和脸"，就是一脸蜡黄，整天看上去生不如死，因为把精力都耗在那些地方了。我们不会像郭德纲一样讲个笑话，因为那会儿脑子里都是事，都在这个病上。当你发现别人5年存活率是50%，但你能提高到70%的时候，就会有一种荣誉感，一种"知其不可而为之"的幸福感。

第三，医生还是要多一些人文关怀，不能只把人当作机器。问你一个问题，你说多活两年但没有自理能力好，还是有自理能力但只能活一年好？如果一个医生认为活得长更好，那不好意思，我很直接地说，这样的医生不是特别好的医生。作为一个医生，一定要明白究竟什么东西对患者来说最重要。有些患者原来就是班花、系花、校花，她就想体体面面、漂漂亮亮、干干净净地离开这个人世，她就不想插管，不想做气管切开，想慢慢地走，该放弃治疗就放弃治疗，我觉得尊重她意见的不见得是个坏医生。就像郎大夫讲的，也是我们当时所学的《西氏内科学》里常讲的，"**To cure sometimes，To relieve often，To comfort always**（时而治愈，经常缓解，总是安慰）"。

俞敏洪：这句话我也读过，医生能够理解一个病人真正的需要其实比让他多活两天更重要。我认为医生需要具备三个要素：第一，他本人必须参透生死，因为他天天面对死亡，如果不参透生死，这个压力会是巨大的；第二，他应该了解病人真正的需要，如果只是根据医生的感觉来治愈病人，可能会产生病人并不想要的过度治疗；第三，医生必须要有仁心，必须能对病人起到安慰作用，只有这样才是好医生。不知道我总结的对不对？

冯唐：正好说到这里，也给各位传授一点干货，特别是女生，如果不想得癌或者少得癌，比如乳腺癌、卵巢癌、宫颈癌等，你就一定要放得开，其实就是要浑蛋一点，内心要强大到浑蛋。你越憋着、越是个好人、越不骂街、越替别人着想，就越容易出问题，当然不是说这些不好，就是因为你太好了所以才会出问题。就像刚才讲到的医生一样，**你要学会接受，不要总是觉得这个世界怎么这样、这人怎么这样，你要反过来想，这个世界就是这样，这个人就是这个德行，你要接受这个现实，心里不要太拧巴，我觉得这是减少癌症发生最重要、最重要、最重要的事情。**

再多说一句，其实得了癌也别怕。我对癌症的研究还是蛮多的，说白了癌就是一个正常的细胞在复制过程中产生了突变，它突然就不想死了。癌细胞就是不愿意死亡，所以过度生长，最后产生了癌症。那问题来了，人如果活得时间足够长，就意味着细胞复制的次数会越来越多，而每一次复制都会加大癌变的概率。这时候我们怎么办？曾经有一个统计，每 7 个女生中就会有 1 个得癌，但现在科技已经进步到把多数癌症变成某种慢性病的状态，你可以带着它有质量地生存很多年。**所以，我想跟各位说，哪怕得了癌也不是世界末日，积极应对其实能活得挺久，不着急、不害怕、不要脸，接着浑蛋就好了。**

8. 生命有限，学会放下

俞敏洪：尽管你的生活好像并没有太多起起伏伏，但你对人生的思考却经历了好几个阶段，我甚至认为你在很年轻的时候就已经参透了自己的现在和未来。我想沿着这个思路问你一个问题，**你觉得自己参透生死了吗？**

冯唐：生死我还谈不上参透。前几天我跟一个小姐姐吃饭，她跟我说她特别喜欢户外运动，她喜欢有质量的生活，后来喝得多了点，聊得就更深入了，她就说，觉得自己活到 70 岁就差不多了，她已经找好了结束自己的地方，还给我看了照片，说她做了哪些准备，因为那个地方还不太容易上去，等等。我当时想的是，说起来容易，做起来难。

我是在医院里长大的，我是真的见过一些号称明白生死的人，当疾病真的发生在他们身上的时候，99.9% 的人都想活得久一些，无一例外。"贪、嗔、痴"这三个字在他们身上表现得淋漓尽致。他们会说，"哎呀，你让我再多活几年，我孩子还小"，或者"你让我再多活几年，我孩子就要讨老婆了"，再或者"你让我再多活几年，我儿媳妇要生孩子了"，等等。就像歌词里唱的，"还想再活五百年"，这是人类最根本的诉求，想长生不老，一直活下去。其实从这个角度来说，我觉得这是一件很傻的事，因为人类不得不被基因所控制。

我现在看到一些医疗手段能让人没有质量地活很久，比如胃肠内营养、上呼吸机、用一大堆药维持，最后全用在你身上，但这真的是你想要的生活吗？有可能只是周围人不想让你死而已。他们有他们自己的想法，这可能跟你的初衷完全不一样。我们学静脉穿刺的时候，最开始自己扎自己，但发现不太行，因为自己扎自己很疼，后来我们就互相扎，互相扎就不疼了。我扎别人的时候手非常狠，而且扎得很准。比如，给胖一点的人做静脉穿刺其实不容易，因为他的血管在肉里面，所以针不太容易稳准狠地扎进去，但我是超强的那种，手很灵，"啪啪"一弄就扎进去了。我在《北京，北京》里写过，我曾经有个师兄，那个师兄手笨，我给他当助手，早上那个病房有 5 个患者要抽血，他拿了 6 个针管，给第一个患者抽血，6 个针管就已经都用光了，也没抽出来，最后我帮他救的场。

我想说的意思就是，看别人死的时候，我觉得还好，当我自己想死的时候，其实我倒不是怕死，而是怕疼，我怕死亡的过程太难受。我现在就想，人怎么能死得体面一点、疼得少一点。我爸爸是 2016 年 11 月 13 日去世的，在我妈生日那天，中午他给我妈做了一碗面，他们一人吃了一点，下午睡觉的时候，他就走了。我根本没赶上回去看最后一眼，但他们说过程非常平和。

俞敏洪：走得好安详。

冯唐：对，就是吃完面，睡了睡觉，在睡觉中过去了。我觉得这是福气，我在想我怎么才能复制我爸这种福气，无论是七十几岁还是八十几岁死的时候。**很多人之所以抓住他们的位置、他们的事业以及他们的钱不放，是因为他们一直都忽视了一点，人的寿命是有限的。你只是看上去活的时间很长，实际上也就那么一二十年可以蹦跶，那你为什么还要那么多呢？就像吃自助餐，你肚子明明已经饱了，但你又舍不得所花的钱，就要往死里吃。你想想这对吗？大家要想明白，我们头上始终有一把剑，这把剑就是用来提醒自己的，我们迟早有死的那一天。**

俞敏洪：如果能想通这件事，对人类来说将会是一个巨大的进步，否则人真的会因为"贪、嗔、痴"而去坚持那些不应该坚持的东西。

冯唐：其实现实生活中总有一些悟不开的，甚至像我妈这样接近于"魔"的人。有时候我会把她拉到医院，让她看看 ICU 里的那些患者，告诉她没有什么东西是放不下的。而且我觉得大家租房、买房的时候，别嫌弃墓地，你常看看，能提醒着点自己，人是会死的。所以，我觉得去去 ICU、去去墓地，对自己是有帮助的，能帮助自己放下。这个世界上哪有什么放不下的东西？人说"一死万事空",我觉得其实是"一病万事空",我见过很多人逐鹿中原、开疆拓土、杀伐战取、攻城略地,结果因为高烧得了肺炎,瘫了,然后就躺在那儿了,等病一好,压根儿就没反思过自己为什么会生病,又去逐鹿中原、开疆拓土、杀伐战取、攻城略地了。所以,做什么事都要有个度,多给自己留点空间。

在"死是必然的"这个前提之下,什么是满足感?我 20 年前基本每三天飞一次,曾经有一次飞机特别颠簸,我就想,如果飞机掉下去,我 99.9% 就挂了,那我现在最大的遗憾是什么?**其实我觉得这个问题是值得我们偶尔问问自己的,如果飞机掉下去了,你最大的遗憾是什么?想清楚之后,你赶紧趁着今天还没掉下去把这件事给干了。总之,就是别留遗憾。**

俞敏洪:这个问题我近两三年里一直在不断问自己。每个人都会有离开人世的那一天,不管你愿不愿意,老天都会把你收走。所以,在那天来临之前,你最想做的事情是什么?

冯唐:第一件事,我还有三四个长篇小说没写完,已经打腹稿了。其实我已经写完了第七个长篇小说,是写我爸爸的。我们这代人很幸运,有机会能够使出自己的力气,但不好的一面就是上半生过分忙碌,导致陪父母或者老师的时间有点少,比如我跟我爸在一起的时间就很少。我爸认识所有的鱼,他是在印度尼西亚长大的,因为遭遇"排华"回到了国内,那年他 18 岁。所以,在前年年底、去年年初的时候,我就给他写了一封十几万字的信,用我的方式回忆了一下我们俩之间的事情,这封信相当于我的第七个长篇小说。除此之外,我还想写一部关于我妈的长篇小说,争取在她走之前写完。还有一篇小说想写我哥哥姐姐这辈人,我哥哥比我大 9 岁,我觉得他们也教会了我很多东西,当然也包括我的这几位导师。此外,我在改革开放这 40 多年时间里,记了有 100 本日记,关于这些我也想写下来。

俞敏洪:太厉害了,100 本日记,这个习惯太好了,现在很少有人再用笔和纸写日记了。

冯唐:一边是工作日记,一边是生活日记,扎扎实实地记录了自己已经阅读过的东西以及之后需要阅读的东西。不是想吹牛,只是这么多年一直有这个习惯，我想写一本在中国改革开放历史背景之下的书，因为这是人类历史上创造财富最多的 40 多年，这应该没有夸张。

俞敏洪：可能其他任何一个国家的财富总量在 40 多年都没有这么大过。

冯唐：第二件事，"成事学"已经有了 3 本书，但之后我会继续把自己对"成事学"的一些想法落到 10 本书上，大家愿意看就看，不愿意看就算了。我想把以麦肯锡为代表的西方管理方法、以《资治通鉴》《二十四史》和曾国藩思想为代表的东方管理智慧，以及我的一些实践经验结合在一起，创造出之前没有人写过的一些东西，希望能帮助中国的管理者、实践者少走点弯路。所以，我未来就做这两件事，一个是文艺，一个是管理。

俞敏洪：这两件都是写作方面想做的事，在个人生活方面有什么想做的呢？

冯唐：我对中国和美国相对了解得多一点，我想多了解了解世界其他地方的事情，特别是欧洲及西亚的一些事情，比如去博物馆看看、和一些人聊聊天等，我想多见识见识。马斯克老说去火星，我想，我好不容易才来一趟地球，用不着跑那么远去看火星、水星，很多地球上的东西我都没看过。而且走马观花地看，可能跟在一个地方待一待还不一样，我觉得换个地方再开始一段人生可能也挺有意思。有可能的话，我想带着电脑换一个地方待上一两年，再换一个地方待一两年，大概就这样。

俞敏洪：太好了，下次你再到什么地方去，如果觉得需要一个朋友一起喝酒聊天，你就把我叫上。

冯唐：您随时来，任何地方只要有您在就是最好的喝酒场合，今天跟您聊得特别开心，很久没有这么敞开心扉地跟人聊过天了。

9. 下半程：读书、做公益、旅行

冯唐：俞老师对于之后的时光有什么想法和安排呢？

俞敏洪：我才刚开始想这个问题，还没想清楚。再往后的生命是有限的，如果老天对我宽厚，并且假以我时日，我觉得后面还能有 20 年头脑清醒和身体健康的日子，但我暂且不想 20 年，先想 10 年，到 70 岁。我个人感觉是要过更轻松的生活，在这 10 年之内，我一定要退出新东方的具体事务管理层，因为现在我还在新东方，还在搞管理，搞团队培训，还在参与新东方具体事务的决策，甚至参与了很多战术方面的事情。我这 10 年如果再做新东方，一定是抱着玩的心态，而不是抱着功利的心态，新东方之后是否能够成功，还是要靠我后面的接班人以及新东方的管理团队。

所以，未来我要做的**第一件事，读书**。读自己喜欢的书，而且读书绝对不是为了和作者做直播。我现在很多时候读书是为了跟作者做直播，这个做法很愚蠢，导致我现在至少有 20 本优秀的书籍没有读。这些书的作者有的已经去世了，有的是外国的，我居然把这些书放在那里不读。因为我来不及读，这就不对了。

我要做的**第二件事，做公益**。我每两个礼拜就会安排知名人士给乡村孩子讲一次课，一次一小时，有不同的主题，音乐家去讲音乐，雕刻家去讲雕刻，画家去讲绘画，歌手去讲唱歌，当然还有像你这样的小说家去讲小说，等等。你想 100 万农村孩子听我们讲课，中间很可能就有几个孩子因为听到我们的课而改变了自己的命运。这个我很愿意做，不是为了赚钱，也不是为了新东方的股价，我就单纯觉得这个事情特别好。

我要做的**第三件事，旅行**。我一定要走遍此生想要去的地方，因为这 3 年的疫情耽搁了我去 15 个左右的国家和地区的计划，未来我一定要去，不是为了写作，也不是为了做短视频拉流量，纯粹就是为了去走、去看。

冯唐：您刚才说到读书，我也很好奇，如果现在让您说出最想读的三本书，会是哪三本？

俞敏洪：《道德经》是我一直在三三两两研究的，也会读一些人的注释、注解，想试着去体悟一下，但到现在为止也没有读得太深入。还有就是《红楼梦》，我读过一遍，但我觉得到我这个年龄之后应该再去读。第三本就是《金瓶梅》，我才读过一遍，而且还是 30 年前读的。

冯唐： 小男生时期读的（笑）。

俞敏洪： 对。那会儿根本不关注内容，只关注描述的片段。

冯唐： 我们当时住在协和的宿舍，东单三条五号院，我有一个《金瓶梅》的精选，专门把《金瓶梅》被删去的部分摘出来，然后用A4纸打印了14页。当时我管一个实验室，我就打印出来给大家一人发一份，让大家看看都被删掉了什么（笑）。

您前面提到了做公益，100万农村孩子能够听到不同的声音，能够听到所谓的名人来讲课，尽管我不认为我是名人，但我觉得您这个做法特别值得点赞。能让所有人读上书是特别重要的事，这件事在孔子那个时候就是个创举。多读书、读好书，才能帮助自己抵御被"洗脑"的风险，才能够有独立思考能力，如果不读书，是绝对做不到的。但读书不能完全代替看人、见人和听人，所以只要您邀请，我随时都愿意去给乡村孩子们讲课。

第三点您说去旅行，读万卷书、行万里路我是非常认同的。我原来总觉得既然我已经看了书，也看了一些视频，为什么还要去这个地方？为什么一定要去博物馆？我在线上行不行？难道不一样吗？实际上确实不一样。我在这里很严肃地和大家谈论这个问题，**你在实景、实地、实况接收到的信息，那时候的风，闻到的气味，感受到的东西，眼睛看到的细节，包括一幅实际的作品，它笔触的凹凸感、动作以及力量，都是视频完全不能替代的，至少现在还不能替代。**哪怕元宇宙再发展20年，也不能完全替代你在威尼斯的一个小河边，拿着一杯啤酒，啃着一口香肠，看着一个姑娘坐着一条小船从你面前经过的时候给你的感觉，这是不一样的。

俞敏洪： 我也想对年轻人说，不要以为虚拟世界跟现实世界是一样的，即使元宇宙出来了，你能闻到的花香、能看到的流水和飞鸟，永远都是虚拟的。就像冯唐说的那样，你坐在河边，看着小船从河里划过，小船上坐着美丽的姑娘，或者你看到在莫日格勒河岸有一个咖啡厅，有人正在那里喝着咖啡，这种感觉和你在虚拟世界中的感觉是完全不一样的，更何况人生中很多奇遇都只在现实生活中才有可能发生。所以，我下定决心接下来20年要尽可能去旅行，就是为了和世界真正相遇，和人间烟火真正相遇，这是我要去做的一件事情。**你越早接触世界，越早跟人打交道，就能越早领悟，从而对人生有更好的规划。**

10. 珍惜时间，见想见的人

冯唐：刚才说到 80 岁，我就想到了我的老师。我人生中有四个导师，最重要的一个是我在协和时的导师郎景和，是很久以来中国妇产科唯一一个院士。我记得当时跟他探讨过如何倒时差。因为我现在岁数逐渐大了，倒时差变成了一件非常痛苦的事情。我原来根本不倒时差，直接洗个澡、游个泳或者跑个步就去会场了，但现在却倒起时差来了，脑子里全是糨糊。我当时就问我导师："您都八十几岁了，现在是怎么倒时差的？"我真名叫海鹏，他说："海鹏，我不倒时差的。"我说："那您怎么能这么有精力？"他说："比如我要从美国飞回来，我就会跟手术室打个招呼，给我留两台手术，我下了飞机直接去协和，上两台手术，然后累得要死，再喝两瓶啤酒，睡一觉，第二天时差就全没了。"所以我就想，咱可以给年轻人让位置，但不能让自己停下来，咱就耍，不给别人挡道，但也不给自己无所事事的理由，这是我从我导师那里学到的。

俞敏洪：我觉得在 80 岁之前，我要趁着腿脚还灵便、身体还健康、思维还算正常，尽可能做完我此生还没做但应该去做的那些事情。但到底是哪些事情，我现在还没有完全想清楚。所以，我挺佩服你的，你才 50 多岁，我读你的书也好，看你的视频也好，感觉你对自己后面该做什么事情已经想透了，对于人性、历史和自我的问题，想得比我要好很多。一个人的领悟能力跟年龄没关系，你看六祖慧能，那么年轻就领悟了，五祖弘忍就把衣钵传给了他，神秀比他多修炼了很多年，但最终也没他领悟得更透，当然神秀也算是一个大家。到我现在这个年龄，一定要在某些方面变得透亮，我必须要明白后面的岁月我应该干什么，比如到 80 岁以后我该干点什么。当然我还会继续干，该读的书继续读，该走的路继续走，该跟朋友喝的酒继续喝，如果还有能力写，该写的东西还继续写。

我们这些人写惯了，不可能马上就放下，所以就继续写。举个例子，我的老师许渊冲，到了100岁还在搞翻译，96岁上了央视《朗读者》，震惊了全国人民。后来慢慢年龄大了，老两口的生活都是我来照顾。因为老太太比老头子年轻12岁，我和我的同学们就商量要是许老去世了，我们就继续照顾老太太，结果没想到不到一年，老太太就因为一场感冒去世了，剩下许老一个人。他一个人在家里，每天就翻译莎士比亚、詹姆斯·乔伊斯及王尔德的作品。詹姆斯·乔伊斯的作品都是意识流小说，翻译起来其实很难的，结果老人家居然3年翻译了6本著作。2021年，我帮他过了100岁的生日，突然有一天早上，他的保姆给我打电话，说"俞老师你过来一下，爷爷不行了"。等我赶到现场，老爷子就去世了。保姆说一直到去世前的早上5点钟，老头子还在伏案翻译。到现在为止，许老留下了200本翻译著作，这种坚持是我们要学习的。

其实人没有一个无所事事和有所事事的分界线，只是说，在我们最美好的年华，能动、能说、能吃、能喝、能笑、能思考的时候，如果没有意外，就要去完成那些人生中最重要的事情。 这还涉及意外和明天到底哪个会先来的问题，我的生活中有太多这样的例子，包括我的大学同学和朋友，本来好好的，结果第二天人突然就没有了。在这样的情况下，我就想得特别多，我在想哪些事情我该干、哪些事情我不该干，以至于现在很多本来要去参加的活动，我都不参加了。

冯唐： 正好聊到许渊冲老师，昨天我还录了一段许渊冲老先生翻译的古诗，马上就过中秋了，我也应应景，给大家朗读一下昨天录的那首诗，请各位容忍我不准确的发音。我既不是英式发音，也不是美式发音，而是北京南城的发音，所以我中文和英文都不太行，但是想表示一下心意，也配合一下俞老师对老师的想念之情——

望月怀远

（唐）张九龄

海上生明月，天涯共此时。

情人怨遥夜,竟夕起相思。

灭烛怜光满,披衣觉露滋。

不堪盈手赠,还寝梦佳期。

望月怀远

(唐)张九龄　许渊冲译

Looking at the Moon and longing for one far away,

Over the sea grows the moon bright;

We gaze on it far, far apart.

Lovers complain of long, long night;

They rise and long for the dear heart.

Candle blown out, fuller is light;

My coat put on, I'm moist with dew.

As I can't hand you moonbeams white,

I go to bed to dream of you.

俞敏洪: 特别棒,许老师上翻译课的时候还给我们讲过这首诗,而且你的发音非常棒,已经超过我的发音了,我的发音其实不够好。

冯唐: 我还有一个在北大的老师,叫汪劲武,他是我的植物学老师,至少是我听说过的长江以北知道植物最多的人。植物有六个部分:根、茎、叶、花、果实、种子,单拿出一块让别人辨认是哪个科、哪个种、哪个属其实不是一件特别容易的事情,但你哪怕给汪老师一片叶子,他也知道这是什么植物。当然现在有智能手机,一扫就知道是什么植物,但在没有智能手机的年代,这在我看来是非常了不起的事情。而且在北大那个环境里,一开学就有一位白发苍苍的老先生带着你去看那些在北大自然环境里生长的各种植物,比如昼开夜合的奇异之花等,那段时光真的非常美好。汪老师也跟我们说得非常清楚,如果你想吹牛,那你最好重视植物学,这种重视甚至要多于动物学。当时我们也学动物学,有脊椎动物、无脊椎动物等。之所以说要重视植物学多过动物学,其实是因为街上不会随时出现动物，但一定会有植物，所以你碰见个女生就可以跟她说，"哎，虽然这俩都是黄花，但这个是连翘，那个是迎春花，这俩是不一样的"。当时我非常认真地学了植物学，毕业之后还跟汪老师去到了一个很远的地方，为了找两种很少见的植物——玉簪和山竹。

后来我一直想再去见他，本来两年前就已经定好了要去他家，当时他有一本书要出，叫《燕园草木》，写的就是北大园子里的花草树木，但非常遗憾，一个月前老师走了，90多岁。所以，我很羡慕您，还能跟许老师最后见一面。我其实也想说，教师节快到了，**各位跟自己的老师约着见见面，见一面少一面，人生其实没有各位想的那么长。**后来郎大夫跟我讲："海鹏，你毕业之后20多年，咱们一共只见过四面。"然后他一面一面地跟我数，一次是在协和小礼堂，一次是在斯坦福讲课的时候，还有一次是在九号院，最后一次是在华润大厦，一共四面。他清清楚楚地数了出来，全程没有一句责备我的话，但我当时心里很不好受，我一直在忙一些乱七八糟的事情，没有把时间给到老师，真的非常遗憾。所以，希望各位不要像我一样有这种遗憾，抓紧时间多见见老师。

俞敏洪：太对了，你这么一说，倒让我的内心产生了些许波澜。我有三四个老师还健在，已经90岁以上了，教师节我刚好可以去看一下他们，而且现在东方甄选有自己做的月饼，我可以拎上自己做的月饼去问候一下他们。其实这还挺重要的，在我们的人生道路上，尤其是在当学生的那段日子里，能够碰上一个对自己人生观、价值观以及世界观有影响的老师，其实挺不容易的，我的这些老师或多或少都对我三观的形成有一定影响。当初我的系主任李赋宁老师，他已经去世好几年了，去世之前他出了一本书叫《我的英语人生》，实实在在地写了他一开始在西南联大读书，后来又去耶鲁大学读书，再后来为了报效祖国而回到这片热土，在北大开始了他的英语教学和文学教学之路。读完这本书，就会感叹老一代知识分子的风骨，他们着实让人钦佩。

总而言之，希望我们活到90岁以后，也能有年轻人愿意来看看我们，我觉得这算是活得充实或者活得有价值的标准之一。

冯唐：俞师兄，我刚才有一个小小的脑洞，您说要给100万农村孩子上课这件事，我觉得可以先请老人，因为那些人的经验太可贵了。

俞敏洪： 让这些经验丰富的老人去跟农村的小学生、初中生聊他们的人生经历，不知道孩子们能不能听懂。

冯唐： 那就看老人的功力了。

俞敏洪： 上个月我刚拜访了韩美林老师，像他这样优秀的画家，如果能给孩子们讲一下绘画人生和书法人生，对孩子们肯定会有影响。

11. 荐书环节

俞敏洪： 今天时间不早了，我再最后推荐一下你的书籍。《成事》是冯唐读完《曾文正公嘉言钞》以后挑出来的优秀的曾国藩言论，以及他对这些言论的解读，这本书能够帮助我们比较快速地理解曾国藩的为人处世。曾国藩是一个为人处世非常成功的人，所以他的为人处世对于现代人成事能够起到比较好的作用。

《冯唐成事心法》主要讲他对于成事和成功的感悟，因为他在麦肯锡做了整整10年战略咨询，所以这本书里不仅涉及个人的成长问题，同时还涉及一些管理经验，甚至还讲了怎么当好公司的领导人和CEO，值得大家一读。

《了不起》是冯唐最新出版的一本书，冯唐在书中给大家推荐了50本他认为值得一读的书，并且每一本都写了对应的读书感悟，他从人性和历史的角度对书中重要的段落和思想进行了分析，他是充满感情、思想和智慧地去分析历史、分析人性、分析人生、分析生命的。他推荐的这50本书我大部分都读过，但看完他的推荐以后，有几本书我打算回去重新读一读。

冯唐： 谢谢俞老师，用"不着急、不害怕、不要脸"的原则来说，书山有路勤为径，这本书就是根拐棍，能够帮大家走上一条捷径。

俞敏洪： 你的两本杂文集我也比较喜欢，第一本是《春风十里不如你》，来自杜牧的"春风十里扬州路"，但我认为"春风十里不如你"比"春风十里扬州路"的意境更好。这本书是冯唐对于做人做事的一些看法，书中也提到了他个人的成长经历、与父母的关系以及对父母的感情等，尤其是写到父亲的时候，一下就让我想起了我的父母，所以读完以后潸然泪下。第二本是《有本事》，你稍微给大家介绍一下这两本书。

冯唐：《有本事》是最新的杂文集，也是反映我过去两年心境的一本书，大家可以翻一翻，比较好读。读了《有本事》，没准你就有本事了。《春风十里不如你》是一个精选集，包括长短篇小说、诗歌、杂文，各位如果实在没时间，但又想知道冯唐这个二货说什么了，那就买本《春风十里不如你》看看。

俞敏洪：我觉得冯唐的文字有两个特点：第一，坦诚。他从不遮遮掩掩，从不假装自己道德高尚。第二，文笔流畅、观点清晰、语言生动。我认为对作家来说，最重要的就是真情、真性、真笔调，凡是那种故意把自己写得多么崇高的作家，我觉得都是不真诚的，甚至他们写出来的东西都是有害的。所以，可能有些人没办法接受你这种真实的笔触，但我觉得这是他们需要自己去不断思考和消化的问题。当然这个世界上总会有一些人不喜欢你的书，不喜欢也可以不读，不是非得要读。

冯唐：谢谢俞老师。

俞敏洪：好了师弟，由于时间关系，我们今天就先聊到这儿。今天跟你聊天很开心，而且即使有这么多网友在场，我们聊得也足够真诚、有意思，谢谢你。

冯唐：谢谢俞老师，再见！

——对谈结束——

俞敏洪：谢谢大家！刚才和我对谈的是冯唐。整个暑假我已经对谈了十五六位中国的大咖，有作家、有演员，还有思想家。现在已经进入了9月，今天是我的农历生日，过几天是我的阳历生日，所以这几天的直播刚好是我的生日前后。

岁月如梭，时光如流水，我是1990年从北京大学辞职出来做新东方的，那一年我 28 岁，1993 年，也就是我 31 岁的时候，正式领取了新东方的办学执照，到今天为止刚好 30 年。**这 30 年的奋斗基本也算是无怨无悔，自己选择的事情，哪怕再错，都没有什么好悔恨的，因为即使悔恨也不可能重来。所以，人最重要的还是要想清楚自己的未来，在未来尽量避免做一些不该做的事情。**

《论语》里说"四十而不惑"，其实我到今天还很"惑"，对于未来 10 年要走的路依然没有真正想清楚。还是一边走一边想吧，但往后我要尽可能地增加自己的快乐，而且这种快乐的事还不能给自己带来麻烦和痛苦。我们年轻时追求的一些快乐特别容易留下后遗症，比如不管不顾地恋爱，然后彼此纠缠多年，最后却发现对方不是自己要找的人；或者一头扎进了自认为喜欢的事情中，最后才发现那并不是自己想要的事业；又或者稀里糊涂地交了一帮狐朋狗友，结果发现这帮狐朋狗友跟自己并不对付……**年轻的时候可以做傻事，因为只要醒悟得早，就有足够的时间纠正过来，**到 30 岁领悟了，可以纠正，到 40 岁领悟了，也可以纠正，但到 60 岁了呢？所以，我现在不能再像以前一样做傻事，现在做任何事情都应该既能让我感受到生活的快乐，又能给我带来内心的满足，并且这件事还不能带有太多后遗症。当然有时候不可避免会犯一些错误，但还是要尽量在不违反规矩的前提下过上一种随心所欲的生活。

今天我在"老俞闲话"中写了一句话，我说希望自己能够优游在时间中，就像鱼优游在水中、鸟飞翔在天空中，无牵无挂、无拘无束、无穷无尽。这是特别重要的一种境界，这种境界不代表你可以不努力，也不代表你可以不跟世界打交道，因为人间烟火是人类快乐和幸福的重要来源。但如果大家到了我这个年龄，还依旧沉溺于对一些不必要的东西的追求中，比如财富、权力、地位，被这种过度的欲望所迷惑，那就不应该了。

今天是我进入 61 岁的第一天，一切都重新开始，我在想后面 10 年要干点什么。**首先，我肯定不会再办学校，不管是中小学还是大学，都不会办了。**但还是会做教育，用另外的方式做，比如多出一些有关教育的书籍，多做一些有关教育的产品等，这些都是可能的。当然，现有的新东方学校还是会继续办下去，没必要关掉，因为还有学生在里面。

其次，公益项目肯定会做，现在也一直在做。我最想做的公益项目就是为农村地区的孩子们提供更好的教育资源，所以我最近一直在调动我所熟悉的大咖们，想让他们去给农村地区的孩子们上课（远山博学课）。现在已经有4000所乡村学校报名了，这4000所乡村学校，每一所至少有100~300个学生，有的甚至有五六百个学生。学校主要是小学和初中，我要给这些学校一个承诺，每半个月邀请一位中国名人来给孩子们上课，每次1小时左右。比如，邀请吕思清给乡村孩子们讲讲小提琴，邀请中国著名雕塑家吴为山讲讲雕刻，邀请一些画家讲讲绘画，邀请一些歌唱家讲讲怎么唱歌，邀请演员、戏剧家讲讲怎样演话剧，邀请罗翔开个普法系列讲座，给农村孩子们普及一下法律知识。当然，我也会请一些科学家、数学家，包括北大、清华的教授去给乡村的孩子们讲课。这样的老师在局部意义上能够带动乡村的孩子们为未来而奋斗，让他们对未来充满希望。我希望这个活动能够有50万~100万的农村孩子参加，当然城市孩子愿意加入，我们也很支持，而且这些名人给乡村的孩子们讲课的时候，我会用我的抖音平台直播，让更多人看到。

这个活动还挺让我兴奋的，因为我觉得这个活动对乡村的孩子们来说太有用了，而且我已经跟不少知名人士打过招呼了，他们基本都说没问题，只要是给乡村的孩子们讲课，大家都愿意贡献自己的时间，而且一分钱不要。**大家都非常愿意做好事，只不过需要一个平台。每个人都有善心，而我要做的就是把人性的"善"激发出来，让这个世界上的"善"在彼此之间相互流动。**

最后，东方甄选会做绿色食品。东方甄选本来就是卖农产品的，我们现在已经开始规划绿色食品了，未来大家可以看到新东方有一些农业基地专门做这样的绿色食品。

此外，在这10年内，我应该会从新东方退休，但我说的是10年之内，因为我们退休不像一般公务员退休，会有一个标准时间点，对我们来说肯定不是这样。对我来说，退休就是不再陷入新东方的具体事务中，当然我可以以创始人的身份适当参与新东方的战略制定，还有一些资源的对接。比如，现在我总带着我的朋友们到东方甄选露个面，既能为东方甄选拉流量，也能帮这些朋友销售一些书籍，同时网友们在听的过程中也能得到一些思想方面的补充。这都是未来可以做的事情。

　　之所以说自己还没有退休，是因为我现在还陷在新东方的具体事务中。比如，管理者之间有意见和矛盾了，我得解决，团队产品的设计方向有问题了，我得参会，甚至有些事情如果我不参与，它就停在那里不再向前推进，这说明我的境界还没到。从这个意义上来说，我现在还没有达到退休的状态，尤其这两年新东方有了天翻地覆的变化，我确实没法抽身。如果我抽身出来，就等于是在新东方还没有发展方向的时候，在这艘船还在惊涛骇浪中的时候，把船的舵给放下了，那是一种非常不负责任的行为。所以，我一定要陪着新东方走过这一段时间。现在至少已经走了一半了，新东方一些不该做的业务现在已经不做了，该做的我们还在继续，并且相对稳定了，而且东方甄选的出现也让新东方的又一项业务得到了拓展。从这个意义上来说，**在过去的惊涛骇浪中，我把着舵，让新东方这艘船驶到了相对平稳的海面上，现在在校正方向以后，局部的工作我就可以慢慢交给更优秀的人才去做了。**

　　新东方最大的特点就是人才济济，光是离开新东方出去干上市公司的就有好几个，所以我对人才培养还是蛮有信心的。我看人看大面，大面是什么？比如，这个人的品行好不好、气度大不大，在关键时刻是不是足够善良，在遇到决断的时候有没有决断力，有决断力的时候他的判断正不正确——如果判断不正确，那他的决断力就是一个灾难，如果判断正确，那就是一项特别厉害的能力，最后再看他有没有能够团结大部分人一起干一件事情的能力，以及有没有调动资源的能力。除此之外，剩下的其他能力都可以培养。比如，现在我们做抖音直播，在我要求他们做抖音直播之前，没有一个人做过，甚至连抖音直播是什么样都不知道，倒是我自己已经干了一年多直播了。一开始我是干着玩的，但大家会发现，有时候干着玩也能干出正事来，我就是在玩抖音直播的时候发现了商机，我认为这是一个新的商业模式。当然直播带货一点都不新鲜，因为在此之前有好几个大平台已经做了很长时间了，但我在自己玩了以后就知道了抖音直播大概应该怎么做，最后就找到了机会。带人就是这么带出来的，我们平时与人的交往也是这样。

总之，我的退休是一个没有边界的概念，我退出新东方的具体事务后，会慢慢去做一些自己喜欢的、能让自己放松的事情，比如做公益、旅行，通过旅行再写一些文字，给大家介绍一些美景美食，等等。还有一点，我要更加悠闲地生活，不再那么功利。我有时候做事还挺功利的，做的任何一件事情都希望能达到一定的成就或目的。比如，就算是去旅游，我也要想想我能不能写游记，读本书我也要想想能不能跟这个作家做个直播或者能不能写个书评。这其实是另外一种功利，当然跟那种为钱为名的功利相比要稍微好一点，但依然会让我自己做的事情不那么纯粹、不那么悠闲，不像云卷云舒那样进退自如。

好了，今天就聊这么多，大家早点休息，谢谢大家对我的生日祝福，也祝福你们每天幸福快乐！大家晚安！

（对谈于 2022 年 9 月 2 日）

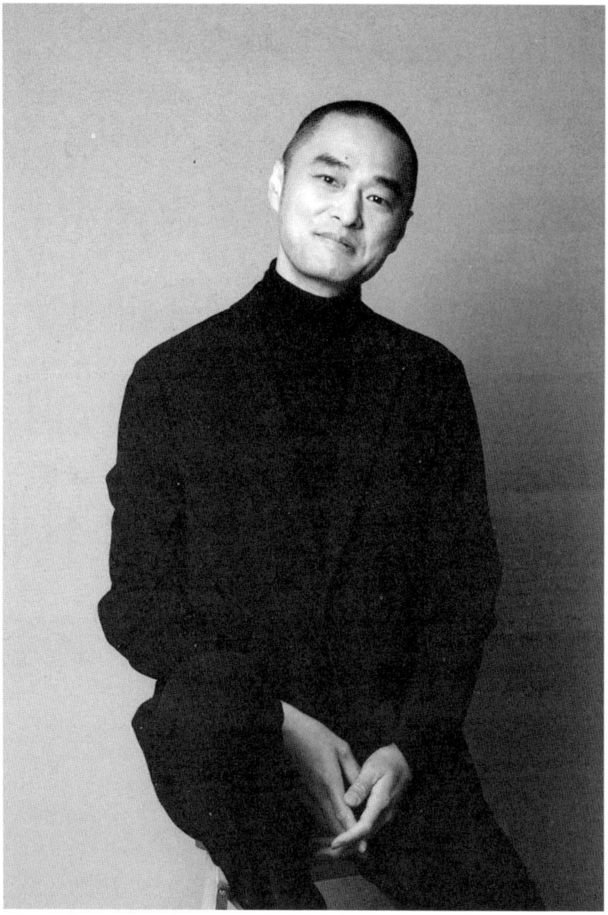

对话 **毕淑敏**
人生的意义，在于不断前行

我们生而为人，精神上一定要有追求，那个追求像灯塔一样照耀着我们，让我们不那么容易气馁、屈服，不那么容易被眼前的困境所击败。

毕淑敏 /

1952年出生于新疆伊犁。国家一级作家，内科主治医师，注册心理咨询师，历任解放军西藏阿里某部战士、医师。代表作品有《昆仑殇》《预约死亡》《拯救乳房》《女心理师》等。

俞敏洪：大家好，今天我邀请对谈的嘉宾是我内心非常尊敬的老大姐式的作家——毕淑敏老师，因此非常开心。不需要我做更多的介绍，大家应该或多或少读过毕老师的书，不管是她的散文、游记还是小说，我相信大家或多或少都会受到毕老师文笔的影响。毕老师的书算是我的枕边书之一，我觉得内心比较烦躁或者焦虑的时候，就会把毕老师有关幸福的书翻开读一两遍，比如《精神的三间小屋》我印象就特别深刻，一间安放爱和恨，一间安放事业，一间安放人生和家庭，所以，好的文字就像春雨一样滋润人的心灵。

大家都知道毕老师的人生故事，毕老师的人生就像一部特别精彩的长篇小说，当然这部长篇小说还没有写完。毕老师出生在新疆伊犁，在新疆军区军医学校上的学，青春最美好的 11 年在西藏冰天雪地、海拔 4000 米以上的阿里地区度过。她一直生活在艰苦的环境中，甚至绝望到想跳崖自杀，而到现在，她变成了一个能够抚慰人心灵、帮助人思考人生的作家。我读过一句话，也是我最喜欢的一句话，"人生没有一件事情是白经历的"，当然这个前提条件是你对你的人生经历有总结和思考。今天我们就来利用短短的对谈时间，和毕老师一起展开她的人生画卷，看看毕老师的人生成长和思考对我们能够起到怎样的指导作用，或者能给我们带来怎样的感悟。

毕淑敏：俞老师好，大家好！

俞敏洪：毕老师，你已经不知不觉变成了中国对个人成长、个人生活最有影响力的作家之一，你原来想过会有这样的影响力吗？

毕淑敏：没有，从来没想过，也从来没有人问过我这个问题。

俞敏洪：我问了，哈哈哈哈。其实你不知不觉影响了很多人的成长。读一个作家的书有几种读法：第一种是故事性读法，尤其是小说家；第二种是好奇心读法，很多人往往是看了电视剧回过来想看这本书写得怎么样，当然你的书也拍过电视剧；第三种是人心读法，读了以后会让人的想法发生某种改变，读了让人心动，而心动又能改变人的行为，你的书就属于这种，这是我个人的感觉。我读你的书时相对比较成熟了，所以我读的更多的是其中的内涵，但很多人读你的书，读的是人生的活法。

毕淑敏：你刚才说的时候，我就在想我读书的时候是哪种读法。

俞敏洪：你是一个让人感觉特别纯粹、特别好的人，所以很多人把你的作品和你这个人融为一体。我来和你对谈之前翻了一些网友对你的评论，因为你的一些书改编成的电视剧下面都有网友的留言，看完我真的觉得你太好了，不光文字好，人也好，使我感觉这个世界是有温暖和阳光的。

1. 新疆是我生命最初的结构

俞敏洪：毕老师出生在新疆，为什么会在新疆生活这么多年，后来又到西藏当兵？

毕淑敏：每个人都不能选择自己的出生地，我出生在新疆这件事情要从我父母那一代说起。他们当时隶属第一野战军进军新疆，最后一直打到伊犁，我就出生在那儿。我觉得一个人的出生地好像对人有一种规定性。除了流浪者以外，你在哪个地方出生，你最早的那些血肉、骨骼、头发，以及你的眼睛、构成你身体的其他各个部分，就源于那个地方的山川河流，是那里的物质组成了你生命最初的结构。

我妈妈跟我讲，她那时候吃不下饭，我父亲的警卫员就去给她打野鸽子。

我当时听了这件事，感觉这也不环保啊。我说"你吃了多少野鸽子"，我母亲算了一下，说有几百只。从那以后，我老觉得我和野鸽子之间有某种冥冥之中的联系。

俞敏洪：现在开始一心一意保护野鸽子了。

毕淑敏：是啊，你说得对。我父母在我很小的时候，就从新疆调到了北京，我也就按部就班地在北京度过了童年和少年。

俞敏洪：你对伊犁大草原、那拉提大草原还有印象吗？

毕淑敏：我使劲追溯我最早的记忆，印象中应该是汽车不断地颠簸，我从车的缝隙里看到了你说的那种草原、荒漠。那时我父母抱着我，坐汽车从伊犁到兰州，真是一个漫长的旅程。告诉你一个我的小秘密，我这个名字——毕淑敏，实际上是我奶奶花钱买来的。

俞敏洪：这个名字居然要花钱买？我读王蒙老师给你的书写的序，他说如果你的名字是一个网红的名字，他可能早就读你的书了。

毕淑敏：对,比如叫荷兰豆什么的。他觉得我现在这个名字特别普遍、平凡，一眼看上去没什么诗意。

俞敏洪：有点像我们农村女孩子取的名字，我的名字就带个"敏"，就是农村孩子的名字，又"敏"又"洪"，祈求洪福齐天、灵敏聪明。

毕淑敏：对。我父母那时还在新疆伊犁，父亲写信告诉我祖母，说我母亲要生一个小婴儿，让她起个名字吧。我祖母当时在山东农村，是不识字的农家妇女。她看到算命占卜的人在村里走，就叫住人家，说："先生，我儿子在新疆，他家要生孩子了，你给起个名字吧。"那人说："你儿子为什么去了新疆？是被流放的吧？"我祖母说："不是流放，他在那里当兵。"算命的人说："哦，原来你还是军属，好吧，起个名字要 1 块钱。"占卜先生先取了一个男孩名字。后来我祖母一想，也可能是女孩，就说："你再起一个女孩的名字。"最后就起了我现在的名字：淑敏。起完名之后，先生说："两个名字该收 2 块钱，既然你是军属，就打个折，收你 1.5 块吧。"祖母把这两个名字写在信中，万里迢迢寄到新疆伊犁。我爸爸就珍藏起来。后来生了孩子是女的，就用了女孩的名字。

俞敏洪：男孩的名字是什么你还记得吗？

毕淑敏：我小时候跟你有一样的想法，我问他们："那个男孩的名字呢？"我父亲说："你是个女孩，那个名字我们就扔了，也不记得了。"我觉得有点遗憾。

俞敏洪：不过你觉得算命的给你起的这个名字跟你今天的成就有关系吗？科学讲量子纠缠，这边的一个量子和远在千万里之外的量子同频共振，你相信人的命运中会有这样冥冥之中的联系吗？

毕淑敏：我之前一直觉得这是我奶奶对我的一份心意，等我开始写作时，也没想到用笔名。心想如果我用了笔名，我奶奶就不知道是我了。或者她在天堂里还得打听："这个谁谁就是我孙女啊？"这得让她费一道工序，所以我想还是用这个买来的名字吧。

俞敏洪：奶奶看到你成名了吗？

毕淑敏：没有。她去世比较早，所以我就想着，让她在天上记得她当年花钱买的这个名字，也算是我的一点小小心意。

俞敏洪：后来听说你带着妈妈回到伊犁找老家，经历千难万苦找到了你小时候出生的窝棚，你能给大家讲讲这个故事吗？

毕淑敏：我以为找不到了。我妈妈记得那个地名，但伊犁发生了很大的变化，真找不到了。我就随便指了一块地方，跟我妈妈说："应该就是这里吧，反正大方向没错。"第二天我们就要离开了，我妈妈也不愿让我失望，说："既然实在找不到那个木房子，就在这儿留个影吧。不过，这里真不是你出生的地方。"我和一个在公安局工作的朋友聊天，说起这件事。那个朋友说："伊犁就这么大点地方，你妈妈当年在这里待过，怎么现在就找不到了呢？我们再找找。"后来，他真的找到了。

俞敏洪：竟然没被拆掉？

毕淑敏：马上就要被拆掉了。时间大约是一周之后。后来我的一个新疆战友，也是著名诗人，叫周涛，他说那个老房子一直在等着我。

2. 一腔热血赴边疆

俞敏洪： 毕老师，你在北京上学一直上到高中毕业？

毕淑敏： 没有，我是 68 届的初中毕业生，1969 年我就当兵去了。

俞敏洪： 1969 年，16 岁当兵？

毕淑敏： 16 岁零 4 个月。我那时候告诉别人我是 16 岁零 4 个月当的兵，人家说连月都要计算啊。那时候我只有十几年生活阅历，所以我真的会计算到月。

俞敏洪： 16 岁以下就没法当兵了，当时年龄限制是 16 岁吧？

毕淑敏： 基本上是这个年龄，但我也有些战友 15 岁就当兵了。

俞敏洪： 可能女兵、卫生兵或者文艺兵年纪要求比较小，但一般的战士，像我们当初当兵，他们说必须满 18 岁。当初你为什么会选择去当兵？那时好像可以留在北京吧？因为你父母参加过革命战争，又是革命干部，你原则上可以留在北京大院。

毕淑敏： 我那时候真是一腔热血，特别愿意去艰苦的地方，愿意去当边防军。

俞敏洪： 这是一种革命热情，而且要选最艰苦的地方。

毕淑敏： 那时候也不知道能艰苦到什么程度，以为再艰苦也苦不到哪儿去，所以口号喊得响，要到最艰苦的地方去。

俞敏洪： 最后选择当兵，并且到阿里地区，是你自己主动选择的结果？

毕淑敏： 这真不是。当兵后，意味着没有什么选择。我那时并不想去阿里，因为阿里要的是 5 个女卫生员，我并不想当卫生员，特别想当爬杆子的女通信兵。

俞敏洪： 当时你还没有学过医？

毕淑敏： 没有，一无所知。那时候有一张宣传画《我是海燕》，画中一个女通信兵爬在电线杆子上，我当时想，这就是我的理想了。去阿里当卫生员，就没有爬电线杆子的可能性了。所以，新兵分配的时候，很多同志写血书要求去阿里，我没写。一是去阿里就当不成通信兵了；二是觉得写血书很疼，得把手咬破。

俞敏洪： 或者用刀割破？

毕淑敏： 用刀割，有可能代表意志不太坚定，不行。

俞敏洪： 必须用牙咬？

毕淑敏： 对，咬破。我当时还想，啊呀，"我坚决要去阿里"，这么多字得用多少血啊。

俞敏洪： 这个符合人性。

毕淑敏： 我就想，我不写了。可最后人家把我分到阿里去了。可能是一种概率，命运要让我去。

俞敏洪： 去了阿里当兵，和你所想象的那种豪情万丈的生活有落差吗？

毕淑敏： 豪情万丈真是得到满足了，那是我们已知范畴以外的一个地方——西藏阿里，海拔很高，又缺氧，非常荒芜。我看到从火星传回来的照片，很像阿里。我当时觉得这超出了我的一切想象。另外，要当卫生员，我就只能放下爬电线杆子的理想，开始学医。这些当时都在我的意料之外——偏远、荒凉、艰苦，还要学医。

俞敏洪： 据说你们女兵班跟爬电线杆子还是有点关系的，因为在外面爬电线杆子的都是男通信兵，总是来给你们修电话线。

毕淑敏： 俞老师，你调查研究得太细致了。西藏阿里军分区第一批去的就是我们5个女兵，我是班长。半个多世纪过去了，有一天我听当年那些男战友说："你知不知道你们宿舍门口那个电线杆子经常有人爬？"我说："岂止是经常？天天都有人修那个电线杆子，不知道为什么总也修不好。"他说："就是我们男兵想看看你们。男女比例太悬殊了，整个西藏阿里军分区来了5个女兵，大家都想去看看。到你们宿舍门口眼巴巴地看着，也不太好意思，所以要天天修你们门口那电线杆子，爬到上边去等着你们出门，看一看。"

俞敏洪： 中国有句俗话："男女搭配，干活不累。"但在部队里，男女兵其实隔得很远，纪律也非常严明。你们那时候，有女兵跟当地的男战士谈恋爱的吗？

毕淑敏： 有。

俞敏洪： 你谈过吗？

毕淑敏： 没有。我那时是班长，要以身作则，遵守三令五申的纪律，如果我违背纪律，这个班就没法管了。我当时挺自觉地在遵守纪律。

俞敏洪： 是不是到今天还有梦回阿里的感觉？我看你的微信名称叫"狮泉河"，从这个名称就能感觉到你对这个地方魂牵梦绕，梦回连营八百里……

毕淑敏： "铁马冰河入梦来"。前段时间我在网上看到一个小视频，是去狮泉河拍的，那个网友说，50年前，狮泉河这个地方不但没有人，连鬼都没有一个。我就把这个小视频发给战友们，战友们纷纷回复我。其中有一人说："既然他们说狮泉河当时没有人也没有鬼，可我们曾在那里生活过，那我们就是神了。"我记得我当兵时，有一次萌生想法，想在地图上看看狮泉河是个什么样的标志。首都是一个最隆重的标志，省会是一个标志，地级市是一个标志，县城是一个标志，那狮泉河是个什么标志？后来我终于找到了狮泉河，是镇的标志。

俞敏洪： 当时应该叫公社。

毕淑敏： 对。镇与公社的标志。

俞敏洪： 狮泉河的名字听起来很美好，其实条件很艰苦，即使今天从拉萨开车到狮泉河，也还要经过一段小小的无人区。

毕淑敏： 对。

俞敏洪： 在这么艰苦的地方，你作为一个医生待了11年，这是一件非常了不起的事情。后来你功成名就以后，有没有回过狮泉河？

毕淑敏： 从来没有。不是没机会，就是没有各种各样的同伴，各种原因。有一次，我真的是眼看就要去狮泉河了，结果我母亲知道了，她说什么都不让我去。她说："当年你每去一次狮泉河，我心里面就觉得害怕，怕再也见不到你。那时你服从命令必须要去，现在没人命令你了，为什么还要去？如果你一定要去，等我死了以后再去吧。"我想起古话"父母在，不远游"。尽管我特别想故地重游，但让老母亲这么担心，我于心不忍。我后来对她说："我不去狮泉河了。在你活着的时候，我永远不去狮泉河。"

俞敏洪： 老太太现在还健在吗？

毕淑敏： 前几年过世了。

俞敏洪： 下次毕老师你要去的时候，叫上我，我陪你去。我觉得还是值得再回去看一看，尤其是让我去看看你当初挥洒青春热血、奠定人生基础的地方。我觉得，我去过毕大姐奋斗过的地方，内心会有一种很神圣的感觉。我一直有个计划，要自己驾车游遍西藏，到今天还没有游太多地方。我有一次开到昌都又开回来了，所以一直希望自己再开车到西藏，感受西藏整体的文化。

毕淑敏： 谢谢，你这么说，我真的很感动。

3. 11年军旅岁月

俞敏洪： 你在阿里11年，如此艰苦的条件下，有没有什么让你过不去的难关？还是说到最后什么都习惯了？经过了一个怎样的心理调整，让你从16岁到27岁，将青春热血挥洒在了中国边疆这块土地上？

毕淑敏： 你这样一说，我一下想到了那11年的岁月，有没有过不去的坎儿？还真是有。当时是1970年，已经是52年前了。冬天，最冷的时候零下三四十摄氏度。有一天我在室外查了下温度，零下38摄氏度。但我也没觉得特别冷，如果特别冷，估计要零下40多摄氏度了。按照原计划，我要负重30公斤走60公里。如果在平原，我觉得60公里也不算特别远，但在海拔4500米以上的高原上，加上负重，可想而知有多难。我走啊走啊，又冷又乏，突然间，我就觉得我再也走不到营地了。既然走不到，我是不是干脆把自己了断算了？

俞敏洪： 革命战士能这么想吗？

毕淑敏： 我也知道革命战士不能这样想，可革命战士也有忍不下去的时候。我准备找一处悬崖，装作失足掉下去，把自己摔死算了。当时我考虑了一个问题：如果没摔死，腿、胳膊断了，就更难受了，战友还得救我，弄一个担架抬我。

俞敏洪： 别到时候你没摔死，战士救你的时候失足了。

毕淑敏： 对。我内心的善良还是占了一定位置，不能因为自己不想活了，给人家添太大的麻烦，所以我决定要一摔必死。一摔必死有几个客观条件，第一，摔下去的地方，底下雪不能太厚。如果太厚，就不容易死。第二，底下的石头一定要坚硬。不但要裸露，而且要坚硬，掉下去不管是脑袋撞在石头上还是脊椎撞到石头上，都可一摔即死。第三，我不能让别人发现我想自杀。我既然是革命战士，这种死法会给家人带来不良影响。所以，我就得装作失足落下山崖。我这样想好之后，就寻找符合要求的地方，还要考虑前后的人不能离我太近。如果离太近，他们汇报时会说，当时毕淑敏本来不会掉下去的，但她是自己故意掉下去的。这样就不好了。等我好不容易找到一块地方，底下岩石坚硬，垂直高度大概有几十米，相当于10层楼那么高，我想这个活下来的概率很低了。我正准备一松手掉下去，突然发现后面那个人跟我太近了，我要装作失足掉下去，无论怎样巧妙躲避，都有可能会把他带下去。

俞敏洪：他一抓你，两个人同时掉下去了。

毕淑敏：对，这个后果，我承受不了。后来我就想，为什么离我这么近？不知道我不想活了吗？他亦步亦趋地跟我一块往前走，那么一个上好的死亡之地，就这样远去了。

俞敏洪：后来还有过类似的事情吗？

毕淑敏：有过。年轻的时候，我们常常会觉得某种困境难以战胜，很容易生出逃避之念。逃避时，最简单的方式就是结束自己的生命。其实**勇敢、坚强地活着比选择逃避更加艰难**。后来我年龄渐长，经历的稍微多一点了，我就想，其实面对困境，当我们以为完全没有出路的时候，坚持下去，就会找到前进的方向和解决困境的办法。

俞敏洪：实际上最难熬的时候，往往是转折点要出现的时候，柳暗花明又一村。你经过了这11年，肯定肉体上经过了极致的考验，每天还要做很多艰苦的事情，一定是肉体上煎熬到极致才会想把自己了断了。但你精神和心灵的丰盈是全国人民有目共睹的。我想问，**人肉体上的痛苦和心灵上的痛苦，以及人的心灵和肉体，在你看来到底是一种什么关系？**

毕淑敏：我想肉体一定会有坚持不住的时刻，但更多时候是我们首先在精

神上溃败了，以为自己坚持不了了。其实只要咬紧牙关坚持下去，精神不垮，肉体是可以跟上去的。

俞敏洪：最关键的还是精神不垮，所以，你想跳下去的那一刻，其实精神已经有点垮了？

毕淑敏：差不多崩溃了。

俞敏洪：到现在几十年过去了，你的精神越来越健全，而且你的很多文字也在谈论一个人的心灵如何更加丰富，精神怎么能坚持不垮，积极向上。其实每个人都会遇到熬不过去的时候，这种情况下，人们抓住哪两三个点，能够坚持精神不垮？

毕淑敏：我觉得，第一，要给自己的人生设定一个意义。这不是强加的，哪怕是我们最尊重的师长、最敬爱的父母，都不能代替我们为自己的人生设定一个目标。这个目标不是在什么年纪挣多少钱，或者得有一个多少平方米的房子，或者得有如花似玉的美眷……不是这些，而是**我们生而为人，精神上一定要有追求，那个追求像灯塔一样照耀着我们，让我们不那么容易气馁、屈服，不那么容易被眼前的困境所击败。我觉得这件事情一定要独自完成**。茨威格在《人类群星闪耀时》里写道，如果一个人年轻的时候能够知道自己的方向，这是一件非常好的事。我借用一下他的智慧，我们不知道一生还要遭遇多少困境，有些可能具有可比性，有些就像自己是在泥泞的沼泽之中艰难跋涉。这种时刻，唯有眺望远方，去想我们给自己生命设定的那个意义，我们才会有不竭的力量。

第二，我们有时候会觉得千头万绪，怎么样都混乱不堪，这时候我们就应该找一张纸，把所有的困境写下来。我以为得写几十个，但通常不会超过 10 个，写出来以后，就去看看有什么办法可以解决这些困境。有一些困境毫无办法解决，那就只能接纳；有一些困境通过自己的努力可以局部解决或者彻底解决。**如果已经弹尽粮绝，那基本就不能去拼了**。但有很多事情是可以通过我们的努力改变的。

俞敏洪：再延伸一下，每个人都知道，如果在精神上有追求，面向未来如果能够寻找到人生意义，那就能有所成就。所谓"天将降大任于是人也"，就要能够忍受这种肉体的痛苦、人生的苦难。然而问题恰恰是，很多人找不到精神追求和人生意义。当时你在阿里，可能想象的是一辈子就在那里待着了。中国也没有改革开放，社会上也没有什么改变，极有可能你一辈子就在阿里，哭于斯，长于斯，苦于斯，老于斯。那你是怎样找到你的精神追求或者人生意义的？

毕淑敏： 这真是特别好的问题。我当时没觉得一辈子有多长，此地如此艰苦，我还不到 20 岁，估计能争取活到 30 岁就不容易了。

俞敏洪： 那时候国人的平均寿命也就 40 岁左右吧？

毕淑敏： 我当时是卫生员，看到了那么多死亡，我觉得有太多可以死的方式了，比如高原病、心力衰竭、肺水肿、翻车、被冻死、营养不良，或者得了完全不知道怎么回事的怪病，突然之间吐血、精神全面崩溃，最后死亡。我想大概也就活到 30 岁，还有十几年，这十几年我要过得有点意思。我当时决定，**第一，要让自己觉得快乐。** 就剩十几年了，要是特别辛苦，就太无趣了。所以，要让自己快乐。**第二，我要对这个世界、对他人有一点点帮助，** 哪怕是一点点也行。我不能只顾自己快乐，却给别人造成痛苦。绝大多数人是本性善良的。所以，我的想法很简单，**让自己快乐，并尽可能给别人以帮助。**

俞敏洪： 我读你的书，不管你有没有写西藏，都会把我拉回到你在西藏 11 年的青春时光，你认为这 11 年的军旅岁月给你的人格带来了怎样的影响？有没有让你变成一个跟你青少年时期完全不同的人，回来以后发现被洗礼了或者已经脱胎换骨了？

毕淑敏： 我想纪律性、责任感，碰到困难不轻易言败，坚信只要坚持下去，事情很可能不会像我们想象的那么糟糕，这些都是我在阿里非常严酷的环境之下，经受那种痛苦磨难时，生命、生活所给予我的教诲。这些对我以后的生命历程有很大的鼓舞和帮助，让我不会轻易退缩，不会悲观、失望，不会头脑发蒙……我们可能在很多书上看到过类似说法，它是正确的，可它从我们眼前一闪而过，不一定能进入我们的精神结构里，纸上得来终觉浅。我也曾经在书本上见识过大自然那么大的威力，见识过那么漫长的地球进化史。但因为我身在高原，天天就生活在广博的大自然中，天天经受这种磨难，所以有刻骨铭心的记忆。这些对我而言是非常重要的。

4. 阅读是解决精神饥饿最好的办法

俞敏洪： 你在阿里的时候已经开始阅读了吗？

毕淑敏： 我觉得阅读这件事对我来说已经成为习惯，无论是以前在学校读书，还是到了西藏阿里。在阿里的时候我刚好 16 岁，往后这 11 年，是我大量积累自己精神财富的一个阶段。

俞敏洪： 在那 11 年无比艰苦的时光中，你一直在坚持阅读？

毕淑敏： 对，但阿里的书是有限的，因为没有图书馆。

俞敏洪： 你就一本书翻来覆去地读？

毕淑敏： 不是。我告诉你我的诀窍，我先赚来了我的第一桶"金"。当时有一个地方上的人身患重病，他相信部队医生，就在这边治疗。我天天给他做治疗，我们彼此关系不错。有一天，他要转院了，要坐 6 天汽车转到平原去治疗。他说："我要走了，谢谢你的照看，我送你一件礼物。"我赶紧说："我不能要礼物，都是我应该做的。"他说："我的礼物是一本书。"说着，他从枕头底下拿了一本精装的高尔基的《我的大学》，送给我了。这本书给我带来了很多机遇。

俞敏洪： 为什么呢？

毕淑敏： 看完《我的大学》以后，我突然觉得我可以跟别人换书，我就说出这个想法，如果他们谁有书，可以到我这儿来换。你借给我，我借给你。阿里那时候也没多少新闻，这种事只要把话放出去，就会有人听到、响应，后来就有人来跟我换书。有一天，有个人跟我说，他有一本《聊斋》。《聊斋》我以前看过，但这种书，不同年龄看所得的不一样。我说："换呗。"他说："这个《聊斋》有点问题。"我说："什么问题？"他说："我这本书，被老鼠咬过。"我说："老鼠咬过的，也可以看吧？"他说："有的缺损特别大，有的缺损小一点，大概有 100 多页都是有缺损的。你若还愿意，我就跟你换。"后来我说愿意，就跟他换了。我读完那本有缺损的《聊斋》后，弄得我现在有时候看正版《聊斋》，都觉得有些字应该是没有的，因为我最初读的时候，那些字被老鼠咬掉了。我不停地换啊换，感觉《我的大学》至少给我换回来了 100 本书。慢慢地，我有点小名声了，人们说，卫生科有一个女卫生员，她那儿有书，可以去借。后来有一天来了一个地方上的人，跟我说："你就是那个有书可以外借的女兵吗？"我说："我不是外借，是换。"他说："对，我就是来跟你换书的。"我看他浑身上下瘦瘦的，不像藏了书的样子。我说："你拿什么跟我换？"他就从兜里拿出一样东西，抖开来，居然是一张视力表。他说："我拿这个跟你换怎么样？你想，我是军分区卫生科的，能缺视力表吗？我说："这个好像不能算作书吧？"他说："你觉得书应该是怎么样的？"我说："书起码是印刷的。"他说："难道我这个不是印刷的吗？"视力表肯定是印刷的。我不服，说："书应该有作者吧？"他说："你说视力表没有作者吗？视力表是一个什么教授发明的。"我继续反驳他："书也得有人看过啊。"他说："视力表难道没有人看过吗？"我没话可说了。后来我想，一个人这么想读书，我真的应该借给他。我说："这样吧，书你可以拿走，视力表你也带回去吧。"阿里那地方有的人可能得了白内障，视力慢慢下降，只是他们没觉察，视力表还是有用的。后来他就把视力表带走了，把我那本书也带走了。最要命的是，他再也没把那本书还回来。

俞敏洪：那你得心疼好久。这个故事让我产生了特别温暖的感觉，在高原地带那种人烟稀少的环境中，没有电视、电话，寒冬腊月，人们在微弱的电灯光下抚慰心灵的办法要么就是跟战友、朋友聊天，要么就是自己读书。所以，我相信在阿里 11 年的艰苦时光中，阅读对你起到了非常大的作用。对现代人来说，占据他们注意力的东西太多了，不管是刷手机还是打游戏，确实很少有人会认真阅读。有时候我去坐地铁，发现很少有人拿着书在读。有一年我去莫斯科，他们的地铁特别深，在地下 100 多米处，但地铁里有不少人在抱着书读。我到了以色列，发现公园的椅子上，很多人也抱着书在读。

我一直认为阅读是人生命的一部分，你对现代的阅读、对朋友们有什么样的建议？面对现在这样纷乱的社会，人比较容易迷茫，容易陷入某种痛苦不能自拔，每天忙于生计，虽然看上去比原来富有，但面临的压力反而更大，在这样的状态下，到底还有没有必要阅读？毕老师作为一个作者，认为人们应该怎样在现代生存环境中更多地阅读，并且给自己的人生带来实实在在的好处？

毕淑敏： 阅读是多么美好的事情，我不知道为什么有人会觉得阅读辛苦。是不是在这种教育体系里，有很多阅读是被迫的、有压力的、要应对的？我喜欢无拘无束地按照自己的喜好读一些美好的书，我觉得那是我在跟古往今来甚至几千里、几万里之外的智者进行深层交流。这个过程也很安全，如果你疲倦了，就合起书来；如果你不想看了，就把它收拾起来，它也没什么本事再跑出来和你纠缠。**我觉得阅读真的像我们的身体每天要去摄取各种各样的营养一样，实际上，尽管我们的精神有很丰盛的储备，但也在不断地消耗，所以一定要补充，一定要去读那些好书。**在阿里的时候，我绝大多数的阅读不是在灯光下，而是在烛光下进行的，因为一晚上就发两个小时的电，到时候就关了发电机。白天，有各种各样的工作，晚上那两小时也不一定都能用来读书。所以，常常是点着蜡烛或是煤油灯读书。有时候读得特别入神，头越伏越低，蜡烛火苗"噌"的一下就把头发燎了一片。

俞敏洪： 春风吹又生，你现在的头发这么浓密，跟当初被烧是有关系的，哈哈。

毕淑敏： 就算有关系，大家也不要试。头发烧焦了，很难闻。

俞敏洪： 当然。你刚才说得真的很有道理，我个人的体会是，**身体的饥饿靠吃饭解决，但精神的饥饿只有靠阅读才能解决。**当然，跟朋友交流也能解决一部分精神饥饿，但像打游戏一类的，是解决不了精神饥饿的。中国人早就总结了这一点，叫"读万卷书，行万里路"，这可能是解决精神饥饿最好的方法。

5. 处女作二三事

俞敏洪： 你在阿里的时候应该还没有开始写作吧？

毕淑敏： 没有。我回到北京大概6年以后开始写作，也就是1986年左右。

俞敏洪： 1980年，是什么机缘让你回到了北京？

毕淑敏： 那时候我已经成家了。

俞敏洪： 是在阿里部队的时候跟北京的男朋友成家了？

毕淑敏： 我男朋友那时候在新疆。

俞敏洪： 就是现在孩子他爸？

毕淑敏： 目前还是（笑）。上次我碰到一个朋友，她说："我们通常都不问配偶是谁。"我说："为什么？"她说："保不齐过两天就不是了。"我还笑半天。我这儿基本没什么太大的变化，但我也会自己把握分寸。

俞敏洪： 估计变化不会太大了。

毕淑敏： 对，毕竟我们走过那么多年了。那时候我孩子就在北京，是我婆婆带着，真的很辛苦。后来婆婆给我寄照片，我一看这孩子缺钙，觉得自己有点失职，我就给阿里军区的司令员打了一个报告，说我已戍边11年，为祖国尽到了应尽的责任，现在想转业回去，尽一个母亲的责任。

俞敏洪： 领导居然同意了？

毕淑敏： 同意了。后来听说，阿里的司令员说："有那么多人打报告，我就把毕医生的这个给批了。"

俞敏洪： 按说你重新调回北京的这6年，要带孩子，家庭生活肯定也很忙，又有新的工作，怎么会突然想起来要写作呢？而且你原来从来没写过。1986年的时候你应该30多岁了？

毕淑敏： 对，我写作那年34岁，发表作品那年35岁，进入文学老年了。

俞敏洪： 对。一般到30多岁没有发表作品的，除非你是曹雪芹，否则就发表不了作品了。你怎么会有写作的冲动呢？你第一篇小说是《昆仑殇》，写的是男女战士在艰苦条件下互相爱慕的隐秘爱情故事，因为那是特殊时期，两个人牺牲以后甚至都不能埋在一起，我读了以后很感伤，那个时代确实就是这样。在你认识的战士中，有这样美好的爱情最后结为伉俪的吗？

毕淑敏： 有。我觉得如果他们能在那么艰苦的地方结成这样最亲密的关系，那真的是人间极美之事。

俞敏洪： 是不是内心6年的积淀和不断的酝酿，让你有一种不得不把你经历的东西写出来的冲动？

毕淑敏： 你说得特别对，首先是因为冲动。阿里那么遥远，知道的人很少，可能新疆、西藏有人知道这个地方，但回到北京，从现在往前数 40 多年，几乎没有人知道阿里。我就觉得，为什么大家不知道呢？**我作为西藏阿里曾经的边防军人，特别想把那可歌可泣的故事讲给更多人听。这是主要的原因。**紧接着的一个问题就是，我没有文学基础。1968 年我上初中，而后停顿了学业，之后虽然去学习医学，自己还看了很多闲书，但没有接受过正规的训练。文学也是很高深的，有很多内在规律的，但我并不知道。我当时就想我得去学习，可是谁会让一个医生去学文学呢？我只能靠自学。正好 1982 年电大的中文专业开始招生，正规的大学我都读不了，只能去自考。我就这样开始学文学，大概学了 3 年，到 1985 年学完了。学完以后我立刻想，该做下一件事了，付诸行动开始写作，写完以后发表出来就是 1987 年。

俞敏洪： 我记得 1985 年的时候，中国作家群体开始起来了，我当时在北大读书，已经有很多作品出来了，比如《牧马人》、《芙蓉镇》、阿城的《棋王》、张炜的《古船》，还有梁晓声老师的《今夜有暴风雪》等。原则上当时这些编辑部应该有很多好作品可以选，包括解放军文艺出版社在内，好像有很多部队的作家，比如莫言就是从部队出来的。你当时作为一个默默无闻的作家，是怎么让自己的第一篇作品发表的？

毕淑敏： 前面说我决定写一个阿里的故事，写我们边防线上那些让我印象特别深刻、可歌可泣的人物，我就开始写，写的时候倒是不难，等写完了就不知道怎么办了。我跟我丈夫商量，这一摞稿子，我把它给弄哪儿去？我丈夫给我出了个主意，说有一个刊物叫《丑小鸭》，让我去《丑小鸭》试试，看是否能发表我这个无名作者的处女作。我后来想，我这个是写部队的，又挺长，就送到部队的《解放军文艺》吧。我丈夫就去买了一本《解放军文艺》，他说："我算了一下，《解放军文艺》比较薄，你这个是一个中篇，五六万字，一下就占人家半本。再说你现在从部队回来，成了一个老百姓，人家会不会嫌弃你这个身份？"我说："他们还有别的刊物吗？"他说还有一本刊物，是个双月刊，比较厚，估计投那个可能性大一点。我那时候真是一无所知，其实厚的不等于标准就低。我想，试试吧，就把编辑部地址抄下来，之后跟我丈夫说："你帮我送到邮局寄出去吧。"他说"好"，拿着我这个东西就出去了，好几个小时都没回来。我心想邮局也不是很远，怎么这么慢呢？下午他回来了，我说："你怎么去了这么长时间？"他说："我给你送到解放军文艺社了。"我说："这文艺社在哪儿啊？"他说那上面写了一个地址，叫北京西城区茅屋胡同甲 3 号，可他也不知道这茅屋胡同在哪儿。先奔着西单去了，一路打听，最后送到了编辑部。我说后来呢，他说把那个稿子放在那儿，就没有后来了。他说编辑部的人跟他说，3 个月未见答复可自行处理。我记得我当时还在墙上的月历上画了个圈，就是到了那天，要自行处理了。我非常感谢我当年的编辑，叫海波。我在文学界举目无亲，谁都不认识。

俞敏洪：还是靠实力出圈。

毕淑敏：不是。他们真的在认真地扶持无名作者，后来那个中篇发表了。我还问过我丈夫，我说："那天让你到邮局寄，你怎么就想起给我送编辑部了呢？"他说他记得看过《钢铁是怎样炼成的》，那里面写过一个故事，保尔·柯察金写了一个稿子，最后丢了，就是在邮寄、返还的过程中丢了，保尔·柯察金差点没自杀。他说："我亲眼看到了你这个创作过程，点灯熬油地连夜创作，我觉得挺不容易的，万一丢了就太可惜了。"

俞敏洪：看来你还是找了一个好老公。

毕淑敏：这件事情上我真的很感谢他，他比我自己想得还周到。

俞敏洪：绝对是。他现在应该退休或者离休了吧？

毕淑敏：对啊，一个退休老头。

俞敏洪：现在还帮你整理稿子吗？

毕淑敏：现在我都用电脑了，他也不会。

俞敏洪：那就变成帮你做饭了。

毕淑敏：我经常吃外卖。

俞敏洪：他看到了会生气的。

毕淑敏：没事，我实事求是。

6. 写作于我："热爱与责任"

俞敏洪：从你开始写作到现在快40年了，你觉得你的写作纯粹是一种表达的冲动，并不追求自己的作品到底有多少社会意义，或者到底有多少人看，只是想把自己所想的东西用不同的体裁表达出来，小说也好，散文也好，诗歌也好，随笔也好，还是说你背后其实带有某种责任感和使命感，觉得既然走上了写作这条路，对社会某一方面的改变就有了一份使命和责任？

毕淑敏：对我来讲主要还是热爱，但我也希望能实现我的人生目标、人生意义，同时能对别人多少有一点点帮助。在这个大前提下，我首先要让自己觉得快乐，如果我觉得这事弄得我苦不堪言，我就不干了。我也希望自己写的东西不仅仅是我个人的倾诉，而且能唤起更多人的共鸣，否则我就是一个人独自说梦话。这些文字被印刷成书籍，飞越万水千山，到一个我完全不知道是男是女、是老是少的人的枕边或者案头，虽然我们素不相识，但我们会有一定的沟通，也许我书中的某句话能引起他的共鸣，让他会心一笑。这应该是一件美好的事情。

俞敏洪：你写旅行游记《非洲三万里》《南极之南》《破冰北极点》时，并不是为了写游记而去旅行的，而是为了自己亲身去经历，只不过作为一个副产品，你把你经历的、思考的东西写出来分享给了大家，是吗？

毕淑敏：肯定不是为了要写书才去旅行的。以《南极之南》《破冰北极点》为例，我当年在西藏的时候，他们说这里是世界的第三极，可以和南极、北极并列。我那时候就想，今生今世若有机会，要到南极、北极看一下。我当时觉得这是痴心妄想，但我想了近50年，慢慢地有这种可能性的时候，我真的很开心。但要考虑三个问题，第一，要攒一笔钱，购买飞机票、船票。第二，要有时间。第三，不能太老，太老了人家就不愿带我玩了。岁数大了，立个生死状人家也不一定带我去，所以要抓紧。

俞敏洪： 实际上是一种生命中一直渴望的经历和体验。

毕淑敏： 对，应该是一个梦想的实现。

俞敏洪： 谈到这个话题，很多人一辈子都想着自己应该做这个、做那个，但总是会找一些借口。比如，我没时间做这些，还不到做的时候，等到真想做的时候，却已经做不了了或者做不动了，留下很多遗憾。当然，也有人做得很决绝。比如，河南的一个中学老师写了一张字条——"我要辞职，世界那么大，我想去看看"，扔下就走了。但对每天承担着很多责任、义务的人来说，当他面对一件喜欢的事情时，又觉得现在还不能做，你对他有什么样的建议？

毕淑敏： 每个人的情况不同，所以我们尽可能按照自己最喜欢的方式，去做让自己最快乐的事情。但我们不可能脱离社会、脱离时代存在，要考虑很多具体问题。**希望大家永远不要放下梦想，永远不要觉得这件事情我就把它停留在想的过程中而不去做，你真正去做就会发现，其实没有那么难。**

俞敏洪： 一旦做了，就会发现，这件事情其实可以做下去。

毕淑敏： 对，真的是这样。我本来想去北极，北纬 90 度，我们以前读的课本或者小册子里说，只要站在那个点上，无论朝哪个方向走，都是向南。我想我要去一下，那就打听消息，做出行的准备。最重要的准备是要攒钱买这张船票，乘坐俄罗斯的核动力破冰船。当你开始去做时，会有一个个的困难扑面而来，只要下定决心，困难就可克服。

俞敏洪： 除了游记类的作品外，你的其他作品涉及很多女性话题，而且你的长篇小说大多以女性为主角，讲述她们的生命历程、面对疾病的态度、人生的追求，在整个过程中，你大概会从哪几个角度关注女性？你写了这么多有关女性的话题，**你觉得中国女性未来的生活状态以及社会对于中国女性的关注应该往一个什么样的方向走？**

毕淑敏： 在我的作品里，有很多笔墨描写女性。我想可能分为两个方面，一方面我本身就是女性，所以感触多一些。我觉得女子本身是一个弱势群体，尽管我们在不懈努力，但人类的文明就是这样发展的，是一个失之偏颇的过程。我作为弱势群体的一员，有责任为这个群体发出更多的声音。比如，我写的长篇小说，讲的是乳腺癌病人。乳腺癌现在已经是中国女性第一高发癌症了。乳腺癌不仅仅是一种癌症，而且会对女生的形体及心理造成很大的破坏。我当时想，你不可能让一个男作家设身处地感受这些，所以我作为一个女作家，有这个责任。尤其在部队的岁月，让我觉得一个人要肩负历史责任、生命责任，会有一种自觉性。所以，我的作品里会有大量以女性为主角的描述。

另一方面，我觉得女性困难多。她们不仅肩负着和男子一样的历史责任，还要教育子女、繁衍后代……这种特点，使得社会对她们的要求格外严格。要把这些都做好，女性要付出很大的身心代价。世界需要彼此更加了解，也希望男性更多了解女性，所以我会有意识把这些作为自己努力的方向之一。

俞敏洪：你认为当今中国的女性主要面临着什么样的问题、困境？有没有解决方法？女性应该抱持什么态度生活在当今社会？

毕淑敏：我觉得，**做女人首先要爱自己的性别**。我听到很多女性说，哎呀，如果我是个男人就好了，或者说如果有下辈子，我一定不做女人，要做男人。我觉得这些话其实折射到了波伏瓦所说的第二性，在我们有限的生命历程中，估计男女平等不能完全做到。在这种社会现状中，作为一个女子，我们首先要爱自己的性别，要珍视自己，有尊严地活着，并且尽可能地将这个角色扮演好。无论是历史的责任、家庭的责任、个人的责任，还是我们教育下一代的责任，这些纷繁工作都要理出一个头绪，尽可能去完成。

俞敏洪：那么，男人应该如何更多地理解女性，并且跟女性和谐相处？

毕淑敏：男人应该尊重女性。这个说起来也是老生常谈，但很多人都不够尊重自己，更不要说尊重他人了，尤其是男子。因为他们不太了解女性，所以不会感同身受。要想尊重另外一个性别，就要有更多的共情能力，要有慈悲之心。

俞敏洪：就这一条就够了？

毕淑敏：这一条有了，就一通百通了。

俞敏洪：一招定天下。我觉得毕老师讲得很对，**就女性本身而言，第一，要爱自己，包括爱自己的性别。第二，要有尊严地活着，这时候依然要爱自己、尊重自己。**男性也应当尊重女性的独立和女性的自我选择，包括整体上对女性

群体要尊重。此外，不管男女，都要对自我扮演的角色负责，都要承担责任。其实很多事情光抱怨也不能改变现状，不如自己主动动手，先改变自己所处的环境，再试着去解决问题。

毕淑敏：是的。

7. 尾声

俞敏洪：你作为一个相对高产的作家，有孩子要照看，又有工作要做，那么多事情要做，你是如何分配自己的时间的？在这个过程中有没有家庭内部矛盾比较多的时候？

毕淑敏：家里面的矛盾当然多，而且常常爆发，但我觉得，矛盾是一个很正常的生活组成部分，我们不用怨天尤人，或者抱怨自己为什么这么悲惨，碰到这么多矛盾，或者想换一个与自己更契合的人会不会矛盾就少一些，等等。矛盾真的普遍存在，毕竟两个人性别不同、性格不同。尽管两人门当户对，但还是有区别的。大家教养不同，父母亲也不一样，所受的教育不同，总之有各种各样不同的地方，这是一个常态化的存在。所以，我们要学习的是怎么去处理矛盾。我的方法是：求大同存小异。其实，我存小异的事还挺多，弄得我孩子小的时候就跟我说："我看你怎么老妥协，你是不是有点像腐败的清政府？"我说："为何像清政府？"他说："经常'丧权辱国'。"

俞敏洪：孩子还是站在你这一边的？

毕淑敏：对。假如我们夫妇两个人意见不统一，我就会在心里提醒自己，这个事关原则吗？不关，我就退步。这样退步多了，人们觉得我经常妥协退让。后来我跟孩子说，腐败是没有的，但一个家不能总在争执之中，所以只要不是原则问题，我通常可以妥协。

俞敏洪：从你的文字也看得出来，你的家庭关系、你跟孩子的关系还是蛮和谐的，孩子还陪你去旅行，等等。不过我觉得我也挺幸运的，每当我要出去旅行的时候，我的两个孩子只要有时间，就愿陪着我，我觉得这样挺好。我觉得当父母最成功的标志之一,就是当你老了的时候,孩子还愿意陪着你走。

毕淑敏: 这个是我第一次听说。

俞敏洪: 真的。两代人之间的代沟有时候还是比较深的,很多孩子对父母避之唯恐不及。我觉得孩子对父母的爱,父母能够跟孩子融洽相处,其实从孩子出生开始就慢慢建立起来了。从感情到思想上都能够互相理解,孩子能理解父母的不容易,父母也能理解孩子个人成长和独立发展的重要性,互相之间不苛求,需要温暖的时候又能够走到一起,我觉得这就是一个挺美好的父母和孩子的关系。有些父母只有一个孩子,他们发现孩子离开以后自己就会失魂落魄,就开始不断地控制孩子,孩子慢慢就会失去他的独立性,甚至有些孩子因为太过依赖父母,以至于大学毕业以后还要依赖父母的钱维持生活。所以,在孩子独立成长的前提下,父母和孩子之间温馨的相互依赖才是正常的状态,这是我当父亲的感觉。

毕淑敏: 说得非常好,而且你一边说,我一边在想,果然是如此。

俞敏洪: 由于时间关系,我们的对谈就快结束了,我来介绍一下你的图书。毕淑敏老师最近出了一整套自选集,包括《生命卷》《心理卷》和《幸福卷》,这三本书里的内容都是毕老师自己选的,包括她的长篇小说、散文、感悟以及旅行记录等,总共加起来相当于10本书的内容。如果大家原来没有读过毕淑敏老师的书,可以先买《心理卷》,里面有《女心理师》上下两本和《拯救乳房》。

毕淑敏: 你怎么那么了解?

俞敏洪: 哈哈,毕老师被称作"白衣天使作家",因为毕老师本身是一名医生。她16岁就当了卫生员,慢慢变成了正规医生,到了北京也是从事医疗事业,后来又自学心理学,对心理学产生了浓厚兴趣,所以写了很多相关的题材。你还开过心理诊所?估计很多人来主要是为了见你。

毕淑敏: 大多数真不是单纯为见我。国人在心理上,有很多需要重视的地方,国外现在也有一个很重要的进展,我们原来觉得心理医生看的都是心理上有毛病的人,但其实我们每一个人都可以让心灵更加健全,能让我们的能力有更全面的展示和发挥。

俞敏洪：是的，读你的长篇小说《女心理师》《拯救乳房》就能感觉到你对人的心理研究之深刻、通透，这跟你开过诊所、接触过很多向你咨询的人应该有比较大的关系。我甚至从《女心理师》的主角贺顿身上部分读到了你。

毕淑敏：你真是火眼金睛。

俞敏洪：只能说部分读到了你，因为不是你全面人生的展示。毕老师的长篇小说，要么就不读，一读基本就得从头读到尾，不太容易放下，因为太能深入人心了，而且文字比较通俗易懂。如果大家对心理感兴趣，我觉得《心理卷》值得大家一读。

如果对人生幸福、解决人生困境、人生中遇到的各种各样的事情有疑问，想知道如何能把自己从肉体或是精神的痛苦中解救出来，我觉得《幸福卷》是很不错的选择。这里面有三本书：一本是《旅行是幸福的扩大化》，里面讲了毕老师是如何通过旅行获得心灵愉悦的，并且解决了生活中的一些问题；另一本是《在不安的世界里享有幸福》，刚好跟今天这个不确定的时代很贴切；还有一本是《幸福就是和谐所有的关系》，在当今这个半虚拟、半现实的社会中，我们常常发现人与人难以和谐相处，比如一家三个人，回家一人一部手机，互相之间不交流，甚至夫妻俩要商量事情，也是通过发微信，而不是面对面交流，又如同事之间出现隔阂，陌生人与陌生人之间互相不理解、防范等，我觉得毕老师这本书给了不少答案。所以，如果对追求人生幸福和自足感兴趣，《幸福卷》很适合一读。这三本书是我的枕边书，一般放在我床边的书桌上。

《生命卷》是毕老师写的跟生命和追求息息相关的一些中短篇小说以及她的感悟，尤其是《昆仑殇》，是她在1987年发表的第一篇小说。毕老师出的书太多了，我查了一下，从1987年发表作品开始，一发不可收，一直到今天依然还在写，简直就是著作等身。

毕淑敏：谢谢你，你真的做了好多功课，非常感动。

俞敏洪：现在你功成名就，也到了颐养天年的时候，你后面还有什么样的事情要做？写作上还有什么计划吗？

毕淑敏： 写作还有很多计划，但我不知道生命到底有多长，不知道能给我多少时间，只能说如果有可能，我会努力完成我那一个个的梦想。

俞敏洪： 内心还燃烧着很多梦想？

毕淑敏： 对啊。

俞敏洪： 其实这时候根本就不用管年龄，我自己的态度是，我根本不会想我是不是能活到明天或者 30 年以后。我只想两件事情，**第一，我今天过得合不合算？第二，我今天做的一部分事情是不是也能够连接到未来，让我的未来变得更加丰富？** 我的未来什么时候结束，用英文说就是"I don't care"，我已经不在意了，我在意的是我今天做的事情。这当然不是今朝有酒今朝醉，而是能让我感到充实，感到时间没浪费。比如，今天跟毕老师见面，我就觉得今天过得很愉快、很合算，而且这件事跟我的未来也有关系。今天跟毕老师对谈以后，我就有了很多新的领悟，这些领悟可能就会用到对我未来人生的指导中去。当然，对年轻人来说，更多应该面向未来，因为年轻人有更多的机会为未来做准备。但我这个年龄，必须把未来和今天紧密结合在一起。

毕淑敏： 你说得很好，特别是你刚才说的，现在做的每一件事其实和你的未来是联系在一起的，你只要做了，就是在为未来做一部分。

俞敏洪： 最后一个问题，面对今天的年轻人，你对他们有什么样的建议？

毕淑敏： 我想首先年轻人还是要有一个目标，要看远方；其次要看脚下，脚下有你向目标前进的路，特别是你刚才说的，我们现在的任何努力都是和自己的未来联系在一起的。

俞敏洪： 既要仰望星空，也要脚踏实地。我一直认为，一个人未来的事业或者前途，跟他眼前做的每件事情都有关系。第一，把眼前的事情做好，当然要看这件事情值不值得做。第二，做的事情一定要部分意义上付出努力才能做，而不是不动脑子重复就可以做，这样才会不断地努力、长进。就像爬山，每爬一级台阶，尽管离山顶还很远，但你进步了。哪怕这座山是由 5000 级台阶组成的，但你只要爬上一级，到达目标的台阶就变成了 4999 级，你一级一级爬上去，说不定哪天就站在山顶了。其实大家不用太着急做那些自己根本就做不到的大事，但可以一步步去奋斗，就像你当初在阿里 11 年，也并没有想到最终会成为中国人民敬仰的作家，这其实是一步步走出来的。人生很长，但又很短，很长是你根本就不会知道自己这辈子到底能做出什么事情来，很短是你不做好每一天的事就不会有未来。

毕淑敏： 我特别赞同。

俞敏洪： 谢谢毕老师。你最后介绍一下你的书吧。

毕淑敏： 好的，俞老师。这套书是自选集，自选集就是自己选的。我记得有一个画家说，"你要是想我，就到我的画纸里去看我"，所以大家要是觉得我跟俞老师谈的这些内容对你能有一点点帮助，咱们就到书里相会吧。

俞敏洪： 谢谢毕老师，各位网友，再见！

毕淑敏： 谢谢俞老师，谢谢大家，再见！

（对谈于 2022 年 11 月 7 日）

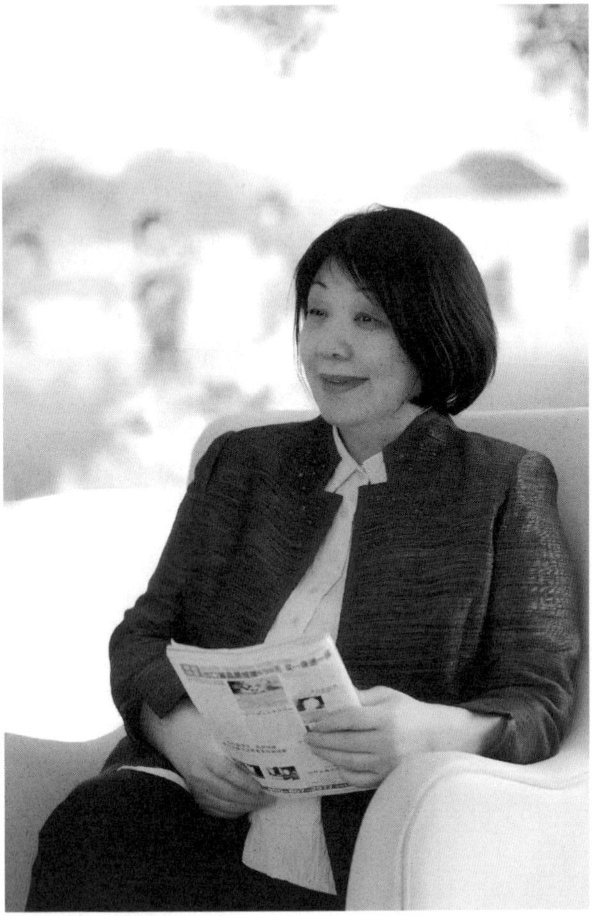

对话 蔡崇达

站在生命的入海口，追问命运

我希望我能够一遍一遍地告诉许多人，你可以在故乡遇到世界，你可以从故乡走向世界，你也可以从世界走回故乡。

蔡崇达 /

1982年出生于福建省泉州市东石镇。曾任《中国新闻周刊》《GQ》《周末画报》等媒体执行主编、总监。个人首部非虚构作品《皮囊》被译成英、俄、韩、葡等多种语言，在全球多个国家及地区发行。2022年出版首部长篇小说《命运》。

俞敏洪：大家好，现在坐在我身旁，看上去像个大学生的就是蔡崇达老师。蔡崇达之前出版了《皮囊》，已经销售了几百万册，是一本非常感人的散文集，也可以说是纪实小说，但我更愿意把它看成对家乡的传统文化、对自己的父母、从童年到青年生长过程的散文回忆，写得非常感人。最近他又出了新书《命运》，是一本以阿太（外婆的妈妈）跌宕起伏的命运为核心的长篇小说，用抒情、讲故事、散文的叙事方式，将历史和人物的生生死死，卑微生命的困顿、艰难和倔强融合在一起，读了以后让人放不下，这算是我近10年来读过的非常好的小说之一。所以，今天我请蔡崇达老师来聊聊他的成长过程、创作过程以及他的内心世界。

——对谈环节——

1. 油纸里的书墨童年

俞敏洪：崇达好，你是1982年的，我是1962年的，咱俩刚好差20岁，你年轻，我就叫你崇达好了。好像你周围的朋友都叫你达达？我也可以叫你达达。我们有个共同之处，都是农村或者乡村出身，你是乡村小镇，我是标准农民，是离小镇不远的农民。

蔡崇达：我是镇区的。

俞敏洪：你对土地、中国的传统文化、家族的传承都非常熟悉，尤其你在《命运》中描写了很多母亲那边老一代的人，阿太是典型人物。在《皮囊》里，阿太说："皮囊是拿来用的，不是拿来伺候的。"《命运》就是从阿太所说的这句话开始，讲述了阿太跌宕起伏、平凡又不平凡的一生，让我们看到了一个女人为改写命运所做的全部努力，这引起了很多人的共鸣。

我发现你小时候的生长环境处于两个维度。一个是你从小到大在学校里一直是好学生，学习成绩很好，尤其语文成绩很好，据说你还参加过物理竞赛，所以理科也很好，你是一个文理平衡发展的人。像我的数理化就一塌糊涂，不是我不用功，而且根本搞不懂物理定律和数学公式，后来就彻底放弃了。另一个维度，你的成长比较艰辛，你小时候总生病，父亲瘫痪，母亲非常好强，家里生活艰难，你是在这样的环境中长大的。你能不能跟大家分享一下，小时候的成长环境对你的个性产生了什么样的影响？

蔡崇达：我觉得人的故事可以从很多种版本来讲，比如后来我出书了，好像有点名气了，很多人就愿意把它讲成某种成功的故事，但实际上那也不是生活的真相。很多人看到我写的故事，会以为那是一个悲伤的、痛苦的故事，其实那也不是生活的真相。我经常说，我确实是从小就比较敏感。任何天赋往往都是挑战和考验。比如你敏感，在你年纪很小的时候，你甚至不理解你感受到的东西，我从小就是个特别孤僻、心事重重的人。

俞敏洪：你小时候跟小朋友玩得多吗？《皮囊》写了一些阿小之类的小朋友，好像还是有一些朋友的。

蔡崇达：我从小就表现出某种隔离感，因为想得很多，就老觉得旁边的小孩真是无所顾虑，非常快乐。我心里想，为什么我会感受到那么多难过、忧虑、痛苦？在我父亲生病之前，在我们家的环境还没有那么差之前，我经常被各种情绪、情感困扰着。我从小就有点孤僻，虽然我书里写到了我的一些玩伴，但其实我是处于比较隔离的状态。

俞敏洪： 从你的书中也能读出来，你跟你的玩伴常有一种疏离感。

蔡崇达： 对。我不会跟他们谈心，因为我觉得他们不理解我，我经常困惑地看着自己。我为什么喜欢写作和阅读？当我很小的时候，内心描绘不出自己的感受，甚至理解不了自己的感受，就开始乱读书，曾经读到某段话，像被雷劈中一样，觉得那段话怎么就把我自己描绘不出的感受写出来了，我就知道写作是多么了不起的事情。其实人经常会感到孤独，因为你不理解自己，更不要说表达自己。往往你难过的时候，父母就很关心你，为什么难过？你说不出口，不是你不愿意说，只是你表达不出来。所以，**我们内心最深处的孤独，是我们理解不了自己以及无法表达自己造成的。** 我后来发现阅读能够帮我表达出来，就觉得这是特别了不起的事情。

俞敏洪： 你的感受能力比较强，又比较敏感，相对来说小时候算是比较内向的。现在有不少家长，觉得孩子的个性比较敏感、内向，或者不太爱说话，就会比较着急，觉得孩子有问题，但其实这对孩子来说，也有可能是一种天赋。父母面对孩子成长过程中出现的性格状态，应该正向鼓励和引导，而不是告诉他这样不行、那样不行，最后强化孩子的自卑，使孩子失去信心。我觉得你父母应该能感受到你跟其他孩子有点不一样，对你这种状态他们是怎样的态度？

蔡崇达： 父母肯定是爱小孩的，我父母不理解我，但他们会用自己理解的方式、用自己认为保护小孩的方式去帮助和保护我。有一段时间只要我拿起笔写作，我母亲就打我，因为我一直沉迷在阅读和写作中，有点神神道道的。我们小学语文老师、中学教务处主任都跟我老妈讲过一句话，"人就像电灯泡，如果太烫了，保险丝烧掉就傻了"。我母亲就很担心，也很害怕。我小时候就说我想当一个作家，在她的人生里哪有作家这回事？她只觉得我能好好读书，考个师范，当一名老师就很好了。所以，她不是限制我，而是从她角度出发去想我的人生能过得最好的方法，并试图保护我。但我当时处于非写不可、非看不可的状态。

俞敏洪： 你小时候的书从哪儿来的？我相信在乡镇里不太容易找到你想读

的书。

蔡崇达： 俞老师您说得特别对。我曾经在另外一个节目讲过我是从哪儿找的书，他们觉得不可思议，但这是真的。我们家旁边有的店卖闽南的蚝烙，就是生蚝加一些青菜、葱下锅炸，这些炸的东西都需要用纸包，他们就会去收一些纸张废品来包，有时候是书，有时候是报纸。

俞敏洪： 对，我小时候去买油条都是报纸包油条。

蔡崇达： 用报纸包油条，或者用书，蚝烙比较小，撕一页就可以包。我就经常去那儿淘书。

俞敏洪： 通常只是半本书，没有全书。我小时候到垃圾站弄的书，有时候一本书本来是几百页，只剩几十页了。

蔡崇达： 对。现在那家蚝烙店还开着，那时候老板知道我经常到那里去找书、挑书，往往书到了之后就先等我，我去看一看，如果有全的、我喜欢的书，就找他买回来，价钱比较便宜。

俞敏洪： 那你得去拜他，你稿费的一半都得给他（笑）。

蔡崇达： 我现在还是去那儿买蚝烙和菜粿。有一次我在那儿吃，他突然就拍了一张照片。因为我刚好在吃，就拍得很丑。他说要把这张照片打印出来，给其他顾客说蔡崇达是吃这家蚝烙长大的。我说："你可以挂，但能不能挑张好看一点的？"

俞敏洪： 可能那样更有魅力。所以，就是通过这样的方式找到了一些书来读？

蔡崇达： 还有另外一件事。我觉得我父亲很爱我，他只是不理解我在干吗，但他对我提的要求无法说不。我当时参加比赛拿的奖金、父母给我的各种钱，我都拿去买书。我小时候晕车，他就陪着我坐车到泉州、厦门的书店去买书。

俞敏洪： 当时你父亲已经当海员回来了？

蔡崇达： 对。我读小学四五年级的时候他回来了，我记得他都是穿着拖鞋、短裤，抽着烟。当时新华书店被认为是很重要的地方，穿拖鞋是不能进去的，他往往坐在门口抽着烟等我。

俞敏洪：你父亲的文化水平多高？

蔡崇达：我父亲和母亲都是小学没毕业。

俞敏洪：你父亲陪你去买书这件事，在他们特别朴实的潜意识中是值得骄傲的，他觉得让儿子有文化，儿子喜欢读书是件好事？

蔡崇达：对。我出生在泉州晋江，晋江有54家上市公司。

俞敏洪：晋江人不是都喜欢做生意吗，你怎么小时候没去学做生意？

蔡崇达：这个问题之前有人问过，但大家误解晋江了，晋江有很重的文化传统。我书里写过一个类似的片段，我们小时候有人去世要送葬，要有帮灵魂开路的，会有很多人骑着马、披着红褂帮他开路，骑头马的不是生意人，也不是当官的，而是写文章的人，而且头马的头上要别一支朱砂笔。我小时候问过我阿太，我阿太就告诉我，笔能点开天地，为灵魂开路。

俞敏洪：你们家整体上算是客家人？

蔡崇达：我们是闽南人。

俞敏洪：客家人是比衣冠南渡还要晚一点的北方家族或者群体移到南方去了，因为好的地方被闽南人和潮汕人占了，所以他们就跑到山里去。

蔡崇达：对，我们占的海边。我们老家很多传统习俗就是沿袭晋朝的，也有唐、宋、明的，其实有好几次衣冠南渡，所以都会有中原文化传统的秩序、习俗碎片。

俞敏洪：这些秩序在小镇老百姓今天的生活中依然存在，而且秩序井然？

蔡崇达：我甚至觉得依然是这些秩序在支撑着小镇的精神体系。

2. 文学之路因祸得福

俞敏洪：你高中的时候成绩很好，文科也好，理科也罢，后来怎么就到了泉州师院？那是一个很普通的本科学院，你怎么会选这个学校？

蔡崇达：我很感恩两所学校：一所是北师大，虽然我没在那里上过一天学；另外一所就是泉州师院。这里面有一个小故事，我高中参加了一个作文比赛，是中国作协跟几所高校一起办的创新作文大赛，我得了一等奖，可以保送北师大。我至今记得中文系主任阎萍老师当时跑来找我，说："崇达你不要去其他学校了，就到北师大吧。"我以为自己已经被保送北师大了，就特别嘚瑟，所以就开始拼命写文章，当时还联合晋江所有中学出了一个期刊，当时就在忙这个，结果在高考前最后一个月，突然通知我不能保送了。

俞敏洪： 为什么？是北师大的原因还是当地的原因？

蔡崇达： 北师大阎萍主任还特意飞到福建，一直在争取，但在当时，用一篇作文判定一个人可以被保送，是一个新路径，他们就有所顾虑和争议。总之，通知我不能保送。我当时读的理科，我物理参加过奥林匹克竞赛，还拿过奖，但我那时候已经很坚定地要当一个写作者了，我就要读中文系，所以我干了一件很叛逆的事情。当时我们中学一直想拦我但没拦住，我在高考最后一个月从理科转到了文科。当时正好是省普查，政治150分满分，我考了42分，历史150分满分，我考了70多分。我们学校老师对我很好，说"崇达你真的得听劝"，我说不行，我一定要读文科，一定要读中文系。高考之后又有一些波折，在省普查的时候，我的语文考了晋江市第一名，但在高考的时候，我的语文作文竟然被判零分，我的高考总分并没有过重点线。

俞敏洪： 是不是你当时写作文就按照《皮囊》的方式写了？

蔡崇达： 当时就因为拿了全国奖项，非得要表现新风、倔强、傲慢。所以，做人做事不能傲慢。总之，就被刷掉了，没上重点，分数刚好够二本的头、一本的尾，一路调剂到泉州师院。但我后来觉得很庆幸，还好是上泉州师院，在泉州又待了4年，如果我当时高中毕业就到北京，北京的文化太庞大了，我马上会被吞掉的。因为我当时特别向往北京，北京的文化又如此雄浑。

俞敏洪： 幸亏当时你没来，北京真的是一个很容易把人的特点吞噬掉的地方，它的文化和社会功能太强大了，以至于你进来以后，就会像水中的一片树叶一样，不得不随着它漂流，不再是河岸边的一棵树。

蔡崇达： 你说得很对。

俞敏洪： 幸亏你没来北师大，如果你来了北师大，今天可能是一个普通的北师大老师。

蔡崇达：我很确信的一点是，一个作家一定要拥有家乡，如果他没有拥有家乡，他的精神脉络就没有真正往生命里扎根。

俞敏洪：所以，有点因祸得福。晋江也属于泉州的一部分，泉州文化是既传统又开放的文化，而你的学校刚好在泉州的文化核心地带，你大学4年应该有意无意地对泉州文化进行了更加深刻的了解。

蔡崇达：我在大学期间泡遍了泉州所有的博物馆，走遍了大街小巷，还试图用闽南语写小说，获得了福建小说奖。应该说，我在大学4年里跑遍了所有县市区，在这4年里才在写作上开始连接家乡，在家乡扎根。

俞敏洪：你连接家乡的写作从大学就开始了，但你大三的时候又被聘为《深度新闻周刊》的主编。

蔡崇达：很多天赋其实是挑战，但是挑战也是机会。当时我父亲生病了，我进入大学后就想要赚钱，自己缴学费，我还想陪着我母亲、姐姐一起赚钱给父亲养病。那时候我拼命学习，还拿了作文奖，高中还出过一本书（虽然我至今都不会承认那本书，说出来有点丢人），后来我还获得了福建小说奖，但文学赚不了钱。那时候我老家的人都知道我这些事情，所以泉州很多媒体都给我机会，让我实习当记者。

我从大二开始就写深度报道，每年写三四十篇，当时的媒体是《泉州广播电视报》，时任社长兼总编辑的王成钢是我的恩师，也是我的兄长。我当时大三，他说："崇达，你来当主编吧。"我很震惊，因为我只是个大三学生。他就跟我说："你虽然还没毕业，但我给你正式员工的工资，一个月2300块。"在那时候这是很多钱了，当时给我父亲医病，我母亲盖楼，还有我的大学生活费，都是从那里来的。他提出来让我当主编，我觉得很不可思议，但他就很坚持。当时有很多面试、笔试，最后分数出来还是让我当了主编。我记得让我当主编的那天，他骑着小摩托，带我去泉州美食街吃了一碗面线糊，因为我不能喝酒，他就用面线糊干杯，说"祝贺你成为我们中国最年轻的杂志主编"。

俞敏洪：那绝对是最年轻的了，20岁还是21岁？

蔡崇达：当时是大三，差不多是 21 岁。我还得讲一下我的兄长王成钢老师，后来他因为心脏病去世了，这是我觉得很遗憾的事情。我这本书最开始的版本里写到我很感谢我的兄长王成钢，就是他，但后面的版本里有所调整。

俞敏洪：其实人生就是一场在无常和努力之间的旅程。

蔡崇达：是的。我现在每次回老家，都会约泉州广播电视报社的人吃吃饭、聊聊天，我们经常会有联系。我相信现在泉州广播电视报社的庄总肯定也在看咱们的直播对谈，因为大家已经变成了彼此生命中的老朋友，老朋友是很宝贵的。

俞敏洪：你是一个对故旧情感非常看重、非常眷恋而且非常敏感的人，从你的文字就可以看出来。你也是一个很念旧的人，比如，你长大以后专门去香港看阿小，《皮囊》中还专门写了一篇"阿小成长记"。

蔡崇达：对我来说，生命就是一个感受和体验的过程。我说过一句话，"**路过我们生命的每个人，都参与了我们，并最终构成了我们本身，其实这是我们生命最重要的部分**"。

俞敏洪：《皮囊》出版的时候，有几个人给你加持。一个是韩寒，没有韩寒敦促你写，可能这本书都不一定能出版。还有一个是刘德华，好像还专门给你写了序言。另外，果麦给你出了这本书，背后还是有一些贵人相助的。韩寒的故事刚才讲过了，你们在写作的路上是互相鼓励的吧？

蔡崇达：我们是互相鼓励的好朋友。

俞敏洪：后来你写《命运》的时候，韩寒知道吗？

蔡崇达：他知道，我家离他家就 10 分钟，我们经常会相互走动。

俞敏洪：哦，他也在上海？

蔡崇达：我去上海，也是他和他家人的意思。他老婆劝我去上海的，因为当时北京空气不好，我女儿肺部积痰。甚至他老婆还帮我女儿找了幼儿园。

俞敏洪：没想到北京现在空气挺好的。刘德华原则上不搞文学创作，你怎么会跟刘德华认识，而且他还很愿意给你写序言，序言写得短小精练、非常感人。他说"视人生无常曰正常，或许是顿悟世情，也可能是全心冷漠以保持事不关己的距离，自我保护；看崇达敞开皮囊，感性分陈血肉人生，会不自觉卸下日常自甘冷漠的皮囊，感同身受"，我都没想到刘德华的文笔这么好。

蔡崇达： 我叫他华哥，华哥在中学时期写过剧本，获得过香港大中学生剧本比赛一等奖，他是能写的。我真的很感谢华哥，当时他知道我要出这本书，我不好意思请他帮忙，他就通过佩华姐，也就是当时他们公司的制片人，跟我说他很想帮我写推荐序。我很感动，他从来都是为别人考虑，还倒过来用一种我能帮你忙的方法，真的是很细心的一个人。

俞敏洪： 现在《皮囊》不是要拍成电影了吗，干脆让刘德华来演你父亲的这个角色。

蔡崇达： 华哥在电影上也一直在帮忙。我很骄傲的是，出《皮囊》的时候，是白岩松、老韩、我文学上的恩师敬泽老师、刘德华陪着我，再出《命运》的时候，还是他们在陪着我。我跟华哥认识是我当时写特稿，他看到我写的文章，就通过一个写作人联系到我。我当时刚结婚，正在老家跟我老婆休婚假，我接到电话，那边说："崇达，华哥想约你去香港聊一聊。"我说："华哥？"他说："刘德华。"我说："是那个刘德华吗？"他说："是的。"我说："真的假的？他为什么要找我？"他说："他想要整理一些自我的内心感悟和生命故事，想和你一起聊一聊。他也想认识你，你觉得怎么样？"这就是你写出东西来，那个东西就会构成某种存在。

俞敏洪： 它会触达某个人的内心，一旦触达了，就拔不出去了。

蔡崇达： 对的，所以《皮囊》让我拥有了至少 500 万素未谋面的老朋友，华哥也是因为先看到我的东西，然后约了我。华哥真的是很棒的人，当时他知道我老婆怀孕了，他自己算时间，我女儿出生的第一套衣服、婴儿用品就是他买的，他刚好在那个时间给我，是一个无比细腻、无比在乎别人的人。

俞敏洪： 你有打算为刘德华出一本传记什么的吗？我觉得用你的文笔去写他的人生应该能写得很好。

蔡崇达： 我们其实聊过，我们就说用一辈子交往，我真的希望能写出一个很好的作品，而不是一个跟风式的作品。他是有精神特质的偶像，他具有自己的品格体系，而这个品格体系，如果你细琢磨，还是很传统的中原文化。

俞敏洪： 很明显。

3. 《皮囊》：家乡是生命的土壤

俞敏洪： 你家乡的妈祖庙、关公庙，还有你在《命运》里写的各种神明都很有意思，你小时候去朝拜过吗？

蔡崇达： 我跟他们很亲，小时候觉得特别孤单，除了看书、找书，我还会去蹭书店，但还是有大量的问题解答不了，我就经常在庙里一坐一下午。

俞敏洪： 小时候我母亲会带我拜祖先，也会拜神灵，尽管我们那个年代还不能公开有庙。你是 1982 年出生的，等你懂事的时候，这方面应该比较开放了，是不是小时候过节、各种神灵的节日，家里人就会带你去拜拜？

蔡崇达： 我经常说我们老家人特别忙，我们老家真的走几步路就有一座庙，我觉得我们老家肯定是全中国，不知道是不是全世界，人均神灵、人均庙宇最多的地方。

俞敏洪： 应该整个闽南都是这样的吧？

蔡崇达： 都是这样，而且那些神明管得还挺细，各个领域、各种东西都有神灵管，比如，照看小孩的有"床母"。总之，你的各种心事都有人管。我从小是我阿太带大的，当时我父亲在宁波当海员，母亲在纺织厂，我阿太在我外婆去世以后就经常到我家住。我当时四五岁，她八十四五岁，我阿太就像我书里写的那样，是和神明交朋友的，我是站在生命的起点，她是站在生命的尾端。我其实是老人带大的，所以有人看我的书，觉得我怎么把老人写得那么生动。我就是很幸运，很早就可以站在她那个维度上，站在生命的尾端来看待我生命的起点。

俞敏洪： 中国文化最活灵活现的体系就在乡镇文化中，你做了那么多年记者，参与了中国那么多大事件的报道，后来回归到写作，是因为觉得只有从家乡的传统文化、家族传承以及相对比较卑微的生存状态中，才能寻找到文化真正的源头吗？

蔡崇达：我写《皮囊》的时候，经常说它是应激的写作，我当时还没有这些思考，只是内心有很多命题。**其实《皮囊》是一本成长之书，里面写了很多我当时无法回答的问题，故乡和远方、理想和现实、怎么面对亲人的生老病死、怎么面对自己的情感和欲望……种种东西。**

当时这些问题像一只只疯狗般追着我咬。我一开始来北京，就拼命让自己工作，其实那是一种逃避。**我们很多时候其实都是在用远方和责任来逃避自己内心无法回答的问题。**写《皮囊》是因为我已经被这些问题逼到墙角了。我当时已经当了主编，也拿了很多新闻奖项，我的梦想好像实现了，但我父亲离开了，我突然间觉得我失去了这两个依靠——新闻梦想和我的责任，我得转身面对那些命题了。在转身面对那些命题的时候，我要调动人生之前的所有积累，阿太教我的话，我母亲活出来的生命的样子，就涌现到心里。我从那里把它们提炼出来、召唤出来，试图回答自己内心的追问。其实《皮囊》出版前三天，我还打电话问能不能不出版，因为这本书不是为了出版而写的。

俞敏洪：是为了抒发自己的内心？

蔡崇达：对，为了回答自己。本来也没想出书，一开始我是发在博客上，有一天凌晨2点多，韩寒打电话给我说："老蔡，你这个一定得出版。"其实《皮囊》是被他推着出版的，所以在最开始的版本里，他还挂着编辑的头衔。所以，这本书应该说是不自觉地调动自己的生命经验来回答被追问的那些问题。其实到《命运》的时候，我已经有自觉了。我知道当下是一个巨大的、无常的时代，中国在精神上从来都是富足甚至富强的民族。

俞敏洪：有自己独特的精神富强系统，一方面，中国老百姓追求生存的各种机会，比任何其他民族都敏感，而且更加实用主义；但另一方面，我觉得中国这样一个民族，14亿人能够一直支撑下去，并且传承自己千年不衰的文化，是有内在完整的精神体系的，而且这个精神体系非常复杂，需要在根源上才能找到。大家都说儒释道是中国的精神根基，但儒释道只是表面的东西，到了老百姓的手里，它是怎么体现出来的？就像你刚才说的神灵崇拜、日常生活，都有超出儒释道的民间体系存在。

蔡崇达：对。我之所以写《命运》，是因为我开始意识到，我的家乡陪着我回答了我成长的命题。**作为作家，我能做的很少，但我觉得现在的中国很需要提炼、打捞、召唤回传统精神秩序——那些支撑我们世世代代生生不息的东西。我们是精神的富二代，现在不露家底，什么时候再露家底呢？**

俞敏洪：像你我这样，在城市生活这么多年，尤其我已经离开家乡四五十年了，家乡文化的传承对我来说已经很淡了。**北京的大城市文化是一个大熔炉，把传统和现代非常模糊地混在一起，以至于大家有点像失去根基的感觉。很多年轻人融入大城市后，不愿意再回到故乡，也不可能像你一样思考故乡给自己带来的滋养，所以从某种意义上说，他们确实丢掉了中国文化传统的支撑，同时，新的文化体系支撑点又没有产生。这也是现在那么多年轻人相对比较迷茫的重要原因之一。**

现在年轻人在大城市生活，和自己原来的传统文化脱节，你认为读你的书会给他们带来什么好处？他们为什么要读你这本书？你大三以后，从泉州师院还没毕业就已经在北京找到了工作，但你在北京工作了十几年以后又回归到家乡，我认为你这也是在自己奋斗后的某种追问，但不可能每个人都能像你一样变成作家回归家乡。那么，现在年轻人在大城市生活，没法回归到小时候那样的乡镇生活，那种失落感，他们怎样面对？

蔡崇达：我在书里写过一句话：**"我们都是，既失去家乡又永远没办法抵达远方的人。"**我看过一个数据，这几年来，中国有 3 亿人从农村、小镇来到城市，这是一个世界壮举。

俞敏洪：人类有史以来最大的迁徙，而且是最大的和平迁徙。

蔡崇达：是的。

俞敏洪：跟你的祖先衣冠南渡不一样，衣冠南渡是因为战乱。

蔡崇达：对的。我们有 3 亿人背井离乡，试图在异乡构造家乡的逻辑，而城市化正在不断摧毁我们的家乡，这就是我们这 3 亿人要共同面对的内心命题，是我们这 3 亿人在时代洪流中要共同面对的事情。**其实一个作家能做的事**

情特别少，他能在你内心最深处陪伴你，让你知道有一个人跟你一样，他理解你，甚至帮你表达出来，别人就会顺着那些话语抵达你的内心深处，就跟你在一起了。

俞敏洪：其实能做到这样的作家很少，大部分作家都是自说自话。如果你读一个作家的书，发现这个作家在讲你心里讲不出来的话，抒发你心里抒发不出来的感情，你看了以后流下了你一直想流出来的泪，或者在你想笑的时候终于笑出来了，这才是真正的好作家，我觉得你符合这个标准。

蔡崇达：谢谢。因为我自己受到了这样的写作恩惠，我就希望能成为这样一个写作者，特别是在这样一个巨大的时代，充斥着无常、上演着各种故事的时代。我记得白岩松老师在帮我主持发布会的时候说过一句话，"崇达写这本书是为了回家，而回家是为了自由"，当时可能很多人都不理解这句话，但我被他直接给说哭了。很多人不理解，为什么回家就可以自由？我们都是从十三四岁开始想去远方，我们经常渴望远方。我们发现自己有很多问题，因为我们的内心有家乡、家庭、家人无法满足的部分，又不知道怎么跟它相处，甚至开始挑剔它、嫌弃它，看到它的局限性，但我们又爱它，所以就很希望逃避，会想去远方。**我们很多时候抵达远方是因为不敢回家，因为回家后会有那些让我们耿耿于怀、又爱又无法接受的命题。**

我其实是写完《皮囊》之后，才知道要怎么回家的。我们每个人都像一颗种子，家人、家庭、家乡就像那块土壤，我们的根系往下扎，当我们冒出第一个芽朝向天空的时候，就已经超过了土地本身，这时候我们倒过来希望土地成为自己的天空，其实这是错的。我后来知道，**人最好的活法应该是活得像一棵树，只有往自己的过去，往自己的家庭、家人和家乡扎得越深，才更有力量展开更强壮的身躯、长出更翠绿的枝丫迎向天空。**这就是我找到的如何能够在异乡拥有家乡的方法。

俞敏洪：这个比喻非常好，实际上每个人都有根系，这个根系只能扎于你的出身、你的家乡、你的父母和你的亲情乡土关系。现在有些人抱怨父母没给自己准备好房产，没为自己的前途做准备，没给自己带来足够的希望，我觉得这些都没有意义，因为能让你出生在这个世界上，父母就已经局部完成了你在这个世界成长的最初条件。

蔡崇达：有一件很重要的事情，就是安定，人只有站定了，才能出拳，才有力量。在这个世界上，只有心定了，你才有心力。如果心不定，你就会觉得飘来飘去的，无所依据，做什么事情都会随着时代的那阵风而飘走。**只有真的理解家乡是你的土壤，把你的根系扎在那里，你的心、你的人稳稳地定在那里，让它构成你的定力，你才会有心力。**

俞敏洪：可以这样说，任何一棵树都没法挑选自己的土壤，你必须在现有既定的土壤中发展你的根系，汲取土壤中的营养，让自己在这种土壤中尽可能向上成长。

4. 钉一个名为"家乡"的钉子

俞敏洪：在晋江长大的孩子很多，但你能以散文、小说的方式将家乡和家乡普通老百姓在命运中努力挣扎以及日常文化传统表达出来，并以这个为核心走向世界。你的书已经被译成不少外文了，是不是因为你通过追问在这片土壤中终于寻找到了自己的答案？

蔡崇达：我觉得写作是一件很幸福的事，我经常说一句话，"走向自己的内心，是通往他人内心最快的路"，其实当你走向自己内心，去解决自己内心无法回答的问题的时候，你会发现你可能替很多人回答了他们本来回答不了的问题，说出了他们本来说不出来的问题，因而会有读者拥抱你、挽留你。为什么会有文学经典和世界名著？按理说他们生活的环境和我们完全不一样，但人这一辈子，无论在哪个时代，最本质的命题就是那些，如果你能在本质命题上去拥抱别人，去帮别人表达，读者就会很珍惜你，会拥抱你、挽留你。

俞敏洪：读者毫无疑问拥抱了你。《皮囊》已经有几百万的销量了，我觉得《命运》应该会卖得更好。因为《皮囊》是一种散文性的叙述，《命运》则是完整性的叙述，而且你部分意义上已经想清楚了命运是怎么回事以后，做了一个故事性的表达，我觉得这本书应该更好。我想问，《皮囊》出版的时候，你有想过它会发行几百万册吗？

蔡崇达：我给俞老师讲个故事，当时《皮囊》要出版的时候，我在出版前三天还在跟果麦说能不能不出版，果麦就说，不出版，你能赔我印刷钱吗？我说赔不了，那就出版吧。但其实我对这本书的期待是能把首印的书卖完就已经很好了，首印是28000本。

要印刷的前一天，我母亲说她做了一个梦，梦见关帝爷跟她讲，"你儿子这本书会卖到来不及印"。她当时跟我讲，我说不可能，现在都什么时代了，读书人没有那么多，而且工业化时代哪有卖到来不及印呢？结果《皮囊》确实在上市后的第二天就卖断货了。那是精装书，又临近过年，如果加印，得到12天过后才能卖。所以，我老妈就嘚瑟，说"你看我说准了吧"。

俞敏洪：我算是第一批《皮囊》的读者，刚出版的时候我就读了，觉得这本书特别好。

蔡崇达：我给俞老师讲另外一个故事，我老婆此前没有完整读过一本书，当时这本书出版了，她有一天看样书，一个下午就看完了，边看边哭，然后就跟我说，这书一定会卖得很好，我说现在书真的很难卖。她说："你看我一个不读书的人都看完它了，可能会卖得很好。"

俞敏洪：你老婆都感动了。一般老婆很少被丈夫的文笔感动，是不是那时候刚结婚不久，她对你还有崇拜之情？

蔡崇达：是（笑）。其实《皮囊》超出了我的所有想象，第一年卖了50多万册，第二年是60多万册，第三年是70多万册。

俞敏洪：《皮囊》的火爆肯定给你带来了完全不同的名声和经济地位，你有没有想到过会这样？当这种不期而遇的名声和经济地位来到的时候，你是怎么想的？

蔡崇达：一开始我完全没想到，后来《皮囊》出版后，第一年回老家，我就发现我去庙里，或者去排队买小吃，经常有人偷拍我，我才知道我好像有点出名了。我当时还邋遢地穿着拖鞋，有人拍我，他们肯定想，啊，他就是作家吗？

这个样子？当时有段时间我很紧张，觉得应该收拾一下自己，但后来我觉得这样很不舒服。我说过一句话，**"一个作家一旦认为自己是名人，他基本就死掉了，他的创作力和感受力就消解了"**。

俞敏洪：你现在觉得自己是名人吗？

蔡崇达：我不觉得是。

俞敏洪：我觉得客观上你是名人，因为我也算个小名人。客观上是名人这件事不可避免，这时候你内心对自己的定位到底是什么样的才最重要，**你不把自己当名人，那就不是名人。**

蔡崇达：现在我们老家很多人都很熟悉我，我每次回家还是去排队买小吃，还是去寺庙发呆，别人见多了，也就懒得拍我了。一开始出名的时候，我去排队买小吃，别人还给我让位，现在我去排队买小吃，别人就不管我了，因为见得多了。

俞敏洪：当老百姓接受你，并且愿意把你融入他们日常的生活时，才是真正接纳了你。

蔡崇达：是的，现在这种状态我很开心。

俞敏洪：你成名以后有了经济条件，就打起了你们家那座房子的主意。你们家房子在《皮囊》中是另一个人格化主角，你甚至把那座房子血肉化了，你母亲和父亲所有的行为就是围绕你们家最后盖成的四层楼展开的，通过你母亲，既彰显了中国老百姓的要强性格，也彰显了中国老百姓在一方乡土中确立了自己的地位。你对这座房子是充满感情的，因为你父亲在这座房子生病，后来在这座房子去世，你母亲在这座房子上投入了大半辈子心血。但后来《皮囊》出版后，你有了一点经济条件，就把这座房子拆了，为什么呢？

蔡崇达：特别感谢俞老师提的这个问题，《梦想改造家》记录了整个拆和建的过程，还有人骂我，你为什么要拆掉这个房子？我也没有机会跟大家讲，镜头还捕捉到了我母亲舍不得的神情。

俞敏洪：我看到老太太非常舍不得。

蔡崇达：其实她那天哭了一个晚上，她肯定有诸多不舍，但我觉得我应该做对了。我现在住在上海，但她特别不愿意陪我待在上海，她现在特别喜欢窝在图书馆，每天就待在图书馆一楼，看到很多人来，招呼小朋友去看书，跟邻居聊天，跟陌生人聊天。因为闽南文化是宗族文化，**宗族是宗教加家族，宗族文化很重要的一点是从小我到大我，从个人的生活到整个家族，人们的生命都会相互串联。**比如，我从小到大读书，不是我们家出钱，而是我们家族出钱，我们家族有教育基金。

俞敏洪：这是中国古代一个特别好的传统，我读朱熹的作品，里面讲到当时的皖南商人，一个家族中有人去做生意，做生意赚的钱首先用来建整个宗族的学堂。你们那边到今天还有学堂？你小时候居然还是这样？

蔡崇达：有学堂，而且我可以特别骄傲地给俞老师讲，至今还是这样。我从小到大待过的每间教室、用过的每张课桌、学校的每个实验仪器，还有体育馆、艺术馆，甚至泉州晋江机场，都是大家捐出来的，这是宗族文化。我之所以想建图书馆，是因为我是在宗族文化里长大的，我会认定除了满足自我之外，还要为宗族、为这块土地做什么，甚至以此判定自我的生命价值。这是第一。您在《命运》中应该读到过，女性是闽南精神世界的管理者和传承者，所以我母亲其实有一颗想为地方做点什么的心。

另外，也是我自己用了一剂猛药。我父亲离开后，我觉得我和母亲、姐姐都放不下，我父亲的痕迹遍布那栋老房子的每个角落。当时因为没钱，房子后半部分是翻盖的，前半部分还是保留着，我母亲在我父亲去世后，就把前半部分的旧房子赶紧租给别人，她其实想让别人的生活覆盖在上面，覆盖掉旧日的一些痕迹，但她又忍不住去看它。我觉得我的母亲、我的姐姐应该要开展一种新的生活逻辑和精神逻辑，甚至要超过原有的状态。比如，现在我们以父亲的名义为家族、为地方做事情，我觉得这是非常符合我母亲意愿的。在这个基础上，我就跟我母亲商量重建楼房，变成公益图书馆，但直到要建的那一刻，她都很舍不得，我经常看到她偷偷地哭。

俞敏洪：我后来看到有一个镜头非常感动，闽南那边有这样的传统，会把夫妻两个人的姓名镶嵌在老房子门边的对联中，后来在设计新房子的时候，在你母亲房间的入口处，你把镶有父母姓名的两个对联专门留下来了。房子变成超级现代化的房子，建筑也是超级现代化，整个建筑放在任何地方都可以看出来是一个现代的、充满美感的作品，跟你们周围的那些房子已经有点格格不入了。

蔡崇达： 因为施工难度大，本来想加的红砖却没加，琚宾老师在设计建筑的时候，有很多呼应了传统建筑，但更多的还是超越了。

俞敏洪： 非常超越。当时造这座房子，是为了改善母亲和姐姐的生活条件，但更多是为了做公益图书馆，你还做了一个恒昌讲堂，请了一些名人去讲课，以你现在的文化影响力也完全可以做到。但从长久来说，公益图书馆有点像原来宗族集资做学堂的感觉，你觉得通过你的努力，会对东石小镇的蔡氏家族，包括不姓蔡的老百姓带来一种什么样的变化？

蔡崇达： 当时图书馆开馆的时候我请了李敬泽老师，他是我写作上的恩师，还有我的哥们儿、我的好朋友阿来老师，他们特意帮我揭幕，我们三个人在那里做了一场对谈，就是"重新发明家乡"。

俞敏洪： 为什么说"发明"，不说"发现"呢？

蔡崇达： 我们要带入一些新的东西。我们所熟知的，在中国传统中，很多文化人告老还乡，就办学堂，带进新的想法，他们开启了很多东西，留下来就变成下一代人的家乡。在我看来，为什么中国的乡村层层叠叠，会看到不同时代的文明和文化，就是因为一代代文化人回到家乡，把当时的现代带到了家乡，构成了新的家乡。敬泽老师当时对谈的时候说："崇达干的事没什么了不起的，**中国的传统文化人历来如此，学有所成一定要回家乡，这就是我们中国传统文化人一直以来的责任。**"

俞敏洪： 原来叫作落叶归根，现在不落叶也要归根。

蔡崇达： 是，所以我把它们带回来了。我们还做了露天电影院，因为一楼是半开放空间，我们在那里看露天电影，但看着看着突然有个导演就空降了，跟小朋友互动。这和我小时候的心理多少有点呼应，我小时候买不起书，所以希望所有人都可以看到书。**我小时候很多人告诉我世界离我很远，我不可能到**

达每个领域最好的地方，那我现在就要把世界带回来，我希望我能够一遍一遍地告诉许多人，你可以在故乡遇到世界，你可以从故乡走向世界，你也可以从世界走回故乡。

俞敏洪：可以说东石镇的孩子因为你的出现收获了一种幸运，而你在成功以后把你的资源带回故乡，这又是一种幸运。现在中国城镇化速度非常快，拆迁也是以迅雷不及掩耳之势在进行。东石算是一个小镇，但也受到了现代化风潮、工业化发展的影响，而且晋江是一个大家特别喜欢做生意的地方，有54个上市公司，在这种情况下，未来整个小镇可能会面临拆迁。如果有一天整个小镇要被拆掉，或者你那个房子要被拆掉，你会有遗憾吗？

蔡崇达：我当时建这个图书馆还有一个原因，可以呼应你讲的内容。我一直担心故乡消失，故乡的消失倒不只是因为拆迁，还有人口的迁移。我以前当记者满世界跑的时候就知道，英国伦敦，一个城市就占了国家将近50%的GDP；东京，一座城市就占了整个日本50%的GDP；首尔好像占了韩国60%的GDP。在英国，你可以看到沿路废弃的村庄、城镇，这种现代化的分工会把人口、资源往城市集中。

俞敏洪：中国北方废弃的村庄已经非常多了，小镇现在也开始凋敝，南方还好一点。

蔡崇达：是。其实建这个图书馆花的钱还不少，一开始有些朋友不理解，问我为什么一定要建这个图书馆，我当时就打了一个比喻，**我就是想钉一个钉子，钉一个我称为"家乡"的钉子**，钉在那个地方。因为在这里发生过那么多故事，在这里发生的故事可能影响了人，往后可能哪个小孩也会成为作家、导演，会有更多力量挽留它，再发明家乡。我知道没有人定胜天这回事，人抵挡不了大趋势，但人可以做一些倔强和顽固的事情。

俞敏洪：有点像堂吉诃德精神。《皮囊》已经让你成为中国非常有名的作家，《命运》还会让你更有名，我觉得我对文学的判断不会太错。你觉得凭你一己之力，能把东石小镇的文化挽救过来吗？或者至少能够让它不那么容易被拆吗？

蔡崇达： 其实我特别开心的是，当时"母亲的房子"图书馆落成，我做了点灯仪式，我们老家所有的干部，无论年轻的还是年长的，甚至很高级别的领导，都突然去了图书馆，我觉得里面发生的各种故事他们都很关心，他们甚至把我们那条小巷子的路建成了石板路，恢复了小时候的样子，我很感谢他们。其实我们做事，不一定能完全达到我们的预期，但只要往好的方向做，必然会有好的涟漪。

俞敏洪： 做到哪天算哪天，只要尽心就行。因为你的作品，每年都会有人去东石小镇看一看吧？我觉得一定会有。

蔡崇达： 是，这也能进一步稳固东石小镇。

俞敏洪： 进一步稳固东石小镇作为一个传统存在的事实，但也不失为跟现代的结合。我最怕的就是地方上突然就把一个村、一个镇拆得精光，把一条承载了无数人少年记忆的河流给填掉，把一座承载着无数少年曾经的梦想的小山抹平。我小时候我们家东边有一座小山，突然就被抹平了。为什么呢？因为城市扩展需要大量的石头。

蔡崇达： 我做完这个图书馆之后，我们老家有七八个华侨，也把自己的房子拿出来做图书馆了，所以欢迎大家到我们东石镇来。

俞敏洪： 也可以做一些别的馆，比如戏剧博物馆、艺术博物馆，你们那边不是有很多神灵、神庙遗产嘛，搞个老百姓生活博物馆，形成一个系列，客人去了以后可以从头看到尾。你书中描写的那一切在每个博物馆和展览馆都能看到原始的景象就很好。

蔡崇达： 我们老家的领导是一个写文章的人，他特意把我们镇叫"东石书香小镇"，我觉得这些都是好的涟漪，他们都在保护它。所以，我很开心产生好的涟漪。

俞敏洪： 好就好在你的家乡在海边，大海要填掉不太容易，依然会留下海的景色，海风吹拂小镇的风光依然会有。

蔡崇达： 顽固地打了这个"钉子"。

5.《命运》：站在生命的入海口

俞敏洪： 我觉得你是在用一种老百姓能够把自己融入进去的叙事方式来传播文化，尽管你写的人物是母亲、父亲、阿太、神婆等，但让读者读了以后有非常强的代入感，而且他们说话的时候，因为是里面不同的角色在说，所以既是在向对方说，也是在向读者说，有时候又像是读者自己在说。比如，《命运》中的神婆是一个很重要的人物，甚至是像阿太一样的灵魂人物。阿太后来对人生和命运看法的达成，跟神婆是有很大关系的。这里面神婆的一段话，我读了以后特别感动，我觉得是一种对命运特别好的描述，她说——

"傻孩子，再告诉你一个秘密啊——只要我们还活着，命运就得继续，命运最终是赢不了我们的。它会让你难受，让你绝望，它会调皮捣蛋，甚至冷酷无情，但你只要知道，只要你不停，它就得继续，它就奈何不了你。所以你难受的时候，只要看着，你就看着，它还能折腾出什么东西，久了，你就知道，它终究像个孩子，或者，就是个孩子，是我们自己的孩子。我们的命运终究会由我们自己生下。我们终究是，自己命运的母亲。"

我读完这段，连读了四五遍，眼泪就流下来了。我发现命运就是这样一个东西，表面上你左右不了它，实际上只要你愿意就能左右，并且你会变成命运的主宰，说得温情一点就是命运的母亲。这段话是《命运》中最让我感动的话，而书中让我感动的话很多。中间讲到建房子，我发现建房子这件事在你心中分量很重，"自从开始建那房子，我就没去看过。我打定主意的，一定不会去住。倒不是因为其他，只是，我现在住的这个房子，和我的人生长在一起了"，这段话尽管讲的是房子，但实质上在讲人和故乡的关系、人和传统的关系。这段话是不是已经表达了你自己对命运的某种看法？

蔡崇达： 对。我把我要到达的地方定在那儿。有很多人说，你竟然敢用"命运"做书名？因为我要到达它所在的地方，我要看到它，我就把那个书名像丰碑一样立在那儿。在动笔之前，我感受到很多东西，但我说不出来，我还看不清楚，我调动了文字的千军万马，一路跋涉，越来越逼近，越看越清楚，我才找到了那句话,我才看到了命运的样子,然后我觉得我终于生下了它。

俞敏洪： 我觉得《命运》依然是某种历史的纪实,只不过是通过小说的形式和阿太这个人物的命运展现出来了。这本书从某种意义上可以算是《皮囊》的进一步扩展,是一种更加深刻、系统化的扩展。微不足道的老百姓,蝼蚁一样的生命,突然这个人就没了,突然那个人存在了,有一个人活到了像阿太一样99岁的年纪,仍然还在和命运硬扛。你刚才提到书名,我想起来我刚开始读的时候也在想,为什么写阿太一个人的人生,不叫"人生"而叫"命运"呢?后来我读到了刚才所说的那些段落,才知道这本书非叫"命运"不可,叫别的不足以概括你想要通过几个普通人物的命运传达出来的宏大主题。

我觉得通常在海边成长的家族和民族,都具有你书中描写的面对日常生活和苦难的韧性,这跟大海的个性有时候是融为一体的。中国清代都是海禁的状态,但从闽南到潮汕,不管海不海禁,老百姓都有出海讨生活的精神,而出海讨生活去了不一定回来,有的人跑到南洋可能好几十年后才回来。《命运》中写到二伯等几个人物跑到南洋去,好几十年后才回来,养成了面对孤独、面对变化时既开放又坚守的精神。我想问,这两本书的核心人物,尤其是《命运》的核心人物阿太,在真实生活中对你到底产生了什么影响?阿太跟你隔了三代,是你母亲的母亲的母亲?

蔡崇达： 是的,三代母亲。我当时之所以想写《命运》、想写阿太,其实是因为这三四十年我过得也挺辛苦的。我说的辛苦是因为生活充满了各种变化,你真的关心人,你关心很多人,每个人都在经历生活的各种冲击,但一个写作者的能力真的太弱了,你能做的事情不多。**我每次遇到困难的时候都会想起阿太,我就想一定要活下来,我不断跟我关心的一些人说我们要活下来,活下来才有机会看到命运完整的样子。**

俞敏洪： 现实中的阿太也活到了 90 多岁?

蔡崇达： 99 岁。

俞敏洪： 你从小到大的过程中,跟阿太有过很多对话吧?

蔡崇达： 对。其实阿太的内外孙和重孙很多,但她最疼我,一直陪伴着我,一直到我大学毕业后在北京工作，她离开了。我觉得不只是我，每个人的生命中都有超级英雄。

俞敏洪：我生命中的超级英雄是我外婆，93岁去世的。

蔡崇达：我们生活中都有很多超级英雄，很多人都低估了老人的力量，你路过的每个老人都扛过了诸多命运的乱流。

俞敏洪：能活到90多岁的老人都有这个特点。

蔡崇达：对。她始终都对你展开那种慈爱的微笑，所以我在想，我一定要写下阿太，我一定要把她"生"下来。这本书写了阿太如何"生"下她的命运，其实我也是在"生"下我阿太，我在"生"下我阿太构成我生命最本质的那部分。虽然我和她没有血缘关系，但我的很多性格非常像她，我的那种坚韧、那种倔强。比如，我一定要建图书馆那个"钉子"，我看到了世界的潮流，就觉得我一定要做点什么。

俞敏洪：这是一种精神影响，是精神力量的传承。根据小说中的描述，你说没有血缘关系，因为你外婆不是你阿太亲生的？

蔡崇达：对，是抱养的，现实中也是。

俞敏洪：所以，有时候不一定是基因的传承，精神的传承对人的成长也非常重要。

蔡崇达：我从小就是她带大的，她给我讲了很多故事，她确实是我的精神底色，无论我成长过程中遇到问题，还是我要去面对各种无常，我都会想到调动我生命中最根本的这些东西、这些记忆、这些力量来支撑我，我相信我一旦把支撑我的东西写出来了，就能支撑一部分人，或在内心支撑一小部分人。

俞敏洪：我觉得你的写作某种意义上是一种主观写作，而不是客观写作。主观写作是指你在用自己的生命和心写，客观写作则是说有的作家能很冷静地把自己放在第三方立场去描述一个场景，这个场景其实跟他的个人生活和情感没有必然联系，但他能够很客观地描述得很好，而你的这两本小说是用你的心和血所写的。我读过你在《皮囊》后记里的一段话：

"当我真正动笔时,才发觉,这无疑像一个医生,最终把手术刀划向自己。写别人时,可以模拟对象的痛感,但最终不用承担。而在写这本书时,每一笔每一刀的痛楚,都可以通过我敲打的一个字句,直接、完整地传达到我的内心。直到那一刻我才明白,或许这才是写作真正的感觉。也才理解,为什么许多作家的第一本都是从自己和自己在乎的部分写起:或许只有当一个写作者,彻彻底底地解剖过自我一次,他书写起其他每个肉体,才会足够的尊重和理解。"

你能不能给大家简单谈一下,你写《命运》的感受和写作过程中承受的感情冲击?

蔡崇达: 我写完《命运》之后生了一场大病,其实《命运》的最后一章我是边发烧边写的,是靠一种意志力咬着牙写的。我写作确实如俞老师说的那样,是主观写作。3年前,因为时代开始出现一些无常,我作为一个写作者,做不了太多事情,能做的就是陪伴人,理解人面对无常的诸多困惑,甚至陪他看到命运的样子,所以,我动心要写《命运》,但命运是何其难描写啊。

俞敏洪: 对,**它是无形的,又无时无刻不在每个人身上。**

蔡崇达: 对,我用了一个词叫"正面刚"。我觉得我没有其他事可做,要么我不出书,出了书,就要尽一个作家的职责,抵达人心最重要的处境和命题,因为人心需要陪伴。所以,我觉得我一定要正面刚,没有选择。7000字的开头我写了27遍,每一遍都写了7000多字到1万字,写完怎么都觉得不对,我一直找不到入口,找不到强调点,找不到起点。什么是命运的起点?后来我从死亡开始写,因为**只有站在死亡那个入海口,才能看到命运的样子。**

俞敏洪: 所以,这本书中反复出现的"入海口"其实是一种象征,而且刚好都是那个地方的入海口。

蔡崇达: 是的,而且现实中我阿太的家也在入海口附近。所以,我开篇有那句话,"她就站在命运的入海口,回望着人生的每条溪流流经过如何的业谷"。其实**你只有站在死亡的终点,才能看到命运的样子。**当我找到之后,我切进去后才开始进入了一个流淌顺畅的过程,这个过程中我要不断描摹出命运的样子,但我自己要到达还是挺困难的。我每个部分都改写了七八遍、八九遍，反复改写，前三章都在试图描写整个精神体系，到后面阿太的人生故事展开之后，逻辑开始有一些顺畅。我是这样认为的，如果整个大环境没有进入人心，对他来说就不存在，我聚焦的是人心的感受，而不是大环境。前面那几章，每一章都写得特别困难，反复修改，到了后面两三章，我经常写到凌晨三四点，太难过了，哭完之后还在难过，实在不知道找谁说，就给我和果麦的一个群里发信息，说我太难过了。当时没有人理我，因为已经凌晨三四点了，但它就像我的一个树洞，这本书里有很大部分的故事是真实的，所以我需要它来倾诉。

俞敏洪：所以我说你是主观情感的写作者，你没法凭空去描述或者挖掘你不存在的感情。尽管有些故事可能有一定的虚构成分，但毕竟是长篇小说，感情的流露和表述从头到尾都是一致和真实的。

蔡崇达：我是边写边看着阿太边理解她，比如书中有一段，阿太让她妹妹顶替她的身份去马来西亚，当时编辑读完后痛哭流涕，对我说："蔡老师，你怎么能编出这样的情节，太残酷了。"我就告诉他这些是真的。其实人算不如天算，世界上发生的诸多事情超过了你的想象。从小到大，阿太给我讲故事的时候都是轻描淡写的，直到我写下的那一刻，我才真的理解我阿太太难了，但也太牛了，就在那一刻，我又看见了阿太，"生"下了她。所以，这本书对我来说还有一个很重要的意义，我相信我把我的阿太也"生"下来了，在这本书里。

6. 去来处找寻精神家乡

俞敏洪：读你的书大家都会很感动，《皮囊》里你父母的经历、挣扎、努力，还有阿太这样一个人物，她跨了几个时代，从小姑娘起，一直到99岁，这一生的命运跌宕起伏。在过去这样的传统社会中，命运的悲苦和人们的抗争，在中国人看来是一个常态。这让我想到了我外婆，我外婆生了八个孩子，我妈妈是老八，我妈出生以后我外祖父就去世了，一个老太太带着八个孩子长大。她抱着孩子到上海去跟有钱的亲戚借钱，结果被打出门。我看了我母亲的回忆录以后，眼泪哗哗地流，但这就是那个年代的常态。

但社会是会进步的，尤其是改革开放以后，老百姓变得富有了，生活也变得更加稳定了，这样悲苦的场景相对来说变少了，当然基层老百姓的悲苦依然还在，但总的来说，现在年青一代活得相对轻松很多了。**现在的年青一代，当他们去寻找自己的情感依附时，发现非常淡薄，甚至没有。大多数人是在镇里长大的，现在镇已经现代化了，城里就更加现代化了，到了北京、上海，跟传统的联系连藕断丝连都谈不上。你会觉得这是一种遗憾吗，还是说这是一个正常的社会发展现象？当我们后面的年轻孩子看待中国传统的时候，他们实际是以一种淡然的甚至冷漠的角度去看待过去中国人民在苦难中挣扎和努力抗争的，你觉得这算是社会的进步吗？我们可以轻松地去看待这一切吗？**

蔡崇达：这个问题也困扰着我。我自己有小孩，我觉得我这辈子最大的财富，我能够给她的最大的家底就是家乡，家乡的这些人和事物。

俞敏洪：你孩子今年9岁吧？她对家乡是什么感觉？你还希望她跟家乡的联系像你这样密切吗？她应该是在上海上学吧？当时我带我的孩子回家乡，他只是觉得那个灶头好玩，用柴火做大锅饭好玩，一个村上的人在一起围着一个大电灯泡露天吃饭好玩。

蔡崇达：去年老师布置的作文作业，我女儿就写的我的家乡，她说我的家乡是泉州东石镇。

俞敏洪：她知道？是你故意给她灌输的吗？

蔡崇达：其实在她1岁多的时候，我想她只有知道家乡话才能拥有家乡，我当时在北京，就跟我老婆商量，让她回老家待一年，那一年她学会了闽南语，还会跟我老妈去拜一拜。说实话我舍不得，我老婆把她留给我母亲，她当时已经会叫爸爸妈妈了，她一叫我们，我们就哭得稀里哗啦，但我希望她拥有家乡，我就告诉自己要坚持这一点。我经常北京和老家来回跑，现在我们全家会一起回去，任何节日都会回去，暑假、寒假不用说，春节更不用说，肯定都会回去。她在家乡有她的朋友，她最喜欢吃的食物也是家乡的食物。其实她对家乡的各种习俗还是有所了解的，她也会去拜一拜，她也喝工夫茶，我在把我的家乡努力留给她。

我这样做是因为我在家乡遇到一些年轻人，他们很早就跟随父母在外面做生意，所以不太了解家乡，但长大以后他们却都在拼命找回家乡。我经常说，**你只有看到过去越远越深，才能看到未来越远越深，你只有往你的来处扎得越深，才能长出更高的枝丫**。我们需要安定的力量，我觉得在城市化的进程中，在城市摧毁了乡村的真实潮流中，我们反而更需要找到家乡，那是精神家乡。

俞敏洪：现在的社会对年轻孩子来说真的很难，我认为年青一代，尤其从 90 后开始，是失去家乡的一代。为什么？老的故乡回不去，父母都从老的故乡出来了，在大的城市中不断移动，甚至他没有办法在大城市的同一个社区里长大。就像冯小刚他们小时候在大院长大，那也算他们的心灵归宿，但现在，比如我的孩子长大的过程中，我搬了十几次家，从这个城市搬到那个城市，从国外搬到国内，所以他们没有故乡可回，他们生长的大城市也不是他们的家乡。

我曾跟孩子探讨过一个问题，问他们家在哪里，他们说"爸爸你在哪里，我们就在哪里，哪里就是家"，可是我和妈妈总有消失的时候。**这一代孩子长大后会对自己曾经生活过的地方没有多少感情。比如，你的女儿长大以后，对晋江、东石的感情会变得淡漠，对上海也没有多少感情，因为她本来也不是完全在上海长大的，说不定以后还要到国外读几年书。对这一代人心灵的安置，你有什么建议？**

蔡崇达：其实俞老师我又揽活了，这就是作家该做的事，我觉得现在需要建构精神家乡，不只是年轻人，我们这整个民族都需要在精神上回到自己来处的更深处。我写《命运》也是在回家，回我们文化体系、精神体系的家。我们可能已经无法阻挡工业化等各种链条摧毁农村、摧毁很多东西，但是那种精神体系、那种谱系、那种价值观，是我们亿万万先人扛过多少命运积累下来的，是多么宝贵的东西，就应该被书写。

俞敏洪：难道只能从故人的命运中寻找心灵的故乡吗？

蔡崇达： 其实我现在有一种急迫感。我写完《命运》后生了一场病，我前段时间很认真地跟我老婆说，我要让自己身体好一点。我要跟命运对抗，或者说在这种变化的时代中，需要回到来处的深处去。我相信我女儿长大一点，她看了《命运》，会知道她的家乡是什么。

俞敏洪： 确实年青一代的孩子成长以后，要在更大的范围内寻找自己的故乡。

蔡崇达： 重新发明故乡。

俞敏洪： 如果他们能把中华文明和中华民族的传统当作他们的心灵故乡，也不失为一个选择，把家乡放大成整个民族的文明体系。

蔡崇达： 我觉得这对我们民族特别重要，你只有心定了，才会有心力，就像人只有站定了才能出拳。

俞敏洪： 我后来才知道，很多中学生居然都读过《皮囊》。按理说中学生忙着考试，不会读课外书的。这说明这本书对年轻的孩子确实有很大的益处，能增加他们情感的丰富性，对于他们了解中国故土文化也起到了比较大的作用。

蔡崇达： 我认为我还是受了文学的恩惠，不是因为我多好，而是在我很小的时候有好的文学作品能帮我理解自己、表达自己。我在很小的时候，希望能够尽力抵达内心，结果陪同很多人理解自己、表达自己，他们就会挽留我。**我经常讲一句话，大家可以喜欢作品，但不用喜欢作家，因为一个作品是一个写作者掏心掏肺，并且调动自己所有的感受能力和表达能力去尽力抵达的状态，是某种神性的状态，这种状态不太会出现在写作者的日常生活中。**

俞敏洪： 有两个问题想问下你，我知道你曾经边写作边办一个服装厂，你给这个服装厂起了一个名字叫"名堂"，现在这个服装厂还在吗？你为什么写着写着要去做生意？

蔡崇达： 是这样的，我觉得人在30岁的时候还年轻，想展现出自己的很多可能性。其实大概在3年前我就渐渐淡出了，因为我发现我不擅长，而且**我知道了一个道理，你越早知道自己的无法和不能，你才能越展现和享受自己的**

可以和可能，能知道自己的无法和不能是很重要的。

俞敏洪：你要真做成功了，那就惨了，《命运》这本书现在肯定就没了。因为金钱的力量令人意想不到地强大，商业发展的速度又是如此之快，一旦进入了商业发展快车道，再回归到自己的内心就非常难了，我经历了无数的挣扎，到今天也没有回归。

蔡崇达：坦率地讲，我感谢很多人陪我一起努力。我经常说一句话："作家可以有观世音菩萨的悲悯之心，但一个企业家真的像地藏王菩萨，他有神性，又能管理。"

俞敏洪：菩萨心肠，霹雳手段。

蔡崇达：对。我终究不是一个能够拥有那种能力的人，我确实也辜负了很多人的努力。

俞敏洪：认清自己特别重要，当然我也相信你努力去做服装生意的真诚之心，因为晋江人民有做生意的传统。我是江苏江阴的，江阴人民也有商业天赋，晋江有54个上市公司，江阴也有50个上市公司。

蔡崇达：江阴在中国县级市排名一直是第一。

俞敏洪：第一或者第二，所以我把做生意的天赋发挥出来了，你把写东西的天赋发挥出来了。就像你说的，人一辈子要去选择自己最能做并且从心灵上真能得到满足的事情，我觉得你的写作能力和你的情感表达能力在中国是数一数二的，所以你千万不要辜负我们，千万不要再去做生意了，哪天你要做服装生意，也要叫我去帮你做。

蔡崇达：我现在生发出了写作的紧迫感。

俞敏洪：其实每个人都感觉非常紧迫，不管你有多年轻。人生是在无常和努力中不断推进的，无常和努力到底哪个先来，其实我们并不知道，所以只有每一天不断努力才能对得起我们的内心。这是我个人的感觉。

我刚开始读《皮囊》的时候并不知道你是谁，因为我不会因为作者的名声去读书，我都是以书本身为标准。当时读完后，我觉得你至少50岁，包括你的名字，也很像我们那一代人起的名字，但后来发现你的家族中你那一辈本身就是"崇"字辈，再后来我知道蔡氏家族是一个很大的家族，整个东石小镇一大半是蔡家。我就去搜你的信息，一看你是1982年出生的，再一看视频发现是个大男孩，我心里就想，一个大男孩怎么会写出这么深刻动人的作品？你原来做了十几年的记者，但你长着一张娃娃脸，你采访的时候不会遇到问题吗，人家一看怎么来了这么嫩的记者？

蔡崇达： 会。我当时在《周末画报》做主编，有一次刚好有一个对谈活动，我去到现场，背着一个双肩包，穿着短裤、运动鞋。我说："请问我们什么时候开始？"那边的人说："等一下。"我等了20多分钟，他问我："怎么蔡老师还没来？你们主编怎么还没来？"我说："我就是蔡崇达。"他说："你不是他助理吗？"因为我的名字看上去真的很老气，像是四五十岁的人，但我现在终于40岁了。

俞敏洪： 但你看起来还是一个小年轻，青春永驻。我就比较显成熟，我大学毕业当北大本科老师的时候只有23岁，但很多学生都认为我已经当了好几年老师了。

蔡崇达： 我今天是第一次见您本人，我高中的时候想报考新东方的暑假班，当时您就长得跟现在差不多。

俞敏洪： 我觉得我再变老就是一次性变老了，不过我觉得跟心态有关，我还是很欢乐，我也有很多你这样敏感的思考，但我更愿意把自己活成一个更加乐观、豁达、自在的存在。

好的，时间差不多了，最后你来给大家推荐下自己的《命运》吧。

蔡崇达： 谢谢俞老师，对我来说，我是受文学恩惠的人，因为文学有些前瞻性的表达、很好的作家表达，能让我理解并且表达出自己。我觉得人真的很难理解、表达自己，作家该做的事情就是深入到那些部分。我希望这本书能让我们在内心最深处相遇，能让我在内心最深处告诉你，你不孤单，我们都一样，我们有共同的命题，我们是在一起的。如果你意识到这一点，我希望你更有力量，我们能够相互陪伴。

俞敏洪： 太棒了！我觉得读这本书不光是和作者在内心最深处相遇，你还能和书中的人物有一次高亲密度的相遇，这些人物的命运不能算跌宕起伏，表面上很平淡，但你能在其中发现自己命运的奥秘。这是我读这本书的感受。

今天就到这里了，谢谢崇达，谢谢大家！

（对谈于 2022 年 11 月 10 日）

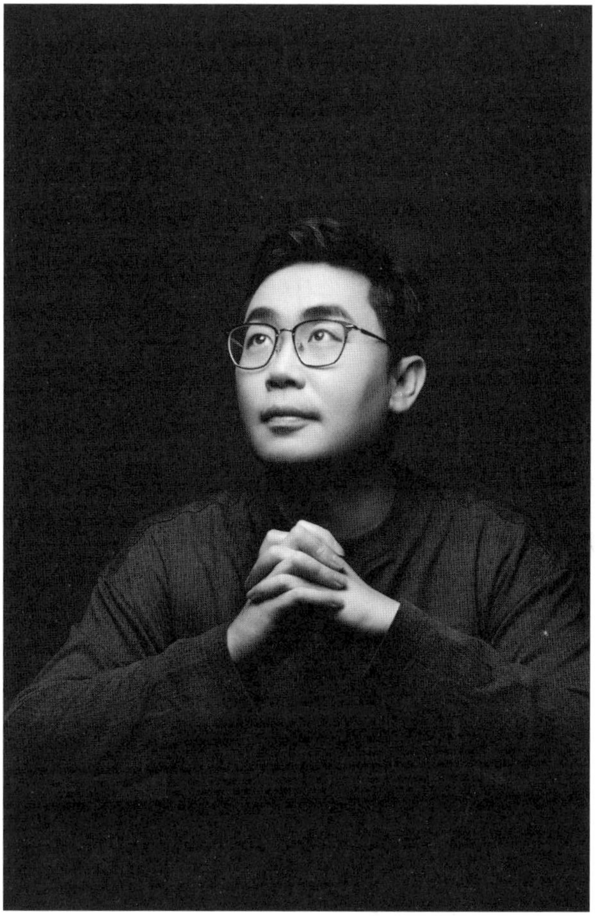

对话 敬一丹

巨变时代中的人生记录者

如果没赶上那个年代，我怎么能够理解什么叫变化、什么叫转折、什么叫起伏。

敬一丹 /

1955年出生于黑龙江哈尔滨市。中央电视台《感动中国》节目主持人，曾多年主持《焦点访谈》《东方时空》等栏目，获得过三届"全国十佳电视节目主持人金话筒奖"。现任中国广播电视学会主持人专业委员会主任、北京大学电视研究中心研究员、中国传媒大学客座教授。著有《声音》《我遇到你》《我：末代工农兵学员》《那年那信》《床前明月光》等。

俞敏洪：各位朋友好，今天我邀请对谈的是敬一丹老师。敬一丹老师出版过4本书，先和大家分享下。《床前明月光》记录了敬一丹老师一家人陪自己母亲度过的最后时光，面对生老病死的人生态度都在里面。《那年那信》里浓缩了敬一丹老师的兄弟姐妹和父母之间所写的1700多封信件，并且增加了动人的点评。《我：末代工农兵学员》，敬一丹老师是1976年的最后一届工农兵学员，所以她组织了20个同学，把他们每个人的人生经历及感悟合在一起编成了这本书，在书里可以看到那一代人的成长经历和人生发展过程。《我遇到你》可以说是敬一丹老师的另类自传，记录了自己的成长过程，回顾了自己在中央电视台的工作情况及中央电视台的同事。

敬一丹：谢谢俞老师。我们直播预告出来的时候就有人问，是俞敏洪采访敬一丹呢，还是敬一丹采访俞敏洪呢？我可能情不自禁地就会进入采访你的状态中，所以我特别喜欢你用的那个词："对谈"。

俞敏洪：但如果让我采访你，我就会觉得特别骄傲，因为我采访了中国最著名、最会采访的一位主持人。

1. 童年生活：精神独立之路

俞敏洪：很多人问你是怎么保养自己的。

敬一丹：我也没怎么保养，其实就是不太在意，有些事你忽略了反倒挺好，比如年龄、性别，忽略了这些你就不太在意了。什么状态最好？自在的状态最好。

俞敏洪：平时有没有让你焦虑、过不去、失眠、睡不好觉的事情？

敬一丹：不是很多，我属于秒睡的那种，即使有一点点小心事，也得睡醒了脑子清楚以后再想。

俞敏洪：这是你天生有化解问题的能力，还是你心比较大，对什么东西都不在意？

敬一丹：我估计一部分是天生的，另一部分是后天受父母的影响。我妈妈对我这方面的影响就很大，比如碰到一件事，她总会启发我：你换一个角度想呢？你再往那方面想呢？然后我就想开了。我看我小时候写的信、日记，经常在自己劝自己，碰到一个小烦恼，我把它记下来，好像我记的过程心里就放松了，到最后我的日记肯定是以"反过来想呢"来结束。

俞敏洪：你个性里自然、积极、阳光的一面，决定了你在一个时代中会有什么样的作为。你的家庭成员是不是都相对比较积极、阳光？

敬一丹：对，我们家的基调是很明亮。

俞敏洪：有人认为一群人在一起，一个家庭在一起，之所以是积极的或消极的，是由自身的基因决定的，你觉得呢？

敬一丹：我觉得有基因的因素，也有后天的营造。我妈妈是一个非常有意识地营造家庭气氛的人，无论遇到什么，她都是积极的。我觉得一个母亲的精神状态对全家的影响是极其巨大深远的，她影响到我们几代人。

俞敏洪：我看你妈妈 90 岁还在飙歌，所有客人到家里去，都让老太太先唱两首歌，让气氛先活跃起来。

敬一丹：她不仅在各种聚会中唱歌，还在我们家的微信群"我爱我家"中唱歌，是我们家群主。其实她在精神上是很有凝聚力的，这影响到我们家每一个成员。

俞敏洪： 你父母在当时那么艰苦的条件下，在那样一个社会和个人生活都动荡变化的时代中，是怎样教育你们的？

敬一丹： 我妈妈特别教子有方，我们家四个孩子，我妈妈特别能树立榜样，这个榜样就是我姐。我姐当年也是学霸，曾经 8 次考试考第一。她是大队长，走在我们院子里，戴着三道杠，学校开大会的时候，我姐姐是站在台上的，我就在底下给同学显摆，那是我姐。我妈妈就会经常说，"你姐姐连续 8 次考第一"，让我们觉得如果不争个第一、第二都不好意思。

俞敏洪： 会不会倒过来给你们很大的压力？

敬一丹： 她就是为了给我们压力。我妈妈给我姐姐买奖品的时候，是带着我去的，她给我姐姐买了一支钢笔，我特别羡慕。我那时候还没有到用钢笔的年龄，但我深深记得这件事情。我妈妈这种奖励的做法，带我去，对我就是一个激励，我就想我不能比我姐差太多。

她还会特别有意识地培养我们兄弟姐妹之间的感情，她在我们兄弟姐妹之间就是互夸，比如跟我说的时候，会说"你姐姐怎么怎么好""你大弟弟怎么怎么爱学习""你小弟弟怎么怎么有孝心"，她跟小弟弟也会说，"你哥哥怎么怎么好""你姐姐怎么怎么厉害"，她永远都这样说话。

俞敏洪： 她对四个兄弟姐妹有偏爱吗？

敬一丹： 有些方面是，从亲昵程度来说，她跟我小弟弟最好，其实我小弟弟也是挨打最多的。我父母年纪大了以后和我小弟弟在一起生活，所以在他面前，我妈妈表现得更自在。而我和我大弟弟在外地，我们回到哈尔滨的时候，就感觉我妈妈知道远方的孩子要回来了，她就收拾屋子，把自己收拾收拾，我们看到的都是干干净净、精精神神的样子。后来我妈妈说了一句话，"远方的孩子回来，你们看到的爸爸妈妈都是婚纱照，而常年在我们身边的孩子看到的就是生活照"，她在我小弟弟面前是素颜照，我小弟弟看得最清楚。假如妈妈今天有点不太舒服，她不说，我也未必能看得出来，但我小弟弟一眼就能看出来。所以，要说我妈妈对四个孩子有什么差别，她可能在身边的孩子面前会显得更自在，说话也更随便。我小弟弟给我妈买个冰箱，我妈要骂他一顿，买个洗衣机，也要骂他一顿。其实他是在孝敬她，但她就是怕他花钱。但我们远方回来的孩子，我妈妈就不会这样。

俞敏洪：老太太更多是住在哈尔滨？一直跟你小弟弟住？

敬一丹：对。

俞敏洪：让我想起了梁晓声的《人世间》，你小弟弟有点像周秉昆。

敬一丹：谁家都有一个孩子总陪在父母身边，好像都有一些这样的影子。

俞敏洪：现在很多父母年纪大了就没有孩子陪，因为都是独生子女。现在老人感受这种亲情的机会反而更少了，只能老年人之间互相温暖。

你小时候身处一个不断变化的时代，你父母不能说三起三落，但也受到了各种冲击，你感受到社会的人情冷暖了吗？

敬一丹：是会感觉到的，在《那年那信》的封面上，就有一个我特别难忘的画面，在一个特别有年代感的邮筒面前，我寄出了几封信，邮戳上面有一个日期，就是那天家里突然遭遇变故，我一天之内长大了。**其实每个人生命中可能都有那么一瞬间，是一生中都很难忘的。**

俞敏洪：你父母也算是革命干部，在那个年代也算是有文化的。

敬一丹：我父亲是大学生，妈妈是中学生。

俞敏洪：从他们来回的信件里能看出他们的文化水平相当高，而且当时工作岗位在公检法，也是比较有尊严、受人尊敬的岗位，突然的变故会让你和你的家人感觉到对社会、对人情特别失望吗？你主持《感动中国》的时候，谁都能看到你内心的温暖和对弱者的关心、关爱，这种内心的感觉跟你年轻时候的经历有一定关系吗？

敬一丹：我觉得有关系，在那个特殊年代一下长大，就看到了生活的不同面。我原来是一个特别单纯的人，一天之内长大了，被迫看到了生活中的很多面，但这不会把我击倒，因为那时候周边的环境都是这样的。比如，我父母不在家了，旁边小丽家也没有人在家，小云家也没有人在家，都是这样的，那时候大环境就这样。

俞敏洪：一看边上的邻居也是这样，甚至还不如自己。所以，大家共同扛着那个阶段的苦难，全中国人民都在扛。他们经历过10年很艰难的岁月，所以像前面提到的化解问题、脱离困苦的能力，是不是在你父母身上体现得淋漓尽致？

敬一丹：1968年，我13岁的时候，在两个月之内，我父亲去了一个学习班，我母亲去了一个干校学习班，我姐姐去了生产建设兵团，我就成了一个13岁的小家长。其实13岁的年纪也就是一个小姐姐，可那时候我就担负着管教弟弟、帮助父母处理这事那事的责任。那段时间我还负责给家里各个成员写信，每次写信都要同时写几封，爸爸一封、妈妈一封、姐姐一封，这些信留下来以后，就给了我一个回望自己少年时代的机会。后来回想，那时候我妈妈对我的教育就是：**享福不用学，吃苦是要学的。**

俞敏洪：这话很有深意。

敬一丹：我很小的时候就听我妈妈这样说。她教我做针线活，我针线活做得还挺好，但我只会补衣服，不会做衣服。那是一个补衣服的年代，我妈妈教我的时候，就说"你以后会用得着"。我开始学的时候就像玩一样，心想，这不就是做手工吗？缝扣子、补补丁，像玩一样学会了。但当父母都离开家的时候，我要给我弟弟缝扣子、补衣服，我每次动手洗完衣服以后都要动针线，这时候我就会想到我妈妈跟我说的那句话，"吃苦是要学的"。当年学的时候没当成我要吃苦去学，就像玩一样学会了，没想到用上了。

俞敏洪：你觉得你的人生中最苦的一段日子是什么时候？

敬一丹：其实这种苦，有的是物质上的，有的是精神上的，我觉得物质和精神上对我都形成考验的，就是父母不在家的那段少年时光，大约从13岁到16岁。

俞敏洪：那段时间也是你成长最快的时候？

敬一丹：是。当时觉得很无助，父母不在家，我好像忽然间长大了，并不是我选择这样长大，而是现实逼得我一下就长大了。在本应该很天真的年龄，我却像一个小大人一样。那时候物质上紧缺，精神上失去了安全感，确实是挺难忘的。但回过头来看，那段时间是我成长中最难忘的阶段，甚至对我后来性格的形成产生了重要的影响，如果没有那几年，我现在可能是另外一个样子。

俞敏洪： 有可能。现在的孩子在成长的过程中，由于生活条件好了，不少家庭都是独生子女，对孩子呵护得比较周到，甚至有时候有点溺爱。父母是不是可以故意创造一些孩子独立生活的空间和独立处理的问题，让孩子在10岁到18岁的时间里能够更好地成长？其实这对他们有很大的影响。

敬一丹： 我觉得是得故意做这种设计，因为现在没有这种环境。

俞敏洪： 可能有些父母的眼光稍微长远一点，会让孩子参与到家庭的成长发展过程中，比如让孩子做家务等，但现在孩子本身学习任务很重，父母不自觉地把孩子本来应该承担的责任给承担过来了。在你孩子的成长过程中，你是怎样让你的孩子保持独立的？我觉得你女儿的独立性还是相当可以的。

敬一丹： 她的独立性有点太强了。小时候我经常跟她说的话就是，"你自己决定"，慢慢她就习惯了，什么都自己决定，以至于有了大事的时候，她就直接告诉我她的决定。我说："我们党和国家做决策的时候，还要和政协商量一下，你是不是也应该和我商量一下？"她说："我自己都没有想明白，怎么能和你们商量得明白？我自己独立思考不受干扰，想明白后就告诉你们我的决定。"所以她通常是把决定告诉我。

俞敏洪： 你觉得这样好还是不好？

敬一丹： 有利有弊，利的一面是我看到了她的成长；另一面，我觉得我就没啥存在感了，不被需要了。

俞敏洪： 你有没有发现，也许你的存在感是一种自我情感导致的，其实这种存在感对孩子来说并不重要？

敬一丹： 后来我就换个角度想，这样也对，她在成长，她在成长的时候往前走一步，我就要往后退一步。她走向独立的时候，其实也获得了越来越多的安全感。后来我看到她的独立能力以后，反倒觉得越独立越安全。

俞敏洪： 越独立，她的生存能力和发展能力越强。比如我的两个孩子，他们上大学以后，我就故意跟他们拉开距离，后来我发现孩子独立以后成长的速度是在家里的好多倍。

敬一丹： 你故意拉开距离，你家里是不是还有一个人会和孩子保持紧密关系？

俞敏洪： 我和他们的紧密关系就是，他们如果有任何自己解决不了的问题，马上可以找到我。

敬一丹： 他们在找你之前，是不是已经找过妈妈了？

俞敏洪： 有时候会找，但更多时候，比如学业上的问题，他们还是会找我。他们不会回避我，或者跟我有隔阂。但我在我们家属于比较严肃、比较有原则的那一位。

2.《那年那信》：跨越三个时代

俞敏洪： 从《那年那信》里看得出来，你们家，从你父母开始到你们兄弟姐妹，对于把历史资料留下来、做记录这件事做得非常到位。我也写信，到了大学以后给我父母写信，也有很多同学给我写信，有时候特别孤单，我还会给自己永远也追不上的女生写情书，但我一封都没留下来。我在大学做的很多上课笔记，后来搬家就扔掉了，也不一定是故意扔的，可能就是觉得旧了，放在一旁，后来就丢了。我现在回去翻家里留下来的旧文字，唯一的东西就是我老妈年纪大了以后给我留下来的一个有点像遗言的小小回忆录，我把它珍藏了起来。你父母，以及你的兄弟姐妹写的信，尽管在那个特殊时代也被破坏掉了一些，但还是留下了很多文字资料。最后，你们这1700多封信被编成了《那年那信》，一本特别感人的书。

敬一丹： 我父母都有留存信的习惯，我们小时候家里有一个小木箱，里面就是信。那时候我还看不懂，字都是连笔的，后来我才知道，那都是我爸我妈的情书。我们慢慢长大后，小木箱里面的信就装满了，后来就放到抽屉里、柜子里。其实在我少年时期，父母去了干校、学习班，我姐姐下乡，后来我当了知青，那段时间所写的家书是最多的。我们受妈妈的影响，把这些信都留着。

这些信是有来有回的，我妈妈给我们的信，我们留着，我们给我妈妈的信，我妈妈留着，当我们从四面八方回到家里的时候，这些信又聚在了一起。我妈妈退休以后整理了一下，有1700多封家书。

俞敏洪： 老太太很有保存资料的天性。

敬一丹： 她珍惜一切有字的东西。后来我弟弟帮助她整理了一下，印了一本我们家人自己看的书，这本书名叫《我爱我家》，我们看的时候，一边笑一边流泪，大家一起回忆全家人走过的那段岁月。

俞敏洪： 读你父母年轻时写的情书，我也笑了半天，我们在初高中的时候，尽管不写情书，但写出来的笔调也有这种感觉。

敬一丹： 20世纪50年代初就是这样表达的。

俞敏洪： 比如，当时怀你的时候，还不敢说"怀孕"，而是说"大概是那么个事"。

敬一丹： 我后来还问过我妈妈，我说："为什么给我爸写信还这样？"她说："有点不好意思说。"我说："你们都有了一个女儿了，这都第二个孩子了，还有什么不好意思的？"她说那时候就是这样的。

俞敏洪： 这是那一代人的特点。我觉得信本身的选段和你的解读以及对后代人的讲解都特别真挚和感人，我读了以后相当感动，而且你的钢笔字写得那么好。

敬一丹： 我写了好几遍才写成这样，其实我有点不好意思手写，但出版社建议我给大家写封信，用手写，我就写了这样一封信。

我为什么以这种讲故事的方式把这些信做了讲述？因为我是想在我妈妈和我们家第三代、第四代孩子之前做一个接力。现在给我女儿还有我家第四代讲我妈妈那个年代和我年轻时的事，对他们来说已经有点遥远了，你再让他们拿那些发黄的信纸看，也是很遥远的。那我可不可以像讲故事一样给他们讲信里的故事？所以我就做了这样一件事。

俞敏洪： 这个讲解的过程很重要，通过讲解把几个时代连接在一起了。

敬一丹： 而且点名道姓的，比如给我女儿的信，讲一段故事，然后给我侄女、外甥,甚至我们家第四代孩子的信,也是用这种讲故事的方式写的。

俞敏洪:整理得特别好。读《那年那信》,让我知道了中国的家族血缘、家族文化、中国文明的传递是怎么来的。中国5000年文明的传递首先就来自家庭的传递。齐家、治国、平天下,首先是齐家。一屋不扫,何以扫天下?这本书就让我感觉到了你们家庭成员之间的温情,你对文化的讨论,对每一代人的故事的讲述,让我感觉到有一种血脉在流动。**没有这个血脉的流动,其实就不存在中国的文化,因为中国的文化本质上是家文化,家文化之后才是国文化,才是天下文化。**所以,我觉得你无意中做了一件事情,你告诉中国的老百姓,一个好家庭应该怎么传承。

敬一丹:其实我当时最朴素的想法是,希望我妈妈能更清楚地看到她珍藏的这些东西的价值。

俞敏洪:老太太看到过这本书吗?

敬一丹:看到过。在我妈妈得了癌症以后,我就把它编成了一本书,我们也珍惜着她的珍惜。老人晚年的时候是需要一种精神激励的,就像我们成长的时候需要精神激励一样。她到了晚年,曾经那么强有力的一个人变得慢慢无力,这个时候她需要一种精神力量,这种精神力量就是,晚辈告诉她,"您做的一切都太有价值了,我们特别感恩,我们也珍惜着您的珍惜"。不单是我们,我编成书以后,会有更多的年轻人看到,他们也会欣赏、了解,这对我妈妈来说是一个很大的精神满足。我后来把这本书送到了我妈妈放疗的病房里,这是她读的最后一本书。

俞敏洪:她那个时候还能读书?

敬一丹:能读。在我妈妈生命的最后时刻,她在看这本书,她周围的人看了书以后,和她的那种呼应,给她带来了一种精神力量。其实我觉得我们往往不知道父母在年老变得无力的时候,我们该给他们什么。我们给他们找好的医生,让他们享受好的物质条件,但他们更需要一种精神力量,这种精神力量就是对他们所做的一切的高度认可。后来我就告诉她:"我原来以为谁家都有这种信,后来我才知道你做了多么伟大的一件事,这件事给我们全家人、几代人留下了一种精神遗产。"至今我依然认为这种民间记录是有价值的。

俞敏洪：最有价值的就是民间记录，我认为官方记录或多或少是经过修饰的，但民间记录，尤其是以家庭为单位的记录，往往是最真挚的。

敬一丹：而且家信这种东西很原生态。

俞敏洪：因为本来就没打算给别人看。

敬一丹：我从我自己的家信看到了更大的空间，我对其他的家信也特别感兴趣。中国人民大学校园里有一个家书博物馆，我们就特意到家书博物馆做了一期节目。在家书博物馆里，我看到的不是一家一家的书信，而是一个时代、一个时代的缩影，是每一个时代的拼图。

俞敏洪：是的。实际上这本书已经跨越了三个时代，你父母从20世纪50年代开始互相通信，到你们这代，再传递到下一代，怎么样来读这些信，读出什么样的感觉，这本书里都有。你跟王梓木大哥之间也通信吗？

敬一丹：通信，我们有一段时间也两地分离了，我们考研究生的时候，他先考到北京的。

俞敏洪：20世纪90年代以后有了短信、微信，是不是就很少写信了？

敬一丹：现在很少写信了。

俞敏洪：现在写会不会觉得有点奇怪，但我觉得现在写信依然有价值。

敬一丹：现在一些重要时刻，我还是要写信的，我不给他写，而是给我女儿写。比如，重要的纪念日，在她生命的节点上，我会写一封信，这也是受我妈妈的影响。我妈妈在每一个孙辈结婚、成人的人生节点上，都要手写一封信。

俞敏洪：这真是特别好的习惯。即使现在每分每秒都可以用图片、视频和文字来表达感情，通过微信这样的工具来和亲人交流，但我觉得在最关键的时刻，一封手写信比什么都重要，那种亲情、温情和力量无法用其他来代替。

敬一丹：你说得太对了。前不久我公公去世了，我和我先生去整理公公和婆婆的遗物，发现了一沓纸，在这沓纸里面，有我给我婆婆写的一封信，上面写的是我们晚辈想知道的，我给我婆婆提出的三个问题："你小时候，你的家乡黑龙江省东宁县（今东宁市）是什么样子的？那时候女孩上学会怎么样？日本鬼子来的时候你有什么样的记忆？"我问了她三个问题，接下来的一沓纸是我婆婆用铅笔写的，她描绘出20世纪30年代一个少女眼中的家乡，写了她小时候的那些故事，甚至画了一张图，这张图是她家的平面图。我先生说他从来都没有看过这封信。我想当时我婆婆写完以后可能是忘了，并没有给我们，十几年后我们再看它，依然觉得这个手写的东西有一种气息在。我现在想，幸好那个时候我去问了。

同样的问题我也问过我爸妈，他们给我的回答让我了解了他们的过往，也都记录在这本书里了。我问我爸爸的问题都非常具体，我说："爸，你小时候最不爱上什么课？"他的回答我都没有想到，当时他在东北读国高。他最不爱上日语课。我问为什么，他说因为那时候日语是一种奴化教育，他们内心特别反抗。我爷爷跟我爸爸说过，"记住，你不是满洲国人，你是中国人"。那时候民间是流行这样的话的，用东北话说，"日本话不用学（xiáo），再过几年用不着"。我爸爸写到这个细节的时候，我真的没有想到，他的学生时代是在那样一种国运之中度过的，他个人是这样一种情感。我爸爸年轻的时候也是学霸，但他对日语特别抵触，以至于后来他到北京的时候，我说"爸，咱们去吃日餐"，我爸一看到日餐，立刻就想起了过去，就拒绝，跟我说，"以后你不要叫我吃这样的饭了"。如果当年我们和父母、公公婆婆没有这样的交流，我们怎么能够知道他们年轻时候的事呢？

俞敏洪：肯定体会不到那种心境。

敬一丹：所以，我写下这些的时候，其实也想让我的女儿、让我们家的后代能够了解，一代一代的人是怎么走过来的。

俞敏洪：其实你的这种讲述让我脑海中产生了一句话，**"每一个家庭都是一部动人的长篇小说"**。

敬一丹：是这样的。

俞敏洪：如果你把家庭最平实的生活写出来，到最后就是一部惊心动魄的人生发展史。我觉得，不管是《我遇到你》《我：末代工农兵学员》还是《床前明月光》《那年那信》，把这四本书连起来读，就是在读你们整个家庭和家族的长篇小说和思想成长史。我是这样一种感觉。

3.《我遇到你》：对职业生涯的记录

俞敏洪： 你研究生毕业后留校当了老师，为什么后来又回到广播电视系统中呢？

敬一丹： 我留校当老师的时候，心特虚。播音专业是要上小课的，我面前的五六个学生，比如孙小梅、张泽群等，我面对他们的时候，就故作镇静，其实我心里特别虚，我拿什么教给学生啊？这种感觉特别不好，我特别不安。后来刚好学校急需教播音电视业务的老师，就把我派去电视台，让我实践一段时间再来写教学讲义，所以我就以教师的身份去了中央电视台。从此我就突然对自己有了新的认识，因为我在那里很难得地处在一种兴奋状态，那是创作带来的兴奋。

俞敏洪： 那时候很少有人看电视，关键是家里没有电视机。我在北大当学生期间，整个一栋楼，住了至少五六百个学生，就两台电视机。

敬一丹： 但这时候我开始对电视感兴趣，1987年正好是电视的上升期，我一个教师身份的人参加电视台工作后，觉得特别兴奋，就特别珍惜我自己的这种兴奋。

在此之前，我在黑龙江人民广播电台工作，在黑龙江电视台兼了一段时间的新闻播音员，但那时候对电视没感觉。那时候广播才是强势媒体，电视是新起的，也不成熟，我成为广播学院的老师到电视台以后，电视就处于上升期了。

俞敏洪： 我记得1983年中国女排五连冠的时候，北大所有的电视机都在播。一台小小的电视机，也就14英寸，为了看电视，得站在10米之外的地方才行，因为前面已经有几百人盯着电视机了，那时候就已经很彰显电视的力量了。

敬一丹： 那时候我是老师身份，觉得也许我当老师有点年轻，应该从事一段实践工作，才有底气面对学生，我就努力想要调到电视台，争取了一两年，在1988年终于调过去了。

俞敏洪：你 1988 年调过去的时候，中央电视台最著名的播音员是谁？

敬一丹：《动物世界》的赵忠祥，《新闻联播》的邢质斌。

俞敏洪：那时候你有没有想到自己能在电视上活跃这么多年？你真正从中央电视台的主持人岗位上退下来是在 2015 年？

敬一丹：我在中央电视台工作了 27 年，从入台到退休。但当时我没想那么远，我不太有遥望能力，就看到我能看到的不太远的远方就行。

俞敏洪：你也没想到会成为中央台最有影响力的主持人？

敬一丹：那时候没有《焦点访谈》，我一开始在经济节目，我看到不太远的、我能够得着的目标是，我要当编辑，当记者，做一个有采、编、播综合能力的主持人。其实这是我研究生的研究方向，我是先研究它，然后又实践它。

俞敏洪：像《焦点访谈》《东方时空》这样有影响力的节目，你都积极参与过，放在现在来看，**你觉得整个电视潮流对中国带来了什么影响？对时代带来了什么影响？**

敬一丹：我特别幸运地赶上了电视的上升期，一直到巅峰，这时候就看到了电视对中国千家万户的影响，对中国进程的记录。现在回想起来，我们哪一个人没有受过电视的影响呢？现在很多年轻人是看着电视长大的，当然后来又慢慢远离了电视，但在那段时间，电视的确给千家万户带来了太多东西，而我恰好赶上了。

俞敏洪：应该算是老百姓在某个阶段获得信息和娱乐的唯一方式。

敬一丹：是。到了《东方时空》和《焦点访谈》的时代，我们给大家带来的不仅仅是娱乐、信息，还有一种信心，我们的电视节目可以有这样的表达方式，当老百姓看到自己出现在电视上，讲述自己的故事时，就会觉得他们其实和电视不那么远。那段时间，我觉得是很有成就感的。

俞敏洪：应该是超级有成就感，当你主持一个节目的时候，电视机前有几亿人在看。

敬一丹：你会看到，**电视真的在一步一步记录着社会的变化，在推动着文明发展，而且有时候它对社会的推动是立竿见影的。**

俞敏洪： 对社会发展的推动力？

敬一丹： 对。那时候我有个同事叫陈虻，他是一个特别有思想的电视人，他的墓碑上就写着这句话："讲述老百姓自己的故事。"可惜他英年早逝，留下的财富就写在他的墓碑上。

我很幸运地赶上了电视的上升期，我经历的很多第一次也是电视的第一次。我职业生涯里的这些遇见，我都记录在《我遇到你》这本书里。为什么叫《我遇到你》呢？这个"你"是指千家万户的老百姓。现在很多年轻人都说，"我小时候看你的节目"，而更年轻的人不会说这个，他们会说，"我姥爷特别喜欢你"。

俞敏洪： 我妈妈特别喜欢你。

敬一丹： 这影响了几代人，所以"我遇到你"是我的幸运。此外，我采访了各种各样的人，这是非常丰富的职业经历，对我来说是人生财富。我如果没有遇到他们，今天也不是这个样子。有最坏的人，也有最好的人，比如感动中国的那些人，这也是一种"遇到"。

俞敏洪： 这是人生常态，人本来就形形色色。

敬一丹： 还有一种"遇到"，是**遇到了一个充满变化的时代。充满变化的时代怎么能不出记者呢？** 如果是波澜不惊的时代，记者的作为空间是不一样的。现在回头看，我在职业生涯中记录了很多变化，这也是一种职业的"遇到"。

俞敏洪： 是对那个时代真实的记录。

敬一丹： 还有一种"遇到"，我遇到了我喜欢并且适合的专业。现在经常会听到年轻人说，我特别想干什么，我特别喜欢什么。我就想说，光喜欢是不够的，还要适合。其实有很多事情我也喜欢，但我不一定能做，比如我看水均益英语说得那么溜，我只能羡慕，这事我是做不了的。那我能做什么？我只能做我适合的。你要让我去当一个会计，我肯定做不了，5位数以上我就糊涂了，但你让我说话、沟通、与人打交道，那还算适合我。所以，**遇到自己喜欢的职业，也是各种幸运遇到中的一种。**

所以，这个书名就叫《我遇到你》。我写这本书的时候即将退休，想回望自己的职业生涯，你以为这书就为此画了个句号吗？其实不是。我现在退休7年了，我对"退休"这两个字有了完全不同的理解，**其实退休的意思就是转换，我可以到另外的空间去尝试和体验。**

俞敏洪：这个解释会给很多退休人士带来一种力量。很多人退休就是退出社会、退出岗位、退出原来的事务，从此跳跳广场舞、炒炒菜、做做饭，但你说，退休是一种人生转换。

敬一丹：是一种转换，有不同的体验、不同的可能性。我在里面写到很多我遇到的故事。我说当时电视里呈现了，现在我又用文字的方式呈现了，这事就结束了吗？其实没有，这本书里的很多故事还在延续。书中有一章叫"草样年华"，写了我在职业生涯中遇到的那些孩子，全是困境中的孩子，像小草一样长大的孩子，比如留守儿童、乡村孤儿、受漠视的女生、麻风村的孩子等。我心里暗暗有一个愿望，我希望还能见到他们，这挺不容易的，但在我退休以后实现了。特别让我高兴的是，我回访了这些人，而且参与这些回访的居然是我们当年《新闻调查》的原班人马。媒体变化这么巨大，我们都没有失散，当年去采访这些人时的摄像、编导、录音师等，10多年以后又回到了那个村庄。房子还在，只是更破旧了一点，村子更荒凉了一点，但孩子们已经长大，而我们这个团队居然还在。

俞敏洪：麻风村的那个老师还在？

敬一丹：还在。这些回访让我觉得记者是无所谓退休的，只要你有这颗记录的心，你有一定的职业积累，你有这样的好奇和愿望，就永远能做到。

俞敏洪：你现在是在用另一种方式继续记录，并且可以继续传播。

敬一丹：这个节目是在《新闻调查》播的，有一期节目，我回访了18年前我采访过的孩子，节目播出后，那个制片人给我说："大姐，这个《红粉笔》节目置顶了。"我说："什么叫置顶？"他说："就是全网都能看到。"我还是不懂，我说："是你们弄的吗？"他说："不是我们弄的，我们没有本事弄这个。"后来这个节目还得到了一个纪录片的奖。

俞敏洪：你突然发现了另一种途径，利用自己的时光，展现自己可以为社会继续服务的心情？

敬一丹： 对，继续记录。当时回访18年前的那个孩子，我看到她发生了巨大变化，我就很后悔，这个回访太晚了，我应该在她几个人生关键点上，比如她出去打工的时候、她失学的时候……都做个记录。

俞敏洪： 你当时没这个时间，那是一件需要长时间去做的事情。

敬一丹： 退休以后可以做很多事情，等我再看到她的时候，她已经为人母，我特别感慨。

俞敏洪： 现在有一批中国的纪录片作者或者摄影师在做这个事情，追踪一些不同领域、不同背景下的孩子，记录他们的成长，一拍就是十几年。

敬一丹： 持续记录。后来纪录片获奖的时候，我说，我一直觉得我是一个新闻人，我做的节目都是易碎品，我挺意外的，居然能得纪录片奖，还是比较高级的奖项。有个评委说："你当时做的节目是新闻，但你能够在18年后再去寻找，做持续的记录，这个节目就有了纪录片的品质。"

俞敏洪： 具有历史价值。

敬一丹： 我觉得"记录"这件事情既有意思又有意义，有意思的是，对我自己来说，我感兴趣；有意义的是，很多年后，我们看到了这些人的变化，大时代让这些草样生长的小孩都变成了什么样。

4.《床前明月光》：记录生命体验

俞敏洪： 你有没有想过手写一本书，这样你的手稿就会变成历史资料之一？我碰到一些作家朋友，他们原来有一段时间都用电脑写，写着写着，就重新换回了笔，像梁晓声就是用手写的。

敬一丹： 现在还是吗？

俞敏洪： 对。他应该是部分作品用电脑写的，但现在更多的是用手写。其实留下历史资料最重要的一件事情是留下原件。我的钢笔字实在太难看，我要是想写得能看，就必须写得特别慢，但我用电脑打字的速度极快。

敬一丹：我有时候写提纲会用手写，我必须拿一张纸才能写出思路，而且这张纸必须是另外一个什么文字的反面，我不能用一张雪白的纸来写，那样不环保，下笔会过于小心。我觉得这样我的思路才是畅通的。刚才说我特别害怕忘记，所以我的书都是回顾过去的。比如《我遇到你》是回顾职业生涯的，《我：末代工农兵学员》是回顾青春的，我在封面上就直接写了"个体故事构成的年代青春记忆，留给孩子，趁我们还没有忘记"，我写到我家庭的那件事，写到我怀念我的母亲，都是害怕忘记。

俞敏洪：说到忘记，你有次演讲的时候还讲到，你父亲在生命最后几年的时候，连你是谁都想不起来了。

敬一丹：他叫不出我的名字了，其实这也是让我拿起笔的另一个原因。我父亲原来是一个手不释卷、才思敏捷的人，但老年以后，有一次他问我"你叫啥"，那对我是极大的冲击。人都会忘记什么，但有一种忘记很可怕，就是主动的忘记，比如那些不愉快的事情、让人头疼的事情、让人痛苦的事情，就会有意地遗忘。我很害怕这种遗忘，我觉得如果那样，我就白经历了，白付出代价了。我内心深处对遗忘有一种抵抗，所以我会尽自己的努力去记录。我的职业就是记录者，我可以用镜头记录、用话筒记录、用文字记录，而用文字记录会更个人一些。在我的职业生涯中，我没有时间，也不可能对着镜头说我家的家书故事，但我可以用文字的方式做这种传达。甚至在纪念我父母的时候，我都是用这种方式，我把为他们写的这些文字一页一页地烧掉，我觉得他们看到了，我希望他们能够感知到。

文字有文字的力量，话筒有话筒的力量，作为一个媒体人，可以为不同内容找到不同的传达方式，所以我退休以后，用了很多时间做这些事，也使得我退休后的日子变得很充实。其实很多人都可以拿起笔来写，也许有人现在在写自己的家史，在问自己爷爷奶奶的经历，我觉得这是一种很好的记录方式。我们现在有那么便捷的记录方式，有那么多现代化的手段，为什么不做记录呢？

俞敏洪：其实应该记，有些记录也很容易做到。

敬一丹：我想我们如果那么健忘，也挺悲哀的，所以这也是对抗自己有可能遗忘的方式。

俞敏洪：我能理解，我过了 50 岁以后，就开始有意无意地记录自己的日常生活。我明显发现我在 50 岁以后写的日记比过去要完整很多，现在 10 年过去了，就更加意识到有些事情你不记就忘了。所以，有件事情我觉得我还算努力在做，我现在每个礼拜都要发一篇周记，我通过这样的记录，既跟大家分享，又给自己留下了我认为特别值得记录的往事。

另外，我现在有一个挺急迫的想法，想把我从小时候到现在的人生经历，用一种散文的方式记录下来。我读散文家刘亮程的《一个人的村庄》，有很大的感悟，他把自己从小生活的村庄写成了一本书，然后感动了全中国。我当然写不出他那种东西，没有那么细腻的体会，这种细腻的体会必须在相对的孤独中才能有，我现在没法经历那种孤独，但我依然觉得这件事要去做。

我妈妈在临终前一直跟我生活在一起，80 岁的时候她的记忆力超强，后来得了阿尔茨海默病，85 岁的时候，就完全失控了，到了八十六七岁的时候，就不认识我了。当然，她不认识我的最后 4 年里，我把她照顾得很好。我发现，她所有的生命痕迹，或者生命记忆，最后都会自动从大脑中消失，所以在消失之前，我觉得还是要留下点什么，尽管不一定有多大的意义，**但至少证明她活过、生活过、经历过、感受过，这一切本身就是意义。**我读你这四本书的时候，感悟非常深，就是因为我觉得你的记录做得非常好，比如在《床前明月光》里，你写你的妈妈。其实如果我要是有心，我妈的最后 4 年里，我也可以做一个完整的记录，因为我每天都和她生活在一起。但我没有，我忙于工作，忙于所谓的事业，对我妈的关心仅限于我提供足够的金钱，让老人家晚年能过得好，而对于这个好，她自己已经没有任何感觉。

敬一丹：我特别能理解，因为我父亲晚年也是这样。你提到《床前明月光》，其实写这本书是需要一些内心力量的。

俞敏洪：你要直面生离死别，直面你亲爱的妈妈在最后的岁月中的痛苦与欢乐。

敬一丹：其实这本书不仅仅是为了悼念，或者说是记录我和我妈妈的感情，更多的是讲，我妈妈在最后的岁月给我们上了一堂生命课，她是怎样对待生命的，她是怎样在月光中慢慢老去的，又给我们留下了什么。我觉得我妈妈在生命的最后时刻，也在给儿女们上这样一堂生命课。我妈妈特别愿意告诉孩子自己的生命体验，到她生命的最后时刻，她还在跟我说，"这段我不能写了，你写写"。所以，我写这本书是完成了我妈妈的嘱托，其实写的过程也很痛。

俞敏洪：老人家知道你最后会写这么一本书？

敬一丹：她希望我能写，因为那时候她已经看到了《那年那信》。在病中，她跟我的谈话是很多的，我觉得她在病床上以后，我们的精神交流更多了，因为陪伴更多了，那段时间我们在精神上靠得特别近。她对自己痛苦的体验，对自己生命最后的交代，对儿女的期望，都希望我能够记下来。我写这本书尽管很痛，好几次都写不下去，但我想，我应该像我妈妈能够做到的那样，把这种生命体验记录下来，这时候我就觉得我妈妈的精神在我身上起作用了，那就是坚韧。后来我写完了，就好像完成了一次对我妈妈的倾诉。

再后来，中央人民广播电台把这本书录成了有声书，在《纪实文学》里播出，这对我又是一次考验，是我自己录，那过程很难受。我写的时候，如果很痛，是可以停下来的，但录音的时候是不行的，我录制的时候几度中断，录到中间我几乎失声了，停了几天以后，我还是把它录下来了。这时候其实我内心有一个特别简单的想法，就是希望这个声音能够飘在云里，被我妈妈听到，因为我妈妈的名字就叫"云"。有人说，写得那么痛苦，应该书里全是泪吧？我说不仅仅是，我还写到了妈妈阳光有趣的一面。

俞敏洪：那张老人家到沙滩上捡垃圾的背影照片，让我特别感动。

敬一丹：我妈妈每天都在海滩上打扫，就是为了让大家到海滩的时候感觉干干净净的。她在那儿打扫的时候，有人从那儿路过问："老太太，你挣多少钱啊？"但我妈妈做这件事完全是义务的，她就愿意、喜欢这样。

她老的时候喜欢唱歌、喜欢种花、喜欢跳舞，喜欢和年轻人在一起，她是我们家庭微信群的群主，我觉得我妈妈那时候就在给我们做示范，当我们老去的时候该怎么做。我姐姐退休的时候，她给我姐姐写了一封信，完全是一个退休指南，里面写道，退休以后你的空间会变，你的社交会变，你在家庭里的感觉会变，这时候你应该怎么怎么样。后来我姐姐的很多朋友都看了这个。我看这个的时候就想，当我们家的孩子一个一个退休的时候，她写给长女的这封信依然会让我们受益，我就想把这些都记录下来。这些都是妈妈给我们的生命启发。在我妈妈离世的时候，我们家四代人，最小的一代才4岁半，她也算是上了一堂生命课，她可以直接和家长谈论生死，也知道了人会告别生命。我觉得这对一个家庭来说就是财富。

5. 从广播站到广播学院：走向话筒

俞敏洪：你是什么时候发现你的声音或者你的普通话有使用价值的？在某种意义上这算是你的特长？

敬一丹：小时候我总是班里那个常被老师叫起来读课文的同学。在1966年以前，学校还是很正常地教学，老师就会经常叫我起来读课文，我自己读的时候挺享受的。有一次，老师说要叫起来几个同学读，最后叫了我，说："你看，预习和不预习就是不一样吧？敬一丹，你是不是好好预习了？"我说："老师，我没有。"我真没预习，老师原本想拿我当一个预习的榜样，但没想到会这样。其实这件事也让我自己发现，我确实不用太费力就能够读好课文。

俞敏洪：后来是不是也有老师不断让你读课文？

敬一丹：后来有一次我们老师说，"你们几个同学跟我到办公室去一趟"。我们是拿着语文课本去的，老师说"读一下这个课文"，就让我们拿着课本，对着一个黑的东西说，我们就问那是什么东西，老师说那个叫麦克风。我们都不知道什么叫麦克风，但感觉这个词非常高级。后来我读了一篇课文，另一个同学叫梁晶，也读了一篇课文。然后老师跟我说："你回去吧，梁晶留下来。"我走回教室的时候，我们教室有一个小喇叭，里面就传来了梁晶的声音，她说："同学们，请准备好，我们一起做眼保健操。"我心想，这是梁晶的声音，怎么这么奇怪，从小喇叭里出来了？然后她就说"1、2、3、4、5、6、7、8……"，太奇妙了。

俞敏洪：你不是被刷下来了吗，怎么后来又有机会了？

敬一丹：我认识了麦克风，我很羡慕梁晶，但我没能走近它，后来我上中学的时候，中学有广播站，广播站的老师问，"你们这届学生谁朗诵比较好"。他恰巧问的是我们班主任，我们班主任说"敬一丹朗读得还不错"，然后我就成了中学广播站的广播员，特别偶然。

俞敏洪：中学广播站的广播员有几个？你是其中一个？

敬一丹：四个。真的特别偶然，假如他问的不是我们班主任，我今天就不知道做什么工作了。我们中学广播站的呼号是这样的："哈尔滨市第四十四中学毛泽东思想广播站，现在开始广播！"

俞敏洪：我现在还记得，说了几千遍。

敬一丹：每天说，比我现在说的还要慷慨激昂一点。我姐姐也是他们学校的广播员，我姐姐是"哈尔滨市第九中学广播站"的广播员，她广播的时候我在家都能听见。我广播的时候，四十四中所在的哈尔滨文昌街一带全能听见。

中学毕业后，我就当知青了，知青这地方要建一个广播站，谁能当广播员呢？特别巧我们家一个邻居也在那儿，他就跟队长说，"小敬在中学就是广播员"，又是非常巧的一件事，我就试了试。一开始是工地广播站。你看过电影《雷锋》吗？雷锋去到工地做义务劳动的时候，广播员就说："同志们加油干，今天哪个哪个班又砌了多少砖。"

俞敏洪：我们小时候干农活都听这个广播。

敬一丹：对，"同志们加油干"，就需要那样一个广播员，我就成了那个广播员。这简直太偶然了，我又一次走近了话筒。

俞敏洪：其实偶然中包含了必然，必然是因为你的普通话和嗓音一直很好，偶然是因为有人知道，所以不断给你这样的机会。

敬一丹：后来林场建了广播站，那是个永久性广播站，我就成了一个广播员。

俞敏洪：是专业广播员？

敬一丹： 那是一个人的广播站，我值机、我写稿、我广播，一天做几次广播，每次几点广播，我还列了一个时间表，弄得井井有条。每天早上放开始曲，那时候开始曲都是《东方红》。所有的听众我都认识，都是我们林场的，那段时间的工作让我真的爱上了话筒，觉得这工作简直太有意思了。那时候也没有其他的娱乐方式，没有电视，广播是唯一能笼罩整个林区的媒体。

俞敏洪： 对，没有电视、收音机，什么也没有。

敬一丹： 那时候如果有个小收音机，都是很奢侈的。

俞敏洪： 我记得小时候我到城里亲戚家，亲戚家就有一个大盒子收音机，旋钮式的。

敬一丹： 那时候我们广播站用高音喇叭覆盖了整个林场，小的纸盆喇叭覆盖了千家万户。那段时间我们林场的人早上起来都不用闹钟，就听我广播没广播，万一哪天我失误了没起床，就全体迟到。

俞敏洪： 有过这样的失误吗？

敬一丹： 有过一次，那天没有放广播，大家就说，怎么还没放广播？没到点吗？所以，那段时间我特别享受，也是在那段时间，我真正觉得我有可能在将来当一个职业播音员。

俞敏洪： 但其实还不太有职业播音员的概念？

敬一丹： 有一点概念。我们那时候每天都在转播黑龙江省台的节目，我现在都记得那个频道是中播620，我每天都在转播，每天都在听。后来有一天我照常广播，我们的工友们在山上干活，离林场挺远的，他们隐隐约约听到了声音，回来就问我："小敬，刚才那个声音是你播的还是省电台的？"第一次有人把我的声音和省电台联系在一起。我就心中暗喜，说："嗯，是我播的。"那时候我就想，我的声音会被人家以为是省电台的吗？我能成为省电台的播音员吗？我的声音有可能从那大喇叭里到收音机里吗？其实这时候就有一种愿望了。

俞敏洪： 那时候是20多岁了？

敬一丹： 20多岁了。

俞敏洪： 后来怎么在1976年去北京广播学院上大学了？

敬一丹： 完全就是赶上了。工农兵学员是推荐制，那时候没有所谓报志愿，在那之前我有几次机会，比如上林业学校、师范学校、铁路学校等，不管什么学校，只要能上大学就行。那时候我没有职业方向，赶上什么是什么，但我非常幸运，我被推荐了以后，才知道这世界上还有一个北京广播学院。

被推荐的时候，因为我是当地的播音员，所以还有点优势，可我一入学，就别提有多自卑了。我在我们林区里是普通话最好的，可一入学就发现，我的天哪，我们宿舍的人，这个是省电台的，那个是市电台的，我一张口，一口东北话。

俞敏洪： 同学中有没有完全不是播音出身的？

敬一丹： 有啊，有比我更差的，从来没有在话筒前工作过，说话都带方言。

俞敏洪： 跟我进北大的时候差不多。

敬一丹： 那段时间我特别自卑，我也很勤奋，但非常盲目，我都不知道我的努力方向。比如，我天天早上去练声，但我这样对不对呢？不知道。老师说："小敬，你发音的声音有点白。"啥叫白？就是没有经过训练。第一学期快结束的时候，我都还是蒙的。直到第一次考试，我特别意外，得了优。我以为老师弄错了，就去问老师："我为什么能得优？我觉得我比其他同学差很多。"这时候老师给了我一个特别重要的指点，这个指点后来影响了我在话筒前的整个实践，她说："因为你注重内容，这是正确的播音创作道路。"

俞敏洪： 注重内容？

敬一丹： 对，注重内容，而不是只看重形式。这个指点对我来说特别重要，从第二学期开始，我慢慢就从自卑里走出来了，重新对自己有了认识。

俞敏洪： 你大学毕业的时候，是不是已经算班内的优秀毕业生了？

敬一丹： 有些方面是吧，但我的声音条件不是最好的。

俞敏洪： 你后来为什么想考研究生呢？我相信你同学里想考研究生的应该不多，而且原则上你当时从广播学院毕业，回到了家乡的广播电台，也算是一流播音员，应该待遇不错，也比较受人追捧。

敬一丹： 我走出校门就决定要考研究生了。其实就是觉得书没读够。工农兵学员所有的课程安排都是蜻蜓点水，我连外语课都没学上，没有开过这样的课。当我走出校门的时候，我就怀疑，我接受过高等教育吗？我问："我能再和78级一起考一次吗？"他们说："不能，你已经大学毕业了。""那我还有什么办法可以上大学？"这时候我听到了一个生词，是我们同学告诉我的，他说："你还可以考研究生。"我就带着这个生词回到哈尔滨，到处问："谁是研究生？咱们这儿谁是研究生？研究生怎么考啊？有没有谁看过研究生的卷子？"但没有一个人能告诉我答案。

你知道什么是两眼一抹黑吗？就是那种感觉。那时候的资讯太闭塞，什么都不知道，我甚至找不到一个有过研究生经历的人，哪怕给我传授一点间接的经验也好，都没有。但那时候我就想这是一条路，是一条我再次走进校园的路，所以无知者无畏，我直接上考场看卷子去了。第一堂考的就是英语。你知道什么叫下马威吗？

俞敏洪：那时候你可能一个单词都不懂。

敬一丹：那时候我勉强把26个字母认全了，跟我姐姐学的。

俞敏洪：1979年是吗？那也是我第二年参加高考。

敬一丹：是吗？咱俩有点像，都是三上考场，我考研也考了三次。第一次完全为了看卷子。那时候太自卑了，我一看别人，他们怎么都会呢？我看着满眼都是生词，感觉自己就是文盲，还不能提前交卷。但经此一战，我知道我和研究生之间有多大距离了，这距离简直是天壤之间。

俞敏洪：跟我第一年参加高考的感觉一样，我一看那个英语卷子，几乎所有的题都不会，就全部答A。

敬一丹：我也是这样。当时监考老师说要半个小时以后才能出去，我就拿着卷子看。我那时候都不懂啥叫题型，就看到很多括号空在那儿，心想，这是填空的意思吗？我就胡乱把所有的空都填了，反正闲着也是闲着嘛。后来就痛下决心，开始学英语，但学得太艰难了。我觉得考研对我来说是最大的挑战。

俞敏洪：据说考研的过程中，梓木大哥还对你起了挺大的作用？

敬一丹：我俩都没考上，就是因为都没考上，我俩才认识的。后来我们还讨论要不要继续考，我那时候觉得差距太大，要不就算了。然后他说，继续考啊，所以，我们后来一起学了一段时间英语。学得好艰难啊，我又不是很喜欢英语。

俞敏洪：学英语是很艰难。

敬一丹：完全是为了过这个门槛。我姐姐是英语专业的，她也是工农兵学员，她教我的时候，我觉得她一直在忍着，后来她忍无可忍，说"在我教过的学生里，你最笨"，后来她跟她儿子也是这样说的。我当时几乎所有的业余时间都在学英语，白天在省电台工作，晚上就上各种各样的培训班。

俞敏洪：那时候还没有新东方。

敬一丹：对，那时候没有新东方。第二年考的时候，就没那么惨了，但差距还是很大，后来又隔了一年，外语终于过了。全国统考的英语，我觉得那是我面前最大的一个门槛。

俞敏洪：第二年英语考过去了吗？第二年好像梓木大哥就考到北京了？

敬一丹：我中间空了一年，我父亲生病，那年他就考上了，他的主要门槛也是英语。所以，我看着"新东方"这三个字真的百感交集。

俞敏洪：你之所以坚持第四年又去考研究生，是不是因为第三年的时候梓木大哥考上了？

敬一丹：原本就有动力，然后他先考上了，我又多了一重动力。其实这时候我已经结婚了。他下了考场，我们就结婚了，那时候还不知道能不能考上呢。所以，我在读研究生的时候，是已婚妇女。

俞敏洪：后来考上了，还是考到了广播学院？

敬一丹：是的，回到了母校，我的导师是齐越教授。

俞敏洪：上研究生课时的感觉，和你当初当工农兵学员的感觉是不是完全不一样了？

敬一丹：我完全把它当成一种补课。我原来的知识是不系统的，我自己也很盲目，但读研究生的时候，我觉得有了一些自觉。现在回头想，如果没有那3年，就没有我后来的30年。

俞敏洪：应该是，如果没有那3年，你可能就在黑龙江广播电台工作一辈子了。

敬一丹： 关键是，那时候我对未来的空间也没有什么想象。当时研究生毕业我就留在北京了，留校当了 2 年左右的老师。

6.《我：末代工农兵学员》：行走在时代之中

敬一丹： 现在回想起来，"工农兵"真的是一个很遥远的词了。

俞敏洪： 我记得当时当工农兵学员需要有各种推举。我曾经也有过当工农兵学员的理想，因为当时我们村上有一个农民是大队团支部的，劳动特别出色，在 1975 年的时候被推举上了洛阳外国语学院，是个军校。那时候我初中刚毕业，还没上高中，当时上工农兵学院不一定非要高中毕业，所以我就有一个决心，拼命干农活变成劳动标兵，过几年被推荐上工农兵学院。那几年，大概 1975 年、1976 年，我一直拼命干活，获得了十几张劳动奖状。

后来"四人帮"粉碎后，恢复了教育，首先恢复的是高中秩序，我当时没有上到高中，但我们老师知道我初中学习不错，而且我跟我妈说我还想上高中，我妈就跑到公社书记那儿去问，再跑到高中校长那儿去问。高中校长是我们下边村庄的，他说没法加进去，但有意思的是，我们隔壁村有一个女孩死活不愿意上高中，因为她每门课都不及格，坚决不上了，就退学了。那个校长说，退学了可以补一个，就把我补回到那个高中了。当时我们高中只有两年，没有高三，所以我是 1977 年上半年进入了高中，1977 年下半年就变成了高二，接着全国就恢复了高考，然后 1978 年 7 月份，我参加了第一次高考。

敬一丹： 你那个年代出生的人还知道工农兵学员，现在你跟 80 后说工农兵学员，他们觉得是生词。我就想，我们是当事人，我们就是工农兵学员，我和我大学同学说，我们就是最后一届工农兵学员，我们应该把我们上大学这件事写下来。其实我就是想在我们还没忘记的时候写下来，好让我们的孩子知道这件事。

俞敏洪： 所以你们写了《我：末代工农兵学员》？

敬一丹： 对。为什么叫"我"？因为这是个体在讲述。

俞敏洪：就是你的同班同学，都在用"我"讲述自己。

敬一丹：对，20多个"我"。"末代"的意思是76级，1977年高考恢复了，我们是最后一届工农兵学员。其实还有一个含义，我希望这种不正常的教育终结，所以叫"末代"。这本书里有大家熟悉的一些人，他们也是工农兵学员，比如王石、梁晓声、王纪岩，他们都觉得这样一本书其实属于历史的备忘录。

俞敏洪：我读了以后还挺有感悟的，实际上你们起到了承前启后、跨时代的作用。

敬一丹：当时高考被废止以后，所有大学校园一片荒芜，接下来的结果可能是文化链条的断裂，所以工农兵学员是一个权宜之计。还没有恢复高考，一个新的做法就是从知识青年、工人、解放军等各界优秀青年中选拔一些人才上大学。工农兵学员在那种非常的年代存在了多久？存在了7年。7年一共招了50多万人，再想想我们现在一年的招生又是多少。

俞敏洪：我1980年上北大的时候，中国本科总招生量一年也就十几万人。

敬一丹：你上北大的时候，你们学校工农兵学员都已经毕业了吧？

俞敏洪：是的，最后一届是76级，到1978、1979年就全部毕业了。

敬一丹：我是76级，我们入学不久后就恢复了高考，77级、78级入校的时候，我们还在学校，这时候和他们一比，就觉得我们之间不是届的差别，是时代的差别。

俞敏洪：学制也不一样，工农兵学员是2—3年，1977年考试的时候就已经变成了4年。

敬一丹：那时候有一个口号，叫"学制要缩短"。

俞敏洪：新三届77级、78级、79级都是4年制了。

敬一丹：现在的同学一入学，比如考进了北大，大家就聊，"你原来在哪儿啊？""我原来在某某市第几中。"我们那时候不是，我们是，"你原来在哪儿啊？""我原来在湖北当知青。""我在黑龙江当知青。""我在北京当工人。""我在新疆当兵。"……这就是我们入学之前的经历，所以我在这本书里称之为"前传"。

俞敏洪：这本书很有意思，每个人都有自己不同的青春以及感悟，每个人都在不同的时代背景下独立奋斗。这些个人并不一定都很出名，比如你是很出名的，但你这20个同学里，也有不出名的，也有过得很平静、很平淡的，但无一例外，他们关于自己生命的记忆都非常生动。

敬一丹：我们76级正好赶上国家的重大转折，我们个人的转折和国家的转折恰巧在一个节点上，所以我们所有的记忆都是有背景的。那么多人从乡村来、从工厂来、从军营中来，都是风尘仆仆的，走进了教室。什么叫百废待兴？1976年年底入校的时候，一打铃，我就听见是特别传统的上课铃，我听着眼泪都要掉下来了，太久违了。

俞敏洪：当时都是选业界最优秀的青年去大学读书，但文化水平参差不齐，所以当你上大学的时候，会发现你的同学或者周围的朋友中，有很多实际文化水平根本就跟不上。

敬一丹：就是这样的，参差不齐是我们的特点。我后来跟80后谈起我那时候听到上课铃的那种激动心情，真的是久违了。那么多年，在书荒的年代，没有学可上，终于又上大学了。然后80后说，他们都特别喜欢听下课铃，我说那你们是没有失过学啊。

俞敏洪：别说他们80后了，我也喜欢下课铃。你有同学毕业后没做播音工作的吗？

敬一丹：有。有的同学毕业就改行了，其实挺可惜的。这也是工农兵学员让我们觉得遗憾的地方，虽然我们当时入学没有考试，但没有按照自己的志愿去学习专业，这是不可弥补的人生损失。有的同学本来有特别明显的理工科倾向，但推荐名额没有到他那儿，当播音的名额来的时候，他们心想，好吧，反正有学可上就行了。还有美术底子特别好的同学，比如我这本书的插图就是我同班同学画的，但她就没有赶上美术院校的招生。

俞敏洪：这插图多好看。

敬一丹：画插图的同学和我同龄，叫李小梅，她没赶上美术院校招生，不然可能就学美术了，当然她做电视播音也很有优势。现在很多人说工农兵学员那时候多好，你们也没有走高考的独木桥，都不知道高考什么滋味，我说我们确实不知道这滋味，但我们也不知道什么是报志愿的滋味。

当我们匆匆走出校门的时候，我们老师说："你们马上就要走出学校了，我们国家现在正在开一个特别重要的会议，将影响到你们每一个人。"是什么呢？我就带着猜想回到了黑龙江人民广播电台，在那儿工作。几天以后，就听到广播里传来一则新闻，党的十一届三中全会召开了。

所以，我职业生涯的开端恰巧跟改革开放的开端重合到了一起，特别巧合。我现在回想我的整个职业生涯，都是在转折点上，所以，每一个个人记忆都有一个大背景。

俞敏洪： 你有没有想过，自己要晚生10年就好了？

敬一丹： 我没有。

俞敏洪： 我感觉，你在不知不觉间变成了时代的记录者和讲述者。因为你的节目和你的书记录了这个时代，留下的文字都跟时代密切相关。而且，通过你的节目，不管是《焦点访谈》《东方时空》还是《感动中国》，你又把这个时代讲给了全中国人民听。当然，后来也有白岩松、崔永元等，他们也都是代代相传，但你毫无疑问是他们的大姐，从某种意义上说，你对整个方向起到了引领作用。

敬一丹： 我觉得，**赶上什么年代，就有什么样的人生，就有什么样的记忆。比如，我赶上了那个年代，在那个年代我也失去了很多，但如果没赶上那个年代，我怎么能够理解什么叫变化、什么叫转折、什么叫起伏。我甚至回头看，还觉得赶上那个年代对我来说是一种成全。**记者不就是记录变化、感受变化的吗？这么大历史性的变化，我赶上了，我就是记录者。

俞敏洪： 人没有办法选择自己所生活的时代，所以我们应当最大可能地利用这个时代、参与这个时代，或者最大可能地和这个时代相融，并且创造自己的价值。

敬一丹： 是的，**我们不能选择自己所处的时代，但可以在这个时代里做出自己的选择。**

俞敏洪：你个人是被动地随波逐流，还是主动地去选择，在这个时代中做出事情来，其实是由个人的自由意志决定的。

敬一丹：尽可能有选择，尽可能有作为。我觉得我的少年和青年时代是缺少选择的，但我还算幸运，赶上了这样一个专业，恰巧是我喜欢并且适合的。我失去的那些东西，比如我少年时期断断续续接受的教育，这都是让我遗憾的，但我赶上了这个年代，又不是我一个人有这种命运，所以我总会想我幸运的那一面。

俞敏洪：我觉得幸运在某种意义上跟你个人的主动有关系。

敬一丹：可能跟心态有关。

7. 真正的记者，永远在路上

俞敏洪：从你在中央电视台做主持人开始，中央电视台有很长一段时间出现了一大批有思想、有独立见解、有社会情怀，敢于揭露社会某些不完善甚至阴暗面，同时让这个社会改进的记者或者主持人，比如你、白岩松、崔永元等。**你认为这么一批人的出现，是人们互相之间帮助、学习和鼓励而带来的结果，还是说电视在当时就是一个大众媒体，所以自然就催生了这么一批人？**

敬一丹：我觉得首先是需要，社会走到了那一步，是一种需要。有了需要，这些人才会出现。这些人集合到一起，又互相激励。我加入《焦点访谈》的时候已经40岁了，但我没有注意到他们有多大。

俞敏洪：他们那时候都是小年轻。

敬一丹：我不知道，我也没问过，后来才发现，白岩松比我小13岁，他们都是20世纪60年代的，大家都管我叫大姐。但当时我看到的差距是什么呢？我觉得我不够前沿，他们都很前沿的。

俞敏洪：当然，他们当时才20多岁。

敬一丹：我们《东方时空》《焦点访谈》的旗帜上写着"前卫"。

俞敏洪：而且有一段时间中央电视台的内部文化还特别好，开内部年会，我也看过视频，那种文化氛围特别热闹。

敬一丹： 有的人就是因为看了那个，说"哎呀，这是一群什么样的人呢？很有意思嘛"，然后就加入进来了。当时我们的旗帜上写的是"前卫"，可我觉得我真的很不前卫，所以我们的头儿说，"你是前卫和传统之间的形象"。我们的旗帜上写的"前卫"，而我还不够前卫，是不是我不适合？后来我转念一想，中间的形象不就是中庸吗？中庸不是一种很有力量的存在吗？以此说服自己。

俞敏洪： 我的感觉是，从你的外表、讲话的沉着表现、端庄的形态来说，你确实有着跟新一代不同的老大姐形象，但你的思想、你的追问从来没有落后于时代，甚至在某些场合，比如你在《焦点访谈》中对某个问题的深入调研，那种急切的想要为这个社会呼吁的心情，是不存在时代差距的，它是永恒的。**我觉得前卫不是标新立异，前卫只有一个概念，就是我没有落后于时代，并且在某些方面我还在引领着时代的方向。**

敬一丹： 幸好我们那个团队特别年轻，可以在观念上互相影响。我特别幸运，我觉得我在40岁能做这种选择，使我有了一种抗拒自己惰性的力量。40岁多容易产生惰性啊！

俞敏洪： 到今天都能看出来你的上进心。

敬一丹： 我最没上进心的事，就是学英语。

俞敏洪： 坦率地说，在你之前的中央电视台主持人形象确实跟前卫不挂钩，从某种意义上说他们慢慢脱离了新一代人在媒体上的发展轨道，但你一直跟新一代的人在一起，混得特别好。

敬一丹： 你知道我现在都和多大的孩子混吗？都是20多岁的，00后都快出现了。

俞敏洪： 我现在也跟20多岁的人混，他们也没觉得我脱离时代。

敬一丹： 我和现在新媒体的那些年轻人在一起，中间隔着好几代，但我还挺享受的。和他们在一起，我觉得特别受益、特别有趣。我刚刚做了一个《节气·长城》节目，一个节气到来的时候，我们就要去长城，一年的时间足以让人养成一种惯性。当24个节气说完，又到一个节气的时候，我就想走出去了。

节奏已经形成了，我现在怎么还在屋子里待着，怎么还没去长城呢？而这些都是和年轻人一起创作的。

俞敏洪： 可不是嘛，一年 24 个节气，你跑 24 次长城，根本就跑习惯了。

敬一丹： 所以，我很庆幸能够和年轻人在一起。

俞敏洪： 你也退休好几年了，你觉得现在的电视界还有你们当初那种宽容、轻松的氛围吗？

敬一丹： 现在一说到电视就会说到新媒体对它的影响，而现在我们更多在说全媒体。我当时很害怕新媒体，也不知道它来了会怎么样，我甚至在暗暗算，我退休的时候不会和它正面遭遇吧？慢慢地大家习惯了，狼来了，就与狼共舞，合作了，融媒体了，现在就是全媒体了，没人分得那么清了。

俞敏洪： 我觉得中国的电视正在衰退，坦率地说，我现在都不会坐在家里等一个电视节目了，一是觉得自己时间不够，二是可能因为有可替代它的东西。我觉得有时候在新媒体上也能找到类似的内容，而且还可以用倍速看，省了一半的时间。电视没法用倍速看，只能在固定的时间点去看，不管播音员、主持人或者内容如何，你都只能被动等待。但我觉得还有另一个原因，现在电视的更新速度慢，内容吸引力不够。比如，没法保证新闻的及时性，可能很多人都已经在自媒体、手机上看到了，结果过了很长时间，才在电视中正式报道出来。

敬一丹： 对我这样特别传统的人来说，我所感觉到的就是，电视需要互动性，它和新媒体融合的时候，首先要有互动意识，而我们原来不太有互动的意识。

俞敏洪： 一个是互动，另一个是及时，现场发生、现场报道，这可能是大家愿意去追的主要原因。你做关于香港回归的报道，全国十几亿人民全盯着你，眼睛都不眨。我记得当时是直播报道，连续报道，我们晚上连觉都不想睡，因为那是祖国最伟大的事件。

敬一丹： 那时候媒体传播的渠道有局限，不像现在传播渠道有很多，人们的选择也多了。

俞敏洪： 后来中央电视台有一帮人跑出来创业了，比如罗振宇、王凯、张羽，你怎么看？

敬一丹： 我觉得对 40 岁左右的人来说，他们可以有更多的选择，你说的这些人好像恰好都是这个年龄段，他们有了一定的积累，对自己想要什么可能比年轻的时候更明确。现在世界这么大，有这么多种选择，我能够理解他们的选择。

俞敏洪： 你认为中国电视的未来在哪里？

敬一丹： 未来就是全媒体，以后可能分不清，**但不管传播的形式怎么变化，内容还是最重要的。** 对媒体人来说也是一样，有时候适合怎样的表达就用怎样的表达。比如，过去我做过广播员，习惯于用话筒，后来做电视，就慢慢学会了面对镜头。

我退休这几年，更重要的一种传播方式是用文字。原来我在职的时候写了几本书，都是偏重业务的，退休以后有了更多沉淀的时间，我就开始用文字的方式来表达。我觉得用文字来表达，有一种沉淀、郑重在里面。我平常面对镜头、面对话筒，对自己有一个要求，我希望我明天不会为今天说的话后悔，对文字更是如此。

俞敏洪： 文字可以反复斟酌以后再落笔，像我，凡是让我后悔的话，都是做演讲的时候胡说八道的话。你有没有想到过，对你来说，这几本书，文字传播的力量其实更加持久，甚至在深度上更加有影响力，尽管广度上没有电视节目那么广？

敬一丹： 我不知道它有没有影响力，但我自己是有满足感的，文字的力量有时候会超过口语表达。

俞敏洪： 因为文字可以写出更有力量的话语，情感更饱满。

在主持《焦点访谈》时，你遇到了很多尖锐的关于中国底层的问题；在主持《感动中国》时，你又见到了那么多善良、无私、一无所有但依然在为这个社会做贡献的令人感动的人。另外，你见证了你的家庭成员的生命历程。在经历了那么多以后，你现在是靠什么支撑自己度过日子的？

敬一丹： 我觉得**当记者看到的东西有可能是两极的，最不好的和最好的、最光鲜的和最黑暗的。** 但如果我们只看到两极，那么我们看这个世界的眼光应该是不完整的，很容易让人走上极端。只看到光亮的一面，这是不完全的；只看到阴影的一面，也是不完全的。看到了这两边，再看到中间那些平常，把它们加在一起，这才是生活本身。

俞敏洪： 一个人在生活中既会遇到困惑、消极的事情，也可能遇到开心、积极的事情，在这个过程中，保持好的心情最重要，你就把握得特别好。我们如何在日常普通甚至有点枯燥的生活中把握好自己的幸福，提升走向未来的能力呢？

敬一丹： 我觉得眼前看得见的幸福是真正的幸福。如果你遇到麻烦的事，可以找到一些治愈的方式来缓解自己，比如到自然中去，我觉得自然就有特别强大的治愈作用。过去一年，我觉得我很幸福的就是，每个节气我可以去长城，看到长城的季节变化，看到每一棵草、每一朵花有变化的时候，我都会很欣赏它们。即使在我父母病重的时候，我也会找到一些让自己舒缓的方式。当别的力量都不能治愈自己的时候，自然有这种力量。

俞敏洪： 面向未来的生活，你会感觉孤独吗？还是说感觉自己还有太多的事情想做？

敬一丹： 我觉得还有很多事情想做。比如，《我遇到你》这本书里写到的那些孩子，他们在这本书里是一个结果、一个句号，但他们又可以成为一个新的开始。我现在有回访他们的愿望。地震中有一个 10 岁的孩子，他曾抹去了我的眼泪，我现在特别想去回访他。2008 年，他 10 岁，后来他去西藏当兵了。还有很多，比如麻风村的那些孩子，后来怎么样了？有没有机会去就业？有没有未来？我都想知道。

俞敏洪： 现在过去十几年了，快 20 年了，从你采访麻风村到现在，国家对这个村庄有什么动作吗？

敬一丹： 现在这个村庄变化很大。我们当时做的是一个新闻调查节目。这个村庄为什么 18 年没有培养出一个小学生？因为这些孩子读了两三年以后，觉得认不认字都会困在山里，就不去认字了。后来由于王老师的坚持，由于张平宜的出现，改变了这里，这里有了一所九年一贯制学校。我们去的时候，全村人都没有身份证，非常闭塞，现在有了。所以，我特别想知道他们后来都变成了什么样。**谈到未来的时候，我觉得过去的一切好像是句号，但同时也是破折号。**《我遇到你》是几年前出的，也不是新书，但我现在的很多行为是以这本书为起点的。

俞敏洪：你可以续写这本书。

敬一丹：对一个记者来说，如果他有精力、有能力，那做记者的心是不会退休的。凡是当过记者的人，你跟他聊天，依然可以看到他的记者心。

俞敏洪：像抖音这样的平台，现在已经变成了一个个人发声的重要平台，如果是你，会利用这样的平台做什么吗？比如，你重访麻风村，打不打算直播？

敬一丹：我不太想直播，我所做的节目如果有价值，我还是想通过不同的渠道来传播。

俞敏洪：我在60岁生日以后，曾经想过把我的平台停掉，但一些朋友说不要停，因为你跟老朋友的对谈其实还挺鼓舞人的，后来我想想，那就继续做吧。

8. 尾声

俞敏洪：今天时间差不多了，敬一丹大姐还有什么想和大家分享的吗？

敬一丹：我现在遇到年轻人，他们通常会说，他们是在《感动中国》里认识我的，但比他们更年长的一些观众是在《焦点访谈》里认识我的。我说："你为什么会对《感动中国》这么有感觉呢？"他们说："我们上学的时候，语文老师会把你们的颁奖词拿来让我们学习。"《感动中国》成为很多家庭三代人一起看的节目，能做出一个让三代人一起看的节目，也是一件很有价值的事。在《我遇到你》里，我写了这样一段话，我想和大家分享一下。谈到《感动中国》的时候，我说——

"中国需要这样一个节目，我自己也需要……《感动中国》让我和好人打交道，让我和真诚、美好、善良打交道，它让我在最寒冷的季节里，进行一番温暖的浸泡，给我信心，这样我就能应付在未来的日子可能遇见的阴影。我也需要一种抚慰，我也需要加油，《感动中国》就给了我这样的心灵抚慰，给我的精神世界加了油。它至少让我看到，这世界上还是好人多啊！虽然有很多的不如意，但是在这里毕竟让我们看到了这么多好人，这么高贵的品格。我在善恶之间找到一种平衡，在冷热之间找到一种温度，就这一点来说，我特别感谢《感动中国》，不是《感动中国》需要我，而是我更需要《感动中国》。"

我和《感动中国》相伴了 20 年，在这里也感谢几代观众对我们节目的信赖，谢谢大家！

俞敏洪：谢谢敬大姐，我从敬大姐身上感觉到了诗一样的人生。很多人一说诗一样的人生，就会觉得那就是爱情，是美好，是玫瑰色，但其实所谓诗一样的人生，我觉得最重要的是，不管再怎样艰难困苦、高低起伏，也要把持住人生方向，并且活出自己的美好。让我最感动的是，敬大姐的一家都活出了这种美好，不管是生命中遇到多少起起伏伏、遇到多少艰难困苦，她心里都有一束光，我觉得这才是诗一样的人生。

由于时间关系，今天我们就聊到这里了，感谢敬大姐，大家再见！

敬一丹：谢谢。

（对谈于 2022 年 11 月 18 日）

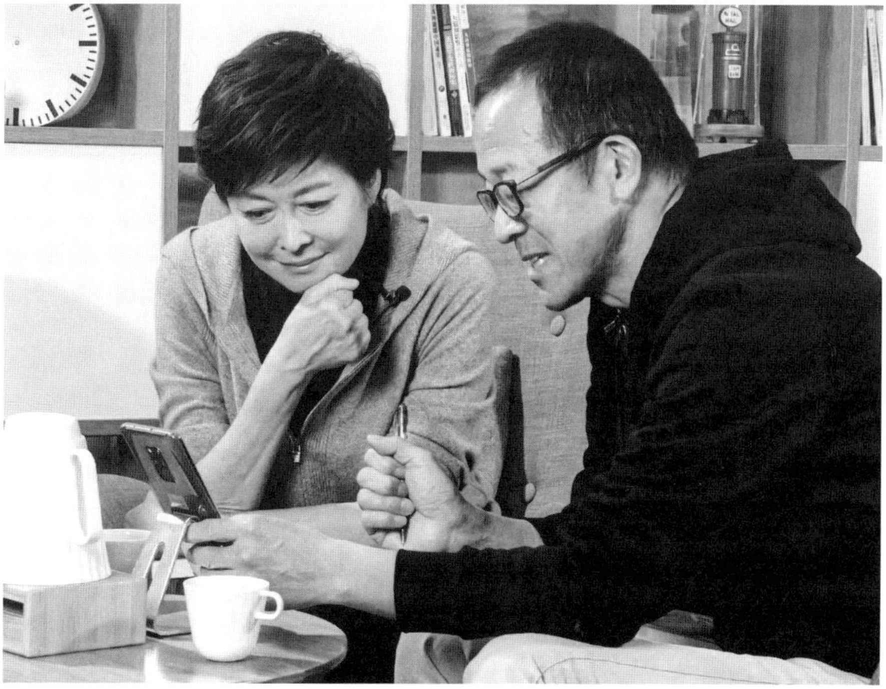

对话 李娟

明亮的希望诞生于大地

> 窘态是难以回避的,有时候瑕疵比完美更加迷人,更加有人情味,更加有人性。

李娟/

1979年出生于新疆生产建设兵团农七师,成长时期辗转于四川、新疆两地,有过一段阿勒泰牧场上的生活经历。出版有散文作品《我的阿勒泰》《阿勒泰的角落》《记一忘三二》《遥远的向日葵地》及《羊道》三部曲等。曾获鲁迅文学奖、人民文学奖、上海文学奖、天山文艺奖、朱自清散文奖等。

俞敏洪：大家好，今天我邀请了作家李娟一起对谈。不知道有多少人读过李娟的作品，作为一名女性，她深入游牧生活和游牧文化中，并用大气、幽默的笔调描写了游牧生活的细节和自己的参与，写得非常好。我几年前就读了李娟的作品，比如《九篇雪》和《遥远的向日葵地》，最近又读了她的牧场系列《冬牧场》以及《羊道》三部曲（《春牧场》《前山夏牧场》《深山夏牧场》），我觉得她是中国作家里将游牧文化、游牧生活写得最大气、最真实、最好的一位作家。李娟平时是一个不太愿意抛头露面的人，我上网搜了一下她的访谈，几乎没有，所以，今天她能够与我做这样一个访谈，我非常开心！

1. 生命中的重要女性

俞敏洪：李娟你好，见到你太高兴了，我读你的书已经好多年了，今天还是第一次在视频上见到你。不知道你原来听没听说过新东方？

李娟：我知道，我还上过新东方的短期成人培训班。

俞敏洪：真的？你生活在广袤的北疆草原和深山老林中，大家一直觉得你是脱离了人间烟火但又进入另一种人间烟火的仙女。现在的你，真的激起了无数人对于游牧生活的向往，尽管没有多少人能像你一样深入体验这种北疆游牧生活，也没有人能像你这样把那些在大家看来根本就不值得写的日常事务，用一种细腻、优美、豁达、调侃的笔调写出来。

李娟：谢谢俞老师。

俞敏洪：你的母亲在书中是个非常重要的人物，我觉得你母亲一定是一个性格特别开朗的人，她带着你从四川到阿勒泰地区，在牧区做生意、做裁缝，后来又带着你去卖东西。我想她一定是一个不畏艰险，能够把生活的艰难困苦转化为动力和乐趣的人。你受母亲的影响还是比较大的，对吧？

李娟：是的。我妈很小就到了新疆，在新疆长大，上学上到二年级。那时候四川比较穷，我们家人吃不上饭，就想到新疆投靠亲戚。我们一家人陆陆续续去了新疆，我妈就在新疆长大、上学、工作、结婚，生了我。

俞敏洪：你妈妈去的时候是小时候，她是在新疆长大的，她对新疆没有任何疏离感，她到新疆好像回到自己家乡一样，是吗？

李娟：对。她回到四川反而不习惯，也不会说四川话。

俞敏洪：你出生在富蕴县吗？

李娟：我出生在兵团，离富蕴县有几百公里。

俞敏洪：你在新疆长到多大？

李娟：我是两边来回跑，我妈说我第一次离开新疆是 8 个月大，1 岁多的时候又回来了，两三岁又回去了，两边来回跑。一直到我 9 岁的时候，再次到新疆待了 3 年，那是相对比较长的时间，剩下的时间差不多都在四川，一直到 18 岁，中间也回过一次新疆。

俞敏洪：你后来对于哈萨克游牧文化的感觉、对于新疆整体的感受，更多是来自你 18 岁以后又回归到新疆的生活？

李娟：是的，当然童年的记忆对我也有很大的影响。

俞敏洪：你妈妈现在健康吗？老太太现在在做什么？

李娟：我妈现在在阿勒泰自己生活，她有一头牛。

俞敏洪：你写的那头牛还在？

李娟：我很愁，这还不到 10 年，怎么办呢？

俞敏洪：这头牛已经在家里快 10 年了？

李娟：有十二三年了。

俞敏洪：把它当作宠物养，也舍不得卖吧？

李娟：是的。可能每过一两年它就会生个小牛崽子，小牛崽子她就狠心卖了，不敢再养了。她很想到处跑，她喜欢自驾游，可是因为这头牛，她哪儿也去不了。她托一个邻居帮她养，但邻居也不能白帮她养，所以她夏天就帮邻居喂牛、喂羊，邻居冬天就帮她喂牛，就这样互相帮忙。所以，她现在夏天在阿勒泰，冬天可能会去内地。

俞敏洪：太有意思了。她现在应该已经退休了，不再到牧区卖东西、做裁缝了吧？

李娟：不了，她有钱了，才不会干那些事呢。

俞敏洪：她的钱主要来自你的稿费吗，还是老太太自己也有存款？

李娟：她有工资，她是兵团的职工，有千把块钱，我也给她钱，她还挺开心的。她性格确实很好，那么可爱，嘴巴又甜，会讨好人，又聪明，作为一个外人、一个朋友、一个陌生人，大家可能都会喜欢她，但作为一个家人，可能会很让人头疼。

俞敏洪：从你的文字中看出来了。

李娟：很强势，所以我们可能没办法相处，只能在两个地方。

俞敏洪：我看你写老太太从台湾旅游回来后，就对旅游感兴趣了，这 3 年应该是什么地方都去不了吧？

李娟：她还行吧。她不怕那些，去年就一个人从阿勒泰开车到海南，晚上就把车停在服务区，在车上睡觉，冬天很冷的。后来她害怕疫情，回来的时候只开了不到 5 天，开得飞快，我很生气。她就这样到处跑，本来今年她还有很多雄心壮志，幸亏有疫情，给困住了。

俞敏洪：我觉得老太太对生命和生活有一种拥抱感，有一种自内向外的热情，不管她个性怎么强势。我妈妈的个性也特别强势，也是在艰苦的生活中对生活有拥抱感，她能够在最艰苦的时候依然告诉你，生活是有希望的。所以，我在自己的成长过程中，一方面被我妈所控制，另一方面又从我妈身上学到了坚韧不拔。

李娟： 你跟你妈相处得好不好呢？

俞敏洪： 我妈妈前年去世了。在她75岁以前，我很孝顺她，也不得罪她，但老太太控制欲特别强，所以对我来说比较头疼。她后来搬到北京来住了，我给她另外买了房子，因为她如果跟我住在一起，没事就会跟我各种过不去。后来她年纪大了，性格就变好了。年纪越大，就越像孩子一样，会对自己的子女有强烈的依赖感，基本就不再跟我吵架了。

李娟： 我觉得我妈妈一辈子都是小孩。她的性格对我肯定有很重要的影响，我其实是很软弱的人，不过我的软弱也可能很大程度上是她的强势造成的。但反过来，我这么软弱，如果她也软弱，那我们一家子就没一个顶梁柱了，生活可能会很糟糕。所以，虽然我很头疼她的各种"恶习"、各种"毛病"，但我还是很感谢她的性格、她的坚强。

俞敏洪： 我觉得这是因缘问题，没有你母亲的强势，没有你母亲带着你在北疆地区闯荡，你今天就写不出这么丰富的内容，就没有你今天对事物的敏感看法和感受。其实强势母亲带出来的孩子通常都会比较敏感，如果过分了可能会变得比较脆弱。但如果一个人将敏感转化成对事物的观察，往往会成为一个优秀的作家，我觉得你就是这样。

李娟： 只能说我很庆幸。有时候想想，如果我有一个很温柔的母亲，我会变得很平凡，不过也未必过得不好。

俞敏洪： 你如果有一个很温柔的母亲，可能你的童年、青年阶段会过得更加开心，前提是你的母亲即使很温柔，也能对付艰苦的生活，但你可能就会变成个普通女性。

李娟： 也许是的。

俞敏洪： 你从小跟外婆长大，后来外婆也跟着你们到了新疆，外婆老年以后在医院里住院，你帮着妈妈一起照顾。外婆在你的成长过程中起到过什么正面作用吗？

李娟：有很多。我觉得我外婆是一个很正直、很善良的人。其实小孩子有时候会善恶不分，做一些错事甚至恶事。我不知道这种事情不能做，可是外婆会影响我，告诉我什么不能做，这对我来说是一个很好的影响，是道德上的影响。当然我妈也有这方面的品质。

俞敏洪：不管她们多么要强，个性上也有点霸道，但她们在你成长过程中，对于如何为人处世、保持道德底线这方面，起到了很好的作用，对吧？

李娟：对。我外婆和我妈真的很像，她是一个很开朗的老太太，很自我，很快乐，这对我来说可能是一个影响。她遇到一点点小事都会很开心，这一点让我非常喜欢。

俞敏洪：她们面对困难生活的乐观情绪，其实或多或少在你心里也种下了种子，我从你的文字中能够感觉出来你面对困难时的那种潇洒和乐观。

李娟：我可能是一个很快乐的人，但我从来不觉得我是个乐观的人。从乐观来说，我觉得我远远不如我外婆和我妈，很多时候遇到事情我很容易就会放弃。当然别人不会这么看我，他们会觉得我行动力很强，很善于解决问题，遇到大事很镇定，可我觉得我不是这样的。

俞敏洪：你从小到大经历了艰难、动荡，从四川到北疆来回折腾，家里外婆、母亲很艰辛，生活不稳定，当你回忆过去的生活时，你觉得从今天的眼光往回看，这是老天给你的一个礼物，还是一个苦难？

李娟：这就是一个命运，它不是什么礼物，也算不上是什么苦难，它就是我的东西，我只能接受它，然后慢慢想办法理解它，找到它的合理性，慢慢完成这种沟通。反抗、抵制好像都没有太大的意义。

俞敏洪：除非能瞬间改变局面，否则就会变成无用的挣扎？

李娟：是的，尤其像我这样性格比较软弱的人，基本是做不到的。

2. 牧场四部曲：尊重他人命运

俞敏洪：从《羊道》系列散文看来，你是先后到了冬牧场、春牧场、夏牧场体验，而且每次都跟哈萨克牧民生活 3 个月以上。作为一个汉族姑娘，你原来对他们熟不熟悉？你在深入体验之前是不是已经有过相对比较浅的体验，做好了心理准备？去体验的时候，是不是遇到了很多意外的困难或惊喜？

李娟：我小时候在富蕴县生活过好几年，那是哈萨克族聚集区，所以我对他们有一个表层印象，对这样一个人群很好奇。后来我去到四川生活，完全习惯了南方的视野，当我再回新疆的时候，那种差异性让我感到很震撼。当我还是一个学生的时候，我就想把这些都写出来，想有一个最好的机会表达出来。后来我妈在牧场上做生意，开裁缝店，我就跟着她干活，也算是比较近距离地接触了他们。原来我在县城，虽然也有一些哈萨克族的邻居或者同学，但还是离哈萨克族的游牧世界有点远。等我到了牧场以后，看到什么都有表达欲，这表达欲一直燃烧了很多年，但那时候我不知道怎么写，就写了一些零碎的文字，也就构成了后来的《九篇雪》和《阿勒泰的角落》。

俞敏洪：我觉得你有一个特殊本领，把日常大家熟视无睹的生活或者大家认为根本就不值得看或不值得思考的生活，写得妙趣横生。这其实会给大家带来一种思考：哦，原来我们的日常生活其实也充满乐趣。面对日常生活是感觉沉闷还是有乐趣，其实是一种心态问题，不是一种现实问题。大家面对的现实可能都是一样的，但心态不一样。我觉得你有这样的能力，能把一件日常的小事写得妙趣横生、充满欢乐，甚至充满美感。因为你描写大自然的能力、描写人的行为及个性的能力是超强的，是我读过的作品中非常强的，所以只要你走出门，你的笔就不会停下来。如果我组织一下，大家一起去旅行 3 个月或者半年，我负责餐饮和路费，你负责写出美好的作品，可以吗？

李娟：那可能不一样，采风式的写作可能挺生硬别扭的。

俞敏洪：我们可以深入下去，比如我们到达一个地方以后，3 个月内各自分头行动。

李娟：带着任务去写作这种事情，年轻时不觉得有什么，就是一件很正当的事情，但现在再想想看，好像挺搞笑的。

俞敏洪：我觉得有时候这件事情本身是一个刻意行为，比如你去冬牧场，好像是因为哪个出版社要约你出一本书。虽然这件事情本身是故意安排的，但这本书出来以后，就变成了一个很自然的东西，让大家知道了哈萨克游牧民在冬天是怎么过日子的。我在读《冬牧场》的时候，刚好看到一个新闻，阿勒泰地区因为下大雪非常严寒，冻死了一些牛羊，当这个镜头放出来的时候，我就有种非常熟悉的、从你书中读到的感觉。正因为不可能每个人都去体验一种生活，所以必须有人帮着大家体验，并且把这种体验给写出来，而你恰恰就做了这么一件特别有意思的事情。

李娟：谢谢你这么说。现在想想看，我当时写这种东西的时候，为了刻意抹杀这种外来介入者的尴尬身份留下的痕迹，费了很大劲。其实在日常生活中，我觉得是很别扭的，因为我和他们一家并不是特别熟，只是我妈和他们比较熟，我的目的也没办法向他们解释清楚，我的存在也是很莫名其妙。

但同时我又被这种生活景观所吸引，我心里想，要顾大头就不要顾小头了，所以写的时候，我把自己别扭的东西全给抹杀了。可能偶尔有一些章节体现了出来，但绝大部分都抹杀掉了，因为这个东西会影响阅读，会影响我自己的心情。随着年纪增大，我思考自己这种行为的时候，就觉得自己越来越没有勇气去做这样一件事情了——深入到一个陌生家庭，进入到一个陌生文化、陌生景观里，装作没事人一样，努力讨好、融入他们，还不能让他们发现，就跟卧底一样。这其实是很难受的，甚至是非常痛苦的一种状态，我巴不得分分钟就离开那里，但又不能。所以，无论是写《夏牧场》还是《冬牧场》，都是非常痛苦的时期。

俞敏洪：其实我能感觉到，我看书的时候也产生了这样的感觉，因为人是很害怕从日常习惯中剥离出来进到另一种文化中去的。只有一种人可以过得去这个坎儿，那就是两岁之前的孩子，如果把他放在另一种文化中，他很快就能变成那种文化的人，然后在那种文化中长大。你之前在四川生活，即使在阿勒泰，也是和你妈妈在一起，有着很强大的汉文化和汉族习惯，所以你进入游牧环境，和语言上都不通的哈萨克牧民一家人在一起生活，其实是非常困难的。你和他们有隔阂，不管是穿着习惯、饮食习惯还是交往习惯，你一定会有非常强烈的陌生感。我想问，你坚持3个月，到最后要离开他们的时候，是不是已经觉得跟他们不那么违和了，甚至生活上也有点习惯了，跟他们之间的感情也变得更加真挚了？

李娟： 当然是的，相处久了都会有感情，很多习惯都是慢慢形成的。但我觉得还是远远不够，离别的时候的确很伤感，我甚至想过我还要再回来，还要再怎样怎样，可是一旦离开了，真的是松了一大口气。

俞敏洪： 这肯定不容易，但我觉得你是我见过的中国作家中体验另一种不同文化和生活最深刻的一位。

李娟： 可能这与天性有关。对亲人来说，我可能是一个比较强势的人，但我对待陌生人一向是很顺从的心态，从来不和别人起争执。比如，我在牧场上有自己不能认同的东西，包括饮食习惯等，从来不做纠正，也从来不提建议，原来是怎样就是怎样，从来不要求他们做任何改变。可能这种心态和习惯让我比别的作家更容易被我的观察者所接受，这是我性格方面的一个原因。要是我一进去就指指点点，你不应该这样，你应该那样，受伤了应该包扎，流鼻血了应该怎样怎样，他们就会抗拒我，甚至防备我。

俞敏洪： 你的态度肯定是对的。BBC拍摄动物的时候，当一个动物遇到困难，这些拍摄人员本来可以去救助，但他们都不去救，因为他们觉得这是对自然的干涉。如果你去体验游牧生活，指出你觉得不对的习惯，其实是一种干扰，这种干扰会倒过来让他们对你有所防范。我读你的书的时候，感觉到正是因为你的这种"顺从"，或者不把自己当作重要人物的定位，才让我们感觉到仿佛是自己在其中体验。

李娟：不把自己当成重要的人，我觉得这的确是我努力在做的事。

俞敏洪：《羊道》中的《春牧场》《夏牧场》写的是扎克拜妈妈一家，到了《冬牧场》写的是居麻一家，这两家现在是不是定居了？

李娟： 我不太清楚，后来就慢慢失去联系了。我也不是很敢去联系，这也是我的软弱性所致，联系以后又要面对大量记忆中的东西，不知道该怎么办好。这是我处理人际关系的一个问题。刚开始几年，他们有时候还会到我们家来，那时候我还在阿克哈拉住，我的男朋友还陪着我招待过我的扎克拜妈妈，他赞美扎克拜妈妈姿态特别高贵。反正离开后那两年我还和他们很亲近，后来我去了阿勒泰，又换了电话，就不怎么联系了。我在街头还见过那个小姑娘卡西，她到阿勒泰上学了。

俞敏洪： 现在卡西是不是 20 多岁了？

李娟： 应该 30 多岁了。

俞敏洪： 我看你书里写了她耳朵灌脓，也不是很在意，最后有一个耳朵聋了。

李娟： 他们对待疾病的态度真的很淡漠，不过在草原上，死亡好像真的不是特别重要的事情。

俞敏洪： 这个可能是从古代就流传下来的生活习惯或者是生活的严酷所带来的生活态度。当你体验了游牧民族的生活，在冬牧场、夏牧场待了那么长时间以后，你觉得你对于人类活动以及人生哲学的看法有什么样的改变吗？还是说并没有？

李娟： 肯定有，无论什么样的生活都会对人有各种各样的影响和改变。我觉得我最大的受益就是对大自然有了了解，从另一个方面去了解大自然。还有一个改变就是，让我明白了**永远不要轻易去定义和同情别人的苦难**。当我们猛然进入一个家庭，看到他们的生活状态，是不可能接受的，可是真的在那里生活久了就会发现，如果已经非常艰苦了，且一时半会儿也不能改变，那就好好继续生活吧。

俞敏洪： 有时候你认为那些人生活在苦难中，但他们并不认为自己生活在苦难中。

李娟： 而且你的同情对他们来说毫无用处，只能体现你自己的优越感。

俞敏洪： 真的是这样，现在想想，如果现在有人看到我们小时候的那种艰苦生活，肯定会充满同情，但我们自己回想起来，觉得好像还是充满了很多乐趣。

李娟： 而且还有希望。

俞敏洪： 我觉得苦难不可怕，可怕的是没有希望，如果在苦难中有希望，就没有问题。

现在这种游牧生活跟你当初去体验的时候是不是不一样？富蕴县这两年特别火，火就火在可可托海，去年一首《可可托海的牧羊人》，让全中国人民都知道了可可托海。从前年开始，可可托海的滑雪场就变成了滑雪爱好者向往的地方。在你知道的范围内，富蕴这个地方的文化是否因为可可托海的热闹而产生了变化，这对游牧文化是不是也有冲击？

李娟： 多少有一点。阿勒泰地区是国家四类地区，是贫困地区，之前的支柱产业是牧业、游牧业，近10年慢慢向旅游业转换，但牧区和景区是分开的，因为牧区不能让外人进去。和内地不一样，阿勒泰是非常贫瘠的地方，土壤非常贫瘠，进行生产只有牧业是最好的，农业都不能大规模地开采土地，目前牧业仍然是最重要的产业。我对旅游业有所担忧，因为我觉得这个地方不太可能承载太多游客，太容易被污染了。这里处理污染的能力不如内地，比如内地的一块草地被破坏以后，可能两个月就恢复了，但这边的被破坏了，可能要等一两年才能恢复，因为地力非常有限，非常贫瘠。牧民为什么会南北转折不停地走在路上？就是因为牛羊的破坏性太强了。

现在牧业正在向定居转变。我离开很多年了，不知道现在是什么样的政策，但定居势必会破坏土地、环境，因为定居就必须开垦土地，而开垦土地就必须要灌溉，灌溉就需要河流，这对河流生态是一个很大的破坏，尤其对河流下游是毁灭性的破坏。我不太了解最近的政策，但我总觉得定居是一件让人不安的事情，但定居又是唯一能够安顿他们的方式。像今年这样的大雪灾，隔几年就有一次，我记得2008年、2012年那两次也非常严重，部分地区的牛羊甚至全军覆没。新闻联播也报道过，可是我们上网看新闻时对边远地区可能不是很感兴趣。今年可能是由于有疫情大背景，再加上其他原因，一下子就弄得人人都在哀叹。所以，牧民的生活真的非常艰苦、非常痛苦，很难很难。定居可以让他们和其他人一样生活，远离颠簸、寒冷，远离没有蔬菜水果的痛苦生活，我觉得也是件好事。但对大自然来说，我不知道说什么好。

俞敏洪： 我能够理解。现在是不是有这样一个趋向，阿勒泰地区的哈萨克游牧民越来越趋向定居化？

李娟：那是肯定的，谁都希望生活更稳定、更富裕，这是趋势。定居也不存在草皮平衡的问题，家里有地，就有草料了，牛羊可以吃饲料。

俞敏洪：不再放牧，通过饲料来养牛羊，是吧？

李娟：是的，但我觉得定居的话，草地可能也承载不了太多牛羊。我没有做过数据调查，但阿勒泰因为气候的特殊性，只适合游牧这种生产方式，其他的都不适合。就算定居了，我估计还是要转转场。而且由于荒野的特殊性，如果荒野离开了牛羊，会退化得更加迅速。牛羊的粪便对荒野有滋养作用，牛羊踩过的土地很松软，牛羊可以把草籽踩到土壤里，然后发芽生根，否则春天风很大，风一吹就没了。所以，牛羊一旦离开荒野，荒野就会很快沙化、退化。这也是一个问题。

俞敏洪：所以，游牧文化的存在，游牧民族的迁徙，从长远来看，其实也是一件好事。

李娟：国家是否有相关的鼓励政策，我没有了解过，只是说游牧已经有千百年的历史了，惯性很大，一时停止也不大可能。现在是网络时代，年轻人的变化很大，以后游牧的人可能越来越少。这个话题，我虽然比较关注，但我真的是外行，所以还是很焦虑。

3. "写作是我的救赎与生活"

俞敏洪：在你的作品中，你看事情的角度、对于事情细节的描述、对于人物性格的描述、语言的灵动，既充满了优美，又妙趣横生，你特别善于把自己日常生活中遇到的窘态和别人遇到的窘态，用一种轻松愉快的笔调写出来。我觉得这里面有一种人生态度。如果一个人能把自己的窘态、自己遇到的尴尬用一种幽默风趣的笔调写出来，同时在生活中也能用这种态度对待所遇到的困窘，那这个人的内心是非常了不起的，这是非常成熟也非常潇洒的人生态度。你在作品中写了那么多好玩的事情，我记忆最深的是你在一条河里洗衣服时，一件衣服被河水冲走了，你就去追。你对各种生活窘态的描述活灵活现，在现实生活中，当你遇到这样的生活窘态时，是不是也是这样一种人生态度？

李娟：我觉得很正常，窘态是不可避免的，每个人都会发生。

俞敏洪：但很多人会故意把窘态装模作样地变成……

李娟：所以，他就是一个无趣的人，是一个装腔作势的人。**窘态是难以回避的，有时候瑕疵比完美更加迷人，更加有人情味，更加有人性。**比如，周星驰的一些表演，面对各种很痛苦的事情，他就用很尴尬的笑容来掩饰痛苦，我觉得他那些掩饰痛苦的笑容是他作品里一种最美好的展示。其实普通人也会这样，而且大部分普通人都会这样，否则就不正常了。

俞敏洪：不正常的人很多，他们会自己扛着、拿着。我在北大认识的一些人，现在都已经60岁了，见面的时候还会展示自己所谓很牛的一面。有时候我跟他们开玩笑，他们还会生气，我觉得这就是没想通的表现。我跟人打交道，如果发现这个人一味地觉得自己很厉害，不会自嘲，不会讽刺打击自己，遇到窘态会用发怒来宣泄，而不是用调侃来缓解，我就会觉得这个人不成熟。一般你和这样的人打交道一两次就不要再有交集了，因为他从来没有放下过自我，也没有放下过自己内心的虚伪。你应该是一个非常纯粹但又能够面对生活困境并消解掉的人。你平时跟你的好朋友交往的时候，大家对你是什么看法？

李娟：我也不知道，不过他们都挺喜欢我的，可能还是自信的原因，因为真正自信的人不会在乎旁枝末节的东西。

俞敏洪：这句话你说透了，**一个内心真正自信的人才会自嘲、自黑、自我讽刺，对自己暴露出来的缺点和瑕疵根本就不会太在意。**那些拼命想保护自己、拼命展示甚至夸大自己正面的人，内心反而非常虚弱，也非常自卑。这个从心理学上是说得通的。

李娟：是的。

俞敏洪：好像你上学就上到高中，后来没有上大学？

李娟：我上到高三下半学期的时候，出于某些原因退学了。因为开始住校了，我不太适应集体生活，学习也不是很好，也不讨老师喜欢，所以，想想还是当作家吧，不要浪费时间在学习上了。

俞敏洪： 你在高中快毕业的时候退学，那时候已经有了当作家这样比较明确的想法了？

李娟： 我上小学二年级时就想当作家。我小时候很笨，说话也特别晚，和人相处也总是出现各种问题，包括沟通，关键是我还知道自己存在这些问题，就很焦虑，因此总处在一种很紧张、很焦虑的状态里。后来我上学了，开始学会了阅读，突然就觉得好了，我觉得能够和人正常沟通了，自己也能表达了。最早的表达是给我妈写信。那时候我和我外婆相处得并不好，我是慢慢长大以后才理解她了，才开始喜欢外婆，和她有感情的。但在小时候，我很害怕我外婆，也很怨恨她。我外婆其实对我很好，比我妈对我还好，但她是一个很要强的人，整天凶巴巴的，很小气，也舍不得吃肉。我很不喜欢她，这时候我觉得我妈就是一个安慰，是世界上能拯救我的人，就天天盼望我妈能够从新疆回来，把我带走，远离这一切。

俞敏洪： 当时你和你外婆在四川？

李娟： 对。我外婆不认识字，每次我外婆给别人写信，都是请专门写信的人帮忙写，后来她看我上了一年级，会识字也会拼音了，就让我给我妈写信。我突然明白了，哦，原来世界上还有这样一种表达方式，可以不用嘴说话。那时候我是个结巴，现在我也有结巴的毛病，但比以前好多了。我给我妈写信，我妈回信，我一下就觉得这种沟通简直毫无障碍，就爱上了写信，一个月写一封。我觉得那是我最早的创作。上了二年级开始学写作文了，我突然发现，除了能够对我妈表达，还能够对老师表达、对同学表达，每次写作文，我的字数是最多的。

俞敏洪： 嘴巴说不出来的东西，全部放在文字中，用笔来描写自己所有的感受，是吧？

李娟： 对，所以经常跑题万里，从这边跑到那边，老师就很无奈。老师说写 200 字就够了，没必要写那么多。那时候老师就对我说，"你这么能写，以后可以当作家"，我说"哦"。那时候我上二年级，很多字都认识了，也开始读一些金庸、琼瑶的书，我觉得这种交流比跟同学们交流、聊天更有意思。我心想，原来还有这样一种职业，所以我就立志要当作家。那时候我很喜欢写，当然现在也很喜欢写。

俞敏洪：太有意思了，其实在某种意义上，阅读和写作拯救了你的人生，是吧？

李娟：是的。小时候我还特别喜欢说话，但根本说不清楚，就很着急，太痛苦了。

俞敏洪：所以，有一弊就有一利，关键是怎样把弊转成利。比如，你小时候口头表达不是那么顺畅，其实是一个弊。如果人沉浸在这种弊中，可能就会产生超级大的自卑，出不去。但你后来通过阅读和写作把弊给纠正过来了，实际上就变成了利。如果你能说会道，就不太会想着用笔表达你自己的想法，对不对？

李娟：是的。我觉得我运气很好，有这样一个出口，否则我会是一个怨气冲天、很不讨人喜欢的人。

俞敏洪：我觉得不光是怨气冲天，可能连心理上都会受到比较重大的影响。人憋屈久了以后，就很容易憋出内伤，但你把内伤变成了一种烟火，灿烂地绽放给大家看。你写的《记一忘三二》，讲到你小时候受到老师的暴力处罚，这种事情本来在心理上会留下比较大的影响，但后来因为阅读、写作，慢慢淡化了，对吧？

李娟：你说得对，确实淡化了。这些事想想看也是很痛苦、很难受的，但写作让我把这件事情说出来了，我要不说出来可能会更难受。

俞敏洪：中国有一句话叫"苍天饶过谁"，有时候人是自己饶不过自己，后来你通过写作既饶过了自己，也饶过了那些曾经在少年时期对你施暴、不理解你的老师。当然我们心里可以不原谅，因为有些恶我们确实一辈子都不能原谅，但并不等于这件事情就能一直伤害我们。

李娟：是的。仔细想想，那些伤害是可以理解的，可能他们也不是什么坏人。但理解他们是一回事，那种被人欺负却没有办法的无力感，还有那种自我否定、自我怀疑的感觉——是不是我有问题他们才那样对我，才是最伤害人的。

俞敏洪：对。说到这儿，我要对家长和老师们说一下，那些看上去普通甚至有问题的孩子，你们一定要善待他们，因为这些孩子也要成长，他们也需要成长的空间和时间，需要人的鼓励。家长和老师们需要激发孩子，激发出其更好的潜力，但如果用暴力、侮辱的方式来激发学生，那是很残忍的。

李娟：太残忍了。

俞敏洪：你在高中退学之前发表过文字吗？

李娟：没有，我从三年级开始投稿，要么是收到退稿信，要么石沉大海，要么是遇到骗子，说是要把我的文章加入合集，管我要钱，所以从来没有发表过。真正发表是18岁之后，我当时就想，寄了这么多年的信也没有发表过，如果我自己去编辑部，自己去面对编辑会不会好一些？然后果然就开始发表了。

俞敏洪：在你的作品出版之前，你的生活过得很艰苦，跟着你妈妈做了很多事情，包括在牧场卖东西、种向日葵、做裁缝、养鸡等，你应该没有想过你的文字能够让大家这么喜欢，最后能够靠写作过上另外一种生活。就像前面说的，寄出去的东西又被退回来，靠写作也赚不到钱，你是怎样坚持写下去的？你对当时的那种生活状态是感到绝望还是寄予希望？

李娟：倒没有绝望过，**年轻的生命很少会绝望的。**我年轻的时候确实经常受挫，但很奇怪，也许是一种天性，我就是那么自信，就是觉得自己写得好，觉得这一切会改变的，我会有很好的生活，会有钱，会遇到一个很好的男性。我就坚信这一切，没有任何原因，没有任何依据，很奇怪。无论生活多么难堪、多么狼狈，我都不当回事，因为我知道这是暂时的，就是这样一种心态。而且我相信这种心态并不只是我才有，年轻人都会有。

俞敏洪：这种心态真的特别好，因为心中对自己有希望，对未来有盼头，所以艰苦的生活才更容易度过。

李娟：还有一个更重要的原因，当我们身处艰苦的时候，其实是不自知的，觉得这种艰苦是理所应当的。当你艰苦久了，你长时间没有钱，长时间吃得不好，长时间收入很低，不知不觉就习惯了，不觉得这有什么不对，你很难有和别人比较的心态。你突然遇到一个有钱人，你会羡慕他，你会觉得我以后也像他那样就好了，但你绝对不会愤愤不平。我觉得安于现状、安贫乐道应该是所有普通人很正常的心态，所以，也没有什么可赞美的。如果心态不对，那贫穷是一件很可怕的事情。

俞敏洪： 当然我们希望每个人都不那么贫穷，或者每个人都变得富有，每个人的生活都越来越好，但人的一生中，或多或少在某个阶段都会经历艰苦。你年轻的时候，在你靠写作挣钱之前，其实生活是非常艰苦的，但你在这种艰苦中保持着一种对未来的期待，并且愿意为未来做点事情，比如你依然不放弃写作，这是非常重要的。**心中那盏面向未来的灯不灭，才是重要的，如果灭了就什么都没有了。**

李娟： 这些可能都是本能使然。你说我不放弃写作，其实写作是我最喜欢做的事情，当我写作的时候我会很快乐，所以并不是我不放弃写作，而是我本能地去追求写作。我真的不觉得我坚持过写作，**写作是我最大的生活内容。**

俞敏洪： 这句话说到点子上了，一个人如果内心有某种爱好，甚至可以说热爱，他度过艰难时光时就会变得更加容易。上个月阿来和我对谈，我说他作为一个藏族作家，坚持用汉语写作这么多年挺不容易的。他说哪来坚持这一说，根本就不用坚持。他一天不思考写作，就没命了。

李娟： 所以，**最幸运的人就是把自己最喜欢的事情作为职业的人。**

4. 做一个体谅读者的作家

俞敏洪：《九篇雪》里的文字，我记得是你在医院里陪你外婆的时候写的，那些文字是零零碎碎地发表了，最后合成一本书叫《九篇雪》，还是写完以后就是一本书了？

李娟： 就是为一本书去写的。当时有一个出版机会，我那时候投稿，刚好值班编辑是刘亮程老师，真的很幸运。我的处女作就是他给我发表的。后来我写得就比较多了，他有一次去北京开会，就把我们新疆很多新人作者的作品，包括叶尔克西老师在内，拿到北京去，也是希望能打开我们新疆写作的局面。

我的文章被《人民文学》的一个编辑看到了，那对我来说是非常大的鼓励，后来我就开始在主流文学刊物上发表，发表了大概有几年。但我的文字真正走出去是开博客以后。大概在 2003 年、2004 年，我开始混论坛，比如天涯论坛，还有一些新疆本地的文学论坛。开博客是在 2005 年或 2006 年，开始只有一两个人看，都是路过的游客，后来慢慢人就多了。

俞敏洪：你觉得网络传播对你的写作带来过什么样的影响？

李娟：我之前在主流刊物上发表，其实和读者是没有交流的，只和编辑谈谈看法，但是在网络上发表，就和读者有一个直接面对面的交流，对我来说意义很大。

俞敏洪：知道读者想要什么、想看什么，知道他们的想法是什么。

李娟：说投其所好也罢。写作其实就是追求沟通、追求共鸣的一个行为，也不是说要刻意去讨好读者，但我觉得去了解读者是对读者的一种尊重。当然我不会刻意去迎合他们的期待，但这种交流真的让我有了很大的改变。其实我刚开始写得并不好，非常矫情，就是在装腔作势，当然才华还是有一些的，可是内容非常空洞。我开始在网上和人交流的时候，慢慢看透了一些虚假繁荣的东西，就再也不那么装腔作势地写作了。所以，和读者的互动还是挺好的，他们对我有很大的帮助。

俞敏洪：在成名前后，你觉得你的心态有什么变化吗？

李娟：肯定有变化，我觉得更从容了。越来越多的人认识我，他们给了我很多以前从来没有得到过的爱意和认同，让我特别满足，让我很从容。以前我是很局促的人，性格不太好，现在我变得越来越好，越来越放得开了。我以前真的动不动就哭，开心起来也刹不住的那种，很尖锐的性格，和别人相处，总让人觉得我这个人很怪异，不合时宜。我不知道事实上别人是怎么看我的，但现在我真的很感谢这样的命运，让我改变了许多。

俞敏洪：是不是实际上你并没有改变，改变的是周围的人对你的看法。你觉得跟以前相比，现在周围的人更加真诚地跟你交往了，还是只是因为你出名了，所以大家来跟你交往了？

李娟：这倒不是。就算我走在大街上，遇到一个陌生人，和他没有过什么接触，我也能感觉到他很喜欢我。哪怕我周围是一个陌生人，我不用靠写作也能轻易博得他的好感。我觉得这是我自己改变了，要是以前，我不会这样被别人喜爱。

俞敏洪：你觉得这种改变对你来说是一件好事？

李娟：肯定是好事，是我以前梦寐以求的一种状态。

俞敏洪：你觉得这种改变对你未来的写作和写作风格会有影响吗？

李娟：这个真不好说，因为一个被满足的人，他的倾诉欲和表达欲就会降低，这是一件糟糕的事情。但管不了那么多了，反正现在挺好的。而且我再写东西，得力求改变只图自己写得痛快、根本不把读者放在眼里的写作态度。其实很多作者都是这样，我在力图抵抗这种心态，但我感觉我还是不由自主地在往这条路上走。在阅读上帮助读者是作家的一种能力，也是他的责任，如果我在这方面不帮助读者，想写什么就写什么，好像不对。**写作是一个完全独立的行为，太考虑别人也不对，可是如果你和读者真的毫无关系，这个写作也和世界上任何东西都没关系了，就是一个没有意义的东西。**所以，我也在思考这些问题。

俞敏洪：我觉得这是一件两者兼容的事情，一方面我认为作者确实应该自我表达，不管是写小说还是散文，把自己对于生活的感悟或者在生活中遇到的故事写出来，至于说用什么风格写，那是作者自我的风格，因为每个作者的风格都不一样，这是没法强求的；但另一方面，考虑读者并不是讨好性的写作，而是能够为读者提供价值，包括美的文字、美的表达、人生态度及阅读上的愉悦感，等等。有些人自己都不知道自己写的是什么，读也读不懂，还自以为写得很深奥，我觉得那是没意义的。我觉得当作者用简单明了甚至像你这样幽默风趣大气的语言把丰富的情感表述出来，才算真正完成了使命。从这个意义来说，我觉得你作为一个作者，可以打90分到100分。

李娟：谢谢，我也觉得并不是讨好读者，而是去体谅读者。并不是在寻求什么平衡点，其实没有这个平衡点，两者是没有冲突的，你既可以写自己的东西，也可以一切为了读者。

俞敏洪：刚才有一个网友说："只有你自己写高兴了，读者才会读高兴。"

李娟：也不一定，很多人觉得自己写得开心，但别人看着云山雾罩的，不知道写了个啥。

俞敏洪：有些作者自己写高兴了，读者读不高兴，我觉得那就不叫作者，那叫文字堆砌者。

李娟：对，而且我觉得这是中国绝大部分作家的通病，完全不把读者放在眼里。

俞敏洪：有些作家越成功越喜欢堆砌文字。我读你的文字，觉得你从来不会因为自己已经出了那么多的书，使你的文字变得更加飘浮或者失去原来的本真。这是一个作家挺了不起的地方，前后的文风、文笔、态度保持了一致。

李娟：谢谢，我觉得可能和我对文字的判断力有关，我在写作的时候也会自我判断，但我觉得很多作家没有办法自我判断，包括改稿的时候，一个字都不让编辑删。

俞敏洪：你让编辑删吗？

李娟：有时候编辑的意见是对的，很多问题我自己意识不到它的所在。很多东西都是别人突然帮助我打开的，但当年也遇到了一些不靠谱的编辑，删得我痛不欲生。

俞敏洪：这样的编辑就不应该当你的编辑。

李娟：当年也遇到过一些。

俞敏洪：大家都说你的文字有灵性，而且说你写了那么多东西，现在还那么真实、单纯，你觉得你是怎么保持的？

李娟：单纯就算了，单纯的人是没办法写作的，**写作就是为了呈现复杂的东西，把复杂的东西简单化给人看。**只能说单纯是我给大家带来的感觉，可以说是一种技巧性的东西，但那不是真实的我，我心里有很多矛盾的、复杂的、互相冲突的东西。作家怎么可能单纯呢？

俞敏洪：大家可能感觉到的是一种纯粹，你个人的性格呈现，你写的内容，都体现了这一点。我也感觉到了一种纯粹,这是一种实实在在的、不装腔作势的、大气的、愿意给人带来某种愉快阅读的技能。不知道我这种说法对不对?

李娟:谢谢您这么说,我挺心虚的,我觉得我有时候也挺讨厌、挺矫情的。

俞敏洪:没人从你的文字中读出来你是讨厌的,大家都觉得你的人和文字是一样的。当然,如果两人接触得多了以后,可能会有更丰富的、更矛盾的、更真实的感受。这也是为什么两个人在一起生活以后,会发现对方好像不是自己原来认识的那个人。

李娟:我很少做这种交流,我可能会和好朋友偶尔聊一聊,但真的不多。我没有那种自我保留的经验,所以我每搞一次活动,就后悔一次,为什么啥都说出去呢?我想假如这样的活动多搞几次,我也可以进行表情管理,可以控制表达,但现在好像做一次后悔一次。

俞敏洪:你就保留今天这种交流状态,这种交流状态比你显得驾轻就熟的社交面貌更让人喜欢,更让人感到真实。一个人最重要的是不自觉的真实,你现在体现的就是你很真实的一面。

5. 面向未来:体验生活、创造生活

俞敏洪:面对未来,你觉得你会沿着一个什么样的个性道路往前发展?比如,面向未来的生活、写作,你会有比原来更清晰的规划吗?还是抱着从生活中学习的态度往前走?

李娟:说实在的,对于未来我还挺茫然的,但我还是挺想写东西的。有时候我觉得表达能力和才华一样,也是一种有限资源,所以在写作这一块我比较茫然,只能说目前我还是想写,至于以后写到哪一步、怎么写,我还没有规划。写作本身就是一件有生命的事情,顺其自然吧,这也体现了我的一种悲观性。

俞敏洪:确实是一件顺其自然的事情。有一句特别俗的话,"写作源于生活",你要是不去冬牧场、夏牧场,就写不出来《冬牧场》和《羊道》三部曲;你要是不去你妈妈的向日葵地,就写不出来《遥远的向日葵地》。所以,我觉

得作家首先要有两种状态：一是体验生活；二是创造生活。

我觉得你体验生活做得特别好，那创造生活呢？你原来记录的是你跟妈妈一起创造的生活，那面向未来是不是更应该自己去创造生活？

李娟：有一点你刚才说对了，一个作家需要走到很多人中间去。我最近这些年的确太宅了，唯一的社交就是直播。有时候偶尔出一次门，哪怕去超市逛一圈，也感觉有很多想法，觉得我可以写这个、写那个，但一待在家里什么都不想写。前一段时间我去了方舱，在方舱住了一个礼拜，我觉得我都可以写一本书出来了。我也觉得自己的生活状态是有问题的，我有很多借口宅在家里，希望这两年能够改变。

俞敏洪：我看到你的一些零零碎碎的文字中，写过你过去的爱情，说明你对这方面是有追求的。刚才说到创造生活，假如你成家、有孩子，用你的眼光来看这个家庭和孩子，你能写出非常棒的文字，在体验中会给人们带来很多启发。而且我觉得这也是让你的生活进一步往前走的一个方法，这是我个人的感觉。

李娟：你是说我如果有家庭可能会更好？但我觉得这个很难，尤其随着年龄增加，很难很难。婚姻、爱情，真的是年轻时候才容易发生的，年纪大了，我感觉真的很难。

俞敏洪：你现在很年轻啊，在我们看来还是小姑娘呢。

李娟：没有，可能是给我加了滤镜吧，我真的是著名的"娟姨"了。

俞敏洪：那是小孩子们在叫。在你从小到大的生活中，好像女性，比如外婆、妈妈占了主要地位，男性相对比较少，这个对你的个性是不是也会有一定的影响？

李娟：是的。如果生活中没有男性，确实你的世界就会少一半的内容，因为世界有一半男人和一半女人。好在我后面谈了几次恋爱，我觉得我对男性的认识，是通过恋爱慢慢完成的，但远远还不够，我还得谈几次恋爱，才能完全了解男性。所以，这确实是个挺要命的缺失。因为缺少男性，小时候就不知道如何跟男性接触，有时候是一些很正常的接触，但我就觉得不对头，觉得心里有鬼，觉得这样那样，后来我才知道这种心态是不正常的。

俞敏洪： 和男性谈恋爱后，对男性的失望多还是期待多？

李娟： 我觉得我越是了解男性，就越是迷恋男性。谈不上失望，也谈不上期待，我觉得我还远远不够了解，所以现在也不好说。

俞敏洪： 希望以后你能在你的作品中多描述一些男性及他们的故事。

李娟： 很难的。我觉得我以后谈恋爱的机会很少很少了，年轻的时候可能会多一些。

俞敏洪： 现实世界中还有很多诱惑，包括生活上的、财富上的以及其他各方面的，你觉得对你来说会有这样的诱惑吗？现在手机、网络这么发达，对你自己的习惯有什么改变吗？

李娟： 那种稳定的、富裕的、美好的生活对人的诱惑，我觉得是所有人都很难回避的。

俞敏洪： 你现在基本的生活条件，比如房子、汽车，应该都解决了吧？

李娟： 我现在过得非常好，真是不好意思，很多人都以为我依然很穷。

俞敏洪： 多美好啊，但我有点担心这种美好生活会消磨掉你写作的本能，我不知道会不会这样。

李娟： 可能会吧，可能会消磨一部分。我现在好几年没写了，一是像你说的，比较贪恋这种安稳舒适的生活；二是我现在越来越觉得自己对写作应该做出改变，所以我写作时更慎重了。但将来还是会继续写下去，因为这是我喜欢做的事情。我突然很犹豫，没有一个非常确定的方向，不知道怎么回答，我也不好说。

俞敏洪： 你妈妈喜欢开车到处旅游，你有没有这样想去旅游的想法？有没有期望换一个更大的房子？像这种世俗的名利，你会追求吗？你现在是不是全国作协的会员？会有这方面的想法吗？

李娟： 我现在是新疆作协的副主席。你举的这几个例子，旅行对我的诱惑很大，我每年都在计划出去旅行，但不知道为什么，每次出去又觉得索然无味。其他的诱惑，想来想去，不算太多，只希望自己将来能够写出我特别想写的东西。我还想继续写，能够完成我想写的东西。物质上的诱惑不多，我现在已经解决了物质上的困难。托大家的福，我稿费挺高的，房子也挺大的，我甚至考虑要换个小房子，因为这房子实在太大了，打扫卫生很麻烦。我刚刚发过誓，50岁之前再也不买衣服了，因为我的衣服也特别多。其他方面，我的朋友都挺好的，也不想刻意去认识更多的人，但遇到了新朋友我还是很开心。好像除了写作，真的没有什么欲望了。当然还想谈一次恋爱，如果有那个运气的话。

俞敏洪：其实你有意无意会深度探索生活，比如旅行，你很喜欢旅行，之所以出去旅行又觉得没意思，是因为旅行太浮光掠影，对你来说，你适合对一个地方进行深度了解。我倒觉得你特别适合再去体验一种不同的文化，在这个文化中生活更长一段时间，当然不一定是牧民文化，可以是藏族文化，甚至是城市文化，或者中国一些沿海地区的文化，比如福建的闽南文化。你若用你《羊道》的那种方法深入下去，找一户你觉得有意思的人家生活3个月，一定能写出那种充满魅力的文字，这是我个人的感觉。

李娟：这是对的。可是我觉得很难做到，首先是年龄问题，让我去改变自己的生活习惯，我会感到很困难。更重要的是，我现在已经是一名作家了，甚至有好几次走到街上都被读者认出来了，我觉得有这种身份的加持，我没办法再被别人当成普通人，也没办法令别人轻易地打开心扉，很平凡地和我生活。这并不是对立，而是有明确的界限。之前是没有界限的，我是一个普通人，我和大家一样，现在你再让我模糊这种边界，是很艰难的。让我以一个作家身份去做这些事情，我觉得那样得到的东西可能是单一无趣的，也可能不是我喜欢的。

俞敏洪：能够理解。但这个界限，你作为一个作家其实并不是那么明显。我给你举一个简单的例子，中国有一个著名的报告文学作家卢跃刚，2000年新东方刚刚转型的时候，他跟我们认识了，觉得我们这帮人特别好玩，天天吵架，没大没小。这些人都是北大出来的，后来有些出国读书了，现在在一起做新东方，他就想看看我们这帮人到底怎么回事，断断续续跟了我们一年多接近两年的时间，真的是吃饭、睡觉、旅行都和我们在一起，最后我们连最厉害的吵架都不回避他。后来他写了一本《东方马车》，成了新东方的变革史。那本书读起来像小说一样，包括那种好玩的对话，都是在现实生活中实实在在发生的。因为他每次跟我们玩，就会拿着录音笔做记录，我们也完全不回避他。

李娟：我觉得还是不太一样，像你们这种教育圈子，也是一个文化圈子，这和藏族文化或者福建文化是完全不同的圈子，可能接受度也不一样。越是最大众的人，他们的抵触心理越强大。但这也不好说，也许真的有一天像你说的那样，我会去找个工作。

俞敏洪：其实你不需要找工作，你只要找一个你能够观察某件事情发生的角度或者岗位就可以了。

李娟：反正对我来说，出于性格原因，我很难处理身份问题，真的很难处理。不只是现在，也不只是在牧场上的时候，我小时候总觉得自己很怪异，自己和别人不一样，只好装作和别人一样。很多时候，当所有人都在追求特立独行、与众不同的时候，我就疯狂地希望我能变得和别人一样。我最大的愿望是我能和别人一样，那样也是为了安全感。所以，我觉得还是我的心态有问题，处理人际关系及社交时都不够游刃有余。

俞敏洪：我觉得一切顺其自然就好，人只有生活得自在才能有创造力，不管是社交环境还是工作环境，如果你觉得不自在，不能自然而然地发挥自己，你的心情和创造力都会受到极大的影响。

李娟：是的，尤其是年龄大了以后。

俞敏洪：你老说年龄大了，我比你大近20岁好不好。

李娟：好吧（笑）。

6. 荐书环节

俞敏洪：特别开心能跟你聊天，我再推广一下你的书，一套是《羊道》，《羊道》是三卷本，写得特别好，前后呼应也特别好，是你第一次深入到游牧家庭中生活后所创作的。从《春牧场》《前山夏牧场》到《深山夏牧场》这三本书，让人深度体会了哈萨克族的游牧生活状态，真的是亲身体验。作为一个不干预、不干扰的参与者,你从他们的生活、文化角度写了这么一套书。写这套书的时候,其实并没有出版社约你写,是你自己想写的,对吧?

李娟: 是的。

俞敏洪: 我读这套书的时候,让我想起来电影《冈仁波齐》,这部电影是找当地的藏民演的,一个村上的几户人家一起一步三磕头地去朝拜圣山冈仁波齐,让人感觉他们就是天天拜、天天往前走,好像也没有什么大事,但等到看完整部电影以后会特别感动。你这三本书也是一样,好像他们每天都是重复放牧、劳动,遇到打雷下雨,牛丢失、羊丢失,但读了以后让人感觉这是一部非常深厚的牧民史。

《冬牧场》写的是居麻妈妈一家,这四本书加在一起,应该叫"游牧文化四部曲",是对游牧文化非常到位的陈述,我觉得再没有任何人可以写出比这四本书更加深入的游牧文化了。游牧文化应该是一个时代的记录,甚至是千年记录,我可以想象1000年以前,哈萨克族的游牧方式、行为,应该跟你书中描写的是一样的,只不过现在加入了一些现代因素,比如有了摩托车,有了城市。我觉得你在无意中写了一部游牧民族史,这是我个人的感觉,所以我建议大家如果要看,就把这四本书一起买回去,《羊道》三本加上《冬牧场》,这样就把游牧民族一年的生活基本全部概括了。

李娟: 听起来很害羞,谢谢。

俞敏洪:《遥远的向日葵地》写了你跟妈妈在农田上的生活,以及和妈妈的纠结、斗争、和谐相处,读完这本书我想起了我跟我妈妈是怎么相处的。书中描写的一些东西尽管跟江南文化还是有比较大的不同,但作为一种农耕文化,承包土地种向日葵谋生,跟我们小时候种水稻、种小麦的感觉差不多。

还有两本我也比较喜欢,就是《阿勒泰的角落》和《我的阿勒泰》。有人提到了《走夜路请放声歌唱》,这个我也读过。大家肯定在期待你的下一本书,我也在期待,但是不着急,一切都是自然成熟的好,任何催熟的东西都是假成熟,都是没有必要的。我相信下一颗美丽的果子一定会从你那边掉下来。

李娟: 谢谢您这么说。

俞敏洪： 由于时间关系，今天我们先聊到这里，特别感谢李娟，今天的对谈特别高兴。

李娟： 我也很高兴。

俞敏洪： 再见！

——对谈结束——

俞敏洪： 李娟是那么一个纯粹的人，真的好纯粹啊！难得碰上这样一个纯粹的、内心单纯又非常成熟地把自己的内心和自己遇到的日常生活，用妙笔生花的方式，用一种豁达的人生态度表达出来的作家，所以，李娟的书真的值得大家一读。

如果从没有买过她的书，可以先买她的新作《遥远的向日葵地》，但如果真的要深入读，我建议大家买《羊道》三本和《冬牧场》。如果你的经济条件需要考虑，可以先买《冬牧场》，如果读完《冬牧场》不过瘾，就买《羊道》三本，它包括了《春牧场》《前山夏牧场》《深山夏牧场》。这是我碰到的难得的一个汉族姑娘进入传统的游牧文化中，跟牧民一起同吃同住、同干活、同体验，用一种旁观者的角度，同时又是一种参与者的角度，把游牧文化写得那么生动、灵活，像一幅历史的画卷一样展现在你的面前，把大自然和文化进行了深度融合，把人的深度生活体验和对生活本身的描述结合得如此完美。读一读，你会感觉到人类原来有如此不同但又如此丰富的生命方式和生活方式。

其实，我们只要日常稍微有一点好奇心，就会发现，即使是我们的邻居，他们的生活方式和生活态度，包括生活习惯，跟我们都是不一样的。当然我们没有办法去深度体会邻居的生活，但我们有两种办法去体会另外一种文化、生活。一种就是通过阅读，比如读李娟的书；还有一种就是亲身体验，你要深入到另外一种文化、生活中去。我们平时所谓的旅游，基本都属于浮光掠影，真正的体验就是生活在其中。这就是为什么在那个特殊的年代，有些人生活在农村，就写出了很多跟农村相关的作品。比如路遥，因为对农村生活有所体验，于是写了《平凡的世界》。

最后，特殊时期，大家保重身体，祝大家不管遇到什么情况，都身体健康、万事如意。祝我们祖国国泰民安！谢谢大家！晚安！

（对谈于 2022 年 12 月 8 日）

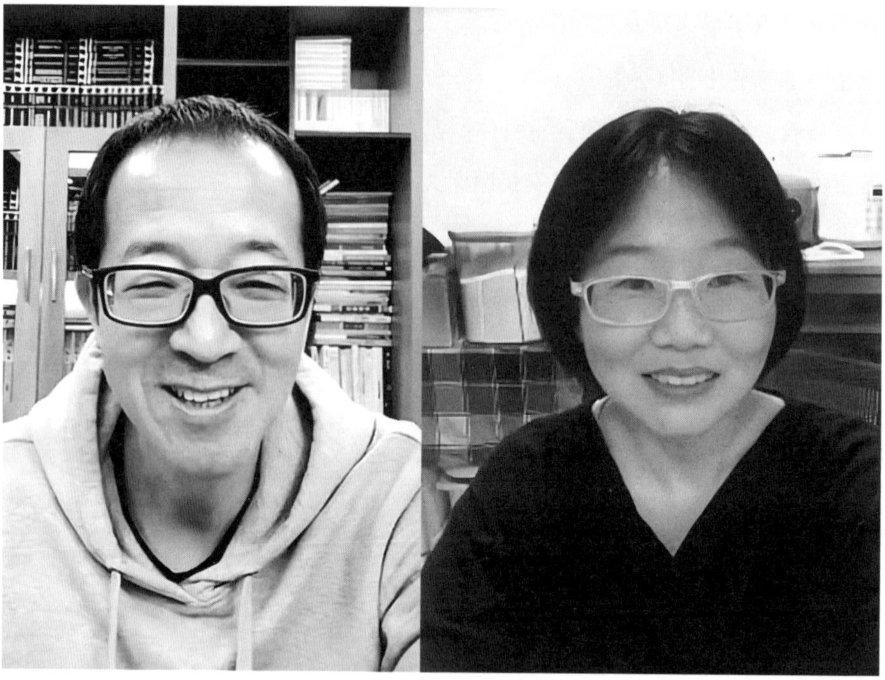

第三部分

艺术境界

老俞对谈录

对话 **田浩江**

只要努力不放弃，万事皆有可能

人生就是这样，不要停，往前走。

田浩江 /

1954 年出生于北京，首位与美国纽约大都会歌剧院签约 20 年的中国歌剧演唱家，在国际范围的重要歌剧院饰演过 50 多个主要角色，演出超过 1400 场，并在十几部中国原创歌剧的首演中担任过主演。出版有作品《角斗场的〈图兰朵〉》。

俞敏洪： 各位朋友好！今天我邀请了著名歌剧演唱家田浩江老师一起对谈，他刚好出了一本新书《角斗场的〈图兰朵〉》。田浩江老师一直在国外唱歌剧，近几年在国内也唱得挺多，他还演过《赵氏孤儿》。除了艺术方面的造诣，他的人生历程也非常精彩，他凭借自己的努力、乐观和拼命，在最难成功的地方占据了一席之地，他的经历让人相信，**在这个世界上，万事皆有可能。**

人最重要的就是要相信自己能够做出事情来，并且付诸行动。首先要相信自己能做出事情来。 当然你能做什么事情，要自己判断，并不是什么事情你都能做，比如你要上月球，没有航天器你也上不了。但如果你比较了解自己的爱好和潜力，并且相信自己能够去做一件稍微超出你的能力的事情，那这件事情原则上是可以去做的。**其次要付诸行动。** 要知道，光有梦想是不管用的，只有行动起来才能离梦想更进一步。1983年的时候，中国的剧院还不演歌剧，作为一个从中国到西方打拼的歌唱家，在去美国之前，他甚至连一场歌剧都没有听过。等到美国看了第一场歌剧之后，他通过不断的训练，经过10年努力，最终站在了纽约大都会歌剧院的舞台上，演了一个无足轻重的小角色。但是现在他已经变成了全世界相对有名的男低音歌剧歌唱家，在30多年时间里，他总共演出了1400多场，而且在其中担当了很多重要角色。我相信了解了田浩江老师的人生故事，大家一定会有很深刻的体会和感悟。

田浩江老师在国内知名度可能并不算高，因为歌剧在中国相对小众，但在西方，大家都很喜欢看。关于歌剧，大部分中国观众可能会知道帕瓦罗蒂、多明戈，而田浩江老师就是和帕瓦罗蒂、多明戈同台演出过的中国演员，也是在西方舞台上少数几个活跃且备受认可的歌剧演员之一。实际上，我也只看过《塞维利亚的理发师》《图兰朵》等几部有名的歌剧，其他的我没怎么看过，因为我自己五音不全，唱歌都跑调。我读完田浩江老师的传记之后深受感动，所以决定把他邀请过来，看看我们能从他的传奇人生中得到一种怎样的体验。

人的一辈子主要是在向别人学习和看齐的过程中度过，在这个过程中不断进步。其实有三种方式能让人进步，**第一是前面有一个标杆，**你愿意从他身上学些东西，这个标杆可以是你的同学、你的老师，也可以是你在书上读到的某个人、某个故事。**第二是遥远的目标，**当你知道在遥远的地方有一个目标在等着你的时候，你就会愿意继续向着它前进。比如，你为什么喜欢旅游？因为尽管旅途劳顿，但你知道当你到达了目的地之后，能看到你一生都想看的风景。**第三是内心的热情与渴望，**当你充满热情与渴望的时候，无论你有没有目标，都会愿意往远方走。我觉得在我身上这三种方式是交替的。我是一个喜欢追求目标的人，年轻的时候我想考大学，后来想出国，再后来想办公司，在这个过程中一直有不同的目标在牵引我。我本身也慢慢养成了一种愿意从内心敦促自己，不管有没有目标都要往前走的行为习惯。田浩江老师大概也有这样的心态。要知道，大部分20世纪80年代初到美国求生存的人都是"混"不出来的，但他通过自己艰苦的奋斗，最后不光"混"出来了，还"混"出来名堂了，"混"出了自己的人生价值和骄傲，同时也"混"出了自己的体会与心得。

——对谈环节——

1. 《角斗场的〈图兰朵〉》：所谓奋斗人生

俞敏洪： 热烈欢迎田浩江老师！今天见到你特别高兴。

田浩江： 俞老师好！我 20 世纪 80 年代就出去了，在海外打拼了很多年。您开始做新东方的时候，我已经出去了，所以我也是在海外听说的新东方，很多留学生都是在新东方的帮助下出去的。但我那个时候没有托福，只会说"How are you？""Hello！""Bye！"，然后就这么出去了。如果你早几年办新东方，我至少可以在新东方学了英文再出国，那样就会轻松很多。刚出去的时候真是太难了。

俞敏洪： 要用我那时候的英文水平教你的话，你就更出不去了（笑）。田老师，前几天我认真读完了《角斗场的〈图兰朵〉》，还做了很多读书笔记，看完之后非常感动，因为你写了你是如何在歌剧界从零开始奋斗一生的历程，从科罗拉多的小城市奋斗到纽约大都会的歌剧院。你不仅写到了自己人生中遇到的诸多问题，写到了与著名歌剧家的合作经历，还写到了自己振奋人心的奋斗历程。你的文笔非常优美且真实，我读完以后觉得这不光是一本人生回忆录，还是一本优美的散文。

这是一本绝对值得大家读的书，也许看完之后大家还是不懂歌剧，但一定会更懂人生。田浩江老师在这本书中将他的歌剧人生写得非常好，他中间写的不是歌剧，而是自己人生的奋斗历程。田老师是在歌剧界奋斗，我是在教育界奋斗，而你可能正在你自己生命中的某个"界"中奋斗，但我们奋斗的决心和心中的梦想是一样的。从我个人的角度来说，如果年轻人读了这本书，一定会得到很多关于人生的启示。田浩江老师，你稍微讲一讲写这本书的缘由吧。

田浩江： 这本书的名字叫作《角斗场的〈图兰朵〉》，"角斗场"实际就是竞技场，《图兰朵》是歌剧的名字。如果大家有点印象，著名男高音歌唱家帕瓦罗蒂有一段世界闻名的咏叹调——《今夜无人入睡》，这个咏叹调就是来自

《图兰朵》这个歌剧。其实这本书写了不止两年多，我已经唱了30多年的歌剧，这本书实际上记录了我整个人生历程，所以这本书也可以叫散文或者随笔。在书中我写了有关歌剧界各种各样的人和故事，写了著名的歌剧演员、著名的指挥家，比如小泽征尔——出生在中国的日本著名指挥家，也写了著名男高音歌唱家多明戈，他已经80多岁了，但还在世界各地巡回歌唱。

为什么会写这本书？实际上是因为我到西方以后，登上歌剧舞台的过程非常曲折、非常艰难。因为歌剧舞台是西方的文化，我们中国人要想登上这个舞台就尤为艰难，而且我还是中国第一代去西方闯荡的年轻歌手。当时我出去的时候，是抱着一种破釜沉舟的心态，**对我来说，没有退路可言，必须一直向前走**。到美国之后我去读研究生，那时候我只会四个英文词，读研究生是一件非常可怕的事情，而且为了挣生活费我还要打工。我每天上声乐课、打工、学英文，一天十二三个小时都在奋斗。但结果是好的，最终我如愿登上了纽约大都会歌剧院的舞台。要知道大概只有不到1%的歌唱家能够登上这个舞台，哪怕你是最好的音乐学院出来的，可能都没有这个机会，因为竞争太激烈了。

我是唱低声部的，可能有二三十个人都希望拿到这个角色，所以竞争的残酷就在于，你要是站在这个舞台上，别人就会失去机会；别人要是站在这个舞台上，你就会失去这个机会。作为中国歌唱家，我们在歌剧舞台上要300%地去努力。如果你跟他水平一样，你就没有机会，因为他是西方人，金发碧眼；如果你比他好200%，你可能会有机会；如果你比他好300%，那这个角色就是你的。

我希望大家能够喜欢这本书，书里面讲得非常简单，并不是我个人的故事，而是歌剧界里的面面观，我用非常坦率的方式告诉你，要如何走上歌剧舞台，走上去之后要怎样才能够站住。作为中国的歌唱家，你是不是能站40年？我岁数比俞老师还要大，但**我觉得任何一项事业是没有年龄限制的，年轻人可以争取、可以奋斗**，我们这些"老头"也可以奋斗。所以，这是一本讲音乐、讲歌唱、讲奋斗、讲人生、讲最朴素的故事的书。

俞敏洪：再早之前，我还看过张艺谋导演的在鸟巢演出的《图兰朵》。

田浩江：我在这里面演达旦国王，我有胡子、帽子、大袍子，还有长头发，你应该不会认出我。

俞敏洪：其实还是有点印象的，但原来没有跟你打过交道，读了你这本书，我一下就入迷了。我对歌剧是不太熟悉的，你里面提到的多明戈、帕瓦罗蒂也好，小泽征尔也罢，这些人的名字我都知道，但他们到底有多好、多差，我其实没什么判断，我主要是被你和这些人在一起的故事吸引了。一方面你写得非常真诚；另一方面尽管你是在写这些人的故事，还有你到全世界各个地方演唱歌剧的故事，当然也有你和你的亲密爱人玛莎的故事，但我从这本书里读出了人生的不易，以及不放弃所带来的美好结果。这也是我后来迅速联系到你，希望和你进行一场对谈的原因，我对一个人经过艰苦卓绝的努力寻求自己的目标，从而达到自己人生某个境界的这个过程是非常感兴趣的。我今天之所以着力推荐这本书，不是因为田浩江老师是歌剧家，而是他通过歌剧这个平台展示了自我，展示了一个人一生的不易以及一生奋斗发展的历程，我相信这会对我们的人生有很好的启发。

2. 决定命运的 3 分钟

俞敏洪：你在这本书的第二篇专门讲了你的朋友耐特让你唱爱尔兰小调《丹尼男孩》，我原来没有听过《丹尼男孩》，专门到平台上去听，发现它的调子跟 *You Raise Me Up*（《你鼓舞了我》）有很多相似的地方。

田浩江：*You Raise Me Up* 的作曲家自己也说这首歌是在《丹尼男孩》的调子上发展起来的。《丹尼男孩》是一首著名的爱尔兰民谣，讲的是爱尔兰绿色的山、蓝色的水、山上的羊群，还有在山上回响着的苏格兰风笛声，以及男孩和女孩之间的爱恋，是一首很伤感的歌。*Danny Boy* 是它的英文原名，它还有一个译名叫《伦敦小调》，俞老师一定会喜欢这首歌。

俞敏洪：我一听到这首歌就很喜欢，而且立马把它和 *You Raise Me Up* 联想在一起了。你的父母也是搞音乐的,你后来走上音乐这条路,受父母的影响大吗?

田浩江: 受我父母的影响其实很大,但这是一种痛苦的影响。因为我父亲是指挥家,母亲是作曲家,我小时候只要不舒服了,他们就放贝多芬、舒伯特的曲子,我一听这些音乐就头痛,所以我小时候对西方音乐实际上是很抵触的。转折点是我当小工人的时候,有一天我在北京骑着自行车从海淀到东城——当时这个距离是很遥远的——去找一个朋友。这个朋友住在五楼,我不想爬楼,于是就在外面叫:"嗨,于老师,你在不在?"声音就很大。结果我朋友不在家,但四楼的一扇窗户打开了,一位男士探出头来问我:"你是谁啊?你干什么的?"我说我是北京锅炉厂的工人。他就说:"你这个小伙子有意思,上来上来,我跟你聊聊。"于是我就去他家待了3分钟。

他是在铁道文工团专业学唱歌的,我当时20岁,他大概40岁,他说我的声音很不错,应该找一个老师学唱歌。就这样,3分钟的时间,改变了我的一生。然后我就找了一个老师学唱歌,一年以后考上了中央音乐学院,离开了工厂开始进行专业的学习。虽然我不记得这位男士的样子了,也不知道他的名字,但我非常感谢他。

俞敏洪: 这真是你的贵人啊。当时你父母没有发现你在音乐方面的潜力吗?

田浩江: 他们有过这种想法,但他们自己就是搞艺术的,深知搞艺术这行太难了,所以他们并不是那么鼓励我。但他们觉得,如果这是我的兴趣所在,是我奋斗的目标,他们也是支持我的。我当时出国留学,他们就非常希望知道我在海外到底学习得怎样,我取得了哪些进步,我的前途是什么。可是当时哪像今天有手机、有微信,当时什么都没有,所以我就在Denver(丹佛)给他俩录了个磁带,说"妈、爸,我现在在上什么课、唱什么歌",录好了就寄到北京。他们在北京的家里找了个录音机,把磁带放出来,然后再录一盘,跟我说,"我们听了你唱的歌",再寄到美国。当时打电话太贵了,所以今天手机这样的工具真的是改变了整个世界。

俞敏洪： 确实是。你还记得你是从什么时候开始走向歌剧舞台的吗？

田浩江： 我出国之前是中央乐团的一个合唱队队员，今天叫国家交响乐团，当时我演唱过很多合唱曲目，也唱过独唱。我不是唱歌剧的，出国之前更没有看过歌剧，只会两个半咏叹调，那半个是因为还没来得及学意大利文，我就出国了。到了纽约的第一天，兜里只有35美元，我看到了大都会歌剧院橱窗里帕瓦罗蒂的海报，海报上的那张脸非常可爱。大家对帕瓦罗蒂的印象一定是毛茸茸的，脸上都是胡子，像个大熊一样，非常可爱，笑起来非常天真。我一看到这个海报，就立马萌生了要去看这场歌剧的想法。但看这场歌剧可不容易，去过纽约的人都知道大都会的票价有多贵，1983年的时候，光是买一张站票就要8美元，问题是那会儿我兜里只有35美元，但我**还是买了一张站票**。

俞敏洪： 说明你对音乐无比热爱。

田浩江： 其实我喜欢的是帕瓦罗蒂大狮子一样的头，但这场演出改变了我对歌剧的看法，因为之前我完全不知道自己可以唱歌剧。我出国的时候肩膀上背着一把吉他，我想如果没办法赚钱，就在街上弹琴，也可以有点收入。其实我是喜欢唱流行歌曲的，比如邓丽君的《月亮代表我的心》。不过命运就是这样，看了这场歌剧之后，我有一种朦朦胧胧的感觉，希望能登上歌剧的舞台。10年后的同一天，1993年12月11日，我就和帕瓦罗蒂在纽约大都会的舞台上一起演出了意大利作曲家威尔第的歌剧。

3. 爱人玛莎是最大的支持

俞敏洪： 从你第一次买站票看帕瓦罗蒂在大都会歌剧院的演出，到你跟他同台演出，中间横跨了整整10年，这10年中你都在干些什么呢？

田浩江： 在丹佛大学读了3年的声乐硕士。那会儿我的英文太差，很多论文都没办法读下去，所以我就到图书馆抄论文，抄了整整8本书。从学校毕业之后，我还在挣扎，因为还没有什么歌剧合同找到我，我不能养活自己，就只能打工。那时候出国的年轻人多少都有点打工的经历，在餐馆里端盘子、打扫电影院、整理图书馆……我学过 3 年钢琴，所以我的打工经历还包括在餐馆里弹钢琴。说到这里，我觉得我必须提一个人，在这本书的后记中我提到了玛莎——我的夫人，我从开始准备奋战到登上歌剧舞台的第一天，就是玛莎一直陪在我身边支持我。

俞敏洪： 你和玛莎是怎么认识的？

田浩江： 我跟玛莎是 1982 年在上海认识的，当时我正在准备出国的事情，她在复旦大学做遗传学研究。她出生于英国，在香港长大，又去美国读的大学，1979 年回国做遗传学研究，所以她 1982 年的时候正好在上海。当时我父亲得了癌症，在上海做手术，我们就通过朋友的介绍认识了。之后我就去科罗拉多的丹佛大学读研究生，而她在科罗拉多医科大学做遗传学研究，所以我们正好在一个城市。她喜欢弹钢琴，喜欢跟我们这些从中国去的学生一起唱歌。她经常给我们弹钢琴、做烤鸭，是一个非常热心的人，我和她的关系自然也就越来越好。

俞敏洪： 你在上海的时候是不是就已经对玛莎有了爱慕之情？

田浩江： 我觉得有时候就是那一秒钟，你察觉到你的心正在为她燃烧，我想很多人都有这种感觉。从当时的情况来看，我们实际上只是朋友，大家只是希望能够在一起搞音乐。她喜欢热闹，所以我就组织大家到她家里去玩，就这样一点点开始的。虽然她在国外长大，但她十分爱国，我第一次见到她的时候她就跟我说："我给你唱个歌吧。"我说："好啊，你要唱什么？"她说："我给你唱'我爱北京天安门，天安门上太阳升，伟大领袖毛主席，指引我们向前进'。"她那会儿普通话非常差，说话都撒气漏风的，所以她唱起歌来也是丝丝拉拉的，但她真的触动了我，这就是缘分。

俞敏洪： 你 1983 年去了美国科罗拉多，玛莎当时正好在科罗拉多工作，我想你是故意去追随她的。尽管在这本书中你没有写到你们最初的爱情故事，但你提到了玛莎陪着你失败、陪着你成功、陪着你痛苦、陪着你欢乐，陪着你走过了你的歌剧人生，她帮助你建立了很多人际关系。我觉得从你的书中就能看出来，虽然你们出生于不同的文化背景，但你们俩真的是天作之合。

从我个人的理解来说，我觉得冥冥之中你在追随玛莎的脚步，所以才义无反顾地出了国，当然也有一部分原因是你为了追求自己的音乐梦想，毕竟你对音乐如痴如醉。你在书中提到，你们俩在恋爱的时候，彼此在事业上都还没有取得多大的成就，所以你们是在最纯粹的时候谈的恋爱，而你为了向她有所交代，最后还发了誓：在1990年年底之前，如果依旧拿不到任何一个歌剧院的合同，你就准备这辈子彻底告别唱歌，重新寻找你的生活出路。结果这个誓言让你越来越焦虑，因为在距离1990年年底只剩半年时间的时候，你还是什么合同都没拿到。在那个时候，玛莎有没有觉得你这个人不太行？

田浩江： 其实我去美国的3年时间里，我们都是普通朋友，但确实是非常要好的朋友。当时我并不认为她愿意成为我命中的伴侣，我觉得不可能，因为她是一个科学家，很多人都喜欢她，她开朗且非常有智慧。

俞敏洪： 我看你们年轻时候的照片，玛莎比你长得漂亮多了。

田浩江： 你说得太对了，她比我漂亮很多，而且她是特别简单的一个人，比如她喜欢给朋友理发，有10年的时间都是她给我理的发，所以把我的头发彻底理成了现在这个样子——没了。我很尊重她，我觉得她是一位十分优秀的女士，所以我和她在一起的时候会保持朋友间的距离。后来我们一起在丹佛做了很多场音乐会，还一起录了一盘爱尔兰歌的磁带，她弹钢琴，我唱歌。我硕士毕业的音乐会，也是她弹的钢琴，她弹的都是一些非常难的曲目，有勃拉姆斯的，有美国的艺术歌曲，还有歌剧选段。

感情就是这样，该来的时候一定会来。这段爱情来临的时候实际上是我最困难的时候，她是想帮助我。**我从学校毕业以后，没有人来找我唱歌剧，离开校门的那一刹那，外面是一整片沙漠，我根本就不知道自己要干什么，**所以还是做端盘子、扫电影院这样的工作。但玛莎这个人就是这样，她要帮助你，就一定会全力以赴，而且完全没有私心。她觉得我有歌唱的前途，虽然我都没有这个信心，但是她说"你有，你不要放弃"。我在书里还提到了另一个故事，我碰到了一对美国夫妇，这位先生是歌剧院的院长，他的妻子是歌剧院的音乐指导，这两个人与我走上专业的歌剧演员道路有直接关系。

俞敏洪： 我觉得你生命中的贵人特别多，你在五楼下面喊一嗓子，结果一个素不相识的人居然把你叫上去，跟你说你的嗓子很有前途，然后你就去跟人学唱歌了。你带着爸爸到上海医院去看病，结果又碰上了玛莎，她告诉你，你的嗓子很有前途，而且还暗示你可以去追她。我看了你的故事很感动，这对美国夫妇 Lucy 和 Knight 与你素不相识，而且他们一开始也是在纽约大都会，但因为他们很有个性，所以下定决心要到科罗拉多这样一个从来没有歌剧历史的地方创造一个歌剧院，而你又偏偏碰上了他们。你去试唱以后，他们讲英语你也听不懂，他们让你跟他们学，不收费，你也听不懂。结果过了一个月又碰上他们俩，他们俩问你为什么不去跟他们学唱歌。后来女歌唱家 Lucy 教你唱歌，一教就是 5 年，而且一分钱没收，我觉得你也太幸运了。你的嗓子确实有天赋，但我觉得你的为人处世一定也做得非常好，否则人家也不愿意这样对待你。你后来还跟帕瓦罗蒂、多明戈之间建立了各种关系。我感觉你跟人合作的时候，尽管可能受了很多委屈，但你依然能够坚韧不拔地照着导演的意愿完成歌剧中的角色。我看了真的非常感动，我觉得这是除了你的嗓子以外，你取得成功的另一个重要因素。

4. 那些歌儿，共鸣与感动

俞敏洪： 到今天为止，你依然喜欢唱的一首歌是什么？

田浩江： 坦率地说，我无论在国内还是在国外，都经常会唱一首歌——《松花江上》，这首歌我觉得很重要。可能是受我父亲母亲的影响，他们 14 岁的时候就一起参加抗战，唱这首歌。这首歌在 20 世纪 30 年代传唱度非常高，大江南北的人都唱着这首歌走上了抗战的战场，包括我的父亲母亲。我到美国开的第一场音乐会里就有这首歌，我到台湾省第一次演出也唱了这首歌，在纽约的时代广场，我跟二十几位当年参加过抗战的老兵站在雨里纪念"九一八"事变，也唱的这首歌。这首歌最著名的就是"九一八，九一八"这两句，我觉得这首歌应该永远传唱下去。

我在书里写到这么一章，在世界范围的歌剧院，不管你是多大的明星，上台之前都会紧张。每个明星紧张的时候都会有自己的招数来化解，比如大明星帕瓦罗蒂，他要在后台找一个用过的弯钉子别在兜里上台演出，这样他才能安心；多明戈要先穿左脚的鞋再穿右脚的鞋才能上台。又如，有的女高音上台之前要哭，演唱结束到了台下还要哭，但一上台她就是世界著名女高音的样子。我上台之前也很紧张，心跳加快，怕唱错、唱不好，我自己的招儿就是坐到琴房里面，弹唱一点小时候唱过的歌——"月亮在白莲花般的云朵里穿行，晚风吹来一阵阵欢乐的歌声，我们坐在高高的谷堆旁边，听妈妈讲那过去的事情"，我这么唱几句，人就开始放松了。

俞敏洪： 听说现在你每年都会参加一些华人演唱会，你还回国参加过春晚。你每年必唱的一首歌是《我的祖国》，对吧？

田浩江： 唱过很多很多次，尤其在海外，我们唱起这首歌的时候会很感动。有时候在海外我唱这首歌，台下的观众都会和我一起唱，尤其是从国内出去的人。这首歌写得非常好，我在国内开音乐会也会唱这首歌。

有一次我在丹佛的一家中国饭店里弹钢琴，那是玛莎帮我找的工作，边弹钢琴边唱一些中国歌曲，当时餐馆里有一个18岁的从天津来的端盘子的小伙子，他忙得要命，在餐厅里跑来跑去，当他路过我的时候，递给我一个字条，然后冲我招了招手，我打开这张字条，上面写了两行字："田大哥，你可以给我唱唱这首歌吗？"我就冲他点点头说可以，然后他冲进厨房端盘子去了，我就开始唱字条上写的这首歌——"一条大河波浪宽，风吹稻花香两岸"。这首歌写得多好啊！"我家就在岸上住，听惯了艄公的号子，看惯了船上的白帆"，给我们画了一幅多么美丽的图画啊！我一边唱一边弹钢琴，等我回头一看，**这个小伙子手上一共端着四盘菜，他就呆呆地站在那里，完全忘记了送菜这回事，而他的脸颊上都是泪水**。如果一首歌能够这样感动你，它其实就值得被永远传唱下去。虽然现在也有很多很多好歌，但是**这些曾经感动过我的老歌，我都会带在身上，不管我去到哪里**。

5. 永远相信自己的坚持

俞敏洪：这个故事太让人感动了，我们人生中都有这样的场景，在自我奋斗甚至迷茫的时候不得不鼓励自己，甚至还在这个过程中感动了别人。我想，当时你在餐厅弹钢琴的时候，其实并不知道你的前途在什么地方，但你依旧在为了生活而奋斗。那时候你的心情是怎样的？

田浩江：我的心情完全是充满挣扎的，当时是 1987 年、1988 年，我和玛莎已经相爱了，我就给自己立了一个誓，我必须要走上歌剧舞台，必须要拿到合同，必须以此为生，只有这样我才有资格和玛莎建立家庭。纽约是歌剧的重镇，最好的歌剧院、最好的歌唱家、最好的声乐老师、最好的经纪人全部都在纽约，那个地方聚集着各个国家的歌手，大家都希望能进到大都会歌剧院，能登上这个舞台。这当然非常难，所以，1989 年、1990 年这两年，每年我至少飞纽约十几次，只要赚到钱就马上买机票去纽约上课、听歌剧、去博物馆看展览、去参加比赛。那时候的我，可以睡在朋友家的地上，带上一个面包、一瓶水，去博物馆看跟歌剧有关的绘画和雕塑，没钱了就赶快回丹佛打工赚钱。我想我和俞老师是一样的，**人就是这样，要坚持，而且要相信自己的坚持，这太重要了。**

俞敏洪：在那个场合下，有点像鸟入森林，并且不知道哪根树枝是你的栖息地，你即使去一百次纽约也不一定有这样的机会。你当时内心坚信自己的声音早晚会被别人欣赏，所以才在丹佛和纽约之间来回飞了几十次，还是说你只是感到绝望想要去碰碰运气？如果没有玛莎对你的爱，没有你对玛莎的承诺，你是不是就放弃了？

田浩江：这其实非常简单，**第一，我有一种敢拼命的性格，**这对于事业发展是很重要的。说"拼命"一点都不过分，我是经历了 10 年特殊历史时期的，我在北京工厂做过 6 年半的工人，每天要抡大锤、用电焊枪，我到美国以后洗盘子、端盘子、扫电影院、扫糖果店，干了 4 年左右，但我并不觉得苦，也不觉得怕。**我刚到美国的时候兜里就 35 美元，等于是分文没有到的美国，我只会 4 句英文，你说我怕什么？我还会失去什么？我最怕失去的就是玛莎，我最**

怕失去的就是给了我这么多希望的一个人。第二，我必须要对得起玛莎，我必须要承担家庭的责任。我的银行账户在那四五年中，每个月都不会超过200美元，就这么点钱，赚了就到纽约去拼，没钱就回来，**我不知道我的命运在哪里，我只能找老师们上课，去参加比赛。我能获奖吗？我不知道。我跟这个老师学习是对的吗？我不知道。这个老师能让我唱进大都会歌剧院吗？我不知道。但我不尝试、不去拼，就更不知道。**所以，那两年我真的是在玩命。

的确，我发过誓，到1990年12月31日，如果还是不能实现以歌唱为生，我就一个音都不唱了。但距离1990年12月31日还差一两个月的时候，情况发生了变化，我找到了经纪人，还考上了大都会歌剧院。1991年3月18日，在丹佛的家里，我收到了一个大信封，是从我经纪人的办公室发过来的，里面是大都会歌剧院的合同，这个合同有七八页，上边写了给我什么样的歌剧、每一场多少钱、给我配的假期是多久、带薪休假给我多少钱……我当时哪见过这么多钱，数也数不清楚，于是我就打了个电话给玛莎，我说："玛莎，你能不能回家？"她说："我在实验室忙得要命，不能，没时间。"我说："你必须回家。"她安静了两三秒钟，就问为什么，我说："今天我们应该结婚。"然后玛莎又安静了两三秒钟，说："OK，10分钟以后我回家。"3月18日，那是我们的结婚纪念日，怎么来的？是在美国奋战了8年的结果。所以，我觉得命运有时候是公平的，你付出多少，就会有多少回报，我相信这个。

俞敏洪：你身上拼命的精神是从小就有的，还是后来遇到某种场景锻炼出来的？比如，在工厂抡大锤抡出来的，或是到了美国被逼出来的。

田浩江：我只能坦白交代，我是一个比较叛逆的小孩，这个叛逆当然不是说去做坏孩子，但是我不安分，我觉得我从小就不太安分。虽然我在工厂里抡大锤，但我会鼓动我的几个工友告病假，然后背个破毯子、几棵白菜，再到老百姓家里偷只鸡，一起到北京郊区的山上待上两三天，用吉他弹唱当时的那些"靡靡之音"，比如苏联的那些歌曲，《山楂树》《三套车》《红河谷》，都是我们那个年代的歌。

6. 音乐与记忆的能量

俞敏洪：我记得书中有一个场景，是你在德国波恩的时候。波恩这座城市到了晚上以后非常安静，那天下着雨，你一个人走在马路上，突然发现有三个人拿着手风琴在雨中唱着一些苏联歌曲，那个场景一下就震撼了你，你就那样站在雨中听他们三个唱歌，完全不知道自己已经被大雨淋湿了。他们三个人只有你一个听众，当他们发现你在听，虽然他们从头到尾都在淋雨，却一直在一首接一首地唱。当时的你有一种冲动，想要直接加入他们，但又怕打扰到他们，所以你就只是站在那里静静地听。那种场景，站在雨中听你熟悉的歌，不管是《三套车》还是《山楂树》，那种感觉是非常难以言喻的。看到你书中描写这个场景的时候，我的眼泪都流下来了，因为我也有过这样的经历：一个是小时候田头的大喇叭中放的就是你最熟悉的歌；另一个是，有一次我到西班牙，也碰到一个苏联来的人拉着手风琴在那儿一首接一首地唱苏联歌曲，我站在那儿听了半个小时。当时是艳阳天，在西班牙马德里的一个中央公园里。后来我把口袋里所有零钱都放在了他面前的盒子里。看到你写的这个场景，我特别有感觉，因为我们小时候都是听着苏联歌曲长大的。

田浩江：我在今年年末的时候，会有"One Man Show"（一个人的表演），我会在 One Man Show 里唱很多歌。我一定会唱《山楂树》，一定会唱《三套车》，一定会唱《莫斯科郊外的晚上》。为什么？因为《山楂树》《三套车》都是苏联的歌曲，在我们那个时候算是"靡靡之音"。其实这些歌放在现在听根本就是抒情歌曲，甚至还有点伤感。比如《山楂树》，"歌声轻轻荡漾在黄昏水面上，暮色中的工厂已发出闪光，列车飞快地奔驰，车窗的灯火辉煌。山楂树下两青年在把我盼望。哦……那茂密山楂树呀白花满树开放，我们的山楂树呀为何要悲伤"，就这么几个音，一个小调，足以让我们动容。当我们一群少年夜晚工作回来，聚集到我的小屋，就拉着手风琴唱这首歌。而且当时不像今天还会提前打个电话跟你约一下，当时敲敲门进来都算客气的，大多数时候是一群不认识的人一推门就进来了。他们叫我田小路，我的小名，说"我们能不能坐在这里听你唱歌"。我说"当然可以",然后我们就一起唱。那是一段极其难忘的经历。

除此之外,我也一定会唱革命歌曲。我们当年是在"靡靡之音"和革命歌曲的共同影响下长大的,而且革命歌曲和所谓的"靡靡之音"也不打架,白天我们在工厂里听革命歌曲,晚上回家了唱"靡靡之音"。这段经历我记了一辈子,到今天都忘不了,永远忘不了。

我想多说两句革命歌曲。我在老家农村里当过 7 个月的小农民,那会儿每天都是大喇叭把我叫醒的,放的就是革命歌曲。那时候我很小,但还是跟着表哥表姐们拿着篮子和小镰刀去地里干活。大喇叭基本上每天都在放歌,你根本忘不了。当年,当我半夜到了德国的时候,正下着大雨,我当时没有雨伞、没有帽子,我从纽约过来穿的呢子大衣全都湿透了,我就这么拖着两个大行李箱在水里走。整条街上没有一个人,我根本不知道我的旅馆在哪儿,也没有地图,不像今天还可以用 Google 查你的旅馆,当时根本没有。那时的我,绝望、孤独,心里沮丧到了极点,身上全是湿的,还滴着水,我张口就唱"毛主席的战士最听党的话,哪里需要到哪里去,哪里艰苦哪儿安家",用尽了我所有的音量唱了起来。我就看旁边楼里的灯亮了,露出一个个脑袋,那些德国人就想看看谁大半夜 1 点钟在街上唱歌。这种革命歌曲能让人立刻精神起来,立刻就有一种没什么了不起的感觉。

俞敏洪: 我们小时候唱的这些歌,以及我们受到的艰苦奋斗的教育,是不是对我们这代人的个性产生了比较大的影响?从我的角度来看,我们这代人中,颓废的人并没有那么多,而且这代人中,即使失败了也愿意爬起来继续努力的人比较多,这点是不是在你的个性中也有所体现?

田浩江: 我认为我能够站在歌剧舞台上将近 40 年,演过这么多歌剧,跟这么多明星、导演、指挥家一起工作,和我的经历有直接关系。我为什么能站在这个舞台上?当然和我的努力、我的声音不错、我的音乐技巧不错都有关系,但我认为非常重要的一点就是个人的经历。我觉得我在台上演任何角色,他的心理是压抑的、高兴的或是俏皮的,不管怎么样,我过去的经历都可以帮助我,让我能够体会到角色心里的感觉。在我的成长过程中,我觉得我人生经历的每一件事、每一个转折、每一个困难、每一个高兴的瞬间、看过的每一本书，对我在舞台上塑造角色都有直接的帮助，所以这些导演都很喜欢跟我一起工作。这本书里有很多故事都在讲这种时刻。

7."不要停，往前走"

俞敏洪：在整本书里，**你讲的故事基本都体现出了一种精神特质，就是在最困难的时候，你从来没有放弃过自己，在最绝望的时候，你也在努力证明自己，这真的非常了不起。**那你遇到的最绝望或者最无助的时刻是什么时候？这些时刻你是怎么度过的？

田浩江：如果说最无助的时刻，可能就是我嗓子坏了，唱不了了。累得感冒了，所以没声音了。我在世界上最著名的歌剧院，演的是最重要的歌剧。我跟最著名的歌唱家们在台上一起表演，而且这场演出是直播，但我的嗓子就是发炎了，我的声带就是肿了，我的声音就是沙哑的，怎么办？

俞敏洪：你有过快要演出了，但嗓子哑得完全说不出话，以致不能上台的时候吗？

田浩江：当然有，那是极为恐怖的，因为没有人同情你。歌剧这一行是很冷酷的，你唱得好，别人给你鼓掌；你唱得不好，可能就会面临失去继续在歌剧院工作的机会。你唱得不好的时候，没有人会说："Sorry, sorry, you don't fell well, I am so sorry.（对不起，对不起，你感觉不太好，我很抱歉。）"他们只会说："You are a chicken, something wrong with your mind.（你是个胆小鬼，脑子有问题。）"**所以，就算在舞台上你的嗓子不好了，没有声音了，沙哑了，但你还是要去唱。**有重要演出的时候真是非常绝望，而且每一句、每一个唱段、在台上的每一分钟都很痛苦、很煎熬，但我只能坚持下去，没有选择。当我坚持演完这部歌剧，最后坐在化妆间卸妆的时候，感慨万千，自己在台上的这 3 个小时到底是怎么过来的。我还要回到这句话上，**"当你熬过那个最煎熬的时刻，实际上对你自己来说，非常关键的就是你又看到了自己的可能性——我能够挺过来"。**

我觉得写这本书实际上对我来说也不容易，因为我是个歌唱演员，不是作家。但我喜欢文学著作，对我来说，写这本书的过程其实就是一个重新认识自己的过程，也让我开始去想，下一步我可以做些什么。

俞敏洪： 你的本职工作是歌唱演员，所以写这本书对你来说算是一个新的突破。当你拿起笔开始写的时候，你觉得这本书你能写完吗？

田浩江： 我完全不知道，但我在写某些片段的时候，会掉眼泪，会笑，会觉得我怎么会这样写，这个事怎么会这样。比如我写的《丹尼男孩》，当时我在丹佛大学筹款开了一场音乐会，唱了《丹尼男孩》。唱之前我给大家介绍："今天有一个非常特别的人，20年前她教我唱了这首歌，今天我要把这首歌唱给她听。"Lucy当时已经得了脑癌，经过各种各样的放疗、化疗都不管用，但她还是挣扎着来到了我的这场音乐会现场。

我在写这段的时候一直都是热泪盈眶的。我觉得我很幸运，在我的人生中遇到了很多很特别的人。比如，Lucy跟我说"No charge"（免费），当我知道"No charge"是让我可以免费学习的时候，我不知道大家能不能感受到我的那种激动。就这么跟一个人学习了5年，她一分钱没收。后来我赢了比赛，拿到了2000美元的奖金，高兴极了，我说我可以给Lucy付学费了，可是她居然把这笔钱一点一点地还给了我，就在每次上完课之后。试问有哪位老师上完课还会给学生钱的？她说，"我知道你没钱"。所以，她对我的一生都产生了很大的影响。

其实俞老师也有很多很多故事，包括你最近的变化。我觉得人生的一些经历是共通的，我这本书基本写的都是在意大利、西班牙、法国、阿根廷、智利、美国等不同的城市演出歌剧的经历，我也写到在这些城市遇到的人以及当地的风土人情，有时候非常小的事情也能使我的人生经历变得非常愉快。也许看了我写的关于佛罗伦萨的故事，你们能对意大利稍微有所了解，将来你们去意大利玩的时候就会想起来这些。**我觉得人生就是这样，不要停，往前走。**

俞敏洪： 这句话真的非常重要，很多人可能在生活或者事业中陷入了困境，他们便在某个点停了下来，他们已经没有勇气、力量或者不想再往前走了。你可以在大都会歌剧院一直演下去，但同样你也发现，如果再不突破自己，你可能这辈子就变成了一个演出越来越熟练却只能演一些无关紧要小角色的歌剧演员了。后来你为了寻求突破，尽管你和当时的经纪人保罗感情很好，他对你进入大都会也有恩，但你还是毅然决然地更换了经纪人，走向了欧洲。也正是因为走向欧洲，你才会在威尔第、普契尼等著名作曲家创作的歌剧中担当非常重要的男低音角色。这是你的重大突破，但这个突破是需要勇气的。我想问，**一个人需要突破的时候，这个勇气要从何而来？**

田浩江： 我认为这个勇气是需要借助外力的，有时候我们作为个人是很脆弱的，而且面临一些很关键的时刻，我们可能会茫然，不知道怎么做决定。每个人都会有自己爱的人，都会有自己相信的人，都会有自己的好朋友和家人，所以得有人可以帮助你。对我来说，帮助我的人就是玛莎，我会和她一起商量。就拿这件事来说，我的第一个经纪人对我来说完全是恩人一样的存在，我在歌剧舞台上的第一个8年，每年的合同多得要命都是因为他。但他也有局限性，因为他的经纪公司比较小，只有十几位歌唱家，不像大的经纪公司会有著名歌唱家。而且他的业务没有发展到欧洲，所以他只能在美国的歌剧院给我找工作、找合同，打不开欧洲歌剧院的局面。

但作为一个歌剧演员来说，你能够在欧美大陆的歌剧院演出是非常重要的，你在欧洲演出多，美国的歌剧院就重视你，你在美国的歌剧院演出多，欧洲的歌剧院也会重视你，只有这样，你的角色才会越来越重。我必须要对我和保罗的关系做一个决定，否则我的事业就会停滞。有时候我们不得不做这种比离婚还要痛苦的决定，所以在书中我也写到了，我最终还是决定离开他。我跟他约在了曼哈顿的一个中国饭店，我们就这么吃了4个小时，我始终都没有办法跟他说出那句"保罗，我要离开你了"。我甚至说了无数的话，我说："保罗，你有局限性，你在欧洲没有关系。"他说："对，我在欧洲是没有什么关系，但我会努力想办法给你找。"

当我回到家里之后，我跟玛莎讲，我没办法，我说不出"我要离开你了"这句话。我说："玛莎，我求你了，给他打个电话。"于是玛莎拿起电话打给了保罗，说："Tian decided to leave you, I'm sorry to say that.（田决定离开你，我很抱歉这么说。）"保罗"砰"的一声就把玛莎的电话挂了，要知道他这8年里从来没有挂过我和玛莎的电话，那一刻我简直痛苦至极。我说："玛莎，咱们开车走吧，去纽约换换心情，我真的很痛苦。"于是我们就开着车上了高速公路。开了一会儿，需要加油，我们就跟着一辆车进了加油站。前面这辆车停了下来，一开门，一个高大的男士从车里走了出来，我定睛一看，就是保罗。我们刚刚才经历了痛苦的离别，结果他一回头看到了我和玛莎，然后立马就坐回到车里关上了门，一踩油门又冲上了高速公路。这就是我最后一次见到保罗。后来直到他去世前，我都没有再见过他，因为我觉得我们的缘分就到这儿了。这段经历对我来说是很难忘的。

俞敏洪：其实在守住做人的底线的前提之下突破自己是非常重要的，你这个故事也给我们很多朋友提了一个醒，即使是再好的友谊甚至是爱情，当它变成了你人生发展的障碍的时候，原则上是要做出决定的，否则你会被囿于其中。有时候人与人之间为了讲面子而相互退让，到最后要么你委屈了自己，从此牺牲了自己的发展前途，要么就是对方委屈了自己，只不过你不知道。

我也是跟你差不多的个性，当面对人与人之间的冲突的时候，我也不敢当面挑破。比如，在新东方的发展过程中，合伙人之间会互相争执和冲突，我通常采取的是鸵鸟态度，把头埋了，问题解决不了我不面对就完了，但不面对的结果是，要么我的发展受到了限制，要么就是矛盾或者问题变得越来越糟糕。所以，你的这个故事对大家也是一个很好的启示，**当你遇到问题的时候，不管最后的结果如何，一定要把事情说开，直截了当地让对方明白你到底是什么态度，这其实是解决问题最好的方法。**

8. iSING：发扬中国歌剧

田浩江：一个决定之所以会这么重要，是因为它可能关系到你怎么继续往前走，关系到你的前途、你的家庭、你的亲人。我很幸运遇到了玛莎，她是一个理智型的人，我是冲动型的人，所以我们之间存在着很自然的互补关系。我讲一个小故事，国内有一个叫"iSING"的国际青年歌唱家艺术节，已经在苏州落户8年了，这个艺术节就是我和玛莎做的。在项目落地之前，我跟玛莎提出了我的想法，我说我想做这样一个艺术节，玛莎就说好，她很冷静地开始思考——我们应该怎么做？我们有钱吗？我们怎么能筹到资金？我们能做到什么规模？

这个项目的起源很有意思。我到西方学会了歌剧，我用意大利文、法文、德文、英文，甚至拉丁文、捷克文、俄文来唱歌剧，在这个过程中，我就觉得为什么外国的这些歌剧演员不能来唱中国的现代歌剧？而且歌唱对我来说太重要了，歌唱是维持彼此之间友谊非常关键的东西，于是我们就开始做这个项目。虽然中间遇到了很多困难，但我们都克服了，而且后来越做越大，**每年至少有40位歌唱家经过严格的考试后从不同的国家远道而来，学习用中文演唱，从拼音开始学，一直坚持到今天。**

现在我们也面临着怎么把它发展下去的现实问题，我是冲动型、行动型的人，但玛莎会很理智地分析，这个项目在苏州市工业园区的支持下能做多久？我们怎么持续发展这个项目？多亏了她，我现在才能把这个项目经营得很好，而且现在大概有30多个国家的400多位歌唱家到苏州来参加这个项目。"What's next？"我在这本书的后记里也写了，我为什么要辛辛苦苦地做这件事，这件事是否值得做。

俞敏洪：我觉得肯定值得，中国人的个性中有一种内敛，这是文化所致，尤其是后期的儒家文化对人的束缚非常厉害。在古代，儒家文化中的礼乐跟舞蹈、唱歌有着密切的关系，但后来慢慢地，女人不能出门，男人说话要中规中矩，做事情必须守本分，于是唱歌、跳舞在我们的文化中成为"不太正经"的代名词。到了现代，我们大家都喜欢唱歌，但我们能唱歌的场合大都是朋友聚会，比如到KTV唱一唱。

我出去旅行的时候，经常会到少数民族聚集的地方感受风土人情，我发现不管是内蒙古人民、西藏人民还是新疆人民，他们都是在大自然中又唱又跳，有着独有的奔放和欢乐，给人带来了一种生命迸发的感觉，这一点在汉文化中越来越少。所以，我觉得像你在苏州做"iSING"这样的项目特别重要，不仅能培养专业的歌唱演员或者歌剧家，最重要的是能把一个民族中奔放、释放的文化带起来。

你也到南美参加过演出，我每次到南美的时候，比如到巴西，他们也是多民族融合的国家，巴西人的那种奔放和洒脱让我十分羡慕。打个比方，如果两个亚洲人离婚了，他们之间很可能就会老死不相往来，但我在巴西的时候发现，两个人离婚以后，各自重组了新的家庭，甚至还迎来了新的生命，两个家庭还能带着两边的孩子再次聚到一起，一起去度假，一起在巴西广袤的郊区点着篝火，两家的孩子在一起又唱又跳。我觉得这才是人类应该有的模样。**我们总是对小事太过于计较，被工作和家庭的琐事压得喘不过气，以至于忘记了我们的生命也特别需要歌唱、特别需要奔放。**所以，我特别希望你这个项目能继续做下去，甚至我也可以参与一下。尽管我五音不全，但我希望跟你一起做点能够释放大家奔放个性的事情。

田浩江：太好了！我们做"iSING"就是这样，我们在一起完全像是个大家庭。坦率地说，我觉得歌唱不要分成什么阳春白雪和下里巴人，好听的东西就是好听，热情的东西就是热情，我觉得文化融合起来就是很美好，这就是我想做的。我到西方去，西方接受了我在他们的舞台上唱这么多的歌剧，开这么多音乐会，那我们也应该张开双手迎接他们的到来，所以"iSING"在苏州做了8年。不过这几年也确实因为疫情受到了很大的冲击，外国歌唱家进不来，但我们还是坚持在做。

前两年疫情最严重的时候，我们还做了用唐诗作曲比赛，很多国家的作曲家都参加了，为14首唐诗谱了曲。我从小就喜欢唐诗，有8个国家的歌唱家千辛万苦地来到苏州参加我们唐诗音乐会的首演。当时在唐诗音乐会进入高潮的时候，我们拍了一个纪录片，太感人了。我觉得能够这样用歌唱、用音乐、用创作把大家的心聚在一起，简直太美好了！

9. 根植于民族个性的民歌

田浩江：我觉得不管我听到的是哪个国家的歌曲，其实我最喜欢的就是民歌。虽然我是唱歌剧的，但我非常喜欢听民歌，民歌恰恰体现了那个民族的个性。而且它没有那么多规矩，不像我们唱歌一定要有什么样的音色、什么样的节奏。我唱了一辈子歌剧，当然我始终对歌剧充满激情，但我同样也认为，不要把自己关在一种艺术形式中。民歌、民谣是我最喜欢的，比如约翰·丹佛，他现在已经去世了，但他的 *Take Me Home, Country Roads*（《乡村路带我回家》）写得真的很好。

其实中国好听的民歌也有很多很多，我们"iSING"艺术节的保留曲目就是《茉莉花》，非常简单的一首歌。当各国的歌唱家用中文一起唱的时候，有领唱、有重唱、有合唱，那首《茉莉花》是会让你掉眼泪的，有种感染的力量。当然我们还没有讲到jazz（爵士），没有讲到rock（摇滚），这些都是艺术形式。但我为什么独爱民谣、独爱民歌？**我觉得民歌是从这个民族的根上发出来的声音，而且是经过几百年流传下来的艺术形式。**

俞敏洪：在中国的民歌中，哪一首是你最喜欢的？《茉莉花》是你最喜欢的吗？

田浩江：我当然喜欢《茉莉花》，但我们的民歌有很多，西藏、内蒙古等地区有很多，不过我觉得西北更多，沿海地区也有，所以我觉得不要太在意什么唱法之类的东西，**Don't think about it, open your mouth, enjoyed the singing, enjoyed the feeling, I think it's very important.**（别想了，张开嘴，享受唱歌，享受那种感觉，我觉得这很重要。）

俞敏洪：为什么老外一唱歌就好像忘掉了自己似的？他根本就不在乎自己唱得好或唱得坏，他就是忘掉了自己，然后沉浸在歌曲中。为什么中国人唱歌的时候总会想着我唱得不好、我跑调了、我难为情？为什么中国人会有这样一种心态？你觉得这跟民族个性有关系吗？

田浩江：我觉得这跟我们的民族个性、文化以及历史都有关系，我们的民族个性中有含蓄、客气的因素存在，这都是很优美的东西，这跟西方可能不太一样。他们的民族个性是张口就来，你要去西班牙这种地方开个 party，他们能一首接一首地唱。不过虽然我们比较含蓄，但我们也会在某个时刻爆发，在某些情境下，我们也可能唱得一晚上都停不下来。我觉得年底我回北京的时候，我们来开个 party，第一首歌你唱，我来唱第二首歌，然后我们两个来个重唱，其他的全部交给大家。

俞敏洪：我如果跟你唱，会彻底无地自容，好难为情啊。

田浩江：你看，这也是你的性格问题，有什么难为情的呢？你说得很对，我很多外国朋友唱起歌来完全不会觉得难为情，就是觉得唱歌会高兴，而且大多数人唱的都是民谣，尤其是老的民谣，像"三十里铺来遇大路，戏楼拆了修马路"，这种歌一唱起来味道就出来了。所以，我们"iSING"的歌唱家们在音乐会上的很多曲目都是民谣，而且是各国的民谣，然后有交响乐队给他们伴奏，你想想这个效果。

俞敏洪：所以，英文中有一句话："Singing like nobody is listening to you or watching you.（你唱歌的时候，假装没有任何人在听，你拼命唱就行。）"

10. 把"命"献给舞台

俞敏洪：你演了那么多歌剧，担任了那么多角色，也跟那么多著名歌剧演员打过交道，我有两个问题：第一，在你见过的这么多著名歌剧演员中，到现在为止，你最喜欢哪一位，或者对你影响最大的是哪一位？第二，你演到今天，最喜欢唱的是哪一段？

田浩江：第一个问题，其实对我歌唱事业影响最大的是多明戈，他现在已经 81 岁了，依旧在台上尽力表演。我跟他演过 12 部歌剧，我在大都会歌剧院的第一部歌剧就是跟多明戈演的。我从多明戈那里学到的最关键的一点就是，**如果你想成为一个真正的歌剧演员，那么你在舞台上的时候就要把命都搭进去，你站在舞台上的每一秒钟都应该在角色里，无论他是悲伤还是高兴，无论他是**

要杀人还是要被杀。我跟他表演过二重唱。他演的是西班牙的英雄、将军,我演的是他的父亲,有人把手套扔在我的脸上,我年老体衰,而且又受了伤,胳膊被剑划了,基本上要被杀掉了,于是我让我的儿子把我的仇人杀掉,就是这样一个非常戏剧性的二重唱。按照剧本内容,我是他的父亲,按说我应该要狂怒,抓住他,对着他的脸说,"你得把我的仇人干掉"。但在排练的时候,我就有点担心,因为他是大明星,我如果抓住他的肩膀把他扭过来,万一把他脖子扭了怎么办。我有点缩手缩脚,于是我就在保留愤怒的基础之上削弱了一点手上的力量,但他马上就让我停下来,说:"Tian, It's not right, you want me to kill somebody.(田,那是不正确的,你不能这么轻地把我扳过来。)""It's not right, it's not true, it's not real, you have to⋯(这样是不对的,不对,不是这种感觉,你应该⋯⋯)"我说:"OK, I understand.(好的,我明白了。)"于是我就"咣"的一下把他扳过来了,他马上跟我说:"That's right, I feel you are my father, you want me to kill somebody.(这回对了,我觉得你是我父亲,你想让我去杀人。)"就这样,虽然他是大明星,但在每一场演出中,我都会非常用力地把他扳过来,告诉他,"你得把我的仇人干掉"。这件事让我受惠无穷。

第二个问题,在歌剧中我最爱唱的是帮我拿了很多合同的咏叹调,Lucy 5 年的"No charge",让我用来试听歌剧院最重要的咏叹调,所以很多很多年我都在学这个。这个咏叹调非常难唱,你要把它的力度和感情完全唱出来,就这么一点东西,我反反复复地跟 Lucy 学唱过几百次。

我是唱低声部的,所以唱了很多悲伤的角色,我在舞台上被"杀"过很多次,我也在舞台上"杀"过很多人。所有的白马王子、所有的爱情戏,都给了男高音,所以我一直还有一个愿望,我希望在台上能演一个爱情戏。我虽然是低声部,上岁数了,但我在生活中还是可以有爱的。所以,我希望给我一个机会,创作一个新的歌剧,让我来演绎一部 Love aria(爱情咏叹调)。

俞敏洪:你在原来的歌剧中应该演过 Love aria,一般男低音都是演贵族、公爵或者父亲,你演过爱情歌剧中的有关角色吗?

田浩江:在美国公演的时候有过一次机会,唱的是一个中国的原创歌剧《诗人李白》，郭文景作的曲，林兆华导演导的。我们在美国首演，这里面有两个角色，一个是"月亮"，另一个是"酒"，因为在李白的人生中，"酒"和"月亮"是主要的成分。在排练的第一天，林兆华导演就说："浩江，月亮就是你的梦中情人。"我就想，好了，这次有机会了——"Finally, I got the Love aria to sing（我终于可以唱爱情咏叹调了）"。但马上林导就说，她只是你的梦中情人，你在整个戏中跟她没有任何肢体接触，也没有任何眼神对视，没有任何表情传递，她只是你想象中的碎片。那是我唯一的一次机会，希望以后还可以有。

11. 尾声

俞敏洪：今天时间差不多了，我最后再介绍一下《角斗场的〈图兰朵〉》。田老师在这本书中用优美的文笔写下了他人生的甜酸苦辣以及他歌剧事业的发展过程，而且很多细节写得非常真挚动人。这本书是田浩江老师对自己人生奋斗和歌剧事业的总结，涉及了歌剧界很多著名的歌唱家。

任何一个人成功都不是偶然的，背后都会有挣扎、迷茫和痛苦，我们不能放弃，依旧要对自己有所期许并为之奋斗。我觉得个人对自己的期许尤其重要，从田浩江老师在美国的那段奋斗经历不难看出这一点。原则上亚洲人是上不了歌剧舞台的，但他作为一个中国人，经过10年努力，终于走上了纽约大都会歌剧院的舞台。究其原因，我觉得一方面是因为他的歌声好听；另一方面，真正重要的是他对自己的人生有所追求并努力为之奋斗。

我特别希望大家能感受到一种精气神，感受到一种不放弃的理念和精神。**你不是第一个也不是最后一个遇到失败、痛苦、绝望的人**，在这些人中，有人走出来了，有人走不出来，走出来、走不出来主要还是靠自己。人生不仅仅是要奋斗，更多的是要有定位，要学会思考和让自己解脱，在心中放大对生命的热爱，我觉得这才是真正的人生。

总而言之，**奋斗的人生都是让人感动的人生**。我喜欢奋斗的人生，因为我自己从来也没有放弃过。人可以舍得、可以放下，放下那些对自己来说无关紧要的东西，放下那些乱七八糟的感情，放下那些也许值得珍藏在心中但已经变成过往的事情，但人不能放弃，而是要坚持，坚持对生命的热爱，相信只要努力地去追求心中感觉重要的东西，早晚有一天就能够得到。就像田浩江老师在美国整整 10 年不放弃训练自己的嗓子，最终走上了纽约大都会歌剧院的舞台。

田浩江：谢谢俞老师。

俞敏洪：谢谢田老师，也感谢大家的聆听。**我们的人生每时每刻都能重启，希望明天的你能够给自己一个更好的人生！再见！**

（对谈于 2022 年 7 月 5 日）

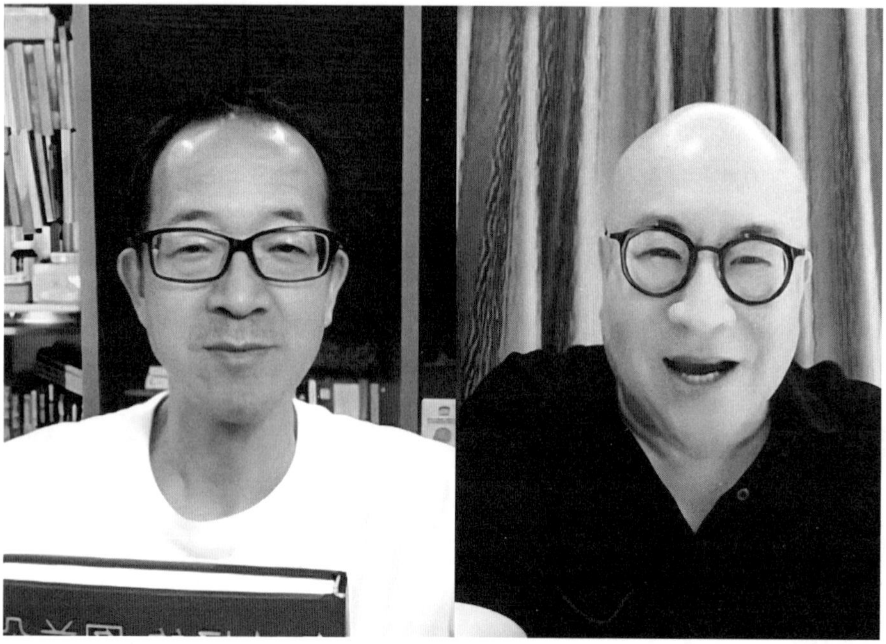

对话 蔡志忠

人生难得，务必找寻一生热爱

> 努力要有方法，没有方法的努力是没用的，努力只比不努力好一点点而已。

蔡志忠／

1948年出生于台湾彰化，15岁起便开始成为职业漫画家。先后拍摄了《老夫子》《杜子春》《乌龙院》等长篇动画电影，已有《庄子说》《老子说》《孔子说》《大醉侠》《光头神探》等100多部作品在60多个国家和地区出版。1981年获金马奖最佳卡通片奖，1985年获台湾十大杰出青年奖，1999年获荷兰克劳尔亲王奖，2011年获金漫奖终身成就奖。

1. 4岁立志成为漫画家

俞敏洪：各位朋友好！今天要和我对谈的是蔡志忠老师。蔡老师名气很大，很多人都读过他的书，他是一名非常优秀的漫画家，今天我们就来和蔡志忠老师聊一聊他的漫画人生、成长过程以及人生理想，希望大家能在今天的对话中有所收获。

蔡志忠：大家好！我是蔡志忠，我专程来北京参加俞老师的"老俞闲话"。很高兴今天可以跟各位见面。

俞敏洪：蔡老师，听说你4岁就设定了人生发展的方向和目标，是吗？

蔡志忠：我出生比较特殊，我们村庄在我出生那年建了一个小教堂，我1岁、我二哥6岁的时候，我们每天早上都要去小教堂做礼拜。虽然大家都觉得1岁看起来好像什么都听不懂，但其实听久了就能听懂了，所以我3岁半的时候已经会背诵经文，然后通过红衣主教的面试成为正式教友，面试合格之后还给了我一串念珠。

3岁半的我其实很糟糕，因为每个村庄里面3岁半的小男生都很明确他这辈子要做什么。农夫的小孩3岁半的时候已经在田里帮忙了，比如送茶水、送点心；3岁半的小姐姐也肩负起了家庭的责任，背起了1岁半的小妹妹。我爸爸是乡民代表会秘书，我不能说我长大要当乡民代表会秘书，所以我就很惶恐，开始思考我将来可以靠什么混饭吃。后来4岁的时候，爸爸送给我一个小黑板，是给我写字用的，用来写"蔡志忠、孔乙己、天地玄黄、宇宙洪荒"，我通过那个小黑板发现了我很爱画画。

我后来回想，在乡下其实没办法接触到什么绘画、漫画之类的东西，但教本有插图，教堂里还有彩色的玻璃、彩色的米老鼠、彩色的兔宝宝。除此之外，整个教堂还挂满了耶稣受难的14幅图。而且神父觉得我特别乖巧，甚至认为我将来会是第一代台湾的本土神父，当然我妈妈是不可能答应的，但是对方还是送给了我外国教友募集来的200多份贺年片、圣诞卡，圣诞卡上有圣诞老人、麋鹿、圣母等很多漂亮的图案，我觉得这些都对我选择画画有很大的影响。

俞敏洪：4岁拿到那个小黑板以后，你就觉得画画比写字好玩，是吗？

蔡志忠：不只是这样。我爸的书法在黔江排第一，他在过年的时候还会帮全村人写春联，但他从来没有通过写字挣过一毛钱。但画画是可以赚钱的，所以我4岁半的时候，觉得最理想的职业就是画电影招牌，我不想在乡下当农夫。

俞敏洪：怎么会4岁半的时候就有不想留在乡下的想法呢？这种早慧是天生的吗？

蔡志忠：可能是因为看了《圣经》。《圣经》有100～1000个故事、50～100个厉害的人物，所以我小时候的偶像就是这些，我就不想成为普通的人。

俞敏洪：你父母都不是画画的，但你4岁半就主动开始画画了，你父母当时允许吗？

蔡志忠：我们家稍微有点奇怪，我们家没有问句。比如，我们每年会准备一盒月饼，所以我中秋节前每天都会去橱窗看有没有月饼，有我就先吃两个，第二天再带两个去学校，下课回来又吃掉两个，一共六个，都是我一个人吃，从来不问我爸妈同不同意。我不需要问"妈妈我可以做什么吗""爸爸我可以做什么吗"，想做就可以去做。包括我15岁要离家，也没有征求过爸妈的意见。

俞敏洪：你在四五岁的时候就决定要画一辈子画了，是吗？

蔡志忠： 我那时候发了一个誓，只要饿不死，我就要画一辈子。因为那时候还蛮难的，我一天一个馒头就够了，到今天也是一天一个馒头就够了。所以，**一个人要想有最高的精神自由，就必须有最低的物质需求**。我一天的花费大概不会超过20块，甚至衣服都穿到破。

俞敏洪： 我觉得你有天才的成分，当然后天的努力也非常重要，但你刚好有这么一个特殊的机会，在3岁半的时候就不止一遍地听完了所有《圣经》里的故事，还能把1000个故事讲出来。从教育的意义上来说，你觉得父母让孩子在2~4岁不断重复地去听故事，比如《一千零一夜》、中国传统故事，并且听完以后让孩子去讲这个故事，对孩子未来的人生有用吗？

蔡志忠： 我认为**让小孩在6岁或者10岁以前听1000个故事一定会改变他的一生**。当然这1000个故事必须是积极的、励志的，尤其是童话故事。所以，我认为让小孩看《天方夜谭》《伊索寓言》《安徒生童话》和《格林童话》，一定对他一生有很大的影响。

我一个朋友梁正中，他有两个女儿，他每天会给两个女儿讲三个故事，所以这两个女儿还没念小学的时候就非常成熟了，很早就已经明确了未来的人生到底要做什么。她们也都自主学习，会画画，会写书。他的女儿14岁就出了第一本书，内容不是那种小朋友的胡思乱想，她写故事的能力很好。

故事对小孩是很重要的。我记得我上一二年级的时候，有一堂课，老师进来就说："各位同学，今天这堂课我们讲故事，不上课。"说完之后，同学们都立马坐起来，手放在后面，很认真地听。我回家以后还要再讲给我妈妈听，我妈妈去喂鸡，我跟她讲这个故事；喂鸭，我也去跟她讲这个故事；喂猪，我还跟她讲这个故事。我说："你都没注意听。"她说："有有有，我有注意听。"我说："好，那你讲一遍给我听。"后来我的大脑里就充满了故事，这些故事里有很多我可以学习的典范，也有很多成功的经验。

俞敏洪： 对，给家长朋友们提个醒，如果孩子小时候能基本听懂故事了，比如2岁多，就应该开始不断给孩子讲故事。如果自己讲不了，有很多讲故事的软件，可以用软件放给他听。这比他一天到晚看动画要好很多，因为讲故事需要大脑对信息进行加工，孩子的大脑会得到比较好的训练。

2. 人生难得，务必找寻一生热爱

俞敏洪：我发现你做事特别专注，而且从小如此，一般的孩子都不太有这样的能力。你从 4 岁半开始画画，一直画到 13 岁，你就已经能把漫画寄给报社了，而且大家从你的作品来看，都以为你是个非常有经验的漫画家。你从 4 岁半一直到 13 岁，每天都在不断画画吗？

蔡志忠：对。我有个学生，他已经 16 岁了，他说他现在开始学漫画会比较厉害，我说不可能，像我和夏达从两三岁就开始画画，直到今天。

俞敏洪：一般的小孩就算再喜欢做一件事，也有很大的可能坚持不下去。你从 4 岁半一直画到 13 岁，作为一个孩子，你为什么能够坚持下去？

蔡志忠：我强调一个要点，这不需要毅力，只要你真心喜欢。**你把你最喜欢、最拿手的事做到极致，没有什么不能成功的。你最喜欢才会最拿手，最拿手才会最喜欢。**而且还要随时进步，随心所欲，像我每画一次画都要求自己比上次画得更快、更好，慢慢你就会进入一种心流状态，就像宇宙中只有你一个人一样。

俞敏洪：你小时候就体验到这种心流状态了吗？

蔡志忠：我一直都能体验到，会进入一种不累、不饿、不病、不困、不死的状态，时间对我来说是不存在的，我可以随心所欲。一个漫画家如果出 300 本书，我就要出超过 300 本的书。香港的黄玉郎出的书超过了 300 本，王泽的《老夫子》出了超过 300 本。但作家很少能写超过二三十本的书，为什么？因为作家的快乐跟漫画家不一样。

我和麦家聊过，麦家写《风声》，先想一年再写。他先想他们村子是一个很大的村子，村子里有寡妇、哑巴、傻瓜。有一个傻瓜每天都出现在庙门口，他什么都不懂，但他可以记住全村每一个人的名字。但这样他是没办法当族长的，所以就换了一个人。有一个人眼睛看不到，但他可以听到低频的声音，所以就被国民党叫去听敌方密码。后来有一个女同志嫁给了他，再后来女同志又跟别人偷情，她以为他不知道，其实他知道……光这些内容，他写一章要花半个月时间，彻底写完至少要用一年半时间。但漫画家不是，漫画家画一个漂亮的大眼睛、可爱的小嘴巴、小脸蛋可以随心所欲，所以当漫画家的快乐是没法比的。我可以坐18个钟头画画且不会累。有一次我去看麦家老师，他说："你知道作家每天在想什么吗？在想今天有什么理由可以不写作。"我说："今天的理由是天气太好。"他说："对，今天天气太好。"但漫画家不是，漫画家随时都想把大脑里的东西快速画出来。

俞敏洪：在那个年代，是不是大家十三四岁就开始工作了？

蔡志忠：对，我们乡下人念书，认为只要会写字、会看报纸就好了，最后其实该去做农夫的做农夫、该拉车的拉车、该犁田的犁田、该种田的种田，每当乡下收割的时候，就会有很多同学不来上课，因为在家里帮忙比较重要。当然那时候都很穷，我们的学费要交10块钱台币，到期末都还有很多同学没有缴学费，老师问什么时候缴，他们说下个礼拜，但已经过了十几个下个礼拜了，然后就被老师叫去后面罚站。

俞敏洪：你在当时的乡下孩子中是比较特殊的吗？是因为你父母的影响吗？

蔡志忠：因为我爸爸不是农夫，他是文化人，我的祖父是北管乐队的队长，外祖父也是北管乐队的队长。我爸爸一辈子跟我讲话没有超过50句，他就是做给我看。他练书法是第一，我妈妈说他吃完午饭就去写字，因为纸很贵，他就大热天拿着一缸水在晒谷场的砖上写，写着写着这边湿了就再换干的那边，这块砖湿了再换那块砖，就这样练出来的。

我妈妈是我们家智商最高的，我觉得很多人都被妈妈影响，我也是受妈妈影响。我认为妈妈是小孩的第一个导师，妈妈的怀抱就是小孩第一个教室，所以一个小孩成为什么样，跟妈妈有最大的关系。

俞敏洪：你小时候在学校里的成绩好吗？

蔡志忠：我小学整个六年级大概考了100次试，我总共只被扣了52分。

当时我们六年级的李隆泰老师说，考到六科 100 分，就给一支派克钢笔，但是我总是被扣一两分。

俞敏洪：他就不想把那个钢笔给你。

蔡志忠：我们那时候没考上高中就没书念，只能去考工业学校、农业学校，当时全校只有 10 个人考上了省高中，我就是其中之一，我很会考试。

俞敏洪：那你为什么到了 13 岁就不上学了，反而想去卖画？

蔡志忠：我的梦想是当漫画家，而不是拿文凭。我小学三年级的时候就知道不能跟老师学，老师什么都不懂，因为我 9 岁的时候看的书或者关于人生的观念都比老师要强一些了。就像李再兴老师说的，学问都是平常学，不懂的就要问，可以在课堂上问，但我的老师看到我就跑，我那时候就知道自己的问题只能自己找答案，老师帮不了我什么。我初中二年级碰到了黄界原老师，他有感而发："**各位同学，你们想做什么，现在就要去做，不要念完初中、高中、大学才去做。**"所以，不是每个人都必须拿到学历证书，因为每个人都有自己的理想。

古代厉害的人也是如此，他们不是长大了才厉害。莫扎特 2 岁就会弹钢琴，4 岁就开始作曲，贝多芬也是一样，所以不一定要念完大学再去做自己喜欢的事。有很多成功的人都违背了父母意愿，比如巴尔扎克，他妈妈让他去巴黎念法律，因为律师收入很牢靠，但他就要去念文学，他妈妈不给他学费，他就半工半读。巴尔扎克一生写了 96 部巨著、塑造了 2450 个人物，他只用了 74 个小时就写完了《高老头》，他简直就是世界图书馆。所以，**一个人会有成就，一定是因为他勇于去做自己最喜欢的事情。人生难得，为了追名逐利很不值得，一个人要知道自己最擅长、最热爱什么。**

俞敏洪：现在很多孩子只知道要到学校上学，上了小学上初中，上了初中上高中，上了高中上大学，结果到了大学还不知道自己这辈子想干什么。但其实孩子在小的时候，无论是他发自内心也好，还是在父母的帮助下也好，能明确自己一辈子都想做某件事情或者热爱某件事情是很重要的。

蔡志忠：近 50 年来有很多厉害的人都没有上大学。比如，比尔·盖茨大一就休学了，他念的是哈佛；乔布斯考上大学后没有去注册；马斯克入学斯坦福两天就退学了。**有理想的人，都是在很小的时候就有自己的想法。**比如，乔布斯 13 岁的时候立志要做未来的 IT 团队；比尔·盖茨很小就爱看《不列颠百科全书》，他高中时候的梦想就是有一天能把《不列颠百科全书》浓缩成一个铅笔盒那么小，之后他就一直为之奋斗。所以，很多人很小就已经有了梦想并且立志要去完成它。

我很同意一句话，**文凭是没有能力的人的遮羞布，没有实力支撑的文凭只是一张废纸，只有面试的那一天有效，第二天上班就无效了。一切都是凭实力，实力才是一切的基础。**

俞敏洪：对父母来说，越早发现孩子的特长越好，可以加以培养，让孩子爱上这个特长，最后形成一种自我追求，在追求的路上不要太多干扰孩子的专注力。中国家长有一个问题，孩子很喜欢什么东西，家长就会说你在学校里把数学、语文、英语考到第一名比你玩这个东西更重要，最后孩子不得不放弃爱好，这样可能会把孩子为了爱好奋斗一生的动力给消磨掉。

蔡志忠：对，还有更惨的，就是不知道自己喜欢什么。我认为大部分人都已经被培养成了连自己喜欢什么都不知道的状态。

3. 蔡志忠学习的方法

俞敏洪：你到了台北后画漫画画了十几年吗？

蔡志忠：我画了 5 年，当兵 3 年，又去电视台待了 5 年，然后才开始开动画公司。但一直都在画漫画，从来没有中断过。

俞敏洪：你刚开始最出名的一部漫画就是《大醉侠》吧？

蔡志忠：还有《光头神探》。我其实先开了动画公司，做中国香港、新加坡、菲律宾所有的动画，台湾省 90% 的广告片都是我做的。那时候我画的漫画已经在日本投稿了，在韩国的杂志、中国香港的《民报》、新加坡的《联合早报》《联合晚报》以及马来西亚的报刊都有连载。我觉得这是个乘法，1 乘以 20 再乘以

5就变成100，就像把一张张的画弄成20本书，再组成一套，虽然有些不好看，但不影响整体阅读。比如，有人说他是看着我的《菜根谭》长大的，但他不会只买一本《菜根谭》，而是买一整套。同时，我还在5个国家售卖，不就是100了嘛。

俞敏洪：你当时画漫画，后来变成做动画，还拍了一部很有名的电影《老夫子》，创台湾有史以来销售纪录，得了金马奖。你为了学电影动画，专门让人从美国带回来胶片自学，是吗？

蔡志忠：3个月，我从不会动画变成中国台湾甚至亚洲最厉害的动画制作人。我做出来的动画是迪士尼那种有动作的，不是日本那种几乎不动的，人家看到都吓到了。**学习要有要领，学习是有方法的。**

俞敏洪：所以你才会说"努力没有用"这句话。

蔡志忠：我觉得**努力要有方法，没有方法的努力是没用的，努力只比不努力好一点点而已。总之，做事都要有方法。**人生不是走斜坡，只要持之以恒就可以走到尽头，99%的人都没有走到尽头。人生像走阶梯，每一级有每一级的难点，学物理有学物理的难点，学数学、学漫画，甚至学英文、日文的难点都不一样，你没有克服难点，再怎么努力也是原地跳动，但只要你跃上一级台阶，就不会掉下来了。

俞敏洪：你有一个"巧克力"学习法，用"巧"来"克"服用蛮力做事情。可以分享下这个观点吗？

蔡志忠：就是四两拨千斤。举个例子，我打桥牌的时候拿了120个冠军，那时候我们和印尼都是亚洲冠军，能拿冠军就等于是亚洲冠军。我参加台湾的比赛，连续10年都是冠军，我打亚洲杯比赛就没有超出过第3名。2009年我在全亚洲排行第一，191个赛场，我排行第一，积分第一。其实学习要有要领，就像学桥牌一样。我学动画就去买迪士尼影片，比如《小鹿斑比》等，我把它一个一个描出来，在我的桌上还原迪士尼的那些动画。

俞敏洪：把已经成片的动画片还原成一张一张画，再把动作分解开来，最后再去制作你自己的动画片，所以，你做出来的风格就有迪士尼动画片的风格？

但这得还原成千上万张画吧？

蔡志忠： 对，我画了 3 个月，每天画到晚上 11 点。我家没纸了，我就骑着摩托车到公司，按门铃，他们说什么事，我说忘记拿东西了，拿完纸再骑摩托车回去继续描，描到凌晨 3 点。有人说我们家很远，我说不在于有多远，如果我不想，那个纸永远在第二个抽屉里，我不会去画；如果我想，多远我都会去拿，因为我就想赶快把它学会。

所以，学习要一鼓作气。我觉得这种学习方法是很不错的。早上第一堂念国文，第二堂念英文，第三堂念数学，下午第一堂音乐，第二堂体育，哪有这样的学习方法？你看古代无论学木匠还是学水电，都是 3 年学会，而且整天在做同一件事情。日本的匠人也都是这样，一定是师傅带着学生，学生学好了就变成师傅。

俞敏洪： 这也是现代教育的一个问题，现代教育希望学生懂得越多越好，当然这本身不算坏事，但在懂得越多越好的过程中，孩子好像什么都懂一点，但实际上一生要用的本领反而没学到。

蔡志忠： 举一个很有名的例子——宫本武藏。宫本武藏大字不识一个，他就是不乖，后来被一个和尚绑起来打，再后来去做日本第一剑客，他到处跟人打架，但最后他会写古文书，他的兵法、书法也很好。我一开始在学校没有念书，但我为了去日本，就开始自己学日文；为了研究物理，就开始自己学数学。也就是说，如果你有一些想法，你会自己主动去学习。

我一定会终身学习，只要我不知道的事物，我都很想要了解。我一直都站在时代的尖端，比如现在抖音很流行，我就做抖音。我认为学习有两个要点。**第一，要自发地学习，这样你才会终身学习。** 我相信你也是。那些被鞭策的学习在达到目的以后就不会再继续了，比如很多人为了高考苦读，一旦考上就把教科书抛了，并不爱看书。**第二，要及早培养自主学习的能力。** 很多人不会自主学习，一定要老师教，但老师也并不是什么都知道。我的自主学习能力就不错，我学日文、学物理、学数学都是自学的。所以，我们要主动，自己想知道什么，就主动去收集。

我有一个比较引以为傲的地方就是，我会花一段时间进行海量阅读，比如 1988 年、1989 年这两年，我一直研究铃木大拙；1990 年、1991 年、1992 年这 3 年，我研究了禅宗，把所有禅宗的书都看了，然后归纳，最后得出结论，从此在中国没有人比我更懂禅宗；半年前我花了一个半月研究了全世界所有的佛像，包括大英博物馆、大都会博物馆、日本商业购物中心的佛像，等等。

俞敏洪： 我觉得你学什么都能钻进去，比如你学漫画，就变成了著名漫画家；学动画片，就拍出了最受欢迎的、得了金马奖的动画片；后来你用了 10 年时间学物理，结果就深入到物理，把量子力学、暗物质、狭义相对论、广义相对论都研究得非常熟；你学数学，数学变得非常厉害；你打桥牌，得了无数的冠军，拿了 100 多个奖。我想问，到底用一种什么样的状态才能学什么都钻进去？

蔡志忠： 真正的热爱。比如，我们追一个女孩子，其实根本就没什么要努力的，就像有人玩手机不需要努力，就是爱它。我一定是很爱那件事，但在很爱之前，我会问问自己是不是有能力去做。我一定不敢站在舞台上唱歌，我也不敢跟人家比武，因为这是我做不到的，但坐在桌子旁靠智慧能完成的事，我真的可以去做，主要是我真心喜欢。当然我也知道我的优点和缺点，比如数学，我几何非常好，代数很不好，所以通常所有的问题我都是用形去算数，形、数一家嘛。不是每个人都可以挑战每项任务，**人要有自知之明。**

俞敏洪： 要有自知之明，知道自己的强项到底是什么。比如，我一辈子都不敢碰数学，我一学数学脑子就糊涂。我想问，你 50 岁的时候，漫画不画了，其他事情也不干了，就去研究物理，研究了 10 年。你从来没有学过物理，到最后把很多深奥的物理问题都研究透了，这是一种什么样的精神？这个经历给你的人生带来了什么影响？

蔡志忠： 我喜欢用一段时间去挑战一件事。要成为亚洲第一其实不难，因为大多数人都在睡觉，你只要专注一项你认定的挑战，付诸 3 年或 5 年的时间就好。现在很多人都没有这样做，他们没方法，因为他们不爱这个，只是想通过技能获得文凭资格，而不是真正爱看书。我跟你一样，爱看书，我以前上厕所前都要赶紧找一本适合上厕所看的书，书上一定要写满了数学、物理公式；我吃午饭的时候也要看一本书。

俞敏洪：我觉得你在做事情的时候特别耐得住寂寞，你说过你为了做一个4分钟的动画片，坐了58个钟头，完全不挪屁股。做一件事能耐得住寂寞，你觉得这是你的天性吗？

蔡志忠：我的人生没有什么寂寞的时刻，我非常享受孤独。我在东京4年，东京人最多的时候有1000多万，但你看我写的好像我是北海道一匹孤独的狼，周围没有任何人。因为我在东京，我不想让他们知道我不是日本人，这样日本人就不会打扰我。

俞敏洪：学了这么多东西，最终你还是最喜欢漫画？

蔡志忠：不，我最喜欢智慧，漫画只是我的手段，凡是跟智慧有关的东西对我都充满了吸引力。有很多我不懂的东西，比如几何、量子力学，对我来说都是挑战。

4. 国学系列经典漫画的创作契机

俞敏洪：你是在日本画的《孔子说》《老子说》《庄子说》吗？是因为日本给了你一个更安静的环境吗？

蔡志忠：是在日本画的，画了4年。我14岁到20岁的时候是漫画家，我那时候就编辑过日本杂志，但那时候我画的漫画都是本土的，没有模仿过日本的。到了36岁，我已经开了7年动画公司，手里有220万人民币、三栋房子，我觉得这辈子钱赚够了，我就发誓，从此不用生命去替换名利，所以才想去日本，成为日本最伟大的漫画家。

我到了日本一个礼拜，就发现这个目标不可能实现，因为我是外国人，日本人还是很维护自己民族的，而且我画剧画、故事漫画也没有日本人厉害。他们有很多助理，平常大概有10多个助理，也有人帮忙做效果，所以我知道我再怎么努力也不会成为日本最伟大的漫画家。但我比较聪明，我就把问题倒过来想，究竟什么样的漫画作品能让全世界出版社排队来抢？很简单，我可以画漫画微积分、漫画代数、漫画几何，如果你一个小时学不会，那就是我的错，请退书给我，我给你道歉。

我想通了，就画东方思想。然后我开始画比较有故事性的漫画，比如《庄子》。《庄子》中每一个都是寓言故事，我打了86张草稿，就去讲谈社了。讲谈社是亚洲最大的出版社，也是世界第三大出版社，在一栋二层楼里，我到了之后就去按门铃，说我要见第三编辑局局长。讲谈社有三个编辑局，一个是杂志，一个是图书，一个是漫画，漫画是最赚钱的。我给他看我的漫画，他说这个一定会畅销到爆了，一定要给他们出版。我说不行，他问为什么。我说因为我有30本，他说就算我有100本，都会帮我出版，我说那行。所以，1988年我就和他们签了合约。

俞敏洪：如果是在日本画的，配的文字是不是也是日语？

蔡志忠：对，日语是由台湾的学生翻译的，我画的时候配的是中文。我画一本漫画大概需要11天，但我认为5天就应该画好，我打稿3天，完稿4天，写对白4天，对白我要求字要很少，一页不能超过12个字。

俞敏洪：我20世纪90年代初读到你的漫画，《老子说》《孔子说》是完全黑白的，你当时画的时候就是黑白的？

蔡志忠：对。我后来在杭州开公司，就请员工来做，新出的就变成彩色的了，颜色是我指定的。

俞敏洪：当时在日本出完这套漫画以后，怎么会想到拿到大陆来出版？

蔡志忠：我当时同时和韩国、日本、中国香港的出版社签约，之后就来大陆了。1988年6月1日，我和三联出版社签约，算是第一个跟大陆签约版税为10%的台湾作家，当时大陆还没有版税这个概念。

俞敏洪：我自己在家里没事就会翻你的书，我觉得特别好，因为你的故事谁都能读懂，而且你把中国优秀传统文化故事提炼出来了，用简洁明了的语言表达出来，又配上了有意思甚至带点幽默感的图画。我在想如果你想画《庄子》，肯定得先把《庄子》读了，那你在读古文方面有困难吗？

蔡志忠： 不会，古文看久了就会懂，而且古文比白话文好，它很简洁，很有力量。《庄子》里有一个故事，说木槿花早上开、黄昏谢，所以它不知道有白天、有晚上、有日月；夏蝉夏初生、夏末死，所以它不知道有春秋。我现在讲得已经很长了，人家写得很短。

我自己其实花了99%的时间去弄懂什么是道家思想、儒家思想和禅宗思想，没有任何大学的学者批评蔡志忠讲错了，因为我讲得很正确。我可以用5分钟讲完什么是儒家思想和道家思想。儒家思想就是人与人的和谐，吾道一以贯之，无非是"忠""恕"二字而已。什么是"忠"？"忠"就是君君臣臣、父父子子，每个人扮演好自己的角色，当领导的扮演好领导角色，当下属的扮演好下属角色，当父亲的做好父亲，当儿子的做好儿子。什么是"恕"？"恕"是儒心。当我们跟别人相处，别人是会扮演好他的角色，但不可能每个人都像自己，要学会换位思考。"恕"就是爸爸要站在儿子的立场思考，上司要站在下属的立场思考，男人要站在女人的立场思考。当你把这两个都做到极致，就叫作"仁"。"仁"的右边不是"二"，而是上下、正负、天地，天要对地思考，是这么个伦理关系。所以，儒家思想最高的就是"仁"，孔子说"我好学不倦，教学不厌，我是这样的人，但仁者、圣者我万万不敢当"。"仁"是儒家的最高追求。

道家就相反，道家追求的是"智"。"仁者乐山，智者乐水"，道家是人要跟天地、跟大海学习。"人法地，地法天，天法道，道法自然"，大海之所以能够纳百川变成那么多水，是因为它低，所以人要跟大海学习，地位越高、权力越大，你的身段就要越低。水没有自我，你给我圆形杯子，我就是圆形的；你给我方形杯子，我就是方形的；倒在地上乱七八糟，我就乱七八糟。水处于众人之首，而不以为主，所以水接近于道。

俞敏洪： 你要读这么多古文，把它的精华提炼出来，还要提炼成现代语言，而且是那么快速，你是怎么做到的？

蔡志忠： 我一生都在看书。我很小就开始看很深的书，我已经看完了《佛陀经》，所以这些对我来说一点都不深奥，而且我非常喜欢中东哲学、非洲哲学、印度哲学。我现在都是在网上读书，但我会下载下来然后调成我喜欢的12号字，我不一行一行地看，我喜欢整理成一段一段的，一次看一段。一般人看书速度很慢，其实就是扫描文字，但我们听别人讲话的时候就不是。比如，你的男朋友跟你讲一段话，大意是说你很好，其实你没有在听他讲什么，只是在揣摩他到底是要求婚还是要分手。又如，你老板说你很 nice，你会揣摩他是要给你升职还是要辞退你。我们都在揣摩对方，所以这段文字我要揣摩孔子要传达什么意思，他的智慧高过一般人，他认为一段字一定表达一个意义，《论语》更是如此。中文有一个很好的地方，很早就把文字、语言弄得很精确。

俞敏洪：蔡志忠老师画给孩子的国学经典漫画，也是他最经典的漫画系列，包括《庄子》《老子》《论语》《大学》《孟子》《列子》《聊斋志异》《六朝怪谈》《史记》等，总共 18 本书。原来蔡老师画的都是黑白的，现在变成了彩色的，文字简单明了，带有故事性，孩子们也能读懂。当然我一直认为这套书不仅适合孩子看，其实大人看也特别有意思，而且大人看更容易领悟到里面的一些道理。

蔡志忠：我插一句话，我画这个是跟女生学的。女生只给你看好看的，不好看的会藏起来，同样，我如果把整本《庄子》都画了，肯定不好看，因为它有 8 万多字，有很多故事不好看。而且我只画我懂的，我不懂的就换一个，我不会装聪明去曲解自己不懂的。

我认为初中应该念"四书"，高中应该念"五经"，念完高中应该知道中国最好的就是《易经》《诗经》《礼记》《春秋》《尚书》。《尚书》是我认为最好的一本书，司马迁写"帝王本纪"参考的就是《尚书》。

俞敏洪：你希望用一种更好读、更有趣的方式，让中国孩子们甚至大人，把那些这辈子可能根本不会去碰的"五经"变成他们的文化营养之一。通过轻松的漫画阅读，把这些经典的东西记在心里，而且对现代人来说，也不需要把"五经"背出来，那样会浪费时间，但"五经"的精华、"五经"到底讲什么，大家能轻而易举地通过漫画和你的语言搭配弄懂。"五经"是什么时候画的？

蔡志忠：1990 年在温哥华的时候，其实我就在画《易经》。《易经》不像《诗经》那么简单，我画到第 27 章以后，发现自己不够懂，不懂就没权利画，就像我不会英文，就不能去教人家英文，不懂《易经》还画《易经》，那是罪恶。所以直到2011年，我到厦门出席一个桥牌比赛，在饭店待了一个礼拜，画《尚书》，画到第58章"秦誓"，周公写信给周成文，说"我到河南卜卦，就是洛水之北，所以要建都洛阳"，我才弄懂《易经》讲的是什么。《易经》就是天干地支，所有的诏令是老天的，是在说这些都是因为天意，所以《易经》有一部分是在说天意。

《易经》跟西方的哲学思想完全不同，是反复循环，是否极泰来，最后连在一起。我分析过《易经》，分九个：上上、上中、上下、中上、中中、中下、下上、下中、下下，不算中中，不好的卦只有19个，好的卦有37个，所以好卦是2，不好的卦是1，即便是不好的卦也有否极泰来。一个太阳下山，不要担心，下一个太阳马上会升起来；你现在跌到谷底，不要担心，马上就会爬起来了，所以《易经》是激励人心的，是励志的。

俞敏洪：嗯，《易经》确实带有励志色彩，"天行健，君子以自强不息"。**我们讲讲《诗经》**。《诗经》的内容有一个典型特点，就是不断重复。我觉得在古代的时候，尤其是远古的时候，唱歌有点像现在我们在草原上、高原上唱歌一样，调子不断地重复，所以很多《诗经》每段只换一两个字。你画的《诗经》用现代语言翻译过来了，没有放原文，怕孩子们读不懂原文，《易经》这本也是一样。我觉得你非常严谨，因为到了现代，读原文还是有困难的，我的古文水平和你比不知道差了多少。

我们从小没有经历过阅读古文的训练，从小学到中学毕业总共加起来就读了十几篇古文，而且还是非常简单的，比如《黔之驴》，最多精选一段《鸿门宴》，我们这代人的古文水平相当差。到了大学以后，我又不是学中文的，所以根本就不再上古文课。到今天为止，我读古文著作的难度比读英文著作的难度还要高，尽管我现在还在努力读，甚至在背一些古文。所以，我觉得读你的书对我来说是一种解放。

蔡志忠：我平常都是帮助读者跃过一个门坎。大家一般都认为哲学是一门跟我们没有关系、晦涩难懂的学科，但我觉得不是，哲学很好看，故事很有趣。

我第一次跟台湾《民生报》文化版记者说《庄子》的时候，他说："那个不是成语故事吗？"我说："这就是成语故事，出自《庄子》。"

5.《蔡志忠动漫一生》

俞敏洪：《蔡志忠动漫一生》是你的传记，据说你用非常快的速度就把这个写完了。你是打字打出来的还是口述？

蔡志忠：每个字都是我自己打的，打了11天，但我认为很慢。

俞敏洪：我读这本书还蛮感动的，这是一本图文并茂的书，讲了你从出生到今天所有的成长历程。我非常喜欢你简单明了的语言，讲出了很多你奋斗过程中收获的智慧和奥秘。我想问，你当时写这本书的目的是什么？

蔡志忠：之前有一个出版社说要出我的自传，我说："我又不是讲政治的，也不是伟人，为什么要出我的自传？"他们的一个总编辑说："因为你能影响年轻人，你不是为了你写，而是为了年轻人写。"我说："好吧。"他就派了一个女记者采访我并写了《蔡志忠的半生传奇》，我看了以后就很想重写，所以稍微改了一下——"1948年2月2日，风和日丽，天空毫无异象，我很平凡地诞生于台湾中部一个靠山的小村庄"——因为所谓的伟人诞生都有异象，所以我添了个"毫无异象"。后来我不满意，就自己写了一本。

俞敏洪：这本书读到最后，我感觉大概就是一句话："出生于台湾，要终老于杭州，要安葬于少林寺。"你有很多可以去的地方，包括中国台湾、温哥华，或者全世界其他任何地方，为什么会选择杭州作为你的终老居住地？

蔡志忠：我们全家移民到温哥华10年，但我去到那里第三个月的时候，就知道我不会一直待在温哥华。但他们都很喜欢加拿大，我就跟他们说："你们留在这里，但我不能老死在温哥华，如果老死在温哥华，我会哭。"**一个将军没有战场，那算什么将军？一个将军最大的意义就是死在战场上，**所以我说我一定要回台湾。我回台湾就想画新的漫画，也就是画"五经"，也想研究物理，之后我就开始研究物理了。

一开始我想去广州，但广州太热，而且广州好像都崇拜企业，对文化人不是那么重视，杭州就非常重视，回杭州还给我 1000 平方米的蔡志忠工作室。飞机从杭州起飞到落地台北只要 79 分钟，杭州的气温也跟台北比较接近，是江南气候，我就决定坚决要老死在杭州。我已经两年半没回台北了，一年在杭州住 365 天。我是杭州西溪湿地引进的名人，所以我一直住在那里。

俞敏洪： 那为什么最后要安葬于少林寺呢？

蔡志忠： 我 2006 年 9 月 1 日第一次到少林寺，感觉就像回到了家。达摩在公元 527 年从广州上岸把禅宗传到中国，少林寺就成了禅宗祖庭，我把东方禅宗、诸子百家传到了全世界。因为我的漫画被翻译成了 26 种语言，卖到了 60 多个国家和地区，卖掉了 5000 多万本，所以我想葬在少林寺。我葬在杭州、台湾没有什么经济价值，葬在少林寺可以变成一个景点，我看很多有名的人的墓都变成了景点。我还有一个构想，我要把我的心脏挖出来，放在水晶棺里面，录上蔡志忠的心跳声。

俞敏洪： 你提到了你跟释永信的关系，从你的角度来说，你觉得释永信和尚是一个怎样的人？

蔡志忠： 他一直活在炼狱之中，而且他永远不辩解。上海出版社出了一本《千年少林方丈释永信》，请我写序，我就描写了一段和释永信的故事。有一次我在台湾，一个企业家请我吃饭，释永信也在现场。饭吃到一半，突然有个学者说："你们少林寺怎么不搞禅？"释永信有点谦卑，他说其实真正开悟的人不是很多。我知道他讲的是什么，他说少林寺禅武双修，用禅练武，用武习禅。但这个学者很傲慢，说什么他的老师某某去年就开过 400 多个，禅应该怎么样怎么样。另一个客人看不惯，两边就起了冲突，争论说禅是什么。等到他们讲完，我就拍桌子说："你们除了'禅可以得到智慧'这么一句话讲得对以外，其他都是狗屁。"他们都不敢跟我对诘，主人就说："好了好了，我们今天就到这里为止。"然后主人送我回家了。那天释永信方丈也去了我家，看了我的佛像。我一上车就说："你当主人的，要制止，怎么能让两个客人侮辱主客呢？"

释永信从来都不辩解。舆论都说释永信有女儿什么的，他即便想，也没机会，因为他每次出去至少有七八个人在周围看着他。我认为整个中国最有水平的方丈，第一名是雪窦寺怡藏大和尚，第二名就是释永信，第三名可能是白马寺的印乐和尚，我认识的不是那么多。

6. 人生是用来完成自己的

俞敏洪： 你现在已经 74 岁了，我觉得你也是一个得道的人。你现在还那么精力旺盛、充满活力，在拼命吸收智慧、学问，不断地画漫画。你的体力和精力是怎么保持的？你平常的生活习惯是什么样的？

蔡志忠： 第一，我平常不跟人家来往，基本上不离开我的院子。因为见你的机会实在太难得，所以才飞到北京来。第二，我身心不动。我们公司是下午 5 点半下班，我不吃晚饭，所以 5 点半就睡觉，睡 3 个半钟头就够了，晚上 9 点就起床。起床后我会坐在椅子上看落地窗，大脑开始思考，全身就会像一个水壶一样，热乎乎的，整个身体开始循环，到指尖再回来。我还会稍加旋转，用意念控制，那样就会变成一条线，大脑就会非常清楚。

俞敏洪： 我这几年明显感觉记忆力衰退了，你觉得到这个年龄，你的记忆力和年轻的时候相比是更好了吗？是因为每天动脑子动得多吗？

蔡志忠： 确实更好了。比如，刚才有同事要去查 1988 年 10 月 6 日是星期几，我直接就说是星期四，但这不是因为动脑子动得多。每个人脑子里都有一个阁楼，你只能存有限的东西，所以要把其他东西清掉。我一定会谢谢你不告诉我八卦，因为我不需要没有经济效益的资讯。我把大脑分成 24 个房间，每个房间里都有 24 个柜子，每个柜子里又有 24 个抽屉，比如，物理就放在这个房间里，其中某一部分就放在这个房间的某一个柜子里。

俞敏洪： 就是让自己的大脑在某种简单的运行中保持专注？

蔡志忠： 人思考的时候其实是左大脑在跟右大脑对话，左大脑提供数据，右大脑提供画面，所以有时候右大脑帮助左大脑，有时候左大脑帮助右大脑。现在讲话的时候就是画面帮助提供数据，把下一段话先放在这里，等一下再讲出来，这些对我来说都是大脑训练。所以，会画画很重要，但画画不只是画出来，我都是通过图像思考、通过图像记忆的。比如刚才讲到 1988 年，我就知道那年 1 月 1 日是星期五、10 月 6 日是星期四，我脑海里会有画面。如果我要完成一件事情，我的大脑就会像动态的故事一样展开，比如，早上 6 点 20 分要乘车到东站，中午请人家吃饭，下午 1 点 30 分要到餐厅，下午 4 点要到你这里来，都是画面。讲完了我们俩很高兴，握手说好，我说"希望你到杭州来"……我会将这些画面全部输入脑海，然后逐个完成。

俞敏洪：你在比较年轻的时候就意识到了生命和财富的意义，我记得你在开动漫公司的时候，拼命接了很多单，为的就是把那些小的竞争机构挤倒。但后来你突然领悟到财富和生命的意义，明白了生命的意义不在于积累财富，有了财富也不能挽回生命，所以你就不再为了财富或者挤掉竞争对手去拼命工作，而是真正开始专注于自己喜欢的事情，有条不紊地往前走。

蔡志忠：是的，当时马上就挤倒了我的竞争对手，但后来发现工作太多，我自己做不完，累到想跳楼。就像我说的，**人生不是用来换人民币的，人生是用来完成自己的。**当我明白这一点的时候，可能会赚得更多，因为我最后不是为了跟人家竞争，所以我就会挑战自己的最高极限。比如，我做动画广告影片，就是 10 秒钟的内容，我一天就可以完成，能够打败四五家，别人一两张要 600 块台币，而我只要 100 块；人家要一个礼拜才能完成，而我只要一天就可以完成。所以，我的效率很高，当然品质也很重要。

俞敏洪：其实你的效率跟专注也有关系，你排除了一切的干扰。

蔡志忠：你如果真心喜欢，就不需要毅力。真心喜欢就是做让你最高兴的事，你知道能有幸做让你最高兴的事就已经很幸福了。

俞敏洪：我到今天都没有学会。我磨不开面子，有朋友聚会，一喊我就去了，去了以后很后悔，因为觉得又浪费了 3 个小时，但下次还去，总觉得不去会得罪人。你不跟人聚不怕得罪人吗？

蔡志忠：我不怕，我最喜欢作弄人，而且我还跟我助理说，我不怕得罪他。我甚至还跟他说，"我就是不喜欢你"。

7. 尾声

俞敏洪：《蔡志忠动漫一生》中写到你是怎么学英文的，我真的大开眼界，你用了非常短的时间自学英文并且后来能用英文表达，据说你现在还在用英文写书？

蔡志忠：没有。我是出版了12本学习英文的书，是我自己做的笔记，但都不是老师教的那一套。我认为**记忆不是要记进去，而是当你要用的时候能取得出来**。我自己在学习的时候并不是死记硬背，要知道动脑筋这件事比死记硬背重要太多了。

俞敏洪：如果大家想在乐趣中学一点英文，蔡志忠老师的中英对照漫画真的非常好。我是学英文的，我专门读了里面的英文，觉得里面每句话都翻译得非常地道，而且是中英对照，读完中文后，下面还有英文，这样就学了英文的同时又看了故事。我觉得这个创意蛮好的，特别适合初中生、高中生，当然大学生就更不用说了，是一个蛮有意思的学英文的材料，同时又可以欣赏到蔡老师非常幽默、风趣、有意思的漫画。比如，《封神榜》还是保持了蔡老师最初的黑白风格，比较适合年龄稍微大一点的人读，到了我们这种年纪，花花绿绿的漫画对我们的吸引力就减少了，黑白的反而看得更舒服。

我一直觉得蔡老师的漫画不光简洁明了，而且笔法到位，人物的表情、动作中都充满了幽默感，更重要的是，蔡老师对文字的提炼功夫是一般漫画家根本达不到的。一般的漫画家最多把故事原封不动地拷贝上去，而蔡老师则是研究了各种经典以后，对于经典中精彩的故事进行了带有哲学味道的提炼。这是我读这些书的感受。

蔡老师现在已经画完了四大名著，光是《西游记》就画了7本，《红楼梦》则以贾宝玉和林黛玉为主线，把整个故事都画了进去，林黛玉的故事画成一本，贾宝玉的故事画成一本。

今天时间也差不多了，我就最后再推荐一下蔡志忠老师的书，首先是《我命由我不由天》这四本书，是李红记者采访蔡老师的文字记录。第一本讲述了蔡老师的个人发展，最后一本讲述了父母应该怎么跟孩子相处以及孩子成长方面的内容，中间两本讲述了蔡老师的一些人生感悟、成长感悟和学习感悟，是漫画加文字的方式，可以说是另类的家庭教育书籍。

蔡志忠： 我觉得一个小孩将来会如何发展，和小时候他的父母对他的培养有很大关系。我们只有一个孩子，所以一定要理解他、一定要挺他、一定要爱他、一定要支持他，而且还要放手。

俞敏洪： 其次是《蔡志忠动漫一生》，这是蔡老师的自传，写得朴素平实，充满故事性，通过阅读可以了解蔡老师传奇的一生。尽管我们没有蔡老师的天分，也没有蔡老师的画画能力，但我们可以从这本书中抓到一些人生要点，如果抓住了，也许我们的人生就会变得更精彩。比如，如何专注，如何从小就发展自己的爱好，如何排除生命中、事业中的干扰因素，如何静下心把一件事情做透做深，如何能够调整自己的世界观或者价值观，如何做到不被外在世俗的东西牵着鼻子走……这些是我从这本书中读到的东西。我们不一定具备蔡老师的智慧，但蔡老师做事的一些风格和方法是可以学习的。

再次是蔡老师用了好几年时间才完成的经典——"五经"。我们知道中国古代文人考试要考"四书五经"，"五经"就是《诗经》《礼记》《尚书》《春秋》《易经》，这是古代文人的必读书目，现在大家大都不读了，也读不太懂了，所以蔡志忠老师在自己领悟消化之后，把"五经"简化成漫画和文字，帮助大家阅读，这是非常用心的一套书。

最后就是大家最熟悉的蔡志忠老师给孩子的国学经典漫画——《老子说》《孔子说》《庄子说》，通过这三本书，大家可以以比较轻松的方式来了解中国传统文化的精华。蔡老师是把一本书悟透以后，提炼出精华，再变成漫画和文字，用一种简单的、幽默的、轻松的方式呈现到我们面前，开启我们的智慧。

我和蔡老师在13年前见过一面，我还带着蔡老师去北京的香山里吃了一顿农家菜，此后跟蔡老师或多或少有过联系。这一次蔡老师特意从杭州飞到北京，来和我们一起见面、聊天，所以我特别感谢蔡老师。虽然蔡老师已经74岁了，但他的生命活力非常强。他始终保持着4岁半时的好奇心，这是特别了不起的，是我们需要学习的。蔡老师的人生活得没什么负担，他只是专注于对智慧的寻找、对世界奥秘的探索以及通过漫画让我们获得这个世界的智慧。

时间不早了，各位朋友，我们今天就到这里，大家再见！

蔡志忠：谢谢各位，再见！

（对谈于 2022 年 7 月 26 日）

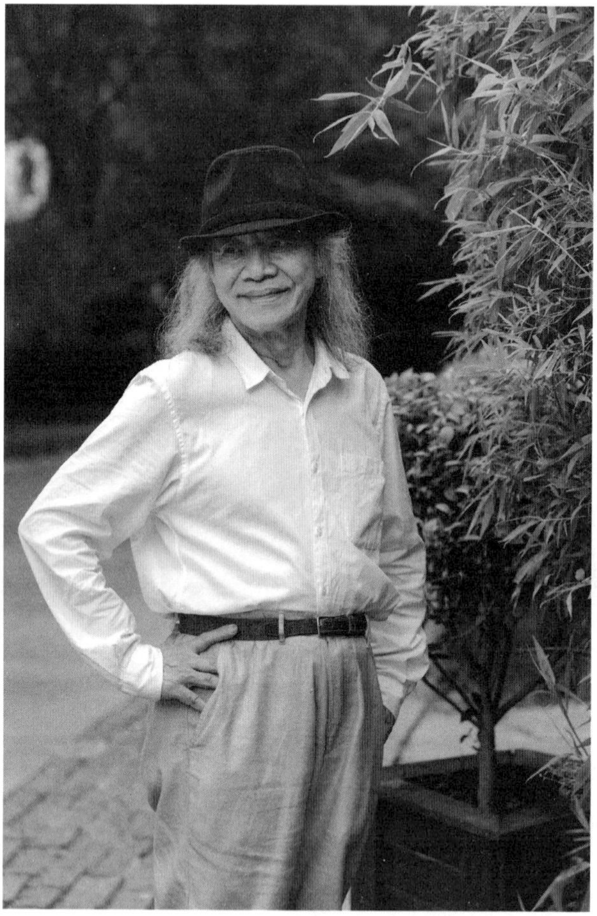

对话 **陈佩斯、陈大愚**
喜剧是我们的信仰

> 喜剧太有魅力了，尤其是在现场演出的时候，你设计的包袱马上就要在观众的笑声中验证的时候，那真的是一种享受！

陈佩斯 /
1954年出生于吉林省长春市农安县，知名喜剧表演艺术家，曾多次在春晚出演多部脍炙人口的小品。2001年改行话剧表演创作和研究，执导并主演的话剧《戏台》《惊梦》在全国巡演近千场，广受好评。

陈大愚 /
1989年出生于北京，中国话剧男演员，陈佩斯之子。代表作品有《老面新吃》《阳台》和微电影《顶牛》等。

俞敏洪： 各位朋友好，今天我们邀请到了陈佩斯和他儿子陈大愚一起对谈，陈佩斯老师大家已经非常熟悉了，近两年大家对陈大愚也越来越熟悉。大愚长得很英俊，前一阵子有一个视频很流行，那个视频把你的照片和林黛玉的照片进行了对比，发现你很像林黛玉。那个视频是你做的吗？

陈大愚： 不是我做的，是一个网友，我觉得他做得特别精巧。

陈佩斯： 我在上海拍《少爷的磨难》的时候曾经扮过女装，留下了一张剧照，漂亮极了！大家看到照片之后不相信是我。

俞敏洪： 男人也有青春靓丽的时候。

陈佩斯： 我被埋没的时间太久，一直不为外人所知。

1. 祖孙三代的戏剧传承

俞敏洪： 大家说你们父子俩长得特别像，尤其大愚和你 1984 年演《吃面条》的时候相比，真的特别像。网友们说你们父子俩的声音都一样："陈佩斯的基因太强大了，在大愚身上看不到太多妈妈的影子，几乎是爸爸的另外一个拷贝。"

陈佩斯： 有点。

陈大愚： 很像。用生物学的话说，我们可能叫"有丝分裂"，一个人吃太多以后，就分出了两个一模一样的自己。我家小孩长得也特别像我，把我3岁照片拿出来一对比就发现，他的3岁跟我的3岁一模一样。

陈佩斯： 我有时候看到我小孙子的表情和眼神，就仿佛看到了自己小时候的样子。

俞敏洪： 我看过你们家四代的照片，我发现你们家人有一个特点，小时候都长得特别可爱，长到二三十岁的时候就特别英俊，最后慢慢就变得有点幽默和滑稽，哈哈。

陈佩斯： 长裂了呗，被生活摧残的。

俞敏洪： 每次你跟朱时茂在一起的时候，朱时茂永远都是一本正经的角色，而你永远是搞笑的角色。你说是不是相由心生，所以你后来的长相慢慢有点往幽默的方向发展了。

陈佩斯： 一定是的。因为那是我设计的人物，所以我老得往那儿去靠，慢慢地，我的行为举止，包括表情、眼神都会受到影响，最后肌肉也就变了。

俞敏洪： 大愚，你担不担心等你长到你爸爸这个年龄的时候，也会越来越幽默？

陈大愚： 我很少演叛徒这类的角色，所以我觉得即便是相由心生，我应该也是往少爷的方向走。

俞敏洪： 你现在的长相也像少爷。

陈佩斯： 这回《惊梦》里他就演少爷，开场头一个上场。

俞敏洪： 但话说回来，我觉得你跟陈强老师（陈佩斯父亲）的相似度比你跟大愚的相似度更大一点。陈强老师好像更胖一些？

陈佩斯： 还好还好。

俞敏洪： 陈强老师60多岁的时候还跟你演了《父与子》呢。

陈大愚： 我记得特别清楚，那时候我爷爷有一圈头发，每次他骑个带小板的三轮车送我去幼儿园，我就能看见他侧面的头发在飘。虽然我那时候很小，但这个场景我一直都记得。

俞敏洪： 但很可惜爷爷没看到你的孩子出生。你们爷孙俩很亲吧？

陈大愚： 很亲。爷爷是 2012 年走的，那时候我 23 岁，刚刚开始我的演艺生涯，没能让爷爷看到我人生的第一场演出。真的特别遗憾，就差了一个月。他其实特别想让我继承家业，继续走演艺这条路，但他心思很沉，不敢说，怕说了以后我有压力。他心里肯定想过，我敢打包票。我现在当了父亲之后，慢慢能体会到爷爷当时的心境了。

俞敏洪： 肯定想过，还是有点舍不得，这么好的家族传承的文化事业，以后在你身上就看不到了。

陈大愚： 对。我爸现在也希望我们家小朋友能继续从事这个事业，但他不敢跟小孩说，怕他们有压力。

俞敏洪： 其实不用跟他们说。我曾经做过一些儿童心理学的成长研究工作，如果从小就让孩子沉浸在某个东西里，最终可能会产生两种结果，一种是终生讨厌，另一种是终生喜欢。但喜欢和不喜欢的结果与孩子的个性、天性无关，而是与家长为孩子渲染环境时的方式有关。

陈佩斯： 我觉得应该不会出现终生讨厌的情况，至少在我们喜剧里面不会，因为喜剧太有魅力了，尤其是在现场演出的时候，你设计的包袱马上就要在观众的笑声中验证的时候，那真的是一种享受！

俞敏洪： 大愚一直到上大学都没有参加过演艺活动？小时候你爸爸没有让你参加过吗？

陈大愚： 是的，从来没有过。

俞敏洪： 你没想过从小培养一下大愚？

陈佩斯： 没有，我觉得太苦了。

俞敏洪： 你觉得孩子太苦，但你自己又乐在其中，你不想把这种苦中作乐的精神传给大愚吗？

陈佩斯： 不是所有人都能透过苦寻找到乐。

俞敏洪： 大愚小时候对什么感兴趣？

陈大愚： 我小时候对生物很感兴趣，喜欢养各种各样的动物，观察自然、观察生物。我的理科特别好,我一直立志要当科学家。

俞敏洪: 这肯定不是你爷爷或者你爸爸对你的影响吧?

陈大愚: 其实我爸爸也特别喜欢自然科学,他有时候会偷偷跟我说,如果他没有走上演艺道路,应该会是一个很好的地质学家,因为他从小就喜欢收集石头,家里存了一大堆石头。

陈佩斯: 我确实特别喜欢。

俞敏洪: 那估计是在内蒙古沙漠里当知青的时候没事干,才干这些的吧?

陈佩斯: 比当知青那会儿还要再小,是八九岁在北京住校的时候,那会儿经常会到煤堆上去翻(石头)。

俞敏洪: 那我估计你爸爸的自然生物学水平跟我差不多,也就能认识几个虫子而已(笑)。

陈佩斯: 差不多,差不多。

俞敏洪: 你后来上大学学的是生物吗?

陈大愚: 对,在美国学的生物,但没学完,因为签证办不下来,所以最后改行了,去加拿大学了戏剧。

俞敏洪: 你是突然就对戏剧感兴趣了,还是觉得你爸爸变老了,出于一种责任心要传承你爸爸的事业?

陈大愚: 我可能没那么孝顺(笑),当时没想那么多。

陈佩斯: 没有啊?

陈大愚: 有有有,因为从小我父亲就一直……

俞敏洪: 你到加拿大学戏剧的时候,就已经决定学完以后要回来跟你爸爸一起工作了吗?

陈大愚: 当时还没有那么强的计划性,但确实也已经开始跟他有一种较量了。

俞敏洪: 这种较量是更偏向于默契方面还是对抗方面?

陈大愚: 对抗的感觉更多,因为他从小就不让我做这行。

俞敏洪: 你是不想让他做这行,陈强老师是想让他做这行,只不过有点不好意思说？

陈佩斯： 对，但我是真不想。

俞敏洪： 你就想让他变成一个科学家？

陈佩斯： 对，但最后科学的大门对他关闭了，那就回来吧。

俞敏洪： 你是觉得这个行业本身没有什么发展前途，还是觉得这个行业在某种意义上不太符合现代年轻人的发展方向？

陈佩斯： 都有。过去有一句老话，"十年能出一个秀才，但十年出不了一个唱戏的"。

俞敏洪： 那就是说唱戏比考中秀才要难？

陈佩斯： 当然要难！

俞敏洪： 其实后来有人还专门做了一个统计，世界上什么东西最难？他们说上北大、清华、哈佛、耶鲁都不算最难，因为一年能考上成千上万个，但从事演艺事业和体育事业的人，一年只能出几个。

陈大愚： 艺体还是比较难的。

俞敏洪： 非常难。你不让大愚从事演艺事业，其实是因为你怕大愚达不到你这种状态，最后变成一个平庸的演员，是吗？

陈佩斯： 也不是，就是不愿意让他吃那么多苦，因为我们是过来人。

俞敏洪： 但有时候吃苦对孩子的成长来说是非常有好处的。

陈佩斯： 我担心他吃不了苦，但现在我觉得他可能可以。

陈大愚： 都这么长时间了，10年了，还觉得只是"可能"呢。

陈佩斯： 今年我认为他能行，因为他确实把自己狠狠地管住了，最后真的出了作品，看到作品之后，我承认了，他能吃这份苦。

俞敏洪： 你是什么时候真正和你爸爸达成一致的——我加入你的团队，我也来演话剧？

陈大愚： 四五年前。之前拿下了一个比较困难的角色，演《阳台》里的男一号侯建设，虽然很困难，但最后还是演下来了，而且演得还很好。本来对自己的要求只是达标，结果到最后差不多80%都做到了，所以我觉得自己在表演方面可能没什么大问题了。

俞敏洪： 在演《阳台》之前，你是真心喜欢上了演艺，还是只是在尝试？

陈大愚： 确实是真心喜欢。

俞敏洪： 是不是随着年龄增长，逐渐发现了这一行的内在意义？

陈大愚： 对。真的经历过一些事情之后，我就能感觉出文化和艺术对个体关爱的强大作用。

俞敏洪： 我觉得你是有一定天赋的，这种天赋可能是基因的传承，也可能是受环境的影响，但我觉得更重要的是，你作为一个成年人，能吃下这份苦，能经过千锤百炼去排练一个戏剧，而且还是从底层的小角色做起，就很了不起。所以，其实你已经体会到了你爸爸口中的苦，但你依旧觉得在这些苦的背后，那些传承的意义和价值是值得付出时间和生命的。

陈大愚： 是的，很多东西都非常值得去传承。

2.《吃面条》：中国小品的开端

俞敏洪： 大愚，你跟朱时茂的儿子朱青阳曾经把《吃面条》重新演了一遍，你觉得你跟他配合得怎么样？

陈大愚： 当时确实比较稚嫩，而且作品也相对不是那么成熟，本来节目有15分钟，后来给剪短了，剪成了一个5分钟的，现在在网上流传的就是5分钟的版本。我们两位的父亲当时都坐在那里看我们表演，他们的表情挺好的，说明演得还不错。导演给的镜头相当准确，他们看我们时的表情还很微妙，这也是很有意思的地方。

俞敏洪： 据说你当年根本就没想到《吃面条》会那么火？

陈佩斯： 没想过，在那之前我和老茂创作过一个小品叫《考演员》，我们当时真的是硬着头皮上的。那时候一点方法都没有，没演过这种短剧，就凭着我们电影演员对表演的认知上台了，有时候观众鼓掌鼓得起劲，笑得要命，有时候就是不乐。不过那会儿我们确实也演得没有章法，所以观众才一会儿乐一会儿不乐，弄得我们也没办法。

俞敏洪： 当时也没什么可以参照的榜样和示范吧？

陈佩斯： 对，一点都不懂。

俞敏洪： 中国的小品就是从你和朱时茂开始的？

陈佩斯： 对，然后就惨了。那会儿是真紧张，心想昨天还乐着呢，怎么今天就不乐了？可能昨天因为某个点乐了，我们今天就加倍努力还想让大家乐，结果坏了，演过了。喜剧一过，观众就不乐，不乐了，我们就紧张了。再或者是老茂有时候想卖卖帅，忘个词，我俩衔接不上的时候，在台上就变成了我努着他、他努着我，互相较起劲儿了。得，观众一下就没笑声了，观众一没笑声，他就出汗，我也出汗，那是真紧张。其中有一场最惨的是……

陈大愚： 能说吗？

陈佩斯：（笑）那时候在哈尔滨体育馆演出，当时还年轻，也没去过哈尔滨，我就跟我太太说，让她跟我们一起去玩一玩。我俩人生地不熟的，傻了吧唧地就走到前台去了。结果人家一看，"哟，这不是陈佩斯太太吗？来来来，坐这边"，然后就把她请到了最中间。当时是卖票演出，歌舞晚会，体育馆里有一排专门给领导坐的地方，结果就把她给安排在那儿了，一上场我俩直接面对面。我当时一下就紧张了，但我看她比我还紧张。总之，我们两个脸色巨难看地在那儿互相看着，真的太尴尬了（笑），我一辈子都忘不了。从那以后，我太太再也没有在观众席上看过我的戏，她永远都在后台看那个监视器，真的是不能在眼前，我从那以后就落了病了（笑）。

陈大愚： 所以我小时候，他从来不让我去看他的演出，只能在后台看。

陈佩斯： 不让他们去看戏，家人都是在后台。

俞敏洪：《吃面条》是 1984 年的节目，到现在已经快 40 年了，大部分网友那时候还没出生。

陈佩斯： 凡是看过的都一把年纪了。

俞敏洪： 大家都说很喜欢那句"队长，别开枪"，觉得很搞笑。据说当时春晚想把你们给换掉，因为觉得《吃面条》这个节目不够严肃？

陈佩斯：对，那时候一个节目播出去如果观众全都能乐，大家就会觉得这个节目太不严肃了。当时这是非常严重的事情，大家都怕犯错误，所以其实是准备拿下的。虽然谁也没说这话，但领导确实也没点头通过，最后导演找到我们俩……

俞敏洪：那个导演还算比较勇敢？

陈佩斯：黄一鹤导演，前几年走了，当时他可不得了！

俞敏洪：某种意义上他算是你的发现者？

陈佩斯：对。当时姜昆先生是主持人，导演找我和朱时茂，其实就想让我们俩去串个场，没想着让我们做节目。后来我们俩就说，"我们正在演一个短剧形式的小品，感觉还挺好的，给你们看看"。结果人家一看，有的地方可乐，有的地方不可乐，然后马季先生、王景愚先生、杜澎先生，还有好几个老艺术家就说，可以研究研究，大家一起攒一攒，商量商量。最后就把这个任务交给姜昆了，姜昆就带着我们两个小兄弟一起开始了。所以，《吃面条》其实是大家一起攒出来的。

第一次演这个节目是在国家体委的新年联欢会上。当时天坛东门有一个体育宾馆，春晚就在那里安营扎寨，正好就跟运动员们搞了一个联欢。那是我们第一次见观众，就在他们的大食堂，当时把座位都清开了，运动员们都坐在地上，女排也在。我们俩的节目一开始表演，那些运动员就乐得在地上翻来覆去地打滚儿。当时里边还坐着台里文艺部的一个领导，他脸色一下就变了，带着一张惨白的脸就出去了，打电话汇报说，这个节目不能演，有政治问题，会犯错误，就给拿下了。第二天，领导找我们俩谈话，说第二年有机会再合作，然后就把我们俩请走了。后来黄一鹤导演还是有点舍不得，就给朱时茂打电话，朱时茂就来找我，让我回去，但我这人脾气不太好，坚决不回去。

俞敏洪：后来因为什么才回去了？

陈佩斯：哎呀，朱时茂骗我，拿各种各样的话骗我。

陈大愚：就这么给骗回去了。

俞敏洪：我觉得这一骗还是挺好的，因为过了这个村就没这个店了，成功有时候也需要机缘。

陈大愚： 对，我也觉得挺好的。

俞敏洪： 所以，你是从《吃面条》开始就陆陆续续上春晚，一直到1998年，将近15年的时间？

陈佩斯： 对，不过我也是有好的节目才去，没好的我坚决不去。

俞敏洪： 小品的剧本、编排和场景设计只有你和朱时茂做，还是你们有一个团队？

陈佩斯： 最早是我们两个人攒，后来有一两个人跟着。

俞敏洪： 这样一个小品从设计开始到最后成熟演出，要花多长的时间？

陈佩斯： 我觉得至少得半年，这还是快的。

俞敏洪： 一个10分钟左右的小品需要花费半年的时间来编排？

陈佩斯：《羊肉串》快一点，一个月就上了，但也有很多一两年才能出来。

俞敏洪：《羊肉串》居然这么快，但你表演起来行云流水。

陈佩斯： 后来就有经验了，我们总结了很多喜剧表演的方法，就快了。最难的是《王爷与邮差》，从有想法到把它变成现实，我们用了7年，在这个过程中我们俩也经常在舞台上打磨，一次不行就两次，两次不行就三次，都不知道改了多少遍了，最后完全变了个模样，到1998年春晚才把它拿出来。

俞敏洪： 你觉得花将近半年的时间打磨一个10分钟的小品合算吗？

陈佩斯： 不合算。

俞敏洪： 那为什么还要做？而且当时这样的演出你们好像也拿不到什么钱。

陈佩斯： 那当然了，还得赔。那段时间就相当于什么呢？那时候没有100块钱，都是10块钱，相当于10块钱、10块钱的票子就那么搁在水里，但我们没办法捞，只能看着它在我们身边这么漂着。那时候我们俩的出场费越涨越高，但去不了，因为实在没法去。我们一定要在这里弄节目，而且我还要留出半年的时间拍电影，所以那段时间真的就是看着钱哗哗地流。

3. 小品是偶然，电影是必然，话剧是当然

俞敏洪： 你在做小品之前其实是电影演员，那时候差不多演了 10 年？

陈佩斯： 不止，我 1974 年从内蒙古回来，一回来就进了八一厂，演小品之前其实已经起步了，那时候我演了很多部电影。

俞敏洪： 那你为什么不一直在电影领域深耕呢，怎么会突然转向了小品？

陈佩斯：小品是偶然，电影是必然。 小品成功以后我们也还是在做电影，一直到 1997 年、1998 年才不再做电影了。

俞敏洪： 你觉得自己是一个好的电影演员吗？

陈佩斯： 不是，因为那时候有点顾不上，我的负担太重了。那时候我的时间更多地放在了借钱上，而不是演电影上。

俞敏洪： 那时候你的出场费已经很高了，为什么还需要借钱？

陈佩斯： 没时间挣啊，这不就得借钱嘛。不过虽然我那会儿没钱，但我有面子，比如我想借咱们这个场地，一般你们都不外借的吧，但我要是有面子，你们没准就借给我了。所以，我能靠面子借来钱，当然还是得还的。

俞敏洪： 为了拍电影吗？

陈佩斯： 对，无论拍什么都得借。那时候就是拉钱来投资，先去找厂家看人家接不接，厂家要是不接，我就自己花钱买，买了指标之后再去找领导审批，政审通过之后再拍摄，所以拍电影的时候我既是演员又是半个导演，同时还是制作人。

俞敏洪： 那时候你已经成立了自己的电影公司了？

陈佩斯： 一开始没有，像大道文化、大道影业都是 20 世纪 90 年代初才在海南注册成立的，大道戏剧谷是 2018 年成立的。

俞敏洪： 那时候几乎没有个人投资搞电影，像华谊兄弟什么的也都是 2000 年以后才出现的。

陈佩斯： 对，那时候还没有他们呢，我们是第一拨。那时候根本就没有人知道电影应该怎么搞，个人投资应该怎么投，我只能自己摸索，先借钱再还，

所以你想我哪还有时间和精力去琢磨演戏的事呢。

俞敏洪： 那时候你已经从八一厂出来了？算是下海了？

陈佩斯： 对。

俞敏洪： 当时你父亲同意你下海吗？

陈佩斯： 同意，因为电影厂不拍喜剧。我当时自己坐火车到那边去，拿着《父子老爷车》的剧本，打算给电影厂看。我那会儿也算半个名人了，但我一说是喜剧，人家直接就告诉我，"对不起，我们不拍喜剧，只拍艺术片"。当时厂长都没见我们，还是副厂长出来跟我们谈的。

俞敏洪： 那你最后是怎么拿到电影厂的许可的？出电影跟出一本书一样，如果没有出版社的书号，是没法出版的。

陈佩斯： 做工作啊，后来用了一个西北地区电影制片厂的厂标。当时一些大电影厂什么的都不配合，所以就做地方电影制片厂的，地方厂不在乎你是不是喜剧。当时除了西北地区，东南的我们也做过。

俞敏洪： 一开始你是和你父亲一起拍？

陈佩斯： 对，我们一起拍了五六部，而且每一部都很火爆，很挣钱。那时候的电影主要是卖拷贝文件，你可以不放映，但是拷贝文件必须得弄出来。那会儿排在第一的永远是别人，我们一直排第三，因为人家投资大。比如，香港电影进入内地以后，他们就一直排在我们前头，因为他们投入多。那时候人家就能花 2000 万元拍《青蛇》，而我们只能拿 200 万元的制作成本去跟人家对抗。不过即便是这样，我们的票房也能一直紧跟在他们后边，所以我们的利润肯定远高于他们。但我们拿不到钱，那会儿电影票不是有效票证，可以随便印，大家也随便发，所以回多少钱我们也没数。

俞敏洪： 你太超前了，如果你从 2000 年再开始做电影，一直做到今天，那你就发大了。

陈佩斯： 到那会儿我就不会再去做了，为什么？因为资本进入了，大资本一进入，我就不能按照自己的意愿做了。**资本进来之后电影业表面上繁荣了许多，但我不认为这是好事，我甚至觉得更糟了，因为大家都拼命想着挣钱。**

俞敏洪：我发现你身上有一个特点，你必须要按照自己的想法做事。

陈佩斯：说错了，不是按照自己的想法，是按照真正的市场经济规律去办事。

俞敏洪：为什么后来不再做小品了？

陈大愚：他现在更喜欢话剧。

陈佩斯：因为它已经承载不了我的积累了，我该探索的都已经探索完了，那我为什么还要天天花那么多时间去做它呢？那不就等于浪费生命吗？在经过了它的锻炼以后，我已经可以"下大海、出五洋"了，这时候我需要的是往前走。

陈大愚：说得太玄乎了，我解释一下，大概就是他已经把喜剧表演的一些方法套路实践得差不多了，需要应用一种更大容量的载体来承载新的实验，比如两三种喜剧套路交织在一起，这样的实践小品是完不成的，所以只能用时长更长的形式，例如话剧、电影来实现。

陈佩斯：不愧是学理科的。

俞敏洪：他的逻辑思维能力比你强。逻辑思维会对戏剧表演产生影响吗？

陈大愚：会有一些影响。

陈佩斯：会，尤其是喜剧，它需要一个非常理性的创作过程，所以他进步就很快，今年一看到他的新剧本，把我吓了一跳。

俞敏洪：你自己写的剧本还没有开始演出呢？

陈大愚：没开始演出，还在打磨的过程中，已经写了3年了，今年又推翻写了第三遍，差不多明年能够排练演出。

陈佩斯：就这么一个本子，写了3年。

陈大愚：但也不是一直坐在家里写了3年，因为我还有别的工作，有话剧演出，还得帮我爸，还有一些其他的事。

4.《惊梦》背后的中国戏剧文明

俞敏洪：我觉得现在大愚的演技虽然不能说炉火纯青，但也已经是……

陈大愚： 登峰造极了。

俞敏洪： 对，噢……（笑）

陈大愚： 没有，开玩笑。

陈佩斯： 谦虚谦虚。

俞敏洪： 你对他进入戏剧行业这10年的进步满意吗？

陈佩斯： 满意，我觉得他超出了我的预料。上个月我看到他写的剧本以后，真的让我眼前一亮，确实没想到。但最开始的时候，他写完一稿，都已经准备开始排练了，结果我直接给否了，打击了他一下（笑），然后他又回去重写。

陈大愚： 真的，当时剧组都搭建好了，话剧演员都请了，排练厅也租了，舞美都出设计图了，结果又回去返工了。

俞敏洪： 那时候你没把剧本给你爸爸看看？

陈大愚： 我给他看了，看了以后他也不是说不好，**他觉得60分是OK的，但我之前已经做过一个60分的东西了，现在再做一个60分的东西就没有太大的意义了，他觉得需要再改一下，要超越60分。**

俞敏洪： 一般情况下，两代人对于话剧设计的场景往往会不太一样，比如，你爸爸设计的场景不管是《戏台》还是《惊梦》都是跟年代相关的，但你可能就不会这么设计了。

陈大愚： 表现手法上可能会有一些不一样，但我这个故事的场景还是现代的，是黑色喜剧。他之前也写过现代的戏，叫《阳台》，那个戏写的是20世纪90年代的事，我这个戏写的是当下的事。

俞敏洪：《托儿》写的也是当代的事？

陈大愚：《托儿》是王宝社先生写的，我演的。

俞敏洪：《戏台》和《惊梦》的剧本是你写的吗？

陈佩斯： 是我们约毓钺先生写的，属于定向创作，我们经常会坐在一起商量。

俞敏洪：《戏台》和《惊梦》这两部话剧我都很喜欢，当然其他的话剧我可能也喜欢，但还没来得及看。在这两部话剧里你演的都是戏班班主，是一个在时代变革中求生存的形象，这个形象的出现反映了普通底层老百姓在时代变革中的无奈。你为什么要设计这样的一种场景？

陈大愚： 因为有张力。

陈佩斯： 一方面是有戏剧冲突；另一方面对老百姓来说，它是一种具有特殊性和观赏性的形式，观众可以看到戏台后的艺人们是一种怎样的状态，他们正在经历着怎样的冲突与风波，所以它会很不一样。

俞敏洪： 是不是有意无意地把自己的一些内心反应放到了戏剧里面？想要表达戏剧人生的不易？

陈佩斯： 不是，我觉得比起我在戏中饰演的人物，我本人的经历差太远了，经受的磨难真是跟他没法比，所以我觉得自己已经很幸福了。**我更希望能够把戏剧文明的不容易表达出来，戏剧文明一次又一次被放到泥淖里，被践踏，然后又一次次挣扎着爬起来，就这样存活到了今天。我觉得作为中华文明里非常重要的一个支流，戏剧文明能够一直传承到今天真的太不容易了！**

俞敏洪： 其实很多领域都是一样的，但戏剧尤其不容易，它经历了太多的变革。

陈佩斯： 对，非常不容易！比如明朝时期，所有的戏剧人都被认为是异类，他们被贬为贱民，他们的子女甚至连上学的权利都没有。

俞敏洪： 所以才会出现"戏子"这种贬低人的称呼。

陈佩斯： 对。最重要的是那会儿你连生存的权利都没有，因为根本就不承认你。所以，我们中华文明里最惨、最悲哀的就是戏剧文明，而这正是我想表达的东西。

俞敏洪： 不过我们依然留下了灿烂的戏剧文化，元朝的时候出了关汉卿这样的戏曲大家，明朝的时候出现了汤显祖的《牡丹亭》。

陈佩斯： 但是别的都没法看，《牡丹亭》算是中国戏剧史上里程碑式的存在，《惊梦》的背景也是《牡丹亭》。

陈大愚： 《惊梦》里是昆曲班子。

俞敏洪： 《惊梦》里的昆曲唱得特别地道，是请专家指导过吗？

陈佩斯：对，请了王晓燕老师，她是中国戏曲学院的老师，继承的是现在昆剧里最棒的大师张继青先生，先生前不久去世了。人家唱得是真好，而且她演得还好。我之前一点都不认识她，当时我把剧本跟她一讲，她二话没说直接就来了。

陈大愚：那天排练才逗呢，我爸把故事跟人家一说，本来就想见个面，结果王晓燕老师从下午开始一直就没停，说这里的故事应该如何如何，我们做昆曲的会怎样处理等，她直接就开始参与创作了，她的那种创作激情特别澎湃！

陈佩斯：关于昆曲的很多东西我都不懂，所以老天爷真的是眷顾我，给我安排了一个专家来，告诉我这儿应该这样，这段戏应该这么唱，我就完全按照她说的做，一点都不改。她是专家，我就听她的，谁比我强我就信谁的。果然，好多东西我真是没费劲儿就做好了，只要她在场，我们所有人都会受她的影响，她一句一句教我们那些演员唱的时候，我们公司的人都要去听一听。

俞敏洪：这也表明了你做话剧时一丝不苟。一般人都会觉得，我这是一个话剧，又不是专门唱昆曲的，那我干吗还要费这劲儿呢？我听说你做小品的时候也是，有时候导演说可以过了，但你坚决不同意，你想把一切都做到最好，甚至可能因为设备没有达到你的预期，你都会觉得不满意。这种对艺术的精益求精，你觉得是来自你父亲对你的影响，还是你本身的个性使然？

陈佩斯：可能都有，我有的时候也糊弄（笑）。

陈大愚：别瞎说什么大实话。

俞敏洪：是不是现在红透了，所以（笑）……

陈大愚：他现在有时候体力确实不太够。

俞敏洪：毕竟到这个年龄了。你到这个年龄还能够场场都演，真的是挺让我惊讶的，《惊梦》你肯定还得演上几十场吧？

陈佩斯：对，至少。

陈大愚：每场两个半小时。

俞敏洪：你觉得你吃得消吗？我看你演的时候特别有活力。

陈佩斯：吃不消，但观众会给我带来能量，当这个能量给到我的时候，真的是不得了，我都不知道哪来的劲儿！等到一下台，我有时候都要扶着墙走。

陈大愚：我们在侧台看得特别明显，上台之前还得扶着，还在那儿倒气儿呢，结果一上台立马变了一个人。

陈佩斯：真的，观众给你的力量太强大了！

俞敏洪：你和观众互相呼应。

陈佩斯：对，就是呼应。

俞敏洪：我觉得这个也有道理，因为只要你一出场，观众就会拼命鼓掌，你都不用演。像大愚他们这种青年演员，他要演好了人家才会鼓掌。

陈大愚：我不光得演好，还得演得跟他差不多，就这样观众也只是觉得还能凑合，不过对我要求高点也是好事。

俞敏洪：你觉得这种状态会对你的身体造成伤害吗？

陈佩斯：其实对身体并没有伤害，虽然我演一场要耗费巨大的体力，但我休息的时候是真休息，我躺在那儿一上午都不动，下午还得睡一觉，晚上再上台，等于是把一天里所有的精力都集中在晚上释放了。

俞敏洪：你在台上有没有过忘词的时候？

陈佩斯：有过，会想办法把这段躲过去，但我忘的次数比较少。

陈大愚：而且还有我呢，我还能给他提个词。

俞敏洪：有提词器吗？

陈佩斯：没有，看不见，而且有提词器眼神就不对了。

陈大愚：话剧没有提词器，你要弄个提词器在后面，观众肯定看得见，他们一回头，"哎？这是什么东西"，那么大一个 LED 屏太突兀了，而且就算有我们也看不见，太远了。我们还不能给观众打字幕，打字幕那就是演员的口齿有问题了，我们说话要求必须得字正腔圆。

5. 给观众带来欢乐是我们的信仰

俞敏洪：陈强老师演过两个最著名的反派角色，一个是黄世仁，另一个是南霸天，最后还获得了百花奖的终身成就奖。你一开始也是演反派角色，而且是幽默滑稽的反派角色，你是想通过这种幽默与滑稽让观众体会到喜剧里的悲剧气息吗？

陈大愚：反派角色的苦难和痛苦，作为观众来说，看了会很开心，当然这必须是有限度的痛苦，不能太过了，太过就成恐怖片了，所以喜剧角色的创作其实是个技术活。

俞敏洪：喜剧不只是要给人带来欢笑，还要给人带来某种释然和感悟，对吗？

陈佩斯：也不至于，至少在创作的时候是不能有这个设想的。虽然有时候也会有，而且到了戏剧上之后这种想法会越来越多，**但你始终要明确喜剧的本体，只有这样才可能在创作上得到一些自由，不会陷在一个标准里面。你必须要认识到，在设计一个喜剧人物的时候，必然会对他造成伤害，因为喜剧从根上来说就有伤害的成分在里面。**

陈大愚：我们现在创作的时候一般都会以观众的道德标准为基准线，不要太高，也不要太低，要在这个尺度范围内进行创作。

陈佩斯：所以一般把喜剧叫作"弄"，"戏弄"的"弄"，这个字太漂亮了，就是要拿捏分寸。

俞敏洪：在这么多的角色中，你最满意的是哪一个？

陈大愚：下一个，情商高的说法叫下一个。

陈佩斯：我觉得《戏台》里的侯喜亭和《阳台》里的老穆都还算不错，《惊梦》里的童孝璋其实也可以，但我觉得还是再过两年吧，等我把《惊梦》再打磨打磨，现在感觉至少还有10%的进步空间。

俞敏洪：《阳台》我还没看过，我得赶快去看看，关键网上找不到这些剧。

陈大愚：我剧里那个老头儿的角色还给您留着呢。

俞敏洪：你在新写的剧本里给你爸爸留了个角色？

陈大愚：有一个跟他岁数差不多的角色，但不是主角，不会给他安排那么重的角色，而且我也不是主角。因为我既是编剧，又是导演，没有办法再兼顾演员的职位了，所以我不打算在里面担当角色，而且担当的话会影响艺术作品的质量，我不太希望这样。

俞敏洪： 不容易，又当编剧又当导演，这是给自己提出了更高的要求。在从事演艺工作的这 10 年中，你觉得你在哪方面吃了比较多的苦？

陈大愚： 肉体上、精神上都吃了一些苦。在话剧里，像摔、倒、飞这种东西特别多，所以其实经历的肉体上的苦会特别多。我肉体上吃过最大的苦是我把膝盖骨磕骨裂了，但就算这样也得接着演完，第二天打上封闭还得再演。我们这些演员身上时常会散发着"香水"的味道，每个人的身上都飘着一股红花油味，因为跌打损伤太多了，只能用红花油来舒筋活血。

除此之外，精神上的苦其实也不少。有时候内心找不到节奏，导演催得又紧，但你就是死活过不去这个坎儿，这戏就会演不好，演不好观众就不会给你回馈，甚至会直接嘘你。我还真有过被嘘的时候，不过那次观众嘘我是跟我闹着玩。我经历过最多的就是沉默。**喜剧演员表演的时候，底下的观众如果很沉默，那对喜剧演员来说真的太痛苦了，每一秒都是煎熬。**

陈佩斯： 站在台上直接就出汗了。

俞敏洪： 遇到这种情况的时候，你的心境如何？

陈大愚： 每一秒都想找个地缝钻进去，这时候真的只能加速，把节奏加快就好了。我父亲经常讲，有时候一上来场子有点凉，你加点速度就好了，但有时候表演其实不能加速，因为你必须要把它演得真实，所以要看情况调整。

俞敏洪： 你年轻的时候有过这样的经历吗？

陈佩斯： 太多了。

俞敏洪： 话剧是一个很累、很小众的艺术形式，你必须得亲自出马去演才能达到效果，而且每一场都是重复的，但你为什么最终还是选择了话剧这种艺术形式来传递你对人生和戏剧的思考？为什么不是电影？

陈佩斯： 电影现在越走越偏，市场也越来越乱，倒不是说商业化太严重，因为商业化是正常的，**电影本身就是商品，它必须要流通才行。**可问题是大资本进入以后，整个电影行业的味道就变了，它的投资、制作、放映等全部都托拉斯化了，这种规模化、集约化以后，资本就有了绝对的话语权，要竞争的话就只能到院线里跟它竞争，那怎么可能胜利呢？明显我会吃亏，还得受欺负，我干吗到那儿当孙子去，对吧？

俞敏洪： 我觉得你更多的是想追求自己的艺术表达。

陈佩斯： 不是我追求什么，是我无法追求，而且我又不够鲜嫩了，这么一个老梆子……

俞敏洪： 这不有鲜嫩的嘛，大愚你打算拍电影吗？

陈大愚： 有点这个想法，但听了我爸说的话之后稍微有点害怕，不过也可以试一试。

俞敏洪： 如果你们父子俩要拍电影的话，我可以投资，不需要任何回报，当然赚了钱还是要分的，但我不插足你们任何的艺术创作。

陈大愚： 有人投资就行。

俞敏洪： 你觉得做话剧这件事情符合市场规律吗？

陈佩斯： 必须要符合市场规律，不然我活不到今天。

俞敏洪： 这20年里你每天都在舞台上重复地演，加起来至少得有几千场了，你觉得你到现在对于演话剧还是乐此不疲吗？

陈佩斯： 我也没别的事情可干，这是我唯一可以做的事。**我不会说我投入到话剧当中，实际上我是投入到我的创作当中，这才是我要做的事。话剧是别人的事，我要做的就是喜剧。** 而且现在还能带着我儿子，上阵父子兵，多好啊。

陈大愚： 尽可能多地留下点艺术作品，**我们一家子更多的还是把喜剧当成一个信仰去完成，给观众带来欢乐是我们的信仰，所以就一直往下做嘛。**

俞敏洪： 这个了不起，我第一次听到一个年轻人说，把他喜欢的事情当作信仰来做，而你明明才进入这个领域10年，就已经把这个东西当作信仰了，真的很了不起。你的爷爷在这一行坚持到了90多岁，你的父亲现在也快坚持到70岁了，你是不是已经做好要把一辈子都投入到这一行的心理准备了？

陈大愚： 我现在可以跟您说，我之前确实挣扎过、彷徨过，想着自己要不要做点别的，做一些能挣钱的事情。**但现在我确实把给别人带来欢乐当作一个**

终生的事业去做了，这是一种信仰，入行之后我从来没想过要挣点快钱就走人，压根没给自己留这条后路。

俞敏洪：你听了这话是不是觉得安心了？

陈佩斯：早就安心了。

俞敏洪：当初你的父亲是想让大愚继续走这条路的，现在你对大愚的孩子们也有这种想法吗？

陈佩斯：有，但也不能给孩子们压力。

俞敏洪：你比我大8岁，是老大哥，我想问，你觉得是含饴弄孙那种轻松的生活让你更感兴趣，还是这样奔波在舞台上让你更感兴趣？

陈佩斯：可以兼顾，这两个缺一不可。

陈大愚：主要是我没让他带孩子，孩子都是我带。

俞敏洪：你又要带孩子，又要创作，又要演出，也够忙的，那你爱人是在家里全职带孩子吗？

陈大愚：没有，我爱人的工作能力也很强。我创作的时候都在家，所以白天有时候会陪小孩一起玩，等他们晚上睡了我再写东西。

俞敏洪：你家里有四个孩子，你觉得在养孩子的过程中是欢乐更多还是压力更多？

陈大愚：都有，但这两个可能都是其次的，我觉得生活里面分贝是最多的，因为四个人在我旁边实在太吵了，一个人喊可能是单声道，两个人喊是双声道，四个人喊那就是4.0的声道，太吵了。

俞敏洪：你要知道现在中国家庭最缺少的就是这种分贝。

陈佩斯：（笑）对，就是这种分贝。

俞敏洪：现在很多中国家庭一旦有分贝，往往都是父母在训斥孩子或者是父母之间在吵架，几代人同堂的欢乐分贝在中国家庭中是不常见的。所以，你内心是不是还挺欢乐的？

陈大愚：我觉得其实欢乐的家庭还是有很多的，我跟我的同学们在一起玩的时候很欢乐，他们跟他们的父母玩的时候也很欢乐，大家都有自己的欢乐，而且别看我这么欢乐，我们家也有痛苦的时候，所以家家都有本难念的经。

俞敏洪： 这就是生活，生活肯定是痛苦和欢乐互相交替的。

6. 心喜，心喜，土下笋肥芋美

俞敏洪： 大家都认为你是一个有特立独行精神的人，你的性格从小就是这样吗？

陈佩斯： 不是，是后来才养成的。下乡插队生活苦，真的就像是一块生铁搁在砧子上，一锤一锤生砸出来的。

俞敏洪： 你15岁就到内蒙古当知青，在那里待了4年，种地、扛东西，什么脏活累活都得干，基本上是与沙漠为伍，你觉得这段经历对你后来的演艺生涯有影响吗？

陈佩斯： 有直接影响，我现在能咬牙做这些事，都是因为这"铁肩膀"。那会儿每天扛着扁担，里面不是沙子就是土，脱坯、盖房子、拉犁都得干，因为牲畜不够，就得人拉犁。当时真的是各种各样的苦都经历过了。我刚到那儿的时候，正好另外一个地方把房子给拆了，我们就走了四五公里去那边背砖头，两个人就那么扛几十块砖走回来。当时我们全连出动，吃完晚饭一起搬砖头去。那是我第一次搬那么沉的东西，肩膀那叫一个疼啊，而且是那种钻心的疼，都感觉有点撑不住了。它压着我，我连重心都没有了，一站起来就倒，最后就这么一点一点撑着走，等我蹭回来都半夜了。

俞敏洪： 直到什么时候才觉得适应一点了？

陈佩斯： 一年以后苦倒是适应了，结果又开始挨饿了，那4年经常是和饥饿相伴。我觉得只有吃过这样的苦，才能在这一行咬牙坚持，所以我一开始认为他不行。

俞敏洪： 也就是说，未来能不能咬牙坚持，其实跟年轻时吃没吃过苦有必然的关系？

陈佩斯： 有必然关系。

陈大愚： 我在国外洋插队插了4年。

俞敏洪： 你觉得洋插队苦吗？

陈大愚： 我当时在最冷的天气，拿着两个大行李箱走在圣路易斯的街道上，那会儿我才18岁，还不懂这些乱七八糟的事，没有提前做好功课，所以吃了相当多的苦。就记得当时老外放假，一歇就是七八天，他们一歇宿舍就关门，我直接就被赶出去了。真的是吃了很多苦啊，当时没有来咱们新东方也是我的一个选择失误。

俞敏洪： 你18岁就已经开始独立生活了？

陈大愚： 对。现在回忆起来我觉得其实还好，我吃的苦肯定没有我父亲那么多，毕竟我还能吃饱、能穿暖。在那边吃的更多是一些精神方面的苦，不然怎么叫洋插队呢？我去的时候中国人还不多，而且环境也不是特别好，不像现在一应俱全，没有赶上好时候。

俞敏洪： 你们这代人要是吃的苦跟我们一样多就麻烦了，确实现在留学的人更多了，而且各种基础服务设施都在完善。

我到你（指陈佩斯）那儿去喝过一顿啤酒，吃过一顿烧烤，尽管我们俩交往的次数不算太多，但在气质上也算是能配得上了，当然主要是我向你学习。我看你在家里挂了一幅郑板桥的词《沁园春·恨》。

沁园春·恨

花亦无知，月亦无聊，酒亦无灵。把夭桃斫断，煞他风景；鹦哥煮熟，佐我杯羹。焚砚烧书，椎琴裂画，毁尽文章抹尽名。荥阳郑，有慕歌家世，乞食风情。

单寒骨相难更，笑席帽青衫太瘦生。看蓬门秋草，年年破巷，疏窗细雨，夜夜孤灯。难道天公，还箝恨口，不许长吁一两声？癫狂甚，取乌丝百幅，细写凄清。

你为什么会对郑板桥的《沁园春·恨》情有独钟呢？

陈佩斯： 我觉得它表达了内心的某种愤怒。

俞敏洪： 大家都说愤怒出诗人，是不是也可以说愤怒出艺术？

陈佩斯： 也可以吧，都行。

俞敏洪： 很多人在面对名声和财富的时候会随俗，或者会部分地扭曲自己，但我从你身上根本看不到这种迹象。

陈佩斯： 那不可能，还是接触得少。

俞敏洪： 你觉得自己还是会有一点点妥协？

陈佩斯： 我现在妥协多了，主要是年纪大了，而且还有儿子、孙子，我过去很暴戾的，动不动就要跟人打架。

陈大愚： 七十叫从心所欲，不逾矩。

俞敏洪： 那你跟朱时茂拼过命吗？

陈佩斯： 那倒没有，拗不过他。

俞敏洪： 陈佩斯老师是一位书法爱好者，他还把自己写的这幅《如梦令》送给了我，用的是甘肃出的那种手工麻纸，特别珍贵，非常感谢。我把陈佩斯老师的字叫作"鸟脚书"，虽然我一个字都看不懂，但确实很漂亮，有点像韩美林写的古文字。我给大家读一读这首《如梦令》，这是陈佩斯老师自己填的词。

如梦令·齐微韵

冬至新春伊始，老梅迎风舞蕾。冷月星汉明，大角渐昂天启。蝼蚁，蝼蚁，安卧残阙故里。

滚滚英雄铸史，腾腾热血和泥。落得字几行，断碣半张素纸。心喜，心喜，土下笋肥芊美。

俞敏洪： 我觉得《如梦令》很能体现你现在的心态。

陈佩斯： 这是《戏台》第一轮演出结束之后写的，那会儿《戏台》算是大获成功，真的是高兴。

俞敏洪： 那你给大家解释一下吧，光念不行。

陈佩斯："冬至新春伊始"，正好是冬至前后，我们《戏台》封箱；这个"老梅"是指自己，"老梅迎风舞蕾"，我现在还挣扎在舞台上；"冷月星汉明"，清冷的冬日里；"大角渐昂天启"，早上的启明星也叫大觉星，是一个星辰；"蝼蚁，蝼蚁"，是指自己，我这么一个小小的蝼蚁，在冬天里还能做什么呢；"安卧残阙故里"，"阙"是指京城高大的城墙，我就藏在残败的城墙底下，在这儿生存着，其实写的就是我的生存状态。

"滚滚英雄铸史"，那些英雄有他们表演的舞台；"腾腾热血和泥"，老百姓用血和汗供养着他们，他们最后落得什么呢？"落得字几行，断碣半张素纸"，半张素纸把他们的生平一扣就结束了；"心喜，心喜"，说自己；"土下笋肥芋美"，虽然地上都是残败枯黄的落叶，但地下的笋还是很美的，芋也很美，所以我吃我的，你们伟大你们的。这种蛰伏是很幸福的，蛰伏就是你得享受这一刻，我现在就是这样。

俞敏洪：之所以能有这一刻，大愚是不是也做了比较大的贡献？

陈佩斯：贡献非常大，我享受的是天伦之乐，他天天经历的是高分贝。

陈大愚：我以生命的代价让他一点一点从愤怒的人变成了开心的人。生第一个娃娃的时候，他的嘴角开始往上扬了，生第二个娃娃的时候，嘴角上扬的弧度更大了，等到生第三个的时候，不小心成双胞胎了，直接开怀大笑，你看他现在这个表情。不过我确实很喜欢小孩，而且我也挺有耐心的。

俞敏洪：你确实很了不起，生了这么多娃娃，三世同堂，你爸爸肯定开心，而且现在你们父子俩还可以同台演出。我觉得你爸爸刚才说的蛰伏其实跟你的成长过程是有密切联系的。

陈大愚：我算是人生路上陪伴他、逗他开心的一个小鬼儿，我给自己是这么定位的。

俞敏洪：这还挺让人羡慕的。你的《如梦令》让我想起了滇池"天下第一长联"的最后几句："只赢得，几杵疏钟，半江渔火，两行秋雁，一枕清霜"。你怎么会对唐诗宋词这么熟悉呢？

陈佩斯：我喜欢古诗词，那个意境太美了。之所以用篆书来写，也是因为我喜欢古文字，像篆书这种象形文字能追到字根儿上，字的含义是什么、要表述什么，光看形状就能知道。

俞敏洪： 你从年轻的时候就对唐诗宋词和古文字感兴趣了，然后这种兴趣一直延续到了现在？

陈佩斯： 对。

7. 尾声

俞敏洪： 之前大愚在国外的时候，你去看过他吗？

陈佩斯： 没有，没时间。

陈大愚： 他 2019 年的时候去加拿大演出过。

陈佩斯： 我们《戏台》整个剧组一起去的，就这一回，演出主要也是针对当地华人。本来计划去加拿大、美国，还有中国香港，但是美国和中国香港都没去成。

陈大愚： 毕竟是海运，不能一下做三个景，挑费太高。

俞敏洪： 你未来还有出国巡演的打算吗？

陈大愚： 我完全没有去国外演出的打算。

陈佩斯： 其实有这个条件。

陈大愚： 有这条件但不想去。

陈佩斯： 几年前我们跟上海那边谈过往美国发展的可能性，大家都认为有这个机会，但后来出于各种各样的原因就停了。

陈大愚： 我打死也不再过去了，我受够了。

俞敏洪： 不过想法有时候是会变的。

陈大愚： 那倒是。

俞敏洪： 你爸爸前几年也说过不会做短视频和直播，你看你爸爸现在也坐到这里来直播了。

陈大愚： 就因为您哪！

陈佩斯： 就是，这是我第一次进直播间。

陈大愚： 第一次用这么专业的设备。

俞敏洪： 所以，你看直播效果其实是很好的，直播并不一定非得跟带货联系在一起，我觉得像这种直播或者短视频，其实是给了更多的人一种释放自我的机会。你如果表达得不好，人群自然就把你淘汰掉了；你如果表达得好，就像刚才大愚说的那样，能给大家带来欢乐，那这件事情就会变得非常有意义。刚才大愚说的一句话让我特别感动，他说把给人带来欢乐当成自己的人生信仰，我觉得这是你们家人的真实写照。

现在大家都在期待着《惊梦》的演出，演出场馆能容纳下 1000 人吗？

陈佩斯： 1000 都不到，现在只能是 70% 的上座率。

俞敏洪： 也就是说，就算你演 100 场，也只有不到 10 万人能看到，太可惜了。

陈大愚： 我们读一读网友们的评论吧。

俞敏洪： 好多网友都说大愚素质挺高的。

陈大愚： 素质低的时候没敢在直播间展露出来（笑）。

俞敏洪： 好多人问你们俩是亲父子吗，这还看不出来吗？！

陈大愚： 有网友问，陈老师什么时候拍电影？

陈佩斯： 明年吧。

俞敏洪： 陈佩斯老师后期还会有作品吗？

陈佩斯： 有，大家马上就能看到陈大愚的作品了，我也会参加。

陈大愚： 一个是我的作品，另外他自己还有一个本子，在偷摸创作呢。

俞敏洪： 陈老师的作品有可能出视频吗？

陈佩斯： 将来会吧，现在暂时不行，等那个戏不演了以后可能会出。

陈大愚： 我们都有完整的资料留存。

俞敏洪： 以后还会和朱时茂合作演小品吗？

陈佩斯： 小品够呛了，但话剧还真演过，我第一个话剧就是请他演的，叫《托儿》。

俞敏洪： 这次《惊梦》在上海有演出吗？

陈大愚： 有的，北京、西安、重庆、成都、宁波、广州、杭州都会去。

俞敏洪： 衡水、太原、石家庄、合肥、哈尔滨、保定、昆明……都在让你去，全国人民都想让你去，你要保重身体，在身体健康的情况下多演点。好多网友都说现在在电视上不太容易看到你了，所以想在现实中看到你。

陈佩斯： 我现在一周演 4 场。

陈大愚： 我觉得一周 4 场已经到他的体能极限了，中间休息 3 天，这 3 天还包括转场，然后紧接着要再演 4 场。

俞敏洪： 你分身乏术。好了，今天的时间差不多了，我们的直播就要结束了，以后也请大家多多关注我们老一代艺术家陈佩斯和新一代艺术家陈大愚。我觉得陈佩斯和陈大愚父子俩的成长历程和成长心态，以及愿意为了喜剧事业和话剧事业努力奋斗，并且把它当作信仰的精神特别值得大家学习。中国需要这样的喜剧人，而且我们应该更加关注喜剧人背后的艰辛。

陈佩斯： 对我们来说，就是希望大家的生活能够快乐一些、开心一些。

俞敏洪： 好，再对大家说最后一句话吧。

陈大愚： 祝大家生活安康。

陈佩斯： 在这里感谢一下俞老师的邀请，谢谢！

俞敏洪： 今天真的是太棒了，谢谢你们两代人为中国人民提供的欢乐，我们今天的直播就到此为止，谢谢大家！

（对谈于 2022 年 7 月 29 日）

喜剧是我们的信仰　445

后 记

"阿月,我有一些对话文字稿,我自己实在没时间一点点去顺,你是否可以帮我顺一下,让整个文字更加流畅?如果你帮我顺完,我就可以节约一些时间了。"

2022年的4月,我收到了俞老师发来的这条微信。

作为新东方的员工,从未与俞老师有过太多交流的我,内心诚惶诚恐,但也从那时候起,我跟着俞老师的脚印,开始了一场浩瀚的文字之旅,而现在,这套加起来百万字的图书终于出版,也算为这趟旅行做了一个阶段性的沉淀。

俞老师的身份,是复杂的。

他是上市企业的创始人,是曾经的政协委员,是大众眼中的KOL(关键意见领袖),是教了三十多年书的老师,而现在,他用近两年的时间、近百场直播对谈,给自己新添了一个身份——一名对话者。

2021年年底,"老俞闲话"上发布了一篇对谈,标题是《精神的力量——与刘大铭对谈》,那应该是俞老师第一次将自己与他人的对话转变成文字发布在自己的个人账号上。然后,在整个世界都被疫情所笼罩的2022年,俞老师在他的直播平台上开启了一场又一场酣畅淋漓的直播对谈。

近百位学者、诗人、作家、企业家纷至沓来,他们在俞老师的直播平台上分享自己的人生历程、真知灼见，探讨的话题从教育到成长、从人生到哲学、从历史到人文、从科学到真理。

整理这些对谈的过程，让我收获颇丰。这不仅来自俞老师所带来的不同领域的人们的万千姿态与卓绝视野，也来自我对俞老师本人更多的理解——作为新东方的文字工作者，这一点非常有利于新东方的内容创作。

如果细心去感受，会发现，俞老师在对谈的时候，不论嘉宾来自什么领域，他都会问到四个问题：

"你对现在的父母有什么样的建议？"

"对于现在的年轻人，你有什么样的建议？"

"你从什么时候开始读书的？"

"你从什么时候发现自己喜欢这件事的？"

从这四个问题，其实能看出来俞老师所关心的事情。第一个问题不言而喻，自然是他所关心的教育。作为一个在教育领域闯荡了三十余年的人，他热切地希望孩子们能拥有快乐的童年，能够在开放、自由、尊重的环境中成长为他们自己，所以他总在每一次对谈中问及这个话题，希望唤起家长们的重视。

第二个问题，也是现在社会普遍关注的问题。他希望通过自己的不断追问以及不同对话者的经验，能够给年轻人提供一些可参考的信息和答案。未来是年轻人的，如果年轻人有需要，他便会站出来提供他所能提供的关切。

第三个问题，熟悉俞老师的人都知道，他有多热爱阅读。阅读是最对得起自己付出的一件事，也正是因为阅读，他开启了他的直播对谈。毫不夸张地说，整个2022年，也正是他与他所带领的东方甄选，在整个社会刮起了不同以往的阅读之风，越来越多的人，在他的影响下，放下了手机，拿起了书籍，从方寸屏幕走向了万千书海。

而最后一个问题所探讨的话题，则是全体新东方人最为熟悉的话题——热爱。

热爱，这是早已刻进新东方基因里的一个东西。在新东方内部讲话的时候，俞老师总会引用他北大前辈樊锦诗的那句话："热爱可抵岁月漫长。"之所以不断提起这句话，是因为，他不希望新东方人是在工作流水线上被异化的人，他希望我们能做着自己热爱的事业。他真切地知道，当一个人能够做自己热爱的事情时，才能真正感知到人生的意义。也恰好因为新东方是这样一个鼓励追求热爱的企业，才会有那么多人因为热爱而聚集在一起。

不仅对新东方人是如此，俞老师在新东方外部做的每一场演讲，无论是面向大众的分享，还是面向学生的梦想之旅，其实都是想激励大家能够找到自己的人生热爱，这样，一个人在未来的海海岁月之中，才能心有所向，不负此生。

所以，每当整理到关于"热爱"的话题时，我总会想起刚加入新东方时，我和当时的公益负责人聊天，她和我说了这么一个细节。那是在2006年前后，俞老师带着一众集团演讲师奔走东北各地的县城中学做演讲。每到一所学校，俞老师和演讲师们都会拿出百分之两百的心力抛洒热血，对着台下几千上万的学子，分享那些关于励志、梦想、热爱的故事。在舟车劳顿十几天之后，行程终于要告一段落，其中一个人就问了俞老师一个问题：俞老师，大家这么累，这些演讲真的有用吗？俞老师想也没想地回答他：不一定都有用，但只要那几千几万个学生里能有一个人听进去了，进而改变了他的人生，那就足够了。

当然，这样的访谈也不只会对外产生影响，我作为一个旁观者，也会隐隐约约感觉到，近些年的经历以及他与众多嘉宾的对谈，对他本人也产生了一些影响。

比如，在今年新东方的财年大会上，俞老师长达一小时的讲话即将结束之时，他放下了手中那叠厚厚的手卡，沉寂几秒钟后，讲了下面这段话：

"各位新东方人，这片土地，这片故土，就是我们唯一的家乡。这片土地养育了我们，而这土地上的人们，都是我们的亲人、朋友、家长、孩子和我们的粉丝。他们都是我们的恩人，所以我们有责任，用我们的汗水让这片土地和土地上的人们变得更好、更幸福，同时也让我们自己变得更好、更幸福。"

末了，他用艾青最广为流传的那句诗结束了他的讲话——"为什么我的眼里常含泪水？因为我对这土地爱得深沉"。

那个时刻，虽然摄像机直播的画面并不太清晰，但每个人都知道，他的眼里有热泪，他的声音里有哽咽。

在我的记忆里，俞老师似乎从未如此直白地表达过对家国、故土的热爱。所以我斗胆将这归因于过去两三年的经历，以及那些有着家国情怀的老师对他所产生的影响。比如92岁高龄的许倬云老先生在教师节前夕与他对谈时所表露的对于这个世界和年轻人的关切，又如施一公老师在访谈中展现出的对于中国学术、科学发展的不遗余力，再如梁建章老师谈及中国未来发展之时的不能自已……我相信，每一次这样的时刻，俞老师内心深处的汪洋都会掀起沉寂的大浪。

或许正因如此，他才会不顾周遭的反对，在教育领域之外，选择进入大家都不看好的农产品直播带货以及中老年文旅，因为在他看来，这些事情才是能"让这片土地上的人们变得更好、更幸福"的事情。

过去几年，在众人眼中，俞老师其实经历了一场又一场的跌宕起伏，从疫情后新东方业务的萎缩，到"双减"时不得已而为之的大量裁员，再到东方甄选的艰难起步与爆火……一路走来，似乎众人都将视线放在了他所有的成就之上。他们敬俞老师是条汉子，夸赞俞老师独具慧眼、躬身入局，而很多人都忽略了，在面临种种境况之时，仍要做出决定的俞老师，是如何独自一人面对命运的安排与一切未知的未来的。

这很正常，旁人总会关注结果，而忽略过程。但从俞老师的访谈中，我渐渐能感知到那个"过程"。因为每每谈起人生艰难的时刻，他总是用一种积极的态度去应对一切，如同加缪笔下的西西弗斯，他很清楚人的生命终有一天会走到终结，而在那些巨石一再落下的时候，他并不选择躺在大地上等待命运的到来，而是选择一而再再而三地将它推起。

他永远直面着人生经历里的每一次波澜，而后又用自己的双手造就每一次壮阔。不论是早期新东方内部的分崩离析，还是2003年"非典"的席卷，或是强势而来的浑水，再到后来众所周知"双减"之后的红色卡车、东方甄选，以及即将开启的中老年文旅，他总能在众人沉溺于消极与绝望的自说自话之时，头也不回地朝前跑去，然后做出自己能做出的最大改变，仿佛那些阵痛从未到来过。

于是，在某日完成某篇对谈之后，我给俞老师发了一条微信，我说："俞老师，您觉得您算是西西弗斯吗？"过了大概两分钟，他回复我："哈哈，我只是一个成熟的人罢了。"

"成熟"，两个字，就这样简单概括了他的60年。但只有新东方人知道，正是因为这份"成熟"，新东方这艘大船才能一而再再而三地驶离无望的大海，迈向新的航向。

我们未必知道这份"成熟"到底要如何习来，也很难去拥有俞老师这样同等跌宕的人生，但在未来的路上，希望我们这群年轻人都能在困境来临的时候，拿出西西弗斯对抗命运时的勇气，在那不可捉摸的人生路中，走出自己的一往无前。

以上。

2023年7月1日
吴月

特 别 鸣 谢 吴 月 整 理

图书在版编目（CIP）数据

韶华有梦 / 俞敏洪著. —北京：北京联合出版公司，2024.3
ISBN 978-7-5596-7443-2

Ⅰ.①韶… Ⅱ.①俞… Ⅲ.①人物－访问记－中国－现代 Ⅳ.① K820.7

中国国家版本馆 CIP 数据核字（2024）第 046400 号

韶华有梦

作　　者：俞敏洪
出 品 人：赵红仕
责任编辑：龚　将

北京联合出版公司出版
（北京市西城区德外大街 83 号楼 9 层　100088）
河北鹏润印刷有限公司印刷　新华书店经销
字数 453 千字　700 毫米 ×980 毫米　1/16　印张 29.25
2024 年 3 月第 1 版　2024 年 3 月第 1 次印刷
ISBN 978-7-5596-7443-2
定价：68.00 元

版权所有，侵权必究
未经书面许可，不得以任何方式转载、复制、翻印本书部分或全部内容
本书若有质量问题，请与本公司图书销售中心联系调换。电话：010-82069336